国家自然科学基金应急项目系列丛书

APEC 地区贸易增加值核算及
相关政策研究

赵晋平 宋 泓 等/著

本书得到国家自然科学基金委员会管理科学部 2014 年第 2 期应急
管理项目"APEC 地区贸易增加值核算及相关政策研究"的资助

科学出版社
北 京

内 容 简 介

本书从全球价值链和贸易增加值核算视角研究 APEC 地区经贸关系及其政策含义。具体内容包括 APEC 地区贸易、投资和产业分工研究，APEC 经济体贸易增加值核算的政策含义及对策，贸易增加值核算差异的国际比较及影响研究，APEC 地区主要经济体贸易增加值核算及对经济发展的影响研究，参与全球价值链对 APEC 主要经济体产业结构升级的影响分析，全球价值链下 APEC 地区贸易投资与生产网络发展趋势研究。注重在可靠数据基础上进行定量分析，尤其是采用了投入产出分析法，这是本书的一大特色。

本书适合高校师生、研究人员，以及愿意了解 APEC 经贸关系的政府部门工作人员等参考。既可以作为研究文献，也可以作为国际贸易学和投入产出分析的教学参考书。

图书在版编目(CIP)数据

APEC 地区贸易增加值核算及相关政策研究 / 赵晋平等著. —北京：科学出版社，2016.8
（国家自然科学基金应急项目系列丛书）
ISBN 978-7-03-049206-7

Ⅰ.①A… Ⅱ.①赵… ②宋… Ⅲ.①国际贸易-经济核算-研究-亚太地区 Ⅳ.①F741

中国版本图书馆 CIP 数据核字(2016)第 147041 号

责任编辑：马 跃 / 责任校对：徐榕榕
责任印制：霍 兵 / 封面设计：蓝正设计

科 学 出 版 社 出版
北京东黄城根北街 16 号
邮政编码：100717
http://www.sciencep.com

中国科学院印刷厂 印刷
科学出版社发行 各地新华书店经销

*

2016 年 8 月第 一 版 开本：720×1000 1/16
2016 年 8 月第一次印刷 印张：26 3/4
字数：540 000
定价：**158.00 元**
（如有印装质量问题，我社负责调换）

国家自然科学基金应急项目系列丛书编委会

本书课题组名单
(按照本书的目录排序)

课题一：APEC 地区贸易、投资和产业分工研究
承担单位：中国社会科学院世界经济与政治研究所
课题主持人：宋泓
课题组成员：苏庆义、高凌云、李春顶、周丹、王芳

课题二：APEC 经济体贸易增加值核算的政策含义与对策研究
承担单位：国务院发展研究中心对外经济研究部
课题主持人：赵晋平
课题顾问：李善同
课题组成员：张琦、许宏强、吕刚、何建武、陈红娜

课题三：贸易增加值核算体系的演进及对 APEC 区域经贸的影响
承担单位：中国社会科学院世界经济与政治研究所
课题主持人：马涛
课题组成员：王岚、李国学

课题四：APEC 经济体经济互利作用及加工贸易异质性影响分析
承担单位：中国科学院数学与系统科学研究院
课题主持人：杨翠红
课题组成员：陈锡康、祝坤福、陈全润、蒋雪梅、杨恋令、刘鹏、田开兰、陈相因

课题五：参与全球价值链对 APEC 主要经济体产业结构和国际竞争力的影响分析
承担单位：国家信息中心
课题主持人：张亚雄
课题组成员：张鹏、陶丽萍、李继峰、袁剑琴、尹伟华、蔡松锋、肖宏伟

课题六：全球价值链下 APEC 地区贸易投资与生产网络发展趋势研究
承担单位：中国社会科学院世界经济与政治研究所
课题主持人：东艳
课题组成员：倪月菊、毛日昇、张琳、靳航、许冰清

总　序

  为了对当前人们所关注的经济、科技和社会发展中出现的一些重大管理问题快速作出反应，为党和政府进行科学决策及时提供政策建议，国家自然科学基金委员会于 1997 年特别设立了管理科学部主任基金应急研究专款，主要资助开展关于国家宏观管理及发展战略中特别急需解决的重要的综合性问题的研究，以及与之相关的经济、科技与社会发展中的"热点"与"难点"问题的研究。

  应急研究项目设立的目的是为党和政府高层科学决策及时提供政策建议，但并不是代替政府进行决策。根据学部对于应急项目的一贯指导思想，应急研究应该从"探讨理论基础、评价国外经验、完善总体框架、分析实施难点"四个主要方面对政府进行决策支持研究。每项研究的成果都要有针对性、及时性和可行性，所提出的政策建议应当技术上可能、经济上合理、法律上允许、操作上可执行、进度上可实现和政治上能为有关各方所接受，以尽量减少实施过程中的阻力；在研究方法上，要求尽量采用定性和定量相结合、案例研究和理论探讨相结合、系统科学和行为科学相结合的综合集成研究方法。应急项目的承担者应当是在相应的领域中已经具有深厚的学术成果积累、能够在短时间（通常是 9～12 个月）内取得具有实际应用价值的成果的专家。

  作为国家自然科学基金的一个专项，管理科学部的"应急项目"已经逐步成为为党和政府宏观决策提供科学、及时政策建议的一个项目类型。与国家自然科学基金资助的绝大部分（占预算经费的 97％以上）专注于对管理活动中的基础科学问题进行自由探索式研究不同，应急项目和它们相比则有些像"命题作文"，题目直接来源于实际需求并具有限定性，要求成果尽可能贴近实践运用。应急研究项目要求承担课题的专家尽量采用定性和定量相结合的综合集成方法，为达到上述基本要求，保证能够在短时间内作出高水平的研究成果，项目的承担者在立项的研究领域应当有较长期的学术积累。

  自 1997 年以来，管理科学部对经济、科技和社会发展中出现的一些重大管理问题作出了快速反应，至今已启动 45 个项目共 323 个课题，出版相关专著 16 部，其他 2005 年前立项、全部完成研究的课题，相关专著已于近期出版发行。从 2005 年起，国家自然科学基金委员会管理科学部采取了新的选题模式和管理方式。应急项目的选题由管理科学部根据国家社会经济发展的战略指导思想和方针，在广泛征询国家宏观管理部门实际需求和专家学者建议及讨论的基础上，形成课题指南，公开发布，面向全国管理科学家受理申请；通过评审会议的形式对项目申请进行遴选；组织中标研究者举行开题研讨会议，进一步明确项目的研究目的、内容、成果形式、进程、时间节点控制和管理要求，协调项目内各课题的研究内容；对每一个应急项目建立基于定期沟通、学术网站、中期检查、结题报告会等措施的协调机制，以及总体学术协调人制度，强化对各部分研究成果的整合凝练；逐步完善和建立多元的成果信息报送常规渠道，进一步提高决策支持的时效性；继续加强应急研究成果的管理工作，扩大公众对管理科学研究及其成果的社会认知，提高公众的管理科学素养。这种立项和研究的程序是与应急项目针对性和时效性强、理论积累要求高、立足发展和改革应用的特点相称的。

为保证项目研究目标的实现，应急项目申报指南具有明显的针对性，从研究内容，到研究方法，再到研究的成果形式，都具有明确的规定。管理科学部对应急研究项目的成果分为四种形式，即一本专著、一份政策建议、一部研究报告和一篇科普文章，本丛书即是应急研究项目的成果之一。

为了及时宣传和交流应急研究项目的研究成果，管理科学部决定将 2005 年以来开始资助的应急研究项目成果结集出版，由每一项目的协调人担任书稿的主编，负责项目的统筹工作和书稿的编撰。

希望本套丛书的出版能够对我国管理科学政策研究起到促进作用，发挥丛书对政府有关决策部门的借鉴咨询作用，同时对广大民众也有所启迪。

国家自然科学基金委员会管理科学部

前　言

　　20 世纪 80 年代初期，在发达国家海外产业转移和发展中国家出口导向型战略的推动下，全球跨境贸易和投资活动进入活跃期，开启了新一轮全球化时代，并在 90 年代冷战结束、全球市场和多边贸易体系形成之后，进入快速发展阶段。这一轮全球化，在生产方式方面的最大变化就是区域性、甚或全球性的生产网络和价值链的逐步形成：微观上，跨国公司着力打造自身的核心竞争力，并购和重组自身资产；宏观上，跨区域、甚或全球性的产业转移大规模推进。

　　亚太国家和地区处在这一轮全球化的最前沿。第二次世界大战后，日本和亚洲四小龙，以及随后的东盟和中国大陆，先后采取出口导向型发展战略，积极与欧美等发达国家和地区的经济融合在一起，取得了卓越的经济绩效。在这些国家和地区的经济中，全球化因素，如引进外资、对外投资、国际贸易及人员流动等，成为浓墨重彩的一笔；这个地区也成为区域和全球生产网络最密集的地区之一。20 世纪 70 年代末期开始推进的改革开放使中国深深地融入这一轮全球化之中，并迅速成长为全球加工和制造中心。在短短的几十年间，中国就从一个封闭的计划经济国家跃升为开放的、世界第二大经济体。

　　伴随着本轮全球化而来的是种种新的挑战。基于传统主权国家基础之上的经济、政治和社会政策，以及种种的观念都需要重新调整。例如，传统的贸易是基于主权国家境内加工制造的最终产品和原材料之上的，中间品及资本品的贸易有限。在这样的生产和贸易格局下，一个国家贸易顺差越大，国际竞争力就越强，反之则相反。但是，在全球化条件下，一个处在全球价值链末端的组装和加工阶段的国家，会产生大量的贸易顺差。在该国没有进行中间品投入的情况下，这种顺差，只是该国加工薪酬的一种体现，并且与该国的国际竞争力没有关系。同时，双边贸易之间的不平衡也不再反映两个国家的竞争力状态，尤其是不再反映贸易政策的公平程度。中美之间的贸易不平衡是非常典型的例子。首先，在很大程度上，这种不平衡是美国与中国大陆、亚洲四小龙及日本贸易和投资关系的体现，而不是中国大陆与美国双边关系的写照。因为，中国大陆每年从日本和亚洲四小龙进口大量的中间品和零部件，加工组装后再销往美国。中国大陆对美国保持着巨额的贸易顺差，同时，对日本及亚洲四小龙则保持着大量贸易逆差。中国大陆只是其中的中介和桥梁而已。其次，这种不平衡也不是中国不公平贸易政策的结果，如操纵人民币汇率、贸易补贴等的结果，而是一种被称之为亚洲贸易模式的全球化现象。表面上看，销往美国市场的商品由中国制造并出口，但实际上其中包括了大量的日本制造、韩国制造或东南亚制造的成分，生产链跨境延伸，不同国家的企业按照比较优势承担了其中的某些特点环节的生产加工。为了更好地理解一个国家的贸易竞争力及参与国际分工并从中获取相应价值分配的状况，在过去几年中，世界范围内兴起了从价值增值角度来衡量一个国家贸易量的研究热潮。其中，以世界贸易组织（World Trade Organization，WTO）所倡导的"全球制造"倡议及其与经济合作与发展组织（Organization for Economic Co-operation and Development，OECD）合作进行的全球增加值贸易评估活动最著名。身处全球化浪尖，以及这种政策和理论争论焦点上的中国，也最早参与到这种研讨活动之中。

这次由国家自然科学基金委员会发起的应急课题"APEC 地区贸易增加值核算及相关政策研究"就是这种努力的一部分。经过申请和严格的专家评审与答辩后，由国务院发展研究中心和中国社会科学院两个团队联合承担该课题的研究。其中，前者团队主要由国务院发展研究中心、国家信息中心和中国科学院三个研究小组组成；后者团队主要由中国社会科学院及南开大学研究人员组成的三个研究小组组成。

在课题的申请、研究和结项过程中，国家自然科学基金委员会管理科学部的李一军、高自友、杨列勋及方德斌等同志给予课题组严格的要求和督导，以保证课题如期且高质量地完成；课题进行过程中，各个阶段上的评审专家们，不仅对课题研究提出了非常高的要求，也给予了很多建设性的意见和评论，课题组受益匪浅。国务院发展研究中心的李善同研究员和中国社会科学院的汪同三研究员还参与了课题的设计，并对后续的研究给予了持续关注和支持，特此致谢！

经济全球化浪潮推动下的全球价值链贸易正在蓬勃发展。现在人们能做的还只是对这种贸易进行一种估算，而不是精确的统计。本项课题研究也不例外。鉴于此，本项课题研究采取了比较开放和独立的研究方法，鼓励各个研究小组进行探索性、创造性的研究。研究团队的一些成果因为其本身对于中国贸易战略和政策研究所具有的参考价值引起了决策层和政府部门的重视，在成果转化方面取得了实际进展；两个研究团队的所有报告都得到了项目评审专家的充分肯定和较高评价。本书能够以这种方式正式出版，和研究团队的努力是分不开的。与此相伴随的不足之处是，由于两个团队的研究是相对独立开展并各成体系，研究报告的格式及体例，甚至在一些观点和看法上可能存在不一致的地方，内容上也难免有一些重复。我们没有进行过多的删改，现将全部成果呈献给读者，供大家批评。

在本项课题研究成果的汇编、审校和出版过程中，中国社科院团队承担了大量工作，苏庆义博士和王芳博士，以及科学出版社的责任编辑马跃和责任校对刘文娟付出了辛勤的努力，在此一并致谢。由于课题研究的对象仍在快速发展变化之中，尚未定型，加之研究的时间紧迫，书中的不妥之处在所难免，敬请读者批评指正。

赵晋平、宋泓

2016 年 2 月 26 日

目　录

第一部分　APEC 地区贸易、投资和产业分工研究

第1章　全球价值链贸易的影响：全球及历史视角　宋泓 ················· 3
1.1　全球价值链革命：定义、发展、动力和现状 ············· 3
1.2　全球价值链革命所引发的变化：影响和观念变化 ··········· 7
1.3　如何应对全球价值链革命：传统的还是全球化下的发展战略？ ····· 12
1.4　对中国的启示·································· 15

第2章　全球价值链背景下的中国外贸结构转型升级　苏庆义 ········· 17
2.1　传统分工背景下的外贸结构转型升级 ················ 18
2.2　全球价值链背景下的外贸结构转型升级理论·············· 19
2.3　中国外贸结构的国际地位······················· 21
2.4　中国和美国国际分工地位差异的来源················· 25
2.5　结论及政策建议··························· 26

第3章　全球价值链与中国扩大对外开放战略　高凌云 ············· 28
3.1　变化世界中全球价值链的新发展 ·················· 28
3.2　中国在全球价值链中所处地位的变动——以 APEC 地区为例 ····· 29
3.3　价值链视角下中国扩大开放的战略选择················ 35

参考文献 ······································ 39

第二部分　APEC 经济体贸易增加值核算的
政策含义与对策研究

第4章　全球价值链发展及贸易增加值核算的政策含义　张琦 ········· 43
4.1　全球价值链发展呈现新趋势···················· 44
4.2　全球价值链发展的影响因素···················· 46
4.3　贸易增加值核算的政策含义及取向变化··············· 47

第5章　中国是亚太生产网络的大赢家　吕刚 ················· 53
5.1　中国参与国际分工程度显著提升··················· 53
5.2　中国从参与国际分工中的实际获益比原先估计的要大·········· 55
5.3　亚太生产网络的发展确实带来了互利共赢的结果············ 57

　　5.4　中国并非只是制造业获益，服务业同样受益匪浅·············· 58

　　5.5　对中国制造业竞争力的重新评估：与自身相比·············· 59

　　5.6　对中国制造业竞争力状况的重新评估：亚太地区的国际比较······· 64

第 6 章　新形势下的 APEC 区域经济一体化新趋势　许宏强、张　琦、陈红娜

　　·· 71

　　6.1　亚太区域自由贸易区发展态势·························· 71

　　6.2　中国推进自由贸易区建设最新进展······················ 75

　　6.3　建设 FTAAP 的路径选择····························· 78

第 7 章　深化一体化合作，推动 APEC 经贸关系互利发展　赵晋平、许宏强、张

　　琦··· 81

　　7.1　亚太地区成员是中国最为重要的贸易与投资伙伴·············· 81

　　7.2　亚太各国以价值链网络为基础的经济伙伴关系日趋加强·········· 83

　　7.3　中国与 APEC 主要经济体互为经济增长驱动因素 ·············· 86

　　7.4　以区域一体化进程促进亚太价值链网络深度拓展·············· 90

第 8 章　对接"一带一路"战略，抓住提升中国全球价值链地位的重大机遇　赵

　　晋平、许宏强······································· 94

　　8.1　"一带一路"贸易投资合作具有广阔的发展前景·············· 94

　　8.2　"一带一路"区域合作将成为提升中国全球价值链地位的重大机遇···

　　·· 99

　　8.3　引领"一带一路"价值链合作需要"内外兼修"·············· 103

参考文献·· 104

附录一　国内外研究现状及发展动态分析····················· 106

附录二　亚太区域部分国家（地区）签订的自由贸易协定············· 108

第三部分　贸易增加值核算体系的演进
及对 APEC 区域经贸的影响

第 9 章　贸易增加值核算方法的演进及主要研究结论　王　岚、马　涛······ 117

　　9.1　从垂直专业化到 KWW 法：考虑中间品在国家间的流转·········· 118

　　9.2　考虑贸易方式的增加值核算：DPN 法···················· 128

　　9.3　基于微观企业异质性的贸易增加值核算 ·················· 136

　　9.4　增加值贸易核算方法演进逻辑和评价 ···················· 137

　　9.5　已有贸易增加值核算研究结论的梳理 ···················· 141

　　9.6　贸易增加值核算的应用领域及影响 ···················· 147

第 10 章　国际投入产出数据库比较研究　李国学 ················· 153

　　10.1　国际投入产出表的基本情况 ······························ 153

　　10.2　主要国际 IO 数据库的编制方法 ························· 155

　　10.3　中国增加值指标的比较分析 ····························· 164

第 11 章　贸易增加值核算对 GVCs 发展趋势和 APEC 经贸的影响　马　涛、王
岚 ·· 168

　　11.1　贸易增加值核算与 GVCs 下的国际经贸规则 ······· 169

　　11.2　基于贸易增加值的 GVCs 新趋势和融入路径分析 ··· 173

　　11.3　贸易增加值对营建全球价值链结构和贸易政策的影响 ··········· 179

　　11.4　基于贸易增加值核算的 APEC 经贸联系 ············· 185

参考文献 ·· 203

第四部分　APEC 经济体经济互利作用及加工贸易异质性影响分析

第 12 章　中国与 APEC 其他主要经济体经济的相互拉动作用分析　祝坤福、刘
鹏、陈相因、杨恋令、田开兰、陈全润、杨翠红 ···················· 211

　　12.1　引言 ·· 211

　　12.2　中国的最终需求对 APEC 其他主要经济体国内（地区）生产总值的
拉动作用分析 ··· 212

　　12.3　APEC 其他主要经济体最终需求对中国国内生产总值的拉动分析 ···
··· 220

　　12.4　结论与讨论 ·· 227

第 13 章　区分中国加工贸易的世界投入产出表的编制及与 APEC 成员双边增加
值贸易核算偏差　陈全润、祝坤福、刘鹏、陈相因、田开兰、杨恋令、杨翠红
··· 228

　　13.1　引言 ·· 228

　　13.2　区分中国加工贸易的世界投入产出表的编制 ········ 230

　　13.3　中国与 APEC 主要成员的双边增加值贸易核算偏差 ··· 239

　　13.4　结论和讨论 ·· 245

第 14 章　APEC 主要经济体进出口和贸易平衡核算　祝坤福、田开兰、杨翠红
··· 247

　　14.1　引言 ·· 247

　　14.2　APEC 主要经济体进出口贸易中的增加值 ··········· 248

　　14.3　小结 ·· 259

参考文献 ··· 260

第五部分　参与全球价值链对 APEC 主要经济体产业结构和国际竞争力的影响分析

第 15 章　APEC 主要经济体的国际生产联系和产业分工变化　尹伟华 ······· 265

　　15.1　APEC 主要经济体生产联系 ·· 265

　　15.2　APEC 主要经济体的中间产品贸易 ··· 276

第 16 章　APEC 主要经济体参与全球价值链的程度、位置与变化　袁剑琴 ······

　　　 ··· 297

　　16.1　APEC 主要经济体参与全球价值链的收益 ···································· 297

　　16.2　APEC 主要经济体在全球价值链的参与程度 ································ 303

　　16.3　APEC 主要经济体在全球价值链的位置分析 ······························· 308

第 17 章　APEC 主要经济体国际竞争力变化　袁剑琴 ································ 312

　　17.1　APEC 主要经济体各产业国际市场占有率变化 ···························· 312

　　17.2　APEC 主要经济体贸易竞争力变化 ··· 316

　　17.3　APEC 主要经济体各产业比较优势变化 ······································· 319

第 18 章　APEC 主要经济体参与全球价值链的主要特征和政策建议　尹伟华 ···

　　　 ··· 321

　　18.1　APEC 主要经济体参与全球价值链的特征 ···································· 321

　　18.2　相关政策建议 ··· 324

参考文献 ··· 329

第六部分　全球价值链下 APEC 地区贸易投资与生产网络发展趋势研究

第 19 章　全球价值链下 APEC 经济体经贸关系的定量分析　毛日昇 ·········· 333

　　19.1　基于传统贸易统计数据的考察 ·· 333

　　19.2　基于增加值贸易贸易统计数据的考察 ··· 350

　　19.3　APEC 成员经济体经贸关系分析 ··· 369

第 20 章　全球价值链下亚太地区生产性服务贸易的发展　倪月菊、毛日昇、许冰清 ·· 373

　　20.1　生产性服务贸易与全球价值链的提升 ··· 373

　　20.2　基于增加值贸易的 APEC 成员经济体生产性服务贸易关系测度 ······

　　　 ··· 375

20.3 中国生产性服务贸易的竞争力分析 ················· 377

20.4 全球价值链下中国生产性服务业和服务贸易的发展路径及对策 ······

·················· 382

第 21 章 亚太区域生产网络的风险评估与治理 东 艳 ················· 386

21.1 亚太地区生产网络中的风险来源识别 ················· 386

21.2 亚太区域生产网络的稳定性测度 ················· 388

21.3 亚太区域生产网络的风险防范机制 ················· 394

第 22 章 促进亚太区域经济整合的战略选择 张 琳、东 艳 ················· 396

22.1 全球价值链与亚太区域一体化 ················· 396

22.2 APEC 机制下的合作建议 ················· 402

参考文献 ················· 408

第一部分

APEC地区贸易、投资和产业分工研究

第 1 章

全球价值链贸易的影响:全球及历史视角

宋　泓

1.1　全球价值链革命：定义、发展、动力和现状

1. 定义

全球价值链是指分布在不同国家中进行的,并有机地联系在一起的、一个产品或者服务——从最初的构思、设计、生产到销售及售后服务等——的企业价值增值活动(Porter,1985)。

正如一个企业可以参加多个产品或劳务的价值链活动一样,一个产品或者劳务价值链上的活动,也能够由单一的公司来完成,或者分割在不同的企业中联合完成。同样的,一个产品或者劳务的价值链,可以集中在一个国家内部(内部的一个企业或者多个企业)完成,也可以分散在不同国家(同一个公司的不同分公司,或者完全独立的公司)共同完成。

全球价值链革命是指企业的价值增值活动越来越多地分布在世界各地不同的国家中进行的一种趋势和现象。本质上,全球价值链革命就是全球化的一种新的表现。

2. 工业革命与传统分工关系的形成

马克思在《资本论》中所描述的机器大工业之前的工场手工业生产,其提高生产率的最大秘诀就在于,将分散在社会各个角落的能工巧匠们集中在一个工场中共同劳动和生产。在一个工场中共同劳作,生产得以集中,节约了一个工序到另一个工序的转移时间,也具有规模效应,更重要的是,能工巧匠们集中在一起,能够激发灵感,有利于工具的改进及机器的产生,从而提高效率。

机器大工业的出现，使生产在一个工厂中的集中更加突出——专业化的机器，需要相应的生产规模来配套。因此，机器的出现，首先带来了大规模的工厂的出现；其次，也出现了产业集中和集聚现象，并且城市化也伴随而生。

这样，在产业革命及由此而来的机器大革命的带动下，在一个国家内部出现了大工厂和大城市，并形成了这样的一种分工格局，即工业化之前的自给自足的自然分工格局逐渐瓦解，生产和消费开始分离，大规模生产、大众化消费开始出现。典型的情形是大规模生产集中在大工厂中(通常也是集中在城市中)，而大众化的消费则集中在城市中。不仅如此，这种生产和消费方式，产生的最大效果之一就是生产上的突飞猛进，以及消费上的相对滞后。结果使向外扩张——从本地区、本城市向周边地区、城市的扩张，从一个国家向世界各地的扩张——就有了强有力的内在驱动力。因此，大规模生产、大众化消费也促使长距离、大运量的交通革命的发生。

正如著名经济学家 Baldwin (2013)所言："在全球化之前的世界中，每个村庄都制造它们所消费的绝大部分东西。由于交通技术落后，生产和消费被迫集中在一起进行。蒸汽机革命，尤其是铁路和蒸汽轮船的出现和采用，从 1830 年开始，到 1870 年开始加速，使生产和消费在空间上的分离变得可行了。例如，横跨美国东西海岸的铁路线是 1869 年完成的。一旦，生产和消费在空间相互分离，那么，规模经济和比较优势将使这种分离获利。这改变了整个世界。"这就是典型的资本主义世界。

结果，完成工业化的国家，或称资本主义列强，一方面向世界各地销售大规模生产的产品；另一方面从世界各地筹供原材料，同时，相互之间进行激烈的竞争。一种新型的国际分工关系开始出现，即资本主义列强为中心的"宗主国-殖民地"体系。每个列强都形成了以自己为中心的"轴-辐"体系，而不同的列强之间又存在激烈竞争，战事不断，并导致了第一次世界大战和第二次世界大战。

在这种体系中，国际贸易主要在宗主国与殖民地之间进行，贸易产品也主要是生产阶段的起点或者最初的投入品——原材料和生产过程的结果——最终产品。很大程度上来说，这种贸易也是一种"垂直分工"关系。在这种体系之外，很多国家之间的一部分贸易，尤其是主要资本主义国家相互之间的相当一部分贸易也属于这种类型。

3. 新型分工关系的形成

1)第二次世界大战后的转型期

第二次世界大战后，发达国家之间的竞争，从过去赤裸裸的"丛林法则"，在一定程度上，转化为一种经济上的竞争。尤其是在美苏冷战的大背景下，在美国的领导下，西方发达国家之间化干戈为玉帛，甚至是在刚刚结束的战争中还拼死搏杀的敌人也突然间成为朋友，重新联合起来建立了一种新的国际秩序——布雷顿森林体系。完善的国际秩序、和平的环境、互相之间的竞争，促使这一时期的资本主义国家取得了持续、快速的发展。

在这种背景下，发达国家之间的国际分工有了一个新的发展。首先，是在"马歇尔计划"的支持下，美国大规模支持欧洲国家的战后重建。美国资本将"大规模生产、大众化消费"的美国福特制流水线生产方式，以及消费模式推向顶峰时期，并促使欧洲国家的复兴。

其次，随着欧洲国家的恢复，20 世纪 60 年代开始，欧盟（European Union，EU）国家之间的产业内分工开始兴起。这是一种新型的分工关系。在此之前，发达国家之间产业雷同、竞争激烈，并且很少见到相互之间的分工协作。追求差异化的产品及消费，成为发达国家的一种时尚。

最后，20 世纪 70～80 年代，随着日本的重新崛起，一种新的分工方式——丰田制开始流行起来。丰田制是一种不同于福特制的新型分工形式，它是用工厂之间的分工协作替代工厂内部的分工协作的一种新型分工模式。在这种模式下，核心企业与零部件配套厂商之间高度协作，而又相互独立；同时，核心厂商能够大大压缩库存，不仅降低了成本，而且也增加了生产的灵活性。丰田制进一步推动了欧美日发达国家和地区之间的产业内贸易发展。

2) 20 世纪 60 年代开始的变化

与发达国家之间的分工协作关系深化相伴随，发达国家和发展中国家之间，也在发达国家之间的激烈竞争下，出现了一种新的贸易安排，即海关特殊安排。这种安排最早出现在北美地区。1960 年，美国和加拿大之间签署汽车生产和贸易协定，此举是为了推动两国之间汽车产业之间的分工及贸易发展，美国海关出台特别的关税政策，允许两国之间的汽车零部件进出口贸易只针对增加值部分，而不针对成本部分征税。随后，在美国和墨西哥边境地区的墨西哥"客户"工业发展中，美国也出台了类似的关税政策和安排——只对往来这些地区的货物增加值征收关税。

20 世纪 60 年代，在欧洲国家之间，也出现了类似的安排。

在 20 世纪 60～70 年代的亚洲地区，随着日本的重新崛起，一种"日本型对外投资"开始兴起。日本型对外投资是指将自身丧失贸易比较优势的产业转移出去而产生的对外投资。这种投资的独特之处在于，它会在投资母国和投资东道国之间产生一种贸易协作和分工关系，并建立一种贸易与投资之间的互补关系①。正是在这种投资的推动下，亚洲地区逐渐形成了一种"雁阵发展"模式，即日本领头，亚洲四小龙跟进，随后是其他国家和地区等。

---

① 而与之相对立的所谓"美国投资"，则是来源于美国现有具有比较优势产业中，因而，这种投资，对于美国而言，会形成投资与贸易之间的竞争或者替代关系。

在投资和贸易领域中发生变革的同时,国际金融领域中,第二次世界大战后建立的布雷顿森林体系开始瓦解,美元与黄金之间的固定兑换承诺被废止。美元及美国的政府债券成为国际金融市场上的世界货币。以美元为核心,世界形成了一个非常独特的构成,即所谓"美国对其他国家"的金融格局。美国的"例外主义"也在金融和经济领域中凸显出来。

4. 全球价值链革命的推动力

从理论上讲,全球价值链的动力来自于专业化分工及规模经济上的收益。亚当·斯密很早就说过,分工的程度取决于市场的规模。突破一个国家的市场范围限制,会推动跨国分工的发展及深化。

推动全球价值链革命的动力,首先来自于第二次世界大战后所形成的和平国际环境,尤其是在西方发达国家内部形成的和平环境。第二次世界大战之前,资本主义列强之间弱肉强食的丛林法则已经让位于在冷战对峙下,美国主导的和平共处与和平竞争的关系。通过以美国为核心的盟国体系,西方国家化干戈为玉帛,在经济和科技领域中相互合作和竞争。正是在这样的环境下,欧洲国家,为了生存和发展,率先推动经济上的融合和合作。于是,在一些发达国家之间就逐渐产生了跨国界的分工。例如,作为欧盟根基的欧洲煤钢联盟于 1958 年成立,以及作为北美自由贸易区根基的美加汽车贸易协定等于 1960 年签订,因此,从 1960 年开始,发达国家之间的价值链合作开始推进。同时,这一时期,随着日本的重新崛起及回归亚洲,日本与亚洲四小龙等之间的分工关系也开始形成。

其次,通过关贸总协定及各种区域贸易协定所推动的贸易自由化进程,大大降低了主要发达国家之间的关税水平,使和平环境下的国际经济合作,不仅在政治上可行,而且在经济上也可行。从 20 世纪 70 年代后,越来越多的发展中国家和地区也参与到这种自由化的进程之中,大大推进和扩大了贸易自由化影响,也为国际分工的进一步深化和扩大打下了基础。

再次,推动力来自 20 世纪 70~80 年代在全球范围内所推进的自由化进程,即自由主义思潮及自由化进程。在发展中国家中,这表现为所谓的"华盛顿共识"。同一时期,社会主义国家的改革,以及随后苏联、东欧国家的解体,更是大大推进了这种进程,使市场经济成为全球范围内绝大多数国家的选择。这样,从 20 世纪 90 年代开始,全球范围内的真正大市场开始形成。

最后,伴随这个过程的技术上的革命,跨国运输上的集装箱化及信息通信技术的革命使跨国之间的货物运输和信息交流非常便利,大大节约成本,从而大大推进了全球价值链的发展。

5. 全球价值链革命的现状

有两种方法,可以用来估计全球价值链的重要性和比例。其一,是按照价值增值方法，直接将全球贸易区分为两部分，即全球价值链贸易和普通贸易，并计算出不同部分的比例来。Gangnes 等(2015)就是按照此种方法研究的，并给出了结果。基本的结论和发现如下：大概从 2005 年开始，全球价值链贸易，在全球贸易中的比例就已经达到了 50％以上。

其二，是基于现有的贸易统计数据，在总贸易中用中间产品贸易的比例来估计。例如，在 *Africa Economic Outlook* 2014 的表 6-4 中，将全球贸易区分为中间品、资本品和最终产品，并将中间品贸易近似地看做全球价值链贸易的代表。这样，从 1992 年开始，全球价值链贸易的比例就已经接近 60％，2012 年已经达到了 66％以上，如图 1-1 所示。

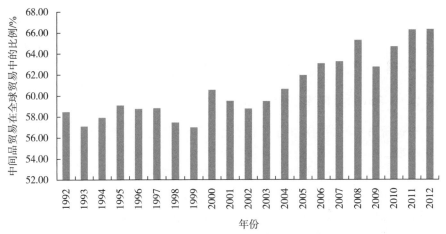

图 1-1　中间品贸易在全球贸易中的比例

资料来源：作者根据 *Africa Economic Outlook* 2014，表 6-4 计算得到

这两种方法都存在一些问题：第一种方法是将全球贸易中的重复计算剔除掉，并转化成价值链贸易，进而计算出其中的全球价值链贸易部分。这样做，有可能低估全球价值链贸易的比例。第二种方法则会高估全球价值链贸易的比例。因此，我们认为，真正的比例大概就在这两种估计的中间某个位置，即 50％～66％。二者说明全球价值链贸易已经成为国际贸易中的重要组成部分。

1.2　全球价值链革命所引发的变化：影响和观念变化

1.2.1　民族国家的兴起与衰落

民族国家的兴起，促使以国家为中心的现代社会的发展。从经济发展的角度来看，现代国家的形成意味着(至少理论上意味着)一个统一的大市场的形成。这样，在一个国家的内部就可以进行专业化的分工和协作,从而促使整个国家的发展。

但是,在很大程度上,国家是因为历史、宗教、民族、政治和军事等原因而形成的,因而,其地域大小不一,人口数量也千差万别;在经济发展(及军事对抗)上,其绝大多数都不具有合理性。例如,有些国家的人口和地域,相当于一个大陆,如俄罗斯、中国、美国和印度等,而有些国家则小如一个村庄或者一个县城。同样的,有些国家拥有得天独厚的资源,可以坐享其成,而有些国家则自然条件恶劣,非竭尽全力而不能生存。总体上,只有很少一部分国家,能够在国家之间的竞争中生存、发展和壮大起来。也正是在这样的基础上,一些国家得以崛起和发展。现代历史上,成功崛起和发展起来的国家,主要是人口数量在 5 千万~6 千万人以上的欧美国家。

而在全球价值链革命之后,民族国家的根基,在某种程度上——至少是在经济层次上,出现了衰落。世界范围内,很少再有国家(除个别大陆规模的国家之外)能够单独制定本国产业发展政策了。跨国家的区域成为新的经济发展基点。

1.2.2   全球价值链革命所带来的冲击

在全球价值链革命的冲击下,建立在民族国家之上的现代世界体系正在发生剧烈的改变。

第一,经济上的全球价值链布局,一方面有利于实现专业化分工和规模经济,另一方面也使以民族国家为基础的现代世界体系面临巨大挑战。例如,生产上的跨国布局也要求各个相关国家的货币和财政政策进行适当的协调,并且也需要社会政策的合作。例如,产业从发达国家转移或者外包到发展中国家和地区之后,发达国家的当地民众如何就业、收入如何得到保障、相应的社会保障体系如何调整呢?同样的,在发展中东道国中,政府通过免税等措施吸引外国直接投资,并加入全球价值链中去后,税收收入却非常有限。基于有限的税收收入,当地的基础设施及公共服务体系如何保障呢?

第二,国别基础上的经济,正在让位于区域,甚或全球范围的经济。国家的形成,基于各种各样的原因,但绝不是为了实现经济上的最优化。这样,全球价值链革命带来的变化最主要地表现在三个方面:第一,在国别层次上,伴随产业和生产能力的外包和转移,承接这些产业和能力的新兴国家和地区快速崛起,同时,传统的发达国家(产业外包和生产能力转移的母国)的相对地位也在降低。这一点可以从主要发达国家(七国集团)在全球贸易及制造业增加值中的比例反映出来,如图 1-2 所示。

第二,在区域、甚或全球层次上,区域生产网络体系的建立。全球价值链跨国布局的结果是区域性的价值增值网络的形成。根据价值增值贸易数据库的统计分析,世界上现有三大区域生产网络,即"北美工厂"、"欧洲工厂"和"亚洲工厂"

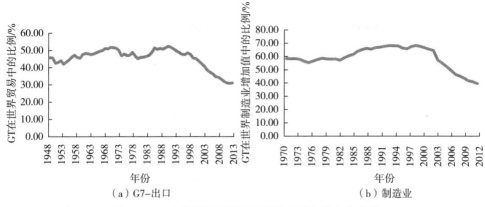

图 1-2　G7 在世界贸易及世界制造业增加值中的比例

资料来源：G7 的贸易数据来自 WTO 数据库；制造业数据来自联合国数据库

等。显然，这种区域化的生产布局，既是全球价值链革命的结果，也是这种变化的推动者。

第三，向前看，全球价值链革命下，以民族国家为基础的现代国际体系能否继续维持呢？全球价值链革命之前，现代的经济发展、国家政策及社会发展等都是基于国家体系的构架之上的，从而形成了"国民政府—本土产业和企业—本国国民—本国产品"等一系列的观念和政策体系。而全球价值链革命之后，相伴随的"区域产业—外国国民与本国企业和技术（发达国家）（或者对于发展中国家：外国技术与本国国民）—区域政府、区域产业和区域国民"等相应的观念和政策体系成为与之配套的新体系。但是，这种新的体系如何建立呢？因为，区域性的政府是不存在的，区域内的各个国家之间又将如何进行协调和合作呢？

1.2.3　全球价值链革命下的新观念

Baldwin(2013)曾经指出，"全球供应链"（即全球价值链，下同。）已经改变了世界。它们革命化了穷国所拥有的选择——现在，穷国可以通过参与全球供应链而发展，而不是像过去那样，通过几十年的努力来建立自己的价值链。劳动密集型制造业阶段的离岸活动及相伴随的国际技术流动开启了新兴市场国家和地区划时代的经济增长过程——一个由国内的改革所推动和不断推动的过程。发达国家和发展中国家之间的历史性收入差距通过北方国家的去工业化及南方国家的工业化过程而大大缩小——这种命运的逆转也许构成了过去 100 年中最重要的全球经济变化。全球价值链革命已经且正在也必将带来一系列的深刻变化。本节将主要集中在几个经济观念方面的变化上，分析这种革命的重大影响(表 1-1)。

表 1-1　全球价值链革命前后的经济观念变化

经济观念	全球价值链革命之前	全球价值链革命之后	备注
发展	国内的全产业链打造，或者产业发展；传统的进口替代战略，以及国家主义的比较优势政策	在全球价值链的某些环节上建立自己的比较优势，或者将自己的比较优势融入全球价值链中；更多、更密集、更广泛地参与	
国际竞争	传统意义下的国际竞争，是劳动、资本、技术秘诀、制度等国家团队之间的竞争	在全球价值链的情形下，国际竞争越来越多地表现为全球性大公司之间的竞争，它们一方面，将好多不同国家的劳动、资本和技术秘诀等综合和组织起来；另一方面，集中在某些关键的环节上，完成对于某种全球价值的控制。今天核心技术的边界，不再是特定国家之间的边界，而是全球价值链中的主导企业的边界	
国际贸易	在一个地方生产，在另外一个地方销售：最终产品的销售	跨境的工厂，从而传统工厂内部所从事的活动，如人员、技术、投资、思想观念、培训等也都成为国际商务的组成部分。因此，全球价值链革命，除了大规模提高国际商务活动的复杂性以外，也创造了新的国际流，即可以被称为贸易-投资-服务-知识产权纽带［trade-investment-service-intellectual property（IP）'nexus'］的国际流	
国际治理	以国家为中心的治理安排和构架；国家主权之上	超越主权国家的区域性的准政府，或者国家之间的密切协调，甚或是非政府组织	

资料来源：作者根据 Baldwin（2013）中的思想和内容整理、提炼

　　首先，全球价值链革命带来了发展观念及相应的发展战略思路的大改变。自英国工业革命以后，其他的后发国家基本上都采取了进口替代型的发展战略和模式。这种战略的核心是通过进口关税保护，限制进口产品的竞争，逐渐建立起本国的相同产业，从而培育起本国的企业群体，替代掉进口产品；最后甚至在国际市场上和其他国家的产品相互竞争。这种战略下建立的产业，基本上是"从前到后，从上游到下游"的全产业、全价值链。而在全球价值链革命后，落后国家可以放弃这种选择，或者增加一种选择，即不用建立一个全产业链，而只要根据本国的比较优势，参与其中的某些环节、某些功能的活动即可。理查德·鲍德温（Richard Baldwin）教授将这种情形称为"参加一个产业，而不是建设一个产业"的战略。

　　显然，这样的战略，执行起来要容易很多。在发展中国家和地区中，建立一个产业所需要的技术和资本，可以直接由发达国家的企业来提供，并且很多情况

下，发展中东道国只需提供当地劳动力，以及适当的政策及基础设施配套即可。这样，在很短的时间内，发展中国家和地区的生产能力就能够建立起来，贸易规模也会很快地扩张起来。

其次，全球竞争的理念和性质也发生了很大的改变。在全球价值链革命之前，本质上，国际经济竞争是一个国家团队与另一个国家团队之间的竞争。这些国家团队基于本国的资本、劳动、技术、制度及历史传统等打造自身的竞争优势和竞争力，然后，在国际市场上和其他国家的团队进行竞争。全球价值链革命之后，在很大程度上，国际之间的经济竞争已经抹掉了其中的"国家痕迹"，而扎根在来自发达国家的跨国公司根基之上。这时的国际竞争，是在跨国公司主导下的不同国家的资本、技术、劳动及组织管理等因素综合在一起的跨国产品、跨国团队之间的竞争。很多国家的某些要素都参与其中，但从产品上，已经很难区别这个产品是属于哪一个国家了。同样的，来自发达国家的很多跨国公司也都跨国化和国际化，在很大程度上，也很难判断这些公司是属于哪个国家的。

但是，这样的竞争，是以现有的（也就是发达国家的）跨国公司企业为基础的。因此，一方面，来自发达国家的跨国公司的规模扩张及利润不断增加；另一方面，潜在的、新兴的来自发展中国家和地区的跨国公司凤毛麟角，很难成长起来。

再次，贸易的性质及贸易产品的构成也发生了很大的变化。全球价值链革命所引起的最突出最重大的变化就表现在贸易方面。其一，表现在贸易产品的构成上。价值链革命之前，贸易的产品基本上都是最终品，表现为最终消费品或者资本品。但是，价值链革命之后，作为半成品的中间产品的比例大大提升。前文已经指出，目前这种产品的贸易比例已经高达整个国际贸易的三分之二左右。其二，正是这种贸易产品构成上的变化，以及价值链革命所创造出的巨大影响，使一个国家的贸易规模及贸易平衡不再具有传统的意义。例如，传统上，一个国家的产品竞争力越强，出口就越多，同时获得的贸易顺差也就越多，对这个经济的促进（如经济增长的促进作用）也就越大。因此，越是具有贸易顺差的国家，其国际竞争力越强大。而价值链革命之后，情况完全发生了改变。又如，一个国家的贸易规模巨大可能因为处在价值链的下游，从而包含大量的中间进口品，本国实际完成的价值增值部分则非常有限。再如，这个时候一个国家的贸易顺利，也不一定就表示整个国家的国际竞争力强大——尤其在双边贸易的范围内。这有可能是该国从事的加工贸易比例很高，获得了巨额的贸易盈余；也可能是该国处在生产制造的最后阶段，盈余中包含了大量的其他国家的成分；等等。

与此相伴随，国际贸易协定的政治经济学也发生了变化。传统的方式是一个国家用自己的市场开放去换取其他国家的市场开放。这种情形在多边贸易谈判中，表现得尤其突出。其极端和高级的表现形式为多边谈判中的主要供应国原则，即在某个产品的多边关税减让谈判中，只有主要的产品供应国和进口国之间直接讨价还价，并达成协议，那么，整个多边谈判才能最后确定。而在价值链革命之后，这里的谈判原则就变成了"发达国家的工厂去交换发展中国家的改革"（Baldwin，2013），即发达国家的跨国公司可以提供全球价值链生产的机会、技术和资本，甚至市场，而发展中国家之间则相互竞争这种机遇。但是只有通过彻底的国内改革，并提供良好的生产和经营条件的发展中国家和地区才能获得这种机遇。这显然是一种不对等的交换。

同时，国际贸易谈判的内容也发生了很大的改变。传统的国际贸易协定，主要是以关税和非关税等边境壁垒的削减为主，而全球价值链革命后的国际贸易协定谈判，则主要关注边境内的壁垒及当地的营商环境的改善。其核心的议题是制定新的、符合全球价值链进一步发展的规则和制度。这方面的变化，在最近的区域贸易协定及 WTO 诸边贸易谈判中，表现得非常明显。以美国为主导的 TPP（Trans-Pacific Partnership Agreement，即跨太平洋伙伴关系协定）是这种新规则、新协定的典型代表。我们拭目以待。

最后，国际治理方面也发生了很大的变化。传统的国际治理，主要以主权国家为核心，尊奉的基本准则是"各自管理好自己的事情"。中国等发展中国家所倡导的和平共处五项基本原则是这种准则的典型代表。国际社会中，核心的治理组织和机构都是以主权国家为基础的，如联合国及其附属机构、IMF（International Monetary Fund，即国际货币基金组织）、WTO 及世界银行（World Bank）等。但是，全球价值链革命之后，国际治理的基础，至少增加了两个，即非政府组织及超越主权的国际机构，如欧盟和东盟等。为了充分发挥和利用全球价值链产生的经济效益，就需要在区域、甚至全球层面为这类商务活动提供各种便利。这样，国家之间的合作会更多更频繁。

但是，与此相关的问题是，国际间的组织及非政府组织能否承担起国际治理的职责呢？例如，我们可以鼓励和允许跨国公司的投资在区域、甚或全球范围内推进，但是，对于本国的国民及当地的就业、发展及其他社会发展问题，谁去承担责任呢？难道我们也要去依赖跨国公司吗[①]？

1.3　如何应对全球价值链革命：传统的还是全球化下的发展战略？

目前，全球价值链革命还只是一种趋势，而不是国际社会的一种主流和主导

[①]　很多公共事务，从经济的角度来看，并不适合市场机制形式经营，而具有公共产品性质。这些公共产品，由跨国公司提供显然不会是最优的。

（但是，会越来越成为一种主导）。这样，发展中国家和地区可以有两种不同的战略：其一，过渡时期内仍然坚持传统的发展战略而可以发展起来的国家——将传统发展战略与全球价值链革命下的新机遇结合起来，从而实现快速发展。其二，当全球价值链革命作为一种主导时，几乎所有的落后国家和地区都要舍弃传统的发展战略，从而选择新的全球化条件下的发展战略。

1. 过渡时期的传统战略——发展中大国的最后机遇？

传统的，一个国家独立发展本国自己的产业及工业体系的进口替代战略，在本质上需要一种不对称的国际竞争环境，即"发达国家的市场要更加开放，而自己国内的市场则要相对封闭"。这样，本国的产业和企业才有生存和发展的空间，也才有发展和生存的必要。

第二次世界大战后，尤其 20 世纪 60～70 年代以来，在发达国家的授权下，在多边贸易体制中给予了发展中国家和地区很多的优惠。从而形成了国际社会中，正式存在的对落后国家的"非互惠的"、不对等开放环境。80 年代尤其是 90 年代以来，随着全球价值链革命的推进，基于市场力量基础上的这种不对等开放环境将会范围更大、程度更深。

基于这样良好的国际环境，落后国家可以获得经济发展的两个重要的要素：其一，发展本国产业的技术、甚至资本和国外技术人员。设想一下，如果是在 18～19 世纪，这样的情形是不可想象的。那时，宗主国普遍禁止殖民地发展任何工业，禁止机器设备、技术及技术人员的流出等。在价值链革命的高峰时期，不仅有丧失比较优势的整体产业从发达国家向发展中国家和地区转移的能力，更有跨国公司甚至会直接帮助当地政府和企业建立相关的产业和能力。正是存在这样的国际环境，第二次世界大战后的很多国家和地区获得了快速的崛起，如德国、日本，以及随后的亚洲四小龙等。其二，国际市场。在保护本国产业和市场的同时，大规模地、畅通无阻地进入其他国家，尤其是发达国家的市场，也是推行进口替代战略的落后国家所梦寐以求的。这样做，不仅可以为新兴的产业提供国际竞争的洗礼机会，而且还可以创造难得的外汇收入，突破外部平衡方面的限制，保证整个国家的健康稳定发展。对于从计划经济向市场经济转型的国家而言，这还是难得的市场化、国际化的学习和培训过程。

显然，只有大国才有这种可能。因为，在不对等、部分地开放本国市场之后，只有大国仍然能够剩余足够的市场以扶持和培育本国产业的发展和成长。而在这种条件下，中小型国家和地区很少能再留下有积极意义的国内市场规模来。但是，亚洲四小龙的成功，尤其是韩国和中国台湾的成功说明——在国际范围内，利用国际市场，弥补本土市场的不足也是一种选择。

当然，这样的条件也不是每个国家都可以获得并且能够充分利用的。例如，在第二次世界大战后的冷战格局下，中国大陆就遭受西方国家及苏联等联合的长期封锁和孤立，这样的国际条件也不能够利用。只有西方体系下的国家和地区，如美国的盟国日本、德国及受到西方国家保护和支持的亚洲四小龙才能获得这样的发展机遇。

但是，随着发达国家越来越收紧对发展中国家和地区，尤其是经济快速发展的落后国家的要求和市场开放条件，这样的国际机遇也越来越难得了。

2. 全球价值链革命下的全球化发展战略——落后国家之间的恶性竞争？

全球价值链革命下的全球化发展战略是一种什么样的发展战略呢？简单地讲，就是依靠跨国公司、依赖外来的投资、技术甚或高技术人员来建立当地的产业，从而实现某种程度发展的战略。和传统发展战略相比，全球化发展战略的产业和企业，完全是跨国公司的，而不是本国的；整个产业链的掌控，也完全是控制在跨国公司手中，而不是控制在本国企业手中，本国只是在全球价值链的某些环节和节点上，或多或少地有所参与而已。我们曾经将传统的战略称为"自立发展"战略，而现如今全球化下的新战略称为"依附发展"战略。这样的区分仍然贴切。

当全球价值链革命成为一种主导时，所有的国家和地区要获得发展，就需要参与到这个过程之中去。并且，国际社会对于落后国家继续追求"不对等开放条件下的传统战略"的警惕性会更高，容忍度也会更低。同时，国际的舆论及国内精英人士也会附和国际社会的主流，大大压缩传统战略选择和实施的空间。这样，几乎所有的国家和地区都会被卷入这样的潮流之中。

发展中国家和地区，为了竞争全球价值链型投资的机遇，早就已经展开了激烈的竞争。从 20 世纪 80 年代开始，联合国相关机构就在警告这些国家和地区，避免陷入恶性经济的深渊之中(race to the bottom)。

在这样的潮流下，落后国家和地区面临着非常尴尬的选择：积极参与，但发展的前景黯淡，并且会带来很多的问题；不参与，又会被孤立和边缘化，更加落后。

当然，并不是所有国家和地区都能够这么做。全球价值链的运行要求有很多的条件，如开放的全球，至少是区域性的市场、廉价的劳动力供应及潜在的当地市场，联系密切的当地生产和经营网络等。只有少数国家和地区能够幸运地被包括在跨国公司的全球价值链的地区，甚至全球性环节上，特别是在生产和供应环节上。这些国家，要么是地区、甚至全球性的消费市场，要么是区域性、甚至全球性的生产、经营中心。其他国家和地区则处在消费市场，或者原材料供应地的角色中，而处在依附状态。

3. 与全球化战略相配套的区域或者全球治理

全球价值链的有效执行和充分发展，需要迫切需要解决好与此相关的很多治理问题。其一，国家内部的治理问题。例如，发达国家内部需要解决伴随产业转移及跨国公司国际化经营所带来的收入分配不公问题，以及资本与民众之间的分配问题；而参与全球价值链生产的发展中国家则需要解决有限的税收收入与基础设施建设之间的矛盾、当地比较优势的升级换代及中等收入陷阱等问题（当地收入和工资水平上升之后，跨国公司撤走，当地的发展如何延续？）；等等。其二，在区域或者全球层次上，创建更多的适合全球价值链运营的规则、制度和政策环境。同时，也要对跨国公司的行为进行国际规范和约束，确立跨国公司的行为准则。其三，在所有的这些变化下，新的规则和制度的落实与实施问题。例如，鼓励全球价值链发展的全球规则和制度已经形成，那么，如何落实，还是依赖当地的政府吗？在这个方面，当地政府能够承担多大的责任呢？其四，国际纠纷如何解决、如何监督这些规则和制度的落实呢？区域或者国际范围内，是否也应该有一些新的组织，像 WTO 一样，具有强制力的争端解决机制，从而迫使各个成员约束自己的行为呢？

1.4　对中国的启示

（1）对于全球化机遇的积极利用，使中国成为最近几十年中最为成功的发展案例之一。从某种程度上讲，中国的成功就是传统发展模式与全球化机遇的有机结合典范。

自新中国成立以来，中国受到西方世界的长期孤立和封锁；20 世纪 60 年代以来，甚至和社会主义阵营的联系也大大削弱。长期的孤立环境使中国得以吸收和消化新中国成立时期从苏联引进的现代产业项目，并在某些军事领域中独立自主，自我发展。这样，既建立了独立的产业体系，培养了国内的大批技术和工程人员，也积累起强大的技术学习和模仿能力。

改革开放以后，我们得以充分利用外部的开放环境，一方面大力引进技术、引进外资，积极参与全球价值链；另一方面，也大力支持和培育本土产业的发展，从而实现了传统进口替代战略与全球化趋势的有机结合，很快成长为世界制造工厂和加工中心，并实现了整个国家的快速发展。

（2）中国处在比较有利的地位。新中国成立后，改革开放三十多年的发展，使中国经济已经发展到了一个新的转型升级阶段：一方面，我们有越来越多的低端产业和生产能力需要转移出去。这使中国也处在向外产业转移，并逐步构建以我为主的区域，甚或全球价值链的新阶段。这说明，至少在全球价值链的构建上，我们正在逐渐脱离发展中国家的阵营而步入发达国家的阵营之中。另一方面，我们也面临着步入高端领域，突破关键环节的挑战，面临向创新驱动型发展轨道的转变压力。

这样的地位，使我们既要积极参与构建全球价值链新规则、新制度和新环境的国际进程，也要积极维护自身的发展，大力支持和培育中国自身的核心产业和环节突破，促进产业结构和经济转型升级，尽快培育出更多的本土跨国公司群体。

(3)中国的成功发展案例是否可以复制和推广呢，其他发展中国家和地区是否可以仿效中国的经验呢？从最一般的意义上看，充分利用全球价值链过渡期的历史性机遇，来有效推动本国传统战略的实施，至少对于一些大国的某些产业的发展来说，仍然有一定的参考意义。同时，中国积极培育本土产业和企业的能力的做法也值得其他国家学习和借鉴。

但是，对于中小型国家而言，创造性塑造和定位本国在区域、全球经济发展中的位置，并制定出长期、针对性的战略政策，持之以恒，一定可以取得积极的效果。爱尔兰和新加坡的成功经验都值得这些中小型国家认真学习。

第 2 章

全球价值链背景下的中国外贸
结构转型升级

苏庆义

外贸结构是指一个国家(地区)出口什么样的产品,反映了一国在国际分工中的地位。外贸结构转型升级是指一国国际分工地位的不断攀升。外贸结构转型升级或者国际分工地位提升之所以重要,是因为它们意味着在参与国际贸易时一国获益能力的提升。

在传统的国际分工模式下,探寻一国出口结构在世界上所处的水平已经足以理解该国的国际分工地位。例如,如果以农业、制造业和服务业三大类作为出口构成,那么,一般认为,农业出口比重高意味着较低的国际分工地位,服务业出口比重高意味着占据更高的国际分工地位,制造业出口比重高则意味着在国际分工中处于中间位置。那么以此分析,虽然中国出口结构尚不能和发达国家相比,但是强大的制造业却足以保证中国出口地位高于绝大多数发展中国家。

然而,在全球价值链分工背景下,一国的出口产品并不完全由本国生产,在生产过程中投入了进口的中间品,仅仅分析出口结构并不足以完全理解一国的国际分工地位。同样是出口制造业高科技产品,一国既可以出口附加值高的零部件,也可以通过加工组装出口最终成品。显然,二者的国际分工地位明显不同。因此,如果在考察出口结构时不考虑全球价值链分工背景,就会高估通过加工组装进行出口的国家的分工地位。

本章主要研究全球价值链分工对外贸结构转型升级的影响,主要内容如下:首先分析传统分工背景下的外贸结构转型升级,其次给出全球价值链背景下外贸结构转型升级的理论,再次从经验上分析中国外贸结构的国际地位及和美国国际分工地位差异的来源,最后进行总结并给出政策建议。

2.1 传统分工背景下的外贸结构转型升级

如前所述，外贸结构意味着国际分工地位，外贸结构转型升级意味着国际分工地位的提升，因此，一个基础性工作是如何测度国际分工地位。

在传统的国际分工背景下，产品的整个生产过程在单一国家内部完成，国际分工地位可以采用出口的各类要素密集型产品的比重或显性比较优势指数（index of revealed comparative advantage，RCA）（Balassa，1965）来衡量，即评估出口结构[①]。这一衡量方法基于李嘉图的相对技术差异理论和赫克歇尔-俄林的要素禀赋理论。可以根据生产某种产品投入的各类要素的比重来划分产品种类，常用的种类包括资源密集型、劳动密集型、资本密集型和技术密集型等。一般认为，当一国出口较多技术密集型产品时，则其被认为处于较高的国际分工地位，然后是资本密集型、劳动密集型和资源密集型。樊纲等（2006）对评估贸易结构的传统文献做过简要的梳理。

另外一种常用的测度国际分工地位和评估出口结构的指标是指出口技术复杂度[②]，该指标由 Hausmann 等（2007）提出，并得到广泛应用。首先，计算产品 k 的技术复杂度，即

$$\text{PRODY}_k = \sum_i \frac{x_{ik}/X_i}{\sum_j x_{jk}/X_j} Y_i \qquad (2\text{-}1)$$

其中，i 和 j 表示国家；x_{ik} 表示国家 i 在产品 k 上的出口额；X_i 表示国家 i 的总出口；Y_i 表示国家 i 的人均国内生产总值。

其次，根据各产品的出口比重计算各国出口的技术复杂度如下：

$$\text{EXPY}_i = \sum_k \frac{x_{ik}}{X_i} \text{PRODY}_k \qquad (2\text{-}2)$$

产品技术复杂度的计算方法暗含高收入水平国家更倾向于、也更有能力生产高技术复杂度（技术含量高）产品的假设，Hausmann 等（2007）对此进行了详细地阐释。反过来，高技术复杂度的产品也更有利于经济增长。实际上，如果抛开技术复杂度这一概念，式（2-1）也可以理解为高收入水平国家生产的产品更加高端，是低收入国家出口结构优化的方向。因此，在传统的国际分工背景下，外贸结构转型升级是指一国出口技术复杂度的上升。

---

① 使用这一方法评估中国国际分工地位（出口结构）的代表性文献有魏浩等（2005）、傅朝阳和陈煜（2006）等。

② Hausmann 等（2007）实际上将这一指标称为"出口的收入水平"（income level of a country's exports），但后来的文献称为"出口技术复杂度"，为了与国内外文献保持一致，我们延续"出口技术复杂度"这一称呼。

2.2　全球价值链背景下的外贸结构转型升级理论

2.2.1　全球价值链背景下国际分工地位的测度指标

我们认为，在全球价值链分工背景下，一个合理的国际分工地位指标应该能同时考虑传统的出口结构概念和新分工背景下出口的国内增加值率（domestic value added ratio，DVAR），即同时考虑出口的产品属性和增加值属性[①]。为此，我们综合现有文献的研究，构建一个既考虑增加值属性又考虑产品属性、同时具有政策内涵的测度国际分工地位的指标，具体如下：

$$\text{GVCP}_i = \sum_k \frac{x_{ik}}{X_i} \text{DVAR}_{ik} \text{HL}_k \qquad (2\text{-}3)$$

其中，DVAR_{ik} 为国家 i 产业 k 的国内增加值率，表示增加值属性；HL_k 为产品属性，表示产品的高低端。高端产品是国际分工地位较低国家出口结构优化的方向。到目前为止，HL_k 还只是一个概念，仍不是量化指标。为此，我们借用 Hausmann 等（2007）构建的产品技术复杂度表示产品的高低端，产品技术复杂度高意味着高端产品，产品技术复杂度低则意味着低端产品。那么，国际分工地位指数具体计算公式表示如下：

$$\text{GVCP}_i = \sum_k \frac{x_{ik}}{X_i} \text{DVAR}_{ik} \text{PRODY}_k \qquad (2\text{-}4)$$

其中，PRODY_k 为 Hausmann 等（2007）构建的产品技术复杂度，表示产品属性，在同一时间内，对各国而言是相同的。

GVCP_i 的计算公式表明，一国的国际分工地位既取决于该国各产业的国内增加值率，又取决于该国出口的产业种类（出口结构）。该指标的构建突破了以往文献没有同时考虑国际分工地位增加值属性和产品属性的局限，从而相比已有国际分工地位指标更加合理。

这一新指标具有深刻的福利含义。从生产法来看，传统总值出口中，只有其中的国内增加值（domestic value added，DVA）属于本国国内生产总值的一部分，国内增加值率反映了一国通过出口拉动国内生产总值的能力。因此如果国内增加值率高，则意味着通过出口创造当期国内生产总值的能力越强。而根据 Hausmann 等（2007）的研究，产品技术复杂度高的产品更有利于经济增长，因此偏重于高技术复杂度产品的出口能带来后续的高经济增长率。

---

① 出口产品的品质也被用来评估一国出口的水平，但由于测度的难度和可信性，国际贸易文献对此关注较少。李坤望等（2014）使用该方法测度了中国出口产品的品质，并对相关文献有所评述。我们暂不考虑出口产品品质。

2.2.2　一个理解外贸结构转型升级的投入产出框架

在构建新的国际分工地位测度指标之后，为便于理解国家之间分工地位的差异及发展中国家如何追赶发达国家分工地位这类重要问题，本小节将利用投入产出的分析框架对这些问题进行理论分析。

为简化分析，仅考虑存在两个国家和两种产品的情形，将外部环境视为外生参数。假设存在国家 1（发展中国家）和国家 2（发达国家）两个国家，可以生产产品 A（低端产品）和产品 B（高端产品）两类产品。两国均生产并向对方出口两种最终产品，国家 2 的生产过程不使用来自国家 1 的中间品，但是国家 1 在生产产品 A 和产品 B 的过程中投入了来自国家 2 的进口品 B。我们可以使用投入产出表将这一情形表达出来（表 2-1）。

表 2-1　两个国家两种产品的投入产出表

投入 ＼ 产出			中间使用				最终使用		总产出
			国家 1		国家 2		国家 1	国家 2	
			产品 A	产品 B	产品 A	产品 B			
中间投入	国家 1	产品 A	x_{11}^{AA}	x_{11}^{AB}	0	0	y_{11}^{A}	y_{12}^{A}	x_1^A
		产品 B	x_{11}^{BA}	x_{11}^{BB}	0	0	y_{11}^{B}	y_{12}^{B}	x_1^B
	国家 2	产品 A	0	0	x_{22}^{AA}	x_{22}^{AB}	y_{21}^{A}	y_{22}^{A}	x_2^A
		产品 B	x_{21}^{BA}	x_{21}^{BB}	x_{22}^{BA}	x_{22}^{BB}	y_{21}^{B}	y_{22}^{B}	x_2^B
增加值			va_1^A	va_1^B	va_2^A	va_2^B			
总投入			x_1^A	x_1^B	x_2^A	x_2^B			

在表 2-1 中，x_{ij}^{kg} 表示国家 j 生产产品 g 时使用的来自国家 i 的产品 k；y_{ij}^{k} 表示国家 j 消费的来自国家 i 的最终品 k；va_i^k 表示国家 i 生产产品 k 时投入的直接增加值；x_i^k 表示国家 i 在产品 k 上的总产出。其中，i，$j=1$，2；k，$g=A$，B。

通过计算，可以求得国家 1 产品 A 和产品 B 的国内增加值率分别是

$$\text{DVAR}_{1A}=1-\left[\frac{x_{21}^{BA}}{x_1^A}\left(1+\frac{x_{11}^{AA}}{x_1^A}\right)+\frac{x_{21}^{BB}}{x_1^B}\frac{x_{11}^{BA}}{x_1^A}\right], \ \text{DVAR}_{1A}<1=\text{DVAR}_{2A} \quad (2\text{-}5)$$

$$\text{DVAR}_{1B}=1-\left[\frac{x_{21}^{BA}}{x_1^A}\frac{x_{11}^{AB}}{x_1^B}+\frac{x_{21}^{BB}}{x_1^B}\left(1+\frac{x_{11}^{BB}}{x_1^B}\right)\right], \ \text{DVAR}_{1B}<1=\text{DVAR}_{2B} \quad (2\text{-}6)$$

其中，$\dfrac{x_{21}^{BA}}{x_1^A}$ 和 $\dfrac{x_{21}^{BB}}{x_1^B}$ 分别表示国家 1 在生产产品 A 和产品 B 时使用的来自进口品的比例。因为国家 2 没有使用来自国家 1 的中间品，它在两类产品上的国内增加值

率 $DVAR_{2A}$ 和 $DVAR_{2B}$ 等于 1。

假设产品 A 和产品 B 的出口技术复杂度分别是 $PRODY_A$ 和 $PRODY_B$，由于产品 B 相对高端，因此 $PRODY_A < PRODY_B$。

由于两国出口产品 A 和产品 B 的比重分别是

$$\frac{x_{1A}}{x_1} = \frac{y_{12}^A}{y_{12}^A + y_{12}^B}, \quad \frac{x_{1B}}{x_1} = \frac{y_{12}^B}{y_{12}^A + y_{12}^B} \tag{2-7}$$

$$\frac{x_{2A}}{x_2} = \frac{y_{21}^A}{y_{21}^A + y_{21}^B + x_{21}^{BA} + x_{21}^{BB}}, \quad \frac{x_{2B}}{x_2} = \frac{y_{21}^B + x_{21}^{BA} + x_{21}^{BB}}{y_{21}^A + y_{21}^B + x_{21}^{BA} + x_{21}^{BB}} \tag{2-8}$$

则可以计算出国家 1 和国家 2 各自的国际分工地位指数如下：

$$GVCP_1 = \frac{y_{12}^A}{y_{12}^A + y_{12}^B} DVAR_{1A} PRODY_A + \frac{y_{12}^B}{y_{12}^A + y_{12}^B} DVAR_{1B} PRODY_B \tag{2-9}$$

$$GVCP_2 = \frac{y_{21}^A}{y_{21}^A + y_{21}^B + x_{21}^{BA} + x_{21}^{BB}} PRODY_A + \frac{y_{21}^B + x_{21}^{BA} + x_{21}^{BB}}{y_{21}^A + y_{21}^B + x_{21}^{BA} + x_{21}^{BB}} PRODY_B$$

$$\tag{2-10}$$

一般来讲，发展中国家 1 的分工地位要低于发达国家 2，即 $GVCP_1 < GVCP_2$。从式(2-9)和式(2-10)可以看出，这主要源于两个方面的原因：①国家 1 在高端产品 B 上的出口比重低于国家 2；②国家 1 在产品 A 和产品 B 上的国内增加值率要低于国家 2。

那么，根据上述分析，发展中国家 1 在国际分工地位上追赶发达国家 2 的方式有两种：①提升高端产品的出口比重；②提升所有出口产品尤其是高端产品的国内增加值率。这两种方式均对发达国家 2 的国际分工地位构成挑战。但是在现实情景中，发展中国家很难同时做到这两点，即很难完全依赖自身的能力生产高端产品。在全球价值链分工背景下，一个现实的选择是，先通过融入价值链、进口中间品来生产高端产品，此时国内增加值率会不断下降。然后通过干中学、技术外溢等方式来延长国内价值链，提升出口品中的国内增加值率。在这一过程中，发展中国家的国际分工地位得到不断提升。

2.3　中国外贸结构的国际地位

2.3.1　数据来源

本节经验研究需要用到的数据包括各国人均国内生产总值、各国产品层次出口值和各国产品层次国内增加值率。其中各国人均国内生产总值来自 PWT8.0，通过各经济体国内(地区)生产总值和人口计算得出。国内(地区)生产总值是根据生产法计算的，并且基于 2005 年不变美元价。对于使用的产品细分程度，分类越细，计算得出的产品技术复杂度越准确，如研究出口技术复杂度或出口技术含量的文献较多使用 HS 六位码数据，产品种类多达 5 000 余种（Hausmann 等，2007；齐俊妍等，2011）。由于还要获得相应产品层次的 DVAR，因而计算产品 DVAR 需要各产品的投入产出结构，遗憾的是，在目前的数据条件下，还没有细分产品层次的投入产出表。我们只能根据已有的投入产出数据库来确定产品层次。

目前使用较多的国家间投入产出数据库或贸易增加值数据库是欧盟资助开发的世界投入产出数据库（Word Input-Output Database，WIOD）①和 OECD-WTO 开发的贸易增加值数据库（Trade in Value Added，TiVA）。这两大数据库均都包括农业、工业和服务业，相比 TiVA 数据库的 18 种产业，WIOD 数据库具有的产业种类更多（35 种）。TiVA 数据库的年份包括 1995 年、2000 年、2005 年、2008 年和 2009 年，WIOD 数据库则具有连续时间的优势（1995～2011 年）。但是，TiVA 数据库的一大优势是包含的经济体数目更多，为 56 个经济体，其中 OECD 国家 34 个、非 OECD 国家 22 个。而 WIOD 数据库的经济体数目是 40 个。显然，国家数目的增多也有利于产品技术复杂度的计算精度，也更有利于辨识中国在世界上的分工地位。综合考虑，WIOD 数据库产业种类的增多并没有多到明显提升计算结果的地步，而 TiVA 数据库国家数目的增多则更有利于判别中国的国际分工地位，本节使用 TiVA 数据库。

尽管本节使用的产业层次较粗，但是现有文献研究出口技术复杂度时主要使用货物产品数据，实际研究的是制造业（工业）国际分工地位，较少关注服务业，因此本部分全行业层面的研究有助于更加全面地理解中国的出口地位②。毕竟，对于中国来讲，制造业出口规模已经足够大，更多需要关注的是考虑服务业之后全行业的出口地位。

另外，为了使各年份国际分工地位进行时间上的比较，我们将产品技术复杂度进行了标准化，使标准化后的产品技术复杂度的区间是[0，1]。标准化方法如下：

$$\mathrm{PRODY}_k^{\mathrm{new}} = \frac{\mathrm{PRODY}_k - \mathrm{PRODY}_{\min}}{\mathrm{PRODY}_{\max} - \mathrm{PRODY}_{\min}} \tag{2-11}$$

因此，本部分计算得出的国际分工地位指数也将位于 0 和 1 之间，该指数越

---

① 世界投入产出数据库简称 WIOD，是欧盟委员会第七框架计划资助的重大国际合作项目（The 7th Framework Programme，European Commission）"World Input-Output Database：Construction and Applications"的成果，编制了 1995～2011 年世界投入产出表及相关系列数据，涵盖 27 个欧盟国家和 13 个其他经济体（www.wiod.org）。但遗憾的是，WIOD 数据库只包含了 10 个 APEC 经济体，即澳大利亚、加拿大、中国大陆、印度尼西亚、日本、韩国、墨西哥、俄罗斯、中国台湾、美国，因此本书重点研究中国和 9 个 APEC 其他主要经济体的经济互利关系。本书中，如无特别说明，"APEC 其他主要经济体"专指上述 9 个经济体。

② 戴翔（2012）研究了中国服务业的出口技术复杂度及其在国际上的地位，但是并没有考虑全球价值链分工形式。

高，表明一国的国际分工地位越高。

2.3.2　产业技术复杂度

在运用式(2-4)计算国际分工地位指数时，主要的变量是国内增加值率和产业技术复杂度。对于国内增加值率的研究，罗长远和张军(2014)已经使用 TiVA 数据库进行了详细地分析，我们不再专门分析。下面，我们简要分析一下计算得出的产业技术复杂度(表 2-2)。

表 2-2　产业技术复杂度

产业	1995 年	2000 年	2005 年	2009 年	产业	1995 年	2000 年	2005 年	2009 年
农林牧渔业	0	0	0.015	0	交通设备	0.596	0.361	0.355	0.344
采掘业	0.685	0.503	0.520	0.520	其他制造业	0.310	0.224	0.148	0.148
食品饮料烟草业	0.307	0.187	0.228	0.214	电力燃气及水供应	0.350	0.228	0.400	0.427
纺织皮革鞋类	0.052	0.004	0	0.008	建筑业	0.174	0.145	0.232	0.203
木制品和纸制品	0.427	0.286	0.312	0.288	批发零售餐饮业	0.405	0.293	0.365	0.373
化学制品	0.493	0.345	0.378	0.418	运输储藏邮电通信	0.450	0.369	0.400	0.417
金属制品	0.435	0.295	0.298	0.331	金融业	1	1	1	1
机械设备	0.634	0.427	0.413	0.461	商业服务	0.547	0.529	0.535	0.545
电气和光学设备	0.556	0.331	0.293	0.243	其他服务业	0.602	0.318	0.389	0.486

由于在构建产业技术复杂度时，对其进行了标准化处理，产业技术复杂度指标的取值区间是 0～1。计算结果表明，金融业的技术复杂度最高，主要是由于发达国家金融业比较优势较为突出，该产业的指标自然就高。另外，其他服务业也普遍拥有较高的技术复杂度。农林牧渔业的技术复杂度最低，这和我们的直觉相符，落后国家一般最先发展这些产业。采掘业拥有仅次于金融业的技术复杂度，这可能有些难以理解，但实际上，许多资源丰富的小国通过发展采掘业出口资源品步入发达经济体行列，如中东地区的产油国。制造业中技术复杂度最低的是纺织、皮革和鞋类产业；技术复杂度较高的是机械设备和交通设备，它们属于制造业中的高端产业。建筑业的技术复杂度并不高。

由此可见，在传统的分工背景下，如果不存在全球价值链分工，则一国可以通过出口三类产业获得较高的国际分工地位：①发展采掘业；②发展制造业中的高端产业，如机械和交通设备；③发展服务业中的金融业。由于金融业的技术复杂度最高，拥有较强金融业的发达国家国际地位最高。发展采掘业和高端制造业国家的分工地位则不相上下。

但是，在全球价值链分工背景下，对于部分发展中国家而言，如果依靠的是加工贸易发展起强大的制造业，由于制造业的国内增加值率往往较低，因而该国的国际分工地位并不一定高。中国的情形和此类似，那么实际上中国的国际分工地位如何呢？下面对此进行经验分析。

2.3.3 世界主要经济体国际分工地位的测算结果

由于经济体数目较多，我们仅在表 2-3 中列出 28 个经济体的分工地位指数。同时，图 2-1 左轴列出了中国在 56 个经济体中国际分工地位的排名，排名越高表示中国国际分工地位越低。

表 2-3 世界主要经济体国际分工地位

经济体	1995 年	2000 年	2005 年	2008 年	2009 年	经济体	1995 年	2000 年	2005 年	2008 年	2009 年
沙特阿拉伯	0.625	0.462	0.475	0.445	0.483	意大利	0.340	0.230	0.238	0.273	0.276
英国	0.412	0.321	0.351	0.412	0.417	法国	0.377	0.252	0.264	0.268	0.268
俄罗斯	0.444	0.306	0.370	0.376	0.395	荷兰	0.276	0.196	0.238	0.242	0.245
澳大利亚	0.405	0.284	0.326	0.356	0.362	葡萄牙	0.280	0.208	0.236	0.235	0.243
美国	0.455	0.328	0.339	0.348	0.357	阿根廷	0.335	0.237	0.235	0.223	0.239
中国香港	0.302	0.267	0.332	0.350	0.349	墨西哥	0.342	0.213	0.233	0.245	0.234
南非	0.462	0.322	0.323	0.299	0.339	新加坡	0.276	0.182	0.191	0.206	0.216
加拿大	0.382	0.243	0.285	0.310	0.318	马来西亚	0.256	0.182	0.200	0.218	0.215
西班牙	0.362	0.256	0.270	0.309	0.314	韩国	0.339	0.204	0.203	0.209	0.205
日本	0.503	0.313	0.297	0.298	0.295	菲律宾	0.298	0.147	0.155	0.183	0.190
印度尼西亚	0.362	0.245	0.276	0.278	0.293	中国台湾	0.283	0.194	0.181	0.174	0.182
巴西	0.384	0.242	0.276	0.293	0.284	泰国	0.288	0.174	0.168	0.177	0.178
德国	0.409	0.264	0.266	0.286	0.283	中国大陆	0.318	0.194	0.166	0.186	0.173
印度	0.294	0.219	0.267	0.278	0.280	越南	0.255	0.179	0.173	0.143	0.161

注：根据 2009 年国际分工地位指数由高到低排列

从图 2-1 中可以看出，1995 年、2000 年、2005 年、2008 年和 2009 年中国的国际分工地位排名分别是 30 位、41 位、54 位、49 位和 54 位。显然，1995年、2000 年和 2005 年中国的国际分工地位排名越来越靠后，从中等位置退化到最为落后的地位行列；此后到 2009 年中国的地位一直比较落后，仅高于柬埔寨和越南。这表明，1995 年后，虽然中国的出口总额一直快速增长，在世界名列前茅，但是中国的国际分工地位却一直在下降，2009 年，中国的国际分工地位处于最为落后的位置。

表 2-3 列出了代表性国家的国际分工地位指数。从表 2-3 中可以看出：①英国、美国、加拿大、日本和德国等发达国家拥有较高的国际分工地位。②沙特阿

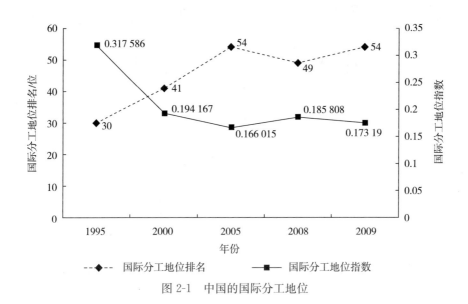

图 2-1　中国的国际分工地位

拉伯、俄罗斯、南非和巴西等自然资源比较丰富的国家也拥有较高的国际分工地位。③在金砖国家中,俄罗斯、南非、巴西和印度等国家的国际分工地位都明显高于中国大陆,仅有一个例外,即初始年份 1995 年中国大陆的国际分工地位高于印度。④亚洲新兴经济体的国际分工地位普遍不高,除印度尼西亚和印度地位较高外,新加坡、马来西亚、韩国、菲律宾、中国台湾、泰国、中国大陆和越南等经济体国际分工地位均属于较低的行列。

2.4　中国和美国国际分工地位差异的来源

2.4.1　分解方法

根据我们对国际分工地位指标的构建方法及基于投入产出框架的理论分析,在特定年份,中国和其他经济体国际分工地位差异的来源主要有两个:国内增加值率的差异和出口各产业比重的差异。我们将这两个差异来源分别命名为国内增加值效应和出口结构效应。下面通过式(2-12)将这两个效应分解出来:

$$\text{GVCP}_{\text{china}}-\text{GVCP}_{\text{other}}=\frac{\sum_k (r_{k,\text{other}}\text{DVAR}_{k,\text{china}}\text{PRODY}_k - r_{k,\text{other}}\text{DVAR}_{k,\text{other}}\text{PRODY}_k)}{\text{国内增加值效应(DVARE1)}}$$

$$+\frac{\sum_k (r_{k,\text{china}}\text{DVAR}_{k,\text{china}}\text{PRODY}_k - r_{k,\text{other}}\text{DVAR}_{k,\text{china}}\text{PRODY}_k)}{\text{出口结构效应(ESE1)}}$$

$$=\frac{\sum_k (r_{k,\text{china}}\text{DVAR}_{k,\text{china}}\text{PRODY}_k - r_{k,\text{china}}\text{DVAR}_{k,\text{other}}\text{PRODY}_k)}{\text{国内增加值效应(DVARE2)}}$$

$$+\frac{\sum_k(r_{k,\ \text{china}}\text{DVAR}_{k,\ \text{other}}\text{PRODY}_k-r_{k,\ \text{other}}\text{DVAR}_{k,\ \text{other}}\text{PRODY}_k)}{\text{出口结构效应(ESE2)}}\quad(2\text{-}12)$$

其中，$\text{GVCP}_{\text{china}}$ 和 $\text{GVCP}_{\text{other}}$ 分别表示中国和其他国家的国际分工地位指数；r 表示各产业出口占比，并且式(2-12)中第一项是国内增加值效应，第二项是出口结构效应。根据结构分解分析(structural decomposition analysis，SDA)方法的思想，此时存在两种分解方法和已有文献类似，我们取二者的平均值。

在计算出两种效应后，根据这两种效应占国际分工地位差异的比重可以计算出二者的贡献度。下面我们以美国为例，分析中国和美国国际分工地位差异的来源。

2.4.2　中国和美国差异的来源

表 2-4 列出了 1995 年、2000 年、2005 年、2008 年和 2009 年中国和美国国际分工地位差异及国内增加值效应和出口结构效应的贡献度。从表 2-4 中可以看出，1995 年、2000 年、2005 年、2008 年和 2009 年，中国国际分工地位均低于美国，且落后程度逐步增大，落后程度从 1995 年的 0.138 扩大到 2009 年的 0.184。分解结果表明，这种差异主要来源于出口结构效应，但是国内增加值效应的贡献度反而不断上升。这说明，中国的出口结构和美国相比，还需要较多调整和优化，需要提升在高端制造业和服务业的比重。一个显而易见的例子是，美国的金融服务业远远领先于中国。同时，中国出口产业的国内增加值率和美国的差距逐步拉大，越来越阻碍中国追赶美国的国际分工地位。事实上，根据 TiVA 数据库的计算结果，1995 年中国国内增加值率低于美国仅 3.51 百分点，而 2009 年落后程度扩大到 21.34 百分点。

表 2-4　中国和美国国际分工地位差异及其来源

年份	1995	2000	2005	2008	2009
总体差异	−0.138	−0.134	−0.173	−0.162	−0.184
国内增加值效应	−0.011 (8.05%)	−0.030 (22.25%)	−0.072 (41.72%)	−0.055 (34.17%)	−0.056 (30.75%)
出口结构效应	−0.127 (91.95%)	−0.104 (77.75%)	−0.101 (58.28%)	−0.107 (65.83%)	−0.127 (69.25%)

2.5　结论及政策建议

对于包括中国在内的广大发展中国家而言，在通过参与国际分工促进经济发展的同时，尤其应关注提升自身的国际分工地位，即外贸结构转型升级。而理解一国的国际分工地位是提升国际分工地位的基础。其中，合理地评估一国出口优劣，即测度国际分工地位是上述工作的前提。我们指出，在全球价值链分工背景下，在测度国际分工地位时，需要同时考虑出口的产品属性和增加值属性。其中，产品属性是指传统研究中的出口结构，增加值属性是指出口的国内增加值率。其次，我们基于投入产出框架分析了国际分工地位差异的来源及发展中国家追赶发达国家分工地位的路径。再次，我们测算了世界主要经济体的国际分工地位，并分析了中国与代表性国家美国分工地位差异的来源。主要研究结论如下。

（1）中国目前的国际分工地位处于最为落后的经济体行列。1995～2009 年，中国的国际分工地位从中等行列下降到落后行列。目前，中国的国际分工地位在金砖国家中是最低的。亚洲新兴经济体的国际分工地位也普遍不高。发达国家和资源丰富的国家均拥有较高的国际分工地位。

（2）中国和美国国际分工地位的差异主要来源于出口结构效应，但是国内增加值效应的贡献度在不断上升。这说明，中国的出口结构与美国相比，还需要较多调整和优化，需要提升高端制造业和服务业的比重。同时，中国出口产业的国内增加值率和美国的差距逐步拉大，越来越阻碍中国追赶美国的国际分工地位。

上述研究结论具有重要的政策含义。首先，虽然改革开放以来中国对外贸易规模尤其是制造业出口规模快速扩张，而且已有研究指出中国的制造业分工地位并不低，已经对发达国家出口造成压力，但实际上，综合考虑服务业出口和出口的国内增加值率之后，中国的国际分工地位已经沦落为最为落后的国家行列。由于本章构建的国际分工地位指数既具有国内生产总值的增量含义，又具有增速的含义，具有重要的福利含义，在中国外贸规模已经足够大的今天，提升自身的国际分工地位已经刻不容缓。

其次，调整出口结构和提升国内增加值率是提升中国国际分工地位的两种重要方式。无论是理论还是经验分析均表明，发展中国家追赶发达国家分工地位的方式是优化出口结构和提升国内增加值率。中国国际分工地位落后主要经济体的主要原因是出口结构的问题，而自身国内增加值率的降低也在发挥越来越重要的影响。因此，中国在提升制造业国内增加值率的同时，也需要通过发展服务业出口优化出口结构，这是中国提升自身分工地位相辅相成的两条路径[①]。

---

① 中国政府已意识到发展服务贸易的重要性和迫切性。2015 年 2 月，国务院印发《国务院关于加快发展服务贸易的若干意见》，首次全面系统地提出服务贸易发展的战略目标和主要任务，并对加快发展服务贸易做出全面部署。

第 3 章

全球价值链与中国扩大对外开放战略

高凌云

全球价值链是当今世界贸易和投资领域的主要特征，也是全球化的重要推动力量。由于参与的国家多，而且各个国家相互之间，存在纷繁复杂的贸易、投资关系，因而整体的国际贸易体系，就形成了一个非常复杂的系统。并且，参与这个复杂贸易系统的主体通常会受到很多因素的影响，如国际市场的供需状况、世界经济形势和生产率冲击等。从国内的角度来看，如果仅仅停留在利用增值贸易方法去解释贸易顺差、缓解经贸摩擦，显然是远远不够的，这还需要将新一轮对外开放战略、创造国际竞争新优势，与经济转型、产业升级和企业升级大局联系起来，考虑我国在全球价值链上地位攀升对产业、技术、管理和商业模式创新的全方位意义。

3.1 变化世界中全球价值链的新发展

全球价值链在倡导经济全球化的当今世界获得了全面发展。对于发达国家而言，全球价值链是其获得巨大收益的重要途径。目前，发达国家掌控着价值链的高端环节，占据着"微笑曲线"的两端位置，所得到的贸易和投资收益最大。例如，在东亚国际生产网络中，经济发达国家中的美国、日本和韩国等国家就掌控着产品的研发、设计和营销等环节，而中国、马来西亚和泰国等国家就成为加工工厂，仅能赚取微薄的利润。发达国家和发展中国家扮演着全球价值链上、下游不同的角色，国家的经济发展水平越高，生产的上游高技术零部件就越多，发展中国家则主要生产下游劳动力密集型零部件并完成组装任务。

造成如此格局的原因主要是，发达国家的劳动要素相对稀缺，故劳动要素即低级要素的产值占国内生产总值的产值的比重就小；发达国家的技术或资本要素相对丰富，故高级要素的产值占国内生产总值的产值的比重就大。如果发展中国家能够制定科学的、适合本国国情的结构转型、升级政策，充分利用后发优势，吸收发达国家先进技术的转移和扩散，并在此过程中逐渐积累起本国的资本要素，不断推动本国的技术进步，那么，发展中国家的高级生产要素在国内生产总值中的产值比重就会增加，而低级要素的产值比重就会下降。

因此，上述发达国家和发展中国家在全球价值链中的地位和结构并非一成不变。我们判断，"十三五"时期，发达国家和发展中国家在价值链上的部分环节将出现重叠，导致国际市场的竞争加剧。首先，新兴经济体增速仍将明显快于发达经济体，这将导致越来越多新兴经济体的企业"走出去"，对海外实施跨国投资战略，体现在价值链上就是新兴经济体国家整体由下游向中上游攀升。其次，由于要素禀赋、技术水平等的不同，新兴经济体内部的分工可能出现一些调整，部分新兴经济体将进入全球价值链的中上游。最后，发达国家的"再工业化"政策，可能使某些制造业回流。以美国为首的发达国家为了应对金融危机后失业率不断高启的状况，提出了"振兴制造业"的"再工业化"目标，如果新兴经济体劳动力继续快速上涨，制造业尤其是高端制造业也可能出现回流现象。

3.2　中国在全球价值链中所处地位的变动——以 APEC 地区为例

将总值贸易数据和增加值贸易数据与网络分析相结合，可以更清楚地描述国际贸易流向的状况及特征，进而可以深入研究现今的国际贸易体系是怎样的？经历了怎样的变化？哪些国家在国际贸易体系中扮演着更为重要角色等问题。

自 20 世纪 90 年代开始，有越来越多的国内外文献使用社会网络分析方法研究国际贸易问题。例如，Rauch(1999)、Rauch 和 Trindade(2002)、Wagner 等(2002)、Feenstra 等(2004)探讨了通过移民或国际直接投资形成的跨国网络如何促进国际贸易；de Benedictis 和 Tajoli(2011)、Tzekina 等(2011)对国际贸易网络的无标度、小世界等网络属性集演化规律进行的研究；Kali 和 Reyes(2010)研究了金融危机对国际贸易网络变动及特征的影响；张勤和李海勇(2012)通过国际贸易网络的密度、中心度、聚类等指标，讨论了加入 WTO 以来中国在国际贸易中角色地位的变化；崔卫杰(2011)还利用进出口贸易数据分析了中国服务贸易国际竞争力和高新产品贸易的国际地位变化情况。但是，目前仍然缺乏关于 APEC(Asia-Pacific Economic Cooperation，即亚洲太平洋经济合作组织)[①]地区的、利用社会网络方法比较总值贸易网络和增加值贸易网络差异方面的研究。

---

① APEC 现有 21 个成员经济体，分别是澳大利亚、文莱、加拿大、智利、中国(大陆)、中国香港、印度尼西亚、日本、韩国、马来西亚、墨西哥、新西兰、巴布亚新几内亚、秘鲁、菲律宾、俄罗斯、新加坡、中国台湾、泰国、美国、越南。如无特别指出，本书中"中国"均指代中国大陆地区。

下面，我们将经济体视为独立的行动者，对应网络中的节点，经济体之间的贸易关系形成节点间的连线，连线的箭头指向进口经济体，经济体之间的贸易关系由此形成了一个相对稳定的网络结构。然后，利用社会网络分析常用工具——Ucinet 软件，以可视化、定量化的方式，比较 APEC 地区总值贸易网络和增加值贸易网络的差异，以及中国在这两种国际贸易网络中角色和地位的变动情况。具体分析包括两个方面：第一方面是利用多值矩阵绘制国际贸易网络图，图中连线粗细与经济体之间贸易量大小相对应，连线越粗表明两个经济体之间的贸易量越大，在国际贸易网络中的关系越密切；第二方面是利用多维尺度分析，比较不同国家或经济体在 APEC 地区的中心程度。数据方面，我们选取 TiVA 提供的2000 年和 2009 年 APEC 地区 19 个经济体的出口和增加值出口数据，构建四个19×19 的多值邻接矩阵，矩阵中的行表示行经济体对列经济体的货物出口总值，列表示列所在的经济体向行经济体的货物进口总值；最后，为了简化后续的分析，我们进行了标准化处理，将这四个多值邻接矩阵中的元素均除以同时点贸易网络中的最大值。

3.2.1　APEC 地区贸易网络的整体结构

为了直观感受 APEC 地区各成员之间联系对贸易网络联系的贡献，我们首先绘制了用来描述 APEC 地区各经济体贸易关系的贸易网络图。图 3-1 和图 3-2显示[①]，首先，APEC 地区存在两个较大贸易群，分别是北美地区和东亚地区；其次，北美地区以美国为中心，东亚地区则以中国为中心；最后，北美地区和东亚地区又通过中美贸易紧密联系。

3.2.2　APEC 地区各经济体在贸易网络中地位及变化

虽然，APEC 地区所有 21 个国家和地区相互之间均有贸易关系，但不同的国家和地区在贸易网络中所产生的影响不同，扮演的角色也存在较大的差异，从而形成了核心国家和边缘国家的差别。核心国家因其与其他国家强烈的贸易流量，对贸易网络较强的控制力，成为国际贸易网络的支柱和核心。较强影响力可以体现在，这个经济体位于另外两个经济体之间，在贸易网络中起着枢纽（hub）的作用，其他国家对该国的贸易依赖程度较高。下面我们利用多维尺度（multi-

---

①　Chinese Taiwan 表示中国台湾；Chile 表示智利；China 表示中国大陆；Hong Kong, China 表示中国香港；Korea 表示韩国；Malaysia 表示马来西亚；Brunei Darussalam 表示文莱；Singapore 表示新加坡；Canada 表示加拿大；New Zealand 表示新西兰；Indonesia 表示印度尼西亚；Australia 表示澳大利亚；United States 表示美国；Viet Nam 表示越南；Russian Federation 表示俄罗斯；Japan 表示日本；Mexico表示墨西哥。本书中余同。

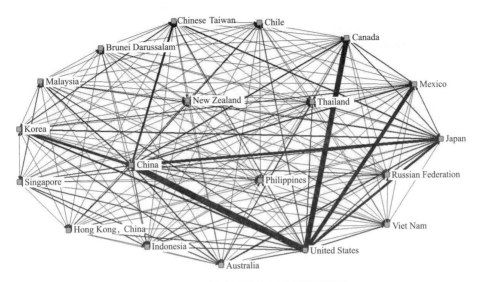

图 3-1　2009 年 APEC 地区总值贸易网络

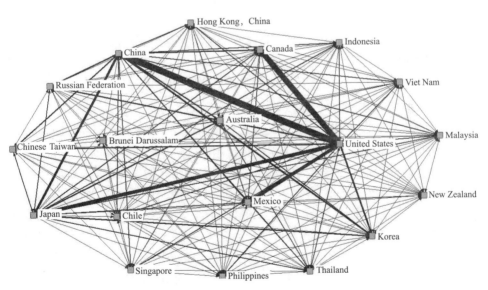

图 3-2　2009 年 APEC 地区增加值贸易网络

dimensional scaling)来分析,即分别利用总值贸易数据和增加值贸易数据,来分析和比较 APEC 地区各经济体在贸易网络中的地位。同时,为了描述不同经济体在 APEC 地区网络地位的变化,我们还对不同年份的总值贸易数据和增加值贸易数据进行了分析和比较。

　　多维尺度分析是分析研究对象的相似性或差异性的一种多元统计分析方法,

可以通过低维空间(通常是二维空间)展示多个研究对象之间的联系,利用平面距离来反映研究对象之间的相似程度。多维尺度分析方法有五个关键的要素,分别为主体、客体、准则、准则权重和主体权重,其中,主体表示评估客体的单位;客体表示被评估的对象,可以认为是待分类的几种类别;准则表示根据研究目的自行定义,用以评估客体优劣的标准;准则权重表示主体衡量准则重要性后,对每个准则分别赋予权重值;主体权重则表示研究者权衡准则重要性后,对主体赋予权重值。

因此,对于要分析的数据,如果包括 I 个研究对象,可以定义一个如下形式的距离函数集合:

$$\Delta:=\begin{bmatrix} \delta_{1,1} & \delta_{1,2} & \cdots & \delta_{1,I} \\ \vdots & \vdots & & \vdots \\ \delta_{2,1} & \delta_{2,2} & \cdots & \delta_{2,I} \\ \delta_{I,1} & \delta_{I,2} & \cdots & \delta_{I,I} \end{bmatrix}$$

其中,$\delta_{i,j}$ 表示第 i 个和第 j 个对象之间的距离。MDS(multidimensional scaling,即多维标度分析)的目的就是根据这个 Δ,寻找 I 个向量 x_1,x_2,$\cdots$,$x_I \in \mathbb{R}^N$,使其对于 i,j 属于 I。也就是说,MDS 试图找到一个子空间 $\mathbb{R}^N$,I 个物体嵌入在这个子空间中,而彼此的相似度被尽可能地保留。如果这个子空间的维数 N 选择为 2 或者 3,可以画出向量 x_j,获得一个 I 个物体相似性的一个可视化的结果。有很多途径可以得到向量 x_j,通常,MDS 可以被看做一个优化问题,利用一些数值优化的方法,最小化目标函数,如 Kruskal 代价函数 $\min_{x_1,x_2,\cdots,x_I}\sum_{i<j}(\parallel x_i - x_j \parallel - \delta_{ij})^2$ 等,进而寻找到最优的 x_1,x_2,$\cdots$,x_I。从而,在较低维空间中可以直接地观测到一些高维度样本点相互关系的近似图像,提供经济体在国际贸易网络中的相对位置信息和相互关系的亲疏程度,中心点坐标(0,0)表示网络的中心位置,越接近这个中心点,即与整体值越相似,表明越接近 APEC 地区贸易网络的中心位置。下面,我们依据 2000 年和 2009 年总值贸易数据和增加值贸易数据,绘制了对应的国际贸易多维尺度图,如图 3-3~图 3-6 所示。

上述结果进一步验证了联合国贸易和发展会议(United Nations Conference on Trade and Development,UNCTAD)(2013 年)的结论,一些发展中国家显著提高了自身在全球价值链的参与水平,也提高了高附加值产品和服务的出口,成功地在全球价值链中获取了更大的份额,中国是其中成功的案例。通过积极有效地吸收外资和升级出口模式,中国得以嵌入价值链中一些技术含量相对较高的环节,成为世界工厂和全球制造第一大国,获得巨大的开放红利,有效地推动经济增长、就业、税收、结构升级、效率提升、技术进步和自主创新。

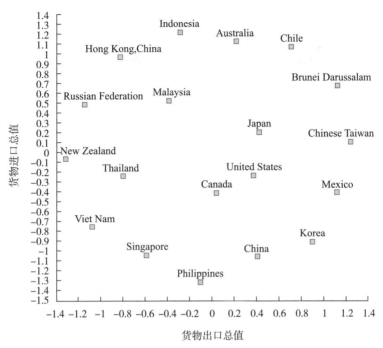

图 3-3　2000 年国际总值贸易多维尺度图

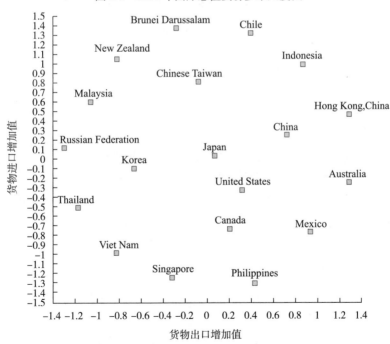

图 3-4　2000 年国际增加值贸易多维尺度图

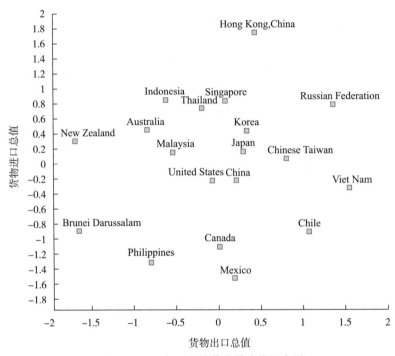

图 3-5　2009 年国际总值贸易多维尺度图

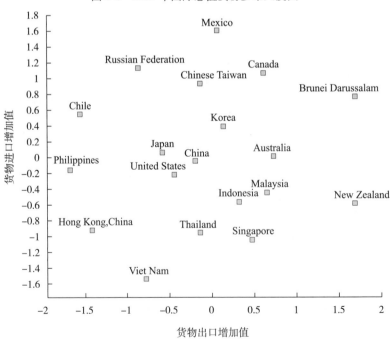

图 3-6　2009 年国际增加值贸易多维尺度图

3.3　价值链视角下中国扩大开放的战略选择

随着中国吸收外资和整体开放水平的不断提高，中国参与全球价值链的广度、深度不断得到提升，中国已成为诸多行业全球价值链的重要一环。但总的来看，中国企业对全球价值链的参与，更多仍限于对跨国公司价值链的参与和适应，较多的集中于全球价值链低端和低附加值环节，即仍处于"微笑曲线"的中部和底部；中国已经进入中等收入阶段，内外部经济不均衡的矛盾加深，资源生态环境和社会制约加大，如果不把参与全球价值链与培育自身区域和产业价值链相结合，培育经济内生发展和创新能力，优化营商环境，推进公平竞争，就无法提升参与全球价值链的溢出效应和开放红利，甚至局部地区可能陷入简单跟随式发展陷阱。

(1)深刻领会党的十八届三中全会《中共中央关于全面深化改革若干重大问题的决定》中提出的"为适应经济全球化、进一步构建开放型经济新体制"精神。正如本章 3.1 节中提到的，全球价值链正在朝着广度和深度两个方向推进，我们理解，《中共中央关于全面深化改革若干重大问题的决定》中强调的需要适应的经济全球化必然包括适应全球价值链新趋势。具体而言，首先，应结合全球价值链，理解促进国际国内要素有序自由流动、资源高效配置和市场深度融合的更深层次含义。过去三十多年伴随中国对外开放的扩大，参与全球价值链水平也得到逐步提高，前期货物贸易和吸收外资是主渠道。在新的开放条件下，需要促进国际国内两个市场的深度融合，让市场发挥决定性作用，在全球范围内整合资源，实现国内外资源的优化配置。后期"走出去"、服务贸易、服务外包开始发力，对中国全方位参与全球价值链的推动潜力巨大。其次，应结合全球价值链，更深层次理解加快培育参与和引领国际经济合作竞争新优势的含义。当前，全球经济正面临深度调整，中国面临的外部环境日趋复杂，竞争日趋激烈，为了应对新的挑战，需要中国在重点领域和关键环节加快培育参与和引领国际经济合作竞争的新优势。提高创新能力是占据未来全球产业制高点，参与和引领全球产业竞争的关键。战略性新兴产业国际化发展是中国当前重要的创新驱动力量。为此，要以高端装备制造、新一代信息技术、生物、新能源、新材料和绿色节能环保等产业为重点，加快形成中国的支柱性创新产业。

(2)以贸易规则创新为基础，构建覆盖全球的高标准自由贸易区网络。当前，TPP、跨大西洋贸易与投资伙伴协定(Transatlantic Trade and Investment Partnership，TTIP)等发达国家主导的自由贸易区谈判正在进行。这些自由贸易区谈判的一个重要特征是旨在建立高于现有 WTO 规则的高标准自由贸易区。协议一旦达成，将会重塑国际贸易规则体系。中国对这些自由贸易区谈判持开放态度，同时，也应该看到发达国家主导的自由贸易区谈判对中国推进自由贸易区战略产生的影响，如美国主导的 TPP 谈判对亚洲区域经济一体化形成一定的阻碍；在目前中国不参与谈判的情况下，新的国际贸易规则的制定会使中国陷于被动接受的局面。为了应对发达国家主导的高标准自由贸易区谈判，建成中国面向全球的高标准自由贸易区网络，需要采取以下重点措施。

一方面，改革管理体制。中国现有的市场准入、海关监管和检验检疫等管理体制已经不适应新时期自由贸易区建设的要求，需要进行改革。在市场准入方面，目前国际上通行的市场准入方式是准入前国民待遇加负面清单的管理办法。中国已经在上海自由贸易区的外资准入上采取了这种管理办法，中美投资协定也以此为基础开展谈判，同时这一方式也逐步应用在其他自由贸易区谈判中。在海关监管方面，上海自由贸易区创新了 14 项海关监管制度，并将分为两批推广实施，包括第一批的先进区后报关、区内自行运输等 7 项制度，以及第二批的批次进出集中申报、简化通关作业随附单证和统一备案清单等 7 项制度。在检验检疫管理方面，上海自由贸易区进行了一系列创新，在一线全面实行了"进境免签"及"预检核销"等制度，全面启动"通报通放、快检快放、即查即放"试点，并建立起制度化、科学化及信息化的风险管理体系。并且，重点对进境货物预检验制度、第三方检验结果采信制度、全球维修产业监管制度、动植物及其产品检疫审批负面清单管理制度、进境生物制品风险管理制度，以及中转货物原产地签证制度进行提炼和完善，以实现在全国检验检疫系统复制和推广。

另一方面，加快新议题谈判。为了更好的参与高标准自由贸易区协议的谈判，在新一轮国际贸易规则的制定中发挥更大话语权，中国需要加快包括环境保护、投资保护、政府采购和电子商务等在内的新议题的谈判。2014 年的政府工作报告中指出，2014 年将重点推动服务贸易协定、政府采购协定和信息技术协定等谈判，加快环保、电子商务等新议题谈判。在环境保护问题上，一是要对自贸协定开展环境评估，包括贸易变化和规则变化对环境的影响等；二是参与自由贸易区联合可行性研究，开展包括是否设单独环境章节、是否包含环境相关内容等的环境影响评价；三是建立自贸协定环保示范园；四是加强自贸协定环境议题谈判的组织领导以及保障机制建设。在投资保护方面，中国已经与 130 个国家签署了双边投资保护协定。在新的中美投资协定和中欧投资协定谈判中，中国以"准入前国民待遇加负面清单"为基础进行谈判，对中国进一步深化改革、扩大开放、营造法治化营商环境，建立安全、高效、公开、透明与国际接轨的外资管理体制提出新的要求。在政府采购问题上，中国为了履行加入 WTO 承诺，于2007 年年底向 WTO 提交了加入 WTO《政府采购协定》(The Agreement on Government Procurement，GPA)申请书，启动加入 GPA 的谈判，由财政部会同有关部门与 GPA 参加方开展谈判。中国在 2014 年 1 月提交了第 5 份出价清单，在第 4 份清单的基础上做出更多的开放和承诺，包括开放更多的省份、更多的服务和工程项目，以及更少的例外情形等。加入 GPA 谈判，需要中国在市场开放范围和国内法律调整两个方面进行改革和完善。同时，增加采购监管及应对 GPA 谈判的力量，使采购人员专业化和综合能力不断提高。在电子商务问题方面，随着跨境电子商务迅速增长，对平台、物流、支付结算、海关商检等环节提出更高的标准，需要研究解决制约跨境电子商务发展的体制机制问题，如针对跨境电子商务 B2C（business-to-customer，即商对客）方式存在的通关、商检、结汇、退税和统计等方面存在的问题，采取支持跨境电子商务零售出口政策等。

（3）借力"一带一路"，鼓励中国企业"走出去"，优化产业链布局。2013 年，中国国家主席习近平在出访中亚四国和东盟期间，曾经先后提出了共同建设陆上"丝绸之路经济带"和"21 世纪海上丝绸之路"两大倡议，并称为"一带一路"。2015 年 3 月 27 日在海南博鳌亚洲论坛上，国家发展和改革委员会（简称国家发改委）、外交部和商务部联合发布了《推动共建丝绸之路经济带和 21 世纪海上丝绸之路的愿景与行动》（简称《愿景与行动》），阐明了"一带一路"的时代背景、共建原则、框架思路、合作重点、合作机制、中国政府为之做出的积极行动和中国各地的开放态势，标志着对中国发展将产生历史性影响的"一带一路"进入全面推进建设阶段。根据《愿景与行动》，"一带一路"旨在促进经济要素有序自由流动、资源高效配置和市场深度融合，推动开展更大范围、更高水平、更深层次的区域合作，共同打造开放、包容、均衡和普惠的区域经济合作架构。

在"一带一路"的带动下，中国企业可以通过"走出去"能够更好地融入全球价值链中，并且在价值链分工体系中提升中国的地位。一是中国企业"走出去"可以发展境外加工贸易体系。长期以来，加工贸易占据中国贸易方式很大比重，而随着中国劳动力成本上升，把中国境内的国际工序分工从组装环节为主，升级为价值链前端附加值较高的环节，并且将国际分工的低端环节通过企业"走出去"战略扩展延伸到境外，形成中国企业主导的加工贸易生产体系。二是通过企业"走出去"实现价值链的攀升。中国企业"走出去"可以吸收国外先进技术和研发资源，提高附加值较高中间产品的生产能力，带动中国提升全球价值链中的地位。同时，加快实施境外技术提升战略。支持境内优势单位与国外一流机构建立稳定合作关系。为突破发达国家的技术封锁，加快国际技术转移，鼓励境内资金通过收购、参股、在境外设立研发中心、合资企业、产业投资基金等多种方式，投向境外高新技术产业、先进制造业项目，努力学习掌握高新技术、新产品设计和生产工艺、现代商业模式和管理方法，收购知名的品牌，推进传统产业优化升级和战略性新兴产业加快发展。支持企业获取境外知识产权，加快推动境内具有自主知识产权的技术标准在境外推广应用。鼓励有条件的企业在境外积极开展通信、物流等生产和市场服务领域，以及文化、旅游等个人消费服务领域的投资合作，提高境内服务业的供给能力和水平。

（4）提升企业在全球产业链和价值链中的主导权、控制力和分配地位，培育一批拥有核心技术和自主品牌，能主导全球生产网络与国际竞争力强的本土跨国公司群体。一是着力培育本土著名品牌和跨国公司群体。要注重积极引进与重点培育并重、国内总部与跨国总部并重，大力提升总部经济发展水平。加快实施以境外投资为主体的"走出去"战略，鼓励和引导企业从单纯产品输出向资本输出、技术输出、标准输出与品牌营销并重转变。促进外商直接投资与境外直接投资的协调平衡发展，鼓励企业采取"引进来"与"走出去"相结合的方式，与跨国公司结成战略联盟，共同"走出去"寻求资源、技术、市场和品牌。支持企业在境外开展技术研发投资合作，鼓励基础设施、制造业领域优势企业有效对外投资，创建国际化营销网络和知名品牌。积极培育熟悉国际市场的会计、法律、咨询等中介机构和行业组织，为全国企业"走出去"提供专业服务。推进企业社会责任建设，增强企业国际竞争力和可持续发展能力。促进企业加快建立、健全公司治理结构，完善内部决策管理机制。引导企业制定科学合理的海外发展战略规划。积极做好人才培养与引进。加强境内骨干企业和国外相关企业的合作。注重发挥中小企业和民营企业优势，鼓励其与大型企业合作。借助行业协会商会的平台机制，加强国内企业之间境外投资经验教训的交流沟通，提高企业境外投资的成功率。鼓励有实力的企业通过收购的方式，建立国际营销网络和知名品牌，扩大市场份额，提高产品附加值，增强中国企业的国家影响力和市场竞争力。

（5）以全球治理改革为抓手，逐步形成适宜中国扩大对外开放的外部环境。在全球价值链深入发展的进程中，中国主动参与全球经济治理，需要从平台角色、公共品提供能力和治理议题设置切入。其中，公共品提供能力建设是更好参与全球经济治理机制及其改革进程的根本前提，平台建设是切实保障，治理议题设置是核心关注。

首先，立足全面深化改革，推动国内治理与全球经济治理融通互鉴。十八届三中全会关于全面深化改革的决定中关键的一条是，到 2020 年完善国家治理体系和能力的建设。这一战略目标为中国提高自身治理能力和深入参与全球治理指明了方向，也提出了更高的要求。全球治理并非取代国家治理，而是二者相互促进。中国国内治理本身就具有全球治理的价值和意义，其在全球治理中的角色在相当程度上取决于国内治理，一方面，中国作为世界上最大的发展中国家，将占世界五分之一的人口治理好，其本身就是对治理世界的巨大贡献；另一方面，中国可以把国内治理的成功做法和经验输出给世界，向国际组织与其他面临类似问题的国家提供借鉴与参考。

其次，立足"一带一路"重大战略，推动平台建设与公共品输出相得益彰。习近平总书记提出"一带一路"战略构想，把"互联互通"和融资平台的搭建作为重要议程，发起建立亚洲基础设施投资银行和设立丝路基金，顺应国际区域经济合作发展的潮流，通过为全球治理输出公共产品，体现中国作为负责任大国的作用与地位，是中国积极参与 21 世纪全球治理和区域治理顶层设计的具体体现，是全球经济治理改革中的一项重大制度创新。

最后，立足自由贸易区建设，推动市场深度融合与治理议题谋划合理衔接。随着人们生活理念的变化，国际社会关注的问题越来越集中于气候变化、低碳经济、粮食和食品安全、能源资源安全等问题上。这些问题不仅直接关乎人类生存，而且也是涉及经济发展的重大问题，成为全球新的治理机制建设过程中的核心议题。很多国家，特别是发达国家常常以全球治理为借口，行"贸易保护"之实。例如，一些发达国家凭借环保技术优势，以节能减排为口号，提出低碳经济、绿色经济等概念，随后，碳关税、碳标签、碳认证等"三碳"问题便随之应运而生，并被越来越多的国家推崇。与此同时，世界主要经济体纷纷将自由贸易区作为重要战略推动，自贸协定已成为大国开展地缘政治和经济博弈的重要手段。美国和欧盟正积极推动高标准的"下一代自贸协定"，不仅要求开放的部门多、程度高，而且还力图在其重点关注的劳工、政府采购、知识产权、投资、人权和环境等领域制定和形成新的规则，为未来全球各种自由贸易区谈判树立新的"标杆"。相关议题在环境、劳工等方面存在较大重合。将二者有机结合，可以为中国对外开放跨上新台阶提供新的契机。

参 考 文 献

崔卫杰 . 2011. 入世十周年中国高新产品贸易的国际地位分析 . 国际贸易，(12)：58-61.

戴翔 . 2012. 中国服务贸易出口技术复杂度变迁及国际比较 . 中国软科学，(2)：52-59.

樊纲，关志雄，姚枝仲 . 2006. 国际贸易结构分析：贸易品的技术分布 . 经济研究，(8)：70-80.

傅朝阳，陈煜 . 2006. 中国出口商品比较优势：1980—2000. 经济学（季刊），5(2)：579-589.

李坤望，蒋为，宋立刚 . 2014. 中国出口产品品质变动之谜：基于市场进入的微观解释 . 中国社会科学，(3)：80-103.

罗长远，张军 . 2014. 附加值贸易：基于中国的实证分析 . 经济研究，(6)：29-32.

齐俊妍，王永进，施炳展，等 . 2011. 金融发展与出口技术复杂度 . 世界经济，(7)：91-118.

魏浩，毛日昇，张二震 . 2005. 中国制成品出口比较优势及贸易结构分析 . 世界经济，(2)：21-33.

张勤，李海勇 . 2012. 入世以来我国在国际贸易中角色地位变化的实证研究——以社会网络分析为方法 . 财经研究，38(10)：79-89.

AfDB, OECD, UNDP. 2014. Africa economic outlook 2014.

Balassa B. 1965. Trade Liberalization and "Revealed" Comparative Advantage. The Manchester

School of Economic and Social Studies, 33(2): 99-123.

Baldwin R. 2013. Global supply chains: why they emerged, why they matter, and where they are going. CEPR Disscussion Paper, No. DP9103.

de Benedictis L, Tajoli L. 2011. The world trade network. The World Economy, 34 (8): 1417-1454.

Feenstra R C, Hanson G H, Lin S. 2004. The value of information in international trade: gains to outsourcing through Hong Kong. Advances in Economic Analysis & Policy, 4 (1): 1-37.

Gangnes B, Ma A C, van Assche A. 2015. Chapter 6, Global value chains and the trade-income relationship: implications for the recent trade slowdown, in The Global Trade Slowdown: A New Normal? A VoxEU. org eBook, edited by Bernard Hoekman, www. Voxeu. org.

Gary G, Humphrey J, Kaplinsky R, et al. 2001. Introduction: globalization, value chains and development. IDS Bulletin, 32(3): 1-8.

Hausmann R, Hwang J, Rodrik D. 2007. What you export matters. Journal of Economic Growth, 12 (1): 1-25.

Kali R, Reyes J. 2010. Financial contagion on the international trade network. Economic Inquiry, 48(4): 1072-1101.

Porter M E. 1985. Competitive Advantage. New York: Free Press.

Rauch J. 1999. Networks versus markets in international trade. Journal of International Economics, 48(1): 7-35.

Rauch J E, Trindade V. 2002. Ethnic Chinese networks in international trade. Review of Economics and Statistics, 84(1): 116-130.

Tzekina I, Danthi K, Rockmore D N. 2008. Evolution of community structure in the world trade web. The European Physical Journal B-Condensed Matter, 63(4): 541-545.

Wagner D, Head K, Ries J C. 2002. Immigration and the trade of provinces. Scottish Journal of Political Economy, 49: 507-525.

第二部分

APEC经济体贸易增加值核算的
政策含义与对策研究

第 4 章

全球价值链发展及贸易增加值核算的政策含义

近年来，全球价值链的快速发展，促使全球贸易投资格局与传统的国际分工及贸易关系发生根本性变化。在此背景下，WTO 提出了"任务贸易"(task trade)与"世界制造"(made in world)等概念，OECD、亚洲开发银行(Asian Development Bank，ADB)等国际组织及日本、美国等国家积极开展以贸易增加值核算为基础的全球价值链研究和一系列数据库建设。

相比于传统的贸易总额统计方法，贸易增加值核算这一新方法，为各国决策者提供更加符合全球贸易投资格局，特别是各国参与全球供应链收益的真实状况和决策依据。

亚太地区是全球价值链发展趋势最为突出的地区。在本书中，我们采用"增加值核算方法"，对亚太生产网络和贸易投资格局进行全面深入的研究。对APEC 区域贸易增加值核算的新发现和新认识，有助于理解"任务贸易"或"世界制造"对亚太地区贸易投资关系的实际影响，以及对中国经济和产业发展的实际贡献；有助于厘清全球价值链与经济政策之间的关系，促进中国制定积极有效的对策措施，积极合理利用全球价值链发展的机遇，应对美国主导的亚太一体化挑战，促进中国经济增长和结构转型升级，促进亚太区域经济合作和地区稳定繁荣。

为此，本书的研究致力于完成两项任务：一是基于全球价值链发展新趋势，依据相关子课题以"增加值核算"进行的全球价值链发展及其对 APEC 贸易投资关系影响分析，进行政策含义的深入解读，准确把握中国在亚太生产网络中的比较优势和分工地位的变化，提出有效促进中国经济发展和产业升级的政策建议；二是在国际经贸规则制定新趋势和亚太地区经济合作新形势下，基于中国新的全球战略定位，探索促进亚太区域一体化的战略思路和应对策略，为中国落实

APEC 领导人峰会达成的共识和切实推进亚太自由贸易区(Free Trade Area of the Asia-Pacific,FTAAP)建设提供决策支撑,进一步促进外部环境的改善。

4.1　全球价值链发展呈现新趋势

4.1.1　全球价值链持续扩展,发展中国家更多地参与到全球价值链中

WTO 发布的《2014 世界贸易报告》称,新趋势表明 21 世纪贸易仍将是推动经济发展的一个主要力量,并指出世界贸易发展正呈现四大新的趋势。其中最值得关注的一点是,在各经济体相互依赖程度进一步提高的背景下,全球价值链持续扩展,且发展中国家更多地参与到全球价值链中。

近年来,新兴经济体和发展中国家通过对外贸易和吸收投资,逐步融入国际生产体系和全球分工,激发了经济活力。在全球贸易中,发展中国家不仅从大宗商品价格攀升中获益,而且还通过较低成本参与全球价值链、融入世界经济获得发展的新机遇。根据《2014 世界贸易报告》,发展中国家的全球价值链参与指数[①]从 1995 年的 40.5 上升至 2009 年的 50.9,而发达国家则从 39.6 上升到 47.2(表 4-1)。

表 4-1　全球价值链参与指数

GVC participation index:	1995 年	2000 年	2005 年	2008 年	2009 年
All	39.8	46.2	51.0	51.9	48.5
developed	39.6	46.3	49.9	50.7	47.2
developing	40.5	45.9	53.5	54.4	50.9

Source: TiVA database.
Note: developed economies included in the TiVA dataset are: Australia, Canada, EU members except Cyprus, Japan, Norway, New Zealand, and the United States.

developing economies are: Argentina; Brazil; Brunei Darussalam; Chile; China; Hong Kong, China; India; Indonesia; Israel; Republic of Korea; Malaysia; Mexico; the Philippines; the Kingdom of Saudi Arabia; Singapore; South Africa; Chinese Taipei; Thailand; Turkey; Viet Nam. Cambodia and Russia are also included in the calculation of the participation index.

资料来源:《2014 世界贸易报告》

---

① Koopman et al. (2010) propose a GVC participation index that captures the import content of exports (backward participation) and how much domestic value added is embodied as intermediate inputs in third countries' gross exports(forward participation). The participation index is defined as the sum of the foreign value added (FVA) embodied in a country's exports and the indirect value-added (IVA) exports (i. e. value of inputs produced domestically that are used in other countries' exports) expressed as a percentage of gross exports. This index captures both backward and forward participation.

发展中国家参与全球价值链的程度，也可从各主要经济体进口零部件的占比变化中得到反映。如图 4-1 所示，1996～2012 年，二十国集团（G20）中的发展中国家的进口零部件占比则由不到 15％上升到 30％以上，其他发展中国家基本保持在 20％左右，略有上升；同期，发达国家进口零部件所占比重从 65％左右降至低于 50％。

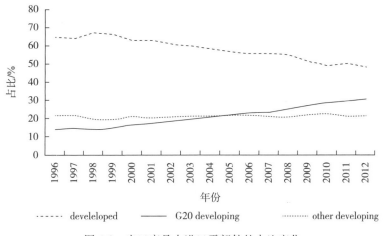

图 4-1　出口产品中进口零部件的占比变化

资料来源：联合国 Comtrade 数据库；世贸组织秘书处

4.1.2　"内向全球化"成为结构性趋势，全球贸易增长进入"新常态"

IMF 和世界银行经济学家的最新研究可知，全球供应链的深入发展，逐步形成"内向全球化"的结构性趋势，也可能是统计全球贸易增速放缓的一个原因。

全球供应链的发展，在很大程度上推动 20 世纪 90 年代以来国际贸易的快速增长。但近年来，跨国公司的全球布局调整和贴近市场的供应链战略，加上新兴经济体的工业化发展进程，促使全球供应链、乃至全球贸易体系正在发生"内向全球化"的结构性调整，即此前涉及跨境贸易的经济活动已部分转向各国经济体内部。从数据分析来看，"内向全球化"不仅是一个危机后现象，作为结构性趋势，其开始的时间更早。例如，在外国直接投资和国内工业发展的双重推动下，中国不仅成为全球最大贸易国，且在全球供应链中占据越来越大的份额。值得注意的是，近年来中国出口产品中的进口占比出现下降趋势：进口零部件占中国出口产品的比重从 1993 年的 60％以上下降到 2013 年的 35％；IT（information technology，即信息技术）产品出口方面，进口 IT 零部件所占的比重经历了大幅上升后也有所下降（图 4-2）。

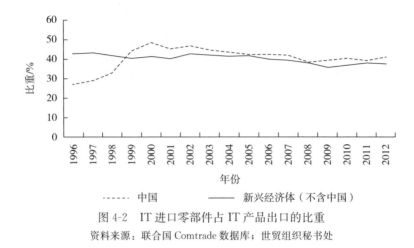

图 4-2　IT 进口零部件占 IT 产品出口的比重

资料来源：联合国 Comtrade 数据库；世贸组织秘书处

根据这一新趋势，仅仅依靠传统的国际贸易统计数字进行趋势研判和政策选择就容易产生误导。由此，我们对依据传统统计方法得到的统计结果及其显示的贸易增长放缓，不必过分的震惊和担忧，"内向全球化"导致贸易增长放缓的结构性特点和新趋势，有可能在一定程度上增强全球贸易正逐步进入较慢增长的"新常态"。

4.2　全球价值链发展的影响因素

研究全球价值链发展的影响因素，探索利用全球价值链实现经济增长所需体制环境、制约因素，从而在全球价值链深化发展背景下制定有效政策、特别是区域一体化的路径选择，是我们本部分研究的重点。为此，需深入探讨影响全球价值链发展的重要因素。

第一，跨国公司是推动全球化和价值链发展的重要力量。近年来，跨国公司由于日益重视拓展海外业务，加快推进全球化生产和供应链布局的全球调整，以期更好地进行全球资源优化配置。在此背景下，不仅跨国公司的国际化生产呈总体上升趋势、在全球经济中占据更加重要的地位，而且进一步促进了全球价值链的深入发展。根据 UNCTAD 的年度调查，2011 年全球 100 家最大跨国公司的海外销售收入和雇员人数的增速都明显高于母公司的业绩增长[1]。从衡量国际化水平的跨国指数看，全球非金融类企业中，前 100 强的跨国指数不断提升，从 1993 年的 47.2% 上升至 2011 年的 62.3%，据《世界投资报告 2014》可知，目前该指标仍保持在 60.3% 的水平。

第二，发展中国家加快推进工业化进程。随着经济全球化的深入发展，发展

---

① 见《世界投资报告 2012》第 15 页。

中国家凭借资源产品、劳动力等低成本要素，通过不断融入国际化生产而激发了经济活力。工业化是一国经济发展的重要战略之一。近年来，新兴经济体和发展中国家加快推进工业化进程、资源型国家追求产业链延伸和出口产品结构升级，不仅推动了其制造业水平和生产能力的提升、更深入地融入全球供应链，而且促进了全球价值链的不断延伸、拓展，推进国际化生产及其专业化程度日趋提升。

第三，国际化分工和供应链从单纯的制造业向更多领域拓展。近年来，跨国公司在掌控核心技术、资金和管理经验的前提下，逐步将研发、区域总部和后台服务等功能性机构向区域市场潜力较大的经济体转移，服务外包和研发国际化趋势日渐增强。在此背景下，各国从注重制造业的国际竞争向日益重视提升服务业竞争力转变，全球价值链不断深入发展，且呈现从制造业向服务业延伸的趋势。

总体来看，全球化深入发展，特别是国际化生产与分工细化，促使各个经济体在全球价值链中的参与程度和地位发生变化。目前，中国仍保持较强的综合竞争优势，但竞争力主要体现在中低端制造领域，日益面临要素成本快速提升、传统比较优势弱化的挑战；而在高端制造业领域，中国仍处于追赶状态、尚未取得技术优势和主导新兴产业发展的领先地位。同时面临发达国家推进再制造业化战略和其他发展中国家加快工业化进程的激烈竞争，中国提升国际分工和在全球价值链地位的紧迫性更加突显。

4.3　贸易增加值核算的政策含义及取向变化

4.3.1　准确评价各经济体参与全球价值链的程度和地位

相比传统的贸易总额统计方法，贸易增加值核算可以提供更加符合全球贸易投资格局，特别是各国参与全球供应链的程度、所处地位和真实收益等情况，从而为各国决策者提供更为可信的决策依据。

近年来，新兴经济体和发展中国家日益融入全球化，但是其产业发展和结构升级仍面临重重挑战，与发达国家仍有很大差距。从全球价值链参与程度看，很多发展中国家、包括中国目前仍处在全球价值链下游，从事技术含量较低的生产和加工活动，从贸易活动中得到的实际获益相对较低。而且，发展中国家科技创新和国际竞争力提升较难，存在技术路径依赖等问题，向价值链上游攀升仍需付出巨大的努力。在此情况下，清晰的、符合客观实际的定位，将对新兴经济体和发展中国家制定增长政策、产业政策和结构调整等，具有十分重要的意义。

4.3.2　促进对贸易平衡问题的再认识

在国际分工和全球贸易发展的过程中，各国经常项目失衡成为普遍存在的常态。2007 年，中国经常项目顺差占国内生产总值的比重一度达到 10.1％（图 4-3）。金融危机后，外需不振对各国出口和经济复苏造成巨大冲击，贸易失衡问题一度成为各国关注的焦点，发达国家甚至将金融危机的根源归因于贸易失衡。为此，G20 曾将此问题作为两次领导人峰会的重点议题，提出量化失衡指标的"一揽子参考性指南"、确定失衡的系统性重要国家，目标是以全球再平衡为世界经济可持续、平衡发展提供保障。近年来随着中国实施扩大内需和进口促进政策，贸易顺差规模，特别是占国内生产总值的比重大幅降低，此问题暂时得以缓解。

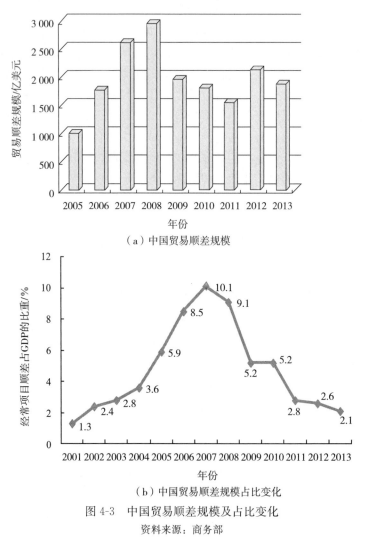

（a）中国贸易顺差规模

（b）中国贸易顺差规模占比变化

图 4-3　中国贸易顺差规模及占比变化

资料来源：商务部

　　值得注意的是，传统统计方式容易导致对贸易平衡的"误读"，相比而言，贸易增加值核算为反映各国参与国际贸易的真实情况和实际收益提供了更好的视角和工具。以 WTO 提供的中国对美出口 iPhone 为例，两大统计方法对 iPhone 贸易逆差的构成分析明显不同(图 4-4)。以传统方法计算，美国从 iPhone 贸易中产生对华贸易逆差 19 亿美元；但按照贸易增加值核算的方法计算，对华逆差仅为 7 300 万美元，美国其余逆差则来自日本、韩国、德国等国家和地区。

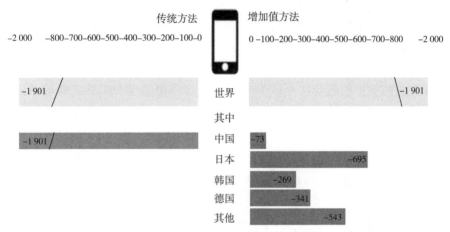

图 4-4　美国 iPhone 的贸易平衡结构变化(单位：百万美元)

资料来源：OECD

新的统计方法，有助于客观地说明国际化生产背景下的国际贸易流向、参与方收益和贸易不平衡等问题，避免出口总额核算方式导致对各国贸易地位的误判。

根据贸易增加值核算的最新测度，中国对主要国家的双边贸易平衡数据都将发生重大变化。据商务部发布的《全球价值链与我国贸易增加值核算报告》，2012 年以增加值核算方法计算的中国对美国、欧盟和印度的贸易顺差分别下降 54%、56% 和 36% 左右。特别是这一分析统计方法因其始于 WTO 和 OECD 等国际组织的倡导，对于解释双边贸易不平衡更具说服力。中国对此也日益重视，积极推动研究国际贸易统计方法的改革、完善相关数据库，不断深入探讨贸易增加值核算对全球供应链特别是亚太地区价值链发展的政策含义。

4.3.3　为遏制全球贸易和投资保护主义提供新的支持

经济衰退与贸易保护措施增加存在极强的正相关关系，这不仅得到理论研究的支持[1]，而且此次金融危机后的实践也再次予以证明。

尽管历次 G20 峰会都声明反对保护主义，但全球贸易投资保护主义的发展态势仍难以抑制。首先，全球贸易保护主义持续升温。根据《全球贸易预警报告》

---

[1]　《2009 世界贸易报告》指出，理论研究表明，当一国经济衰弱，特别是经济增长减弱、失业率提升、对外贸易条件恶化时，贸易保护主义意愿最为强烈。

(*Global Trade Alert Report*)最新一期报告的数据分析，金融危机后全球保护主义发展可以分为三个阶段，第一阶段（从金融危机爆发到 2009 年年底），贸易保护主义迅速抬头后有所回落，2009 年全球采取的损害外国商业利益的保护措施约为 700 项；第二阶段（2010～2011 年），受对经济复苏的乐观情绪影响，全球采取的损害外国商业利益的保护措施明显下降；第三阶段，受经济复苏缓慢影响，全球贸易保护措施持续增加，2012 年第 4 季度甚至达到 200 项措施以上，2013 年总体水平更高于 2009 年的前期水平，2014 年仍延续上升趋势（图 4-5）。特别值得一提的是，自 2008 年首届 G20 峰会召开以来，G20 成员实施的损害外国商业利益的保护措施约占全球 75％以上，且使用的保护手段不断翻新，甚至包括汇率干预等措施①。

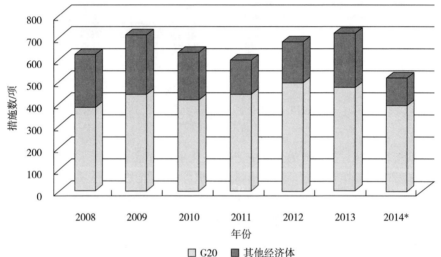

图 4-5   全球贸易保护措施变化趋势

＊表示 2014 年为 1～9 月的数据

资料来源：《全球贸易预警报告》(2014)第 16 期

其次，针对中国的贸易保护进一步加剧。据 WTO 统计，中国已连续多年成为反倾销和反补贴调查的第一对象国，如果按照范围更为广泛的贸易保护措施计算，中国更是受贸易保护主义威胁最大的国家。据最新一期的《全球贸易预警报告》，中国遭受来自各国的贸易保护措施数量和商业利益受损案例数量，远高于其他主要出口国，甚至高于欧盟 27 国（2013 年 7 月新增为 28 国）之和（图 4-6）。

----

①　如美国国会通过《2011 年货币汇率监督改革法案》，要求政府对汇率被低估的贸易伙伴征收惩罚性关税。

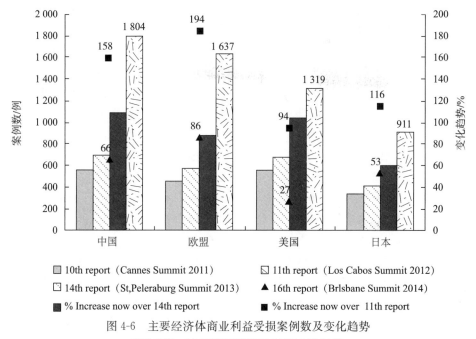

图 4-6 主要经济体商业利益受损案例数及变化趋势

资料来源:《全球贸易预警报告》(2014)第 16 期

4.3.4 进一步推动各国将结构调整和产业升级作为政策重点

经济危机之后往往是新技术革命的孕育期和创新活动的爆发期。近几年,各国加大研发投入,纷纷推出新兴产业发展规划。尽管新兴产业和技术创新的产业化还有相当长的路要走,但以信息技术深入发展和应用、新材料和新能源开发为特点的新一轮技术创新不断取得突破,为全球经济增长注入了新的活力。

在应对危机和促进经济可持续发展进程中,各国深切意识到,只有通过更好地融入世界经济、加强国际合作,才能解决全球面临的问题、满足共同的利益需求。为此,各国一方面加快结构调整和增长方式的转变,促进经济可持续发展;另一方面更加关注各自在全球供应链、特别是价值链中的地位,希望通过加快结构调整和转型升级,进一步提高在全球价值链中的参与程度和获益水平。

4.3.5 进一步突显贸易投资自由化和区域一体化的重要性

多哈回合的多边贸易谈判陷入僵局,区域经济一体化已成为开展经济战略合作与竞争的重要手段。各国都在加快推进 FTA(Free Trade Agreement,即自由贸易协定)战略,全球贸易投资自由化和区域一体化的重要性进一步提升,并呈现如下新趋势。

　　一是区域一体化加速推进：在解决欧债危机过程中欧盟不断完善一体化的制度安排；美国强力推进 TPP 并不断吸收亚太区域国家加入；东亚一体化出现突破性进展，中日韩自由贸易区和涵盖 16 国的"区域全面经济伙伴关系"（Regional Comprehensive Economic Partnership，RCEP）谈判正式启动并展开多轮磋商。二是发达经济体加快构建跨地区的自贸机制安排：日本不仅宣布加入 TPP 谈判，并且与欧盟开启双边经济伙伴协定（Economic Partner Agreement，EPA）磋商；欧美则启动两大核心市场间的双边贸易投资自由化谈判。三是部分区域贸易安排的排他性有所增强：虽然区域经济一体化加速推进有利于全球贸易投资自由化，但其排他性特征渐强也引人关注。例如，亚太区域一体化倡导兼容、开放，TPP 尽管设立了"开放条款"①，但实际上通过预设规则对新加入者进行资格审查，对谈判进程严格保密，都是排他性的表现。四是自由化标准更高、涵盖范围更广：发达国家将市场开放的重点转向服务和投资；全面、高水平自由化进一步涉及成员的经济管理政策和体制等领域，如美国在 APEC 提出"下一代贸易和投资议题"，TPP、国际服务贸易协定（Trade in Service Agreement，TISA）等区域或诸边谈判，均将促进贸易自由化和便利化的关注点逐步转向改善"边境后"条件。

　　区域一体化呈现的新趋势，对中国加快实施自由贸易区战略提供了难得的机遇，但也对中国实现原有的"10＋3"等东亚一体化构想构成了现实的冲击。在全球价值链发展最为突出、经济增长最为活跃的地区，亚太区域一体化实现的路径受到各方异常关注。

　　在此趋势下，为真实反映亚太各经济体参与亚太生产网络的实际收益，应积极通过相关研究，明确各经济体从区域一体化和价值链发展中的实际收益和比较优势变化；探讨如何通过贸易投资自由化等制度性安排，共同构建更加紧密的、互利共赢的亚太合作伙伴关系，促进亚太生产网络的发展；为中国贸易投资提供更加稳定的外部环境，为中国提升在全球价值链和亚太生产网络中的地位提供新的推动力和制度保障。

---

　　①　"开放条款"意为：在组织构成上具有开放性，规定 APEC 成员都可视自身情况和意愿申请加入。

第 5 章

中国是亚太生产网络的大赢家

吕　刚

由 WTO、UNCTAD 及 OECD 共同倡导的贸易增加值计算方法和欧盟委员会赞助发布的世界投入产出数据库——WIOD，为研究国际生产网络和全球价值链的发展趋势和特征提供了新的分析工具。

国务院发展研究中心对外经济研究部、中国科学院数学与系统科学研究院、国家信息中心组成了联合课题组，采取贸易增加值核算方法，对 APEC 主要经济体的国际市场份额和比较优势等相关指标进行重新测算，并获得多项新的发现，具体如下：一是中国从参与国际分工中的实际获益比原先估计的更大；二是亚太生产网络确实带来了互利共赢的结果，各经济体都是亚太生产网络的获益者，中国是其中的最大赢家之一；三是中国并非只是制造业获益，服务业同样受益匪浅；四是中国制造业的竞争力还有进一步上升的潜力。因此，中国的确从亚太生产网络中获得了巨大利益，应当继续创造条件，大力推动其进一步发展。

5.1　中国参与国际分工程度显著提升

前向垂直专业化率（VS1）是指一国出口中作为中间品被其他国家进口的比重，反映出本国产品对其他国家供应链的贡献程度，后向垂直专业化率（VS）是指一国出口中进口中间品的比重，反映出本国出口对进口的依赖程度，因此，前向垂直专业化率与后向垂直专业化率之和可以综合地反映出一国参与国际分工的总体程度。

我们发现，APEC 主要经济体对于国际分工的总体参与率都是上升的。中国大陆的全球价值链参与度指数从 1995 年的 26.7% 上升到 2011 年的 41.8%，韩国的全球价值链参与度指数从 38.5% 上升到 63.9%，中国台湾的全球价值链参与度指数更是从 43.9% 上升到 76.7%，APEC 整体的跨境生产链参与率从29.7% 上升到 43.9%，如图 5-1 所示。

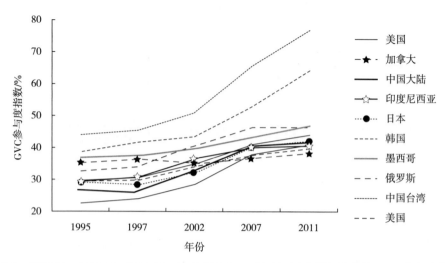

图 5-1　1995 年、1997 年、2002 年、2007 年和 2011 年 APEC 主要经济体的 GVC 参与度指数
资料来源：根据杨翠红、祝坤福等完成的"APEC 经济体经济互利作用及加工贸易异质性影响分析"（本书
　　　第四部分）；以及根据子课题组张亚雄、袁剑琴等完成的"参与全球价值链对 APEC 主要经济体
　　　产业结构和国际竞争力的影响分析"（本书第五部分）的计算结果进行整理

　　如果单独考察前向垂直专业化，中国大陆及 APEC 主要经济体对于国际分工的总体参与率也都是上升的。中国大陆的前向垂直专业化率指数从 1995 年的 10.9％上升到 2011 年的 20％，韩国从 14.5％上升到 23.6％，中国台湾从 10.9％上升到 29.4％，APEC 整体的前向垂直专业化率指数从 16.4％上升到 24.1％。上述结果显示出，APEC 各成员产品对其他国家和地区供应链的贡献程度均呈上升趋势，如图 5-2 所示。

　　如果单独考察后向垂直专业化率，也就是一个国家的出口中外国增加值所占的比重，APEC 主要经济体则是对于跨境生产链的总体参与率的长期趋势也都是上升的，但是在最近 5 年中部分经济体的后向垂直专业化率出现了明显的下降，2007 年至 2011 年，中国、印度尼西亚、加拿大、俄罗斯和澳大利亚的后向垂直专业化率均出现了下降。前两个国家上升的原因估计是本地技术水平的提升导致对进口零部件的依赖度下降，后三个国家下降的原因应该是资源类产品出口的增加，如图 5-3 所示。

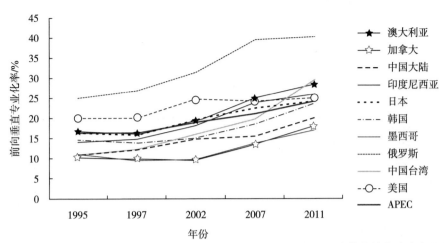

图 5-2　1995 年、1997 年、2002 年、2007 年和 2011 年 APEC 主要经济体的前向垂直专业化率
资料来源：根据杨翠红、祝坤福等完成的"APEC 经济体经济互利作用及加工贸易异质性影响分析"（本书
　　第四部分）；以及根据子课题组张亚雄、袁剑琴等完成的"参与全球价值链对 APEC 主要经济体
　　产业结构和国际竞争力的影响分析"（本书第五部分）的计算结果进行整理

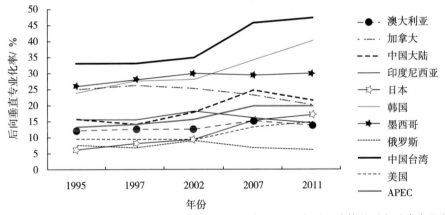

图 5-3　1995 年、1997 年、2002 年、2007 年和 2011 年 APEC 主要经济体的后向垂直专业化率
资料来源：根据杨翠红、祝坤福等完成的"APEC 经济体经济互利作用及加工贸易异质性影响分析"（本书
　　第四部分）；以及根据子课题组张亚雄、袁剑琴等完成的"参与全球价值链对 APEC 主要经济体
　　产业结构和国际竞争力的影响分析"（本书第五部分）的计算结果进行整理

5.2　中国从参与国际分工中的实际获益比原先估计的要大

由于跨境生产网络的迅速发展导致了大量中间产品的多次跨境运输，并由此带来了贸易统计中的大量重复计算。与出口总值的统计方法相比，以贸易增加值核算的"增加值出口"（value added exports，不包括出口后又再进口回国内的本国增加值，否则就成了出口的增加值，即 domestic value added in a country's exports）能更准确地反映

各国从参与国际分工中获得的真实收益，这对加工贸易占比较高的中国来讲更是如此。

增加值出口额显然是小于总出口额的，所以一般认为中国的获益实际上并没有总出口额所反映得那么大。但是，根据增加值出口计算的结果表明，中国的获益与总出口所反映的情况相差无几，从某些指标看甚至会更大。

首先，增加值出口增速接近总出口增速。2011 年中国的增加值出口额为 1.6 万亿美元，总出口则达到 2.1 万亿美元，前者确实小于后者，但是从增长速度看，1995～2011 年，中国增加值出口的复合平均增长率为 16.3%，仅略低于总出口的复合平均增长率(17.1%)。

其次，按增加值核算的全球出口市场份额更高。2011 年中国占全球增加值出口的份额达到了 11.8%，而占全球总出口的份额为 11.3%，前者反而高于后者。对比 1995 年和 2011 年，中国占全球增加值出口的份额提升了 8.6 百分点，占全球总出口的份额则提升了 8.3 百分点，同样是前者大于前者。从国际市场份额的绝对水平和增长幅度看，按增加值出口计算的结果都高于按总出口计算的结果。也就是说，深度参与国际分工对于中国名义国内生产总值增长的拉动作用要略高于我们原有估算的水平。相比 APEC 其他主要成员，1995～2011 年，无论采取哪种计算方法，中国占全球出口市场份额的提升幅度都是最高的，如图 5-4 所示。

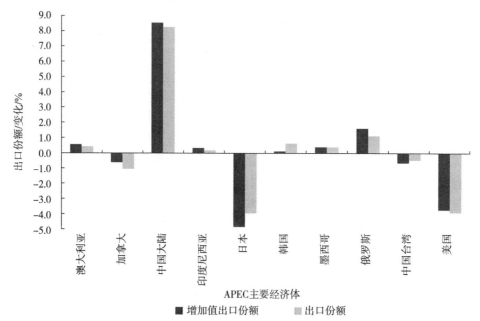

图 5-4　1995～2011 年 APEC 主要经济体占全球出口份额的变化

资料来源：根据杨翠红、祝坤福等完成的"APEC 经济体经济互利作用及加工贸易异质性影响分析"(本书第四部分)；以及根据子课题张亚雄、袁剑琴等完成的"参与全球价值链对 APEC 主要经济体产业结构和国际竞争力的影响分析"(本书第五部分)的计算结果进行整理

5.3　亚太生产网络的发展确实带来了互利共赢的结果

中国大陆是亚太地区跨境生产网络的最大赢家，但其他经济体同样获得了巨大收益。一方面，中国大陆是亚太地区占全球增加值出口份额提升幅度最大的经济体。1995～2011 年，中国大陆在全球增加值出口中的份额从 3.3％上升到 11.8％，升幅达 8.6 百分点，而在 APEC 的其他九个主要经济体中，升幅最高的仅为 1.6％（俄罗斯），而且有四个经济体（日本、美国、中国台湾、加拿大）的份额出现下降。

同样不容置疑的是，APEC 其他经济体也从参与跨境生产网络中获得了巨大收益。与 1995 年相比，2011 年中国的增加值出口额多出了 1.4 万亿美元，其他九个经济体的增加值出口也都是增长的。以美国为例，虽然其增加值出口的国际市场份额下降了 3.9 百分点，但增加值出口额提高了 8 200 亿美元。同期，日本和中国台湾增加值出口的国际市场份额虽然也都下降，但增加值出口额分别增长了 2 800 亿美元和 920 亿美元。从增加值出口的年均复合增长率看，中国大陆最快，达到 16.3％，但其他经济体也有不错的表现。如果将中国排除在外，全球增加值出口的年均复合增长率为 6.7％，而俄罗斯、澳大利亚、印度尼西亚、墨西哥和韩国的增速都高于这一水平。即使是速度最慢的日本，也达到 3.1％，明显高于同期日本以美元计价的名义国内生产总值增长率（0.6％），如图 5-5 所示。

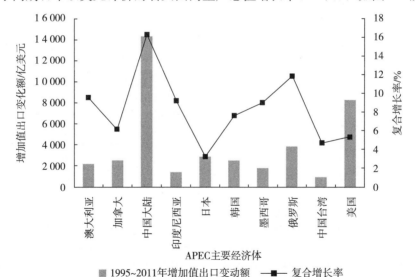

图 5-5　1995～2011 年 APEC 主要经济体增加值出口的变化

资料来源：根据杨翠红、祝坤福等完成的"APEC 经济体经济互利作用及加工贸易异质性影响分析"（本书第四部分）；以及根据子课题组张亚雄、袁剑琴等完成的"参与全球价值链对 APEC 主要经济体产业结构和国际竞争力的影响分析"（本书第五部分）的计算结果进行整理

也就是说，不仅仅是中国，亚太地区各主要经济体都从深度参与国际分工中获得了可观的收益。

5.4　中国并非只是制造业获益，服务业同样受益匪浅

贸易总额的统计数据告诉我们，IT 产业是中国参与国际生产网络获益最大的部门，增加值统计数据再次证实了这一点。不过，一个新的发现是，中国的服务业同样获得了巨大的收益。

2011 年中国的增加值出口比 1995 年增加了 1.4 万亿美元，其中制造业的贡献占 53%。其中，贡献较大的部门包括电气设备和光学仪器(12.7%)、贱金属及其制品(7.9%)、纺织品(6.3%)、化工产品(5.7%)和机械(4.3%)，如图 5-6 所示。另外，服务业的贡献率也有 32%。这说明，参与国际分工给中国带来的收益，既体现在制造业部门，也体现在服务业部门。而且，服务业同样也是中国参与国际分工的一个重要渠道，发挥着与制造业同样重要的作用。

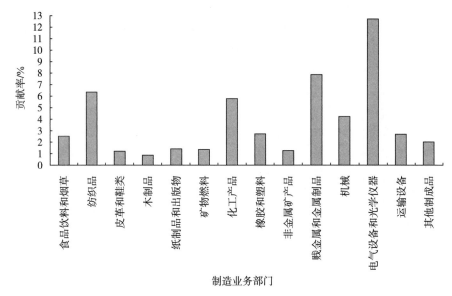

图 5-6　制造业各部门对 1995～2011 年中国增加值出口增长额的贡献率

资料来源：根据杨翠红、祝坤福等完成的"APEC 经济体经济互利作用及加工贸易异质性影响分析"(本书第四部分)；以及根据子课题组张亚雄、袁剑琴等完成的"参与全球价值链对 APEC 主要经济体产业结构和国际竞争力的影响分析"(本书第五部分)的计算结果进行整理

实际上，在中国参与国际分工的过程中，制造业与服务业是密不可分的。根据图 5-7 可知，在服务业中贡献较大的部门包括：批发业(7.8%)、机器设备租赁及其他商业服务业(5%)和金融业(4.5%)。显然，这些部门所提供的销售服

务、租赁服务、融资服务，都是为制造业的国际化提供服务的，实际上都可以看做制造业生产中不可缺少的投入品。

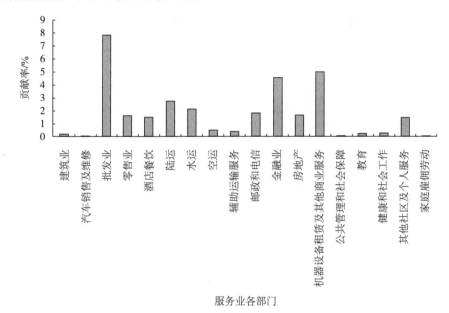

图 5-7　服务业各部门对 1995～2011 年中国增加值出口增长额的贡献率
资料来源：根据杨翠红、祝坤福等完成的"APEC 经济体经济互利作用及加工贸易异质性影响分析"（本书第四部分）；以及根据子课题组张亚雄、袁剑琴等完成的"参与全球价值链对 APEC 主要经济体产业结构和国际竞争力的影响分析"（本书第五部分）的计算结果进行整理

5.5　对中国制造业竞争力的重新评估：与自身相比

5.5.1　从 RCA 到 NRCA

传统的 RCA 指标是依据总出口额计算出来的，在全球供应链迅速发展的条件下，会因重复计算而高估一些大力发展加工贸易的经济体的竞争力（中国就是一个典型的例子）。通过依据增加值出口重新计算 RCA 或 NRCA（new index of revealed comparative advantage，即新显性比较优势指数），可以对各国的国际竞争力状况进行更为准确的评估。

比较两种统计方法可知（图 5-8）：根据传统 RCA，可以看到中国国际竞争力最强的制造业部门是皮革和鞋类、纺织品、电气设备和光学仪器；而根据 NRCA，排名前三的部门并无变化，但电气设备和光学仪器的指标值相比 RCA 有大幅度的下降（从 2.6 降至 1.8），竞争力不再是遥遥领先于其余部门，而只是略强于其余部门。这一修正的结果显然更符合中国比较优势的实际，因为中国电气设备和光学仪器的出口高度依赖进口零部件，生产部门实际的技术实力和国际竞争力并没有传统 RCA 指标所显示的那么强。

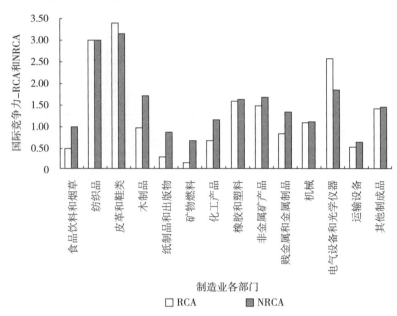

图 5-8   2011 年中国制造业的国际竞争力：RCA 和 NRCA

资料来源：根据杨翠红、祝坤福等完成的"APEC 经济体经济互利作用及加工贸易异质性影响分析"（本书第四部分）；以及根据子课题组张亚雄、袁剑琴等完成的"参与全球价值链对 APEC 主要经济体产业结构和国际竞争力的影响分析"（本书第五部分）的计算结果进行整理

不过，从 1995～2011 年 NRCA 指标的变动幅度看（图 5-9），电气设备和光学仪器依然是 16 年来中国竞争力提升最快的制造业部门。如果从 NRCA 变动的百分比来看，电气设备和光学仪器竞争力的提升幅度也仅次于运输设备。这清楚地表明，加工贸易确实极大地促进了中国电子行业技术水平和国际竞争力的提升。

5.5.2   增加值出口的国际市场份额指标与 NRCA 反映的竞争力变化结果接近

按照总出口计算，中国国际市场份额最大的制造业部门也依次是皮革和鞋类、纺织品、电气设备和光学仪器；按照增加值出口计算，排名前三的部门也没有变化，电气设备和光学仪器的指标值相比总出口的市场占有率有一定幅度的下降（从 29％降至 21.4％），领先于其余部门的幅度大为降低（图 5-10）。这说明，基于总出口计算的国际市场份额（图 5-11）确实大大高估了中国电子行业的国际竞争力。

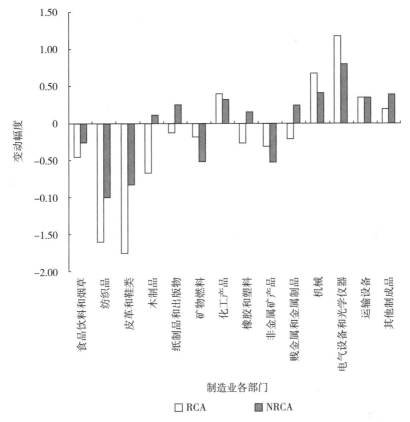

图 5-9　1995～2011 年中国制造业的国际竞争力：RCA 和 NRCA 的变动幅度
资料来源：根据杨翠红、祝坤福等完成的"APEC 经济体经济互利作用及加工贸易异质性影响分析"（本书
第四部分）；以及根据子课题组张亚雄、袁剑琴等完成的"参与全球价值链对 APEC 主要经济体
产业结构和国际竞争力的影响分析"（本书第五部分）的计算结果进行整理

　　从 16 年来（1995～2011 年）国际市场份额的提升幅度看（图 5-12），按总出口计算，电气设备和光学仪器排名第一（升幅达 24.8 百分点），排名第二和第三的分别是皮革和鞋类（升幅为 22.7 百分点）、纺织品（升幅为 20 百分点）；按增加值出口计算，电气设备和光学仪器的升幅为 18 百分点，排名掉到第三，列在皮革和鞋类（24.2 百分点）、纺织品（22.6 百分点）之后，不过这一升幅仍然大大高于其余部门。不过，如果比较上述三个部门增加值出口的国际市场份额的提升倍数（图 5-13），就可以发现电气设备和光学仪器其实是明显高于皮革鞋类和纺织品的，1995～2011 年，电气设备和光学仪器的市场份额扩大了 5.4 倍，而皮革鞋类和纺织品分别只扩大了 1.9 倍和 1.7 倍。

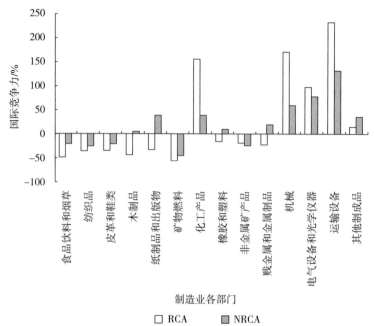

图 5-10 1995～2011 年中国制造业的国际竞争力：RCA 和 NRCA 的变动百分比

资料来源：根据杨翠红、祝坤福等完成的"APEC 经济体经济互利作用及加工贸易异质性影响分析"(本书
第四部分)；以及根据子课题组张亚雄、袁剑琴等完成的"参与全球价值链对 APEC 主要经济体
产业结构和国际竞争力的影响分析"(本书第五部分)的计算结果进行整理

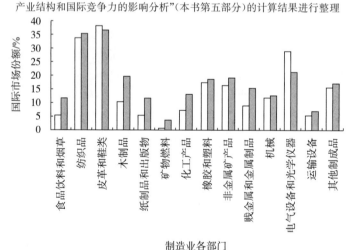

图 5-11 2011 年中国制造业的国际市场份额：出口和增加值出口

资料来源：根据杨翠红、祝坤福等完成的"APEC 经济体经济互利作用及加工贸易异质性影响分析"(本书
第四部分)；以及根据子课题组张亚雄、袁剑琴等完成的"参与全球价值链对 APEC 主要经济体
产业结构和国际竞争力的影响分析"(本书第五部分)的计算结果进行整理

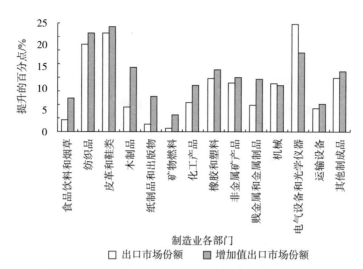

图 5-12　1995～2011 年中国制造业的国际市场份额提升的百分点：出口和增加值出口
资料来源：根据杨翠红、祝坤福等完成的"APEC 经济体经济互利作用及加工贸易异质性影响分析"（本书
第四部分）；以及根据子课题组张亚雄、袁剑琴等完成的"参与全球价值链对 APEC 主要经济体
产业结构和国际竞争力的影响分析"（本书第五部分）的计算结果进行整理

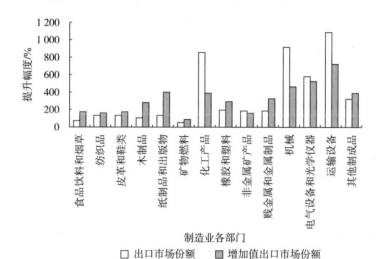

图 5-13　1995～2011 年中国制造业的国际市场份额提升幅度：出口和增加值出口
资料来源：根据杨翠红、祝坤福等完成的"APEC 经济体经济互利作用及加工贸易异质性影响分析"（本书
第四部分）；以及根据子课题组张亚雄、袁剑琴等完成的"参与全球价值链对 APEC 主要经济体
产业结构和国际竞争力的影响分析"（本书第五部分）的计算结果进行整理

5.5.3 小结

根据基于增加值出口计算的 NRCA 指标可知，目前中国国际竞争力最强的制造业部门是纺织品和鞋类，电气设备及光学仪器排名第三，但是在 1995～2011 年，电气设备及光学仪器的国际竞争力是显著提升的，而纺织品和鞋类的竞争力则在减弱。目前，运输设备和机械的国际竞争力虽然还不强，但在 1995～2011 年已有显著提高。

根据基于增加值出口计算的国际市场份额指标，目前中国国际竞争力最强的前三个制造业部门也是纺织品、鞋类、电气设备及光学仪器，在 1995～2011 年，三个部门的国际竞争力都有提升，电气设备及光学仪器的提升幅度大大高于纺织品和鞋类。运输设备和机械目前的国际市场份额还较低，但在 1995～2011 年期间已有大幅度的提高，提升幅度甚至高于电气设备及光学仪器。

可见，在参与亚太生产网络的过程中，中国的制造业部门显著提升了自己的竞争力，突出体现在电气设备及光学仪器、运输设备、机械等资本技术密集型部门。

5.6　对中国制造业竞争力状况的重新评估：亚太地区的国际比较

既然基于增加值出口计算的 NRCA 比基于总出口计算的传统 RCA 能更准确地反映一个经济体各产业部门的国际竞争力，那么这一指标就能帮助我们对中国各产业部门在亚太地区的竞争力排名做一个更精确的定位。分析结果表明，中国的纺织品、皮革及鞋类、塑料及橡胶属于第一梯队，电气设备和光学仪器、机械、钢铁、化工属于第二梯队，运输设备仍处于第三梯队。这说明，中国竞争力最强的部门仍然是劳动密集型产业，而大部分资本技术密集型产业的竞争力仍处于二流水平。

1. 电气设备和光学仪器

根据基于增加值出口计算的 NRCA 指标，在电气设备及光学仪器部门(图 5-14)，1995 年日本、韩国和中国台湾同属于竞争力最强的第一梯队，NRCA 值在 1.50～2.00；美国、中国大陆和墨西哥属于竞争力较强的第二梯队，NRCA 值略大于1.00。到了 2011 年，中国台湾和韩国仍在第一梯队，NRCA 值分别高达 3.10 和 2.70，日本已经降入第二梯队，NRCA 值只有 1.60，中国大陆跃居第二梯队的首位，NRCA 值已达 1.80，墨西哥则正在滑出第二梯队，NRCA 值已低于 1。值得注意的是，美国仍属于第二梯队，且 NRCA 值从 1.10 上升到 1.50。上述情况说明，技术领先的经济体参与国际分工和对外进行产业转移，可能导致其国际竞争力的下滑，如日本；也可能使国际竞争力进一步增强，如美国。

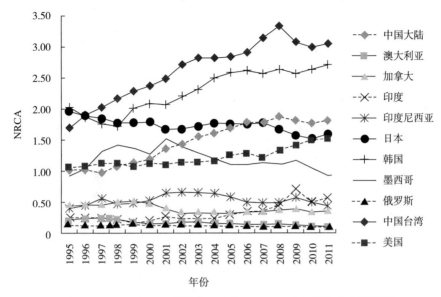

图 5-14　APEC 主要经济体分产业的 NRCA：电气设备和光学仪器

资料来源：根据杨翠红、祝坤福等完成的"APEC 经济体经济互利作用及加工贸易异质性影响分析"(本书
第四部分)；以及根据子课题组张亚雄、袁剑琴等完成的"参与全球价值链对 APEC 主要经济体
产业结构和国际竞争力的影响分析"(本书第五部分)的计算结果进行整理

2. 机械部门

根据 NRCA 指标(图 5-15)，在 1995 年，日本竞争力最强，NRCA 值为 1.50，其他经济体的 NRCA 值均小于 1.00，其中美国、韩国和中国台湾竞争力相对较强，NRCA 值在 0.80～1.00，中国大陆的 NRCA 值只有 0.70。到了 2011 年，日本的竞争力仍排名第一，NRCA 值为 1.40，韩国的竞争力已经和日本不相上下，NRCA 值达到 1.30，中国大陆、美国的竞争力也明显上升，并与竞争力保持稳定的中国台湾共同形成了竞争力较强的第二梯队，NRCA 值在 1.00～1.20。

3. 运输设备

根据 NRCA 指标(图 5-16)，1995 年加拿大、日本、墨西哥同属于竞争力最强的第一梯队，NRCA 值在 1.80～2.00，韩国和美国属于竞争力较强的第二梯队，NRCA 值在 1.00～1.20，中国的竞争力很弱，NRCA 值仅为 0.30。到了 2011 年，墨西哥和日本仍在第一梯队，NRCA 值分别高达 3.10 和 2.40，韩国也升入第一梯队，NRCA 值达到 2.90，加拿大和美国的竞争力则都明显下滑，前者掉出了第一梯队，NRCA 值降至 1.60，后者的 NRCA 值则降至 0.80，这显然是受到 2008 年国际金融危机的影响，因为美国竞争力的滑落就发生在 2010 年，此前一直保持稳定。

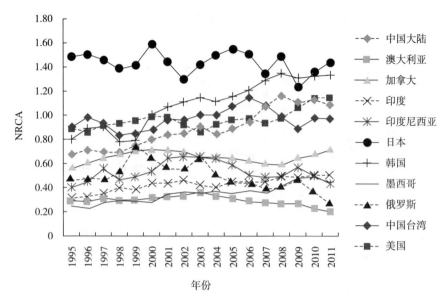

图 5-15　APEC 主要经济体分产业的 NRCA：机械

资料来源：根据杨翠红、祝坤福等完成的"APEC 经济体经济互利作用及加工贸易异质性影响分析"(本书
第四部分)；以及根据子课题组张亚雄、袁剑琴等完成的"参与全球价值链对 APEC 主要经济体
产业结构和国际竞争力的影响分析"(本书第五部分)的计算结果进行整理

中国的竞争力有显著提升，但 NRCA 值仍然只有 0.60，这表示中国的运输设备(包括汽车、船舶、飞机)部门总体上的国际竞争力依然较弱。

4. 纺织品

根据 NRCA 指标(图 5-17)，1995 年中国大陆、印度、印度尼西亚和韩国同属于竞争力最强的第一梯队，NRCA 值在 2.50～4.00，其中中国大陆高居榜首。中国台湾和墨西哥属于竞争力较强的第二梯队，NRCA 值在 1.00～2.00。有趣的是，到了 2011 年，这六个经济体的竞争力全部都明显下滑，但中国大陆的下滑幅度最小，NRCA 值仍高达 3，而印度和印度尼西亚的 NRCA 值降至 1.50 左右，成为第二梯队，韩国、中国台湾和墨西哥的 NRCA 值更是降至 0.80 以下，基本丧失了国际竞争力。

5. 皮革及鞋类

根据 NRCA 指标(图 5-18)，1995 年中国、印度和印度尼西亚同属于竞争力最强的第一梯队，NRCA 值在 3.30～5.10。韩国、中国台湾和墨西哥属于竞争力较强的第二梯队，NRCA 值在 1.20～1.60。与纺织品部门类似，到了 2011 年，第一梯队三个经济体的竞争力都明显下滑。由于中国大陆的下滑幅度最小，NRCA 值仍高达 3.10，竞争力排名由第二升至第一，而印度尼西亚的 NRCA 值

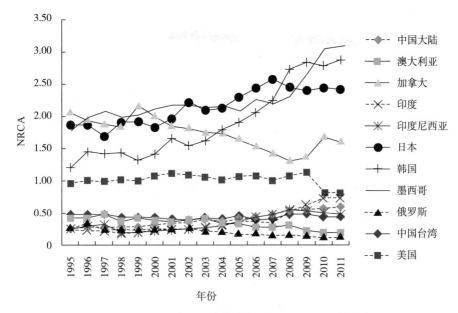

图 5-16　APEC 主要经济体分产业的 NRCA：运输设备

资料来源：根据杨翠红、祝坤福等完成的"APEC 经济体经济互利作用及加工贸易异质性影响分析"（本书
第四部分）；以及根据子课题组张亚雄、袁剑琴等完成的"参与全球价值链对 APEC 主要经济体
产业结构和国际竞争力的影响分析"（本书第五部分）的计算结果进行整理

则由 5.10 降至 2.00，竞争力排名由第一降至第二，印度的 NRCA 值则降至
1.00，与 NRCA 值同样下滑的墨西哥形成了第三梯队。

6. 贱金属（主要是钢铁）

根据 NRCA 指标（图 5-19），1995 年日本的竞争力排名第一，NRCA 值为
1.50，俄罗斯排名第二，NRCA 值为 1.30。中国大陆、中国台湾和韩国的
NRCA 值略大于 1.00，属于竞争力较强的第二梯队。到了 2011 年，韩国的 NR-
CA 值大幅上升至 1.70，与依旧排名第一的日本（NRCA 值为 1.80）共同形成竞
争力最强的第一梯队，中国大陆的 NRCA 值升至 1.30，排名来到第三位。原本
排名第二的俄罗斯的 NRCA 值则大幅跌至 0.90。

7. 化工部门

根据 NRCA 指标（图 5-20），1995 年韩国的竞争力最强，NRCA 值约为
1.20，中国台湾排名第二，NRCA 值为 1.00，中国大陆的 NRCA 值为 0.80。到
了 2011 年，中国台湾的 NRCA 值大幅上升到 2.00，取代韩国成为竞争力最强的
经济体，NRCA 值保持稳定的韩国则跌至第二位，中国大陆的 NRCA 值上升到
1.10，排名升至第三位，高于美国和日本。

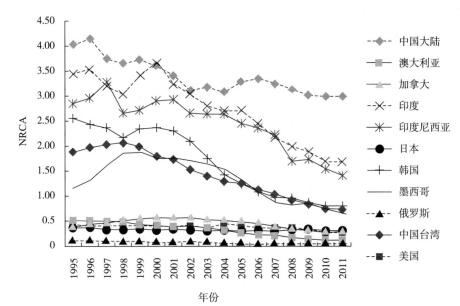

图 5-17　APEC 主要经济体分产业的 NRCA：纺织品

资料来源：根据杨翠红、祝坤福等完成的"APEC 经济体经济互利作用及加工贸易异质性影响分析"(本书
第四部分)；以及根据子课题组张亚雄、袁剑琴等完成的"参与全球价值链对 APEC 主要经济体
产业结构和国际竞争力的影响分析"(本书第五部分)的计算结果进行整理

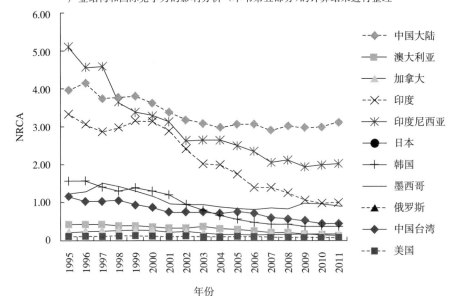

图 5-18　APEC 主要经济体分产业的 NRCA：皮革及鞋类

资料来源：根据杨翠红、祝坤福等完成的"APEC 经济体经济互利作用及加工贸易异质性影响分析"(本书
第四部分)；以及根据子课题组张亚雄、袁剑琴等完成的"参与全球价值链对 APEC 主要经济体
产业结构和国际竞争力的影响分析"(本书第五部分)的计算结果进行整理

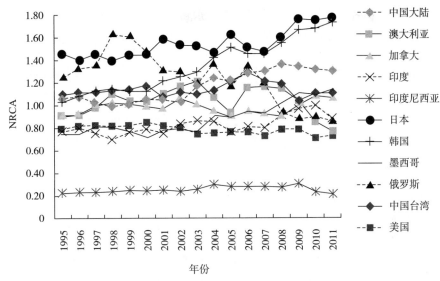

图 5-19　APEC 主要经济体分产业的 NRCA：贱金属

资料来源：根据杨翠红、祝坤福等完成的"APEC 经济体经济互利作用及加工贸易异质性影响分析"(本书
　第四部分)；以及根据子课题组张亚雄、袁剑琴等完成的"参与全球价值链对 APEC 主要经济体
　　产业结构和国际竞争力的影响分析"(本书第五部分)的计算结果进行整理

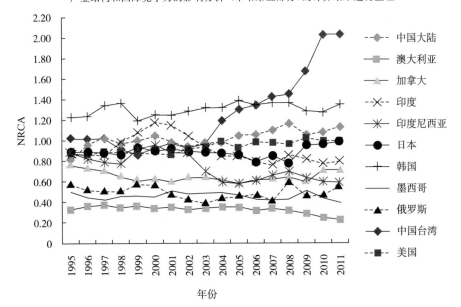

图 5-20　APEC 主要经济体分产业的 NRCA：化工产品

资料来源：根据杨翠红、祝坤福等完成的"APEC 经济体经济互利作用及加工贸易异质性影响分析"(本书
　第四部分)；以及根据子课题组张亚雄、袁剑琴等完成的"参与全球价值链对 APEC 主要经济体
　　产业结构和国际竞争力的影响分析"(本书第五部分)的计算结果进行整理

　　根据 NRCA 指标(图 5-21)，在塑料及橡胶部门，中国的国际竞争力在 1995～2011 年变化不大，一直处于第一梯队。

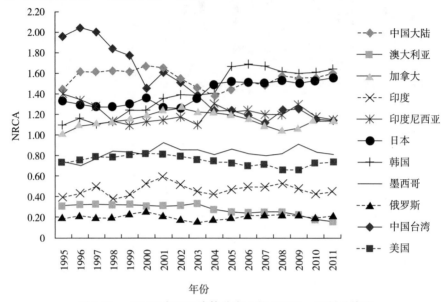

图 5-21　　APEC 主要经济体分产业的 NRCA：塑料及橡胶

资料来源：根据杨翠红、祝坤福等完成的"APEC 经济体经济互利作用及加工贸易异质性影响分析"(本书
　　第四部分)；以及根据子课题组张亚雄、袁剑琴等完成的"参与全球价值链对 APEC 主要经济体
　　产业结构和国际竞争力的影响分析"(本书第五部分)的计算结果进行整理

第6章

新形势下的 APEC 区域
经济一体化新趋势

许宏强、张　琦、陈红娜

APEC 区域是全球价值链发展特征最为明显的地区，区域内的生产分工网络已经紧密地联系在了一起。APEC 区域内的自由贸易区(free trade area，FTA)建设，对于促进区域内生产要素流动、推动区域经济一体化，特别是深化价值链分工，具有积极的推动作用。与此同时，以价值链为基础进一步加强亚太经济体的区域内合作，也将有助于推动亚太区域一体化进程。

6.1　亚太区域自由贸易区发展态势

6.1.1　亚太区域自由贸易区建设的进展

作为国际贸易发展和经济全球化进程中一个突出特点，近年来区域和双边自由贸易安排(RTA/FTA)持续快速增长。据 WTO 最新统计，截至 2015 年 1 月底，已向 WTO 通报的 RTA(Regional Trade Agreement，即区域贸易协定)总数达到 604 个，较 2012 年 1 月增加 93 个；目前，在 WTO 规则下产生并仍有效实施的达 259 个。亚太区域也呈现出自由贸易区蓬勃发展的势头。

(1)亚太主要经济体都在积极参与或者推进自由贸易区建设。美国已经签订 20 个自由贸易协定，并力推 TPP 的谈判；澳大利亚已经与东盟、美国、新西兰、智利、日本、新加坡、马来西亚和韩国等签订了 10 个自由贸易协定，正在与印度、印度尼西亚和海湾阿拉伯国家合作委员会(Gulf Cooperation Council，GCC)等开展双边谈判，并积极参与 TPP、RCEP 等区域自由贸易协定的谈判；

日本已经与东盟、印度、墨西哥、秘鲁和澳大利亚签订了自由贸易协定，正在进行中日韩 FTA、RCEP 及与欧盟、加拿大、哥伦比亚、蒙古和土耳其等自贸安排的谈判；韩国已经与智利、新加坡、欧洲自由贸易联盟（European Free Trade Association，EFTA）、东盟、印度、欧盟、秘鲁、美国、土耳其、哥伦比亚、澳大利亚、加拿大、中国和新西兰等签署了自由贸易协定，是东亚地区唯一已经与欧盟和美国签署双边自由贸易协定并开始实施的国家。

（2）亚太地区已签订自由贸易协定的贸易覆盖率达 70% 以上，远超世界其他地区。据 ADB 统计，2014 年，其成员国家和地区已经签订的自由贸易协定达到了 144 个，其中已经生效的为 119 个，尚未生效的为 25 个。另外有 68 个自由贸易协定正在谈判之中，有 65 个自由贸易协定正在酝酿或者研究之中。

根据 WTO 统计，截至 2014 年 9 月，21 个 APEC 成员共签署了 153 个自由贸易协定，其中有 56 个自由贸易协定是与区域内成员签订的。目前区域内即将达成协定和正在谈判的自由贸易协定还有中日韩、RCEP、日韩及 TPP 等自由贸易协定，即区域内已经生效和正在积极推进之中的自由贸易协定合计超过了 60 个。这些自由贸易协定之间，在成员、市场开放水平、规则标准和涵盖领域等方面，既存在交叉重叠，也存在很大差异，不利于商品、资金和人员的自由流动，增加了企业交易的成本和难度。因此，建立统一的、覆盖亚太区域的自由贸易区，对于提高区域内资源流动效率和经济活力，具有重要作用。此外，APEC 成员之间经济发展水平差异也很大，既有美国、日本和加拿大等世界最发达国家，也有越南、菲律宾和巴布亚新几内亚等发展水平还较低的国家（表 6-1），因此，如何协调整合这些不同发展水平成员之间达成的、水平内容各异的自由贸易协定，并达成高水平、高质量的自贸协定，是一项需要较长时间磨合的高难度工程。

表 6-1 2012 年 APEC 成员主要经济数据

国家（地区）	加入 APEC 时间	国内（地区）生产总值/亿美元	人均国内（地区）生产总值/美元	国内（地区）生产总值增长率/%
澳大利亚	1989 年 11 月	15 344.26	67 524.76	3.73
文莱	1989 年 11 月	169.54	41 126.61	0.95
加拿大	1989 年 11 月	18 214.45	52 409.19	1.71
智利	1994 年 11 月	2 662.59	15 245.47	5.38
中国大陆	1991 年 11 月	82 294.90	6 092.782	7.65
中国香港	1991 年 11 月	2 626.30	36 707.86	1.55
印度尼西亚	1989 年 11 月	8 767.19	3 551.424	6.26
日本	1989 年 11 月	59 544.77	46 679.27	1.75
韩国	1989 年 11 月	12 228.07	24 453.97	2.29

续表

国家(地区)	加入 APEC 时间	国内(地区)生产总值/亿美元	人均国内(地区)生产总值/美元	国内(地区)生产总值增长率/%
马来西亚	1989 年 11 月	3 052.64	10 439.96	5.64
墨西哥	1993 年 11 月	11 864.61	9 817.837	3.98
新西兰	1989 年 11 月	1 714.61	38 678.41	2.53
巴布亚新几内亚	1993 年 11 月	156.54	2 184.163	8.00
秘鲁	1998 年 11 月	1 926.28	6423.562	5.95
菲律宾	1989 年 11 月	2 502.40	2 587.617	6.80
俄罗斯	1998 年 11 月	20 174.71	14 090.65	3.44
新加坡	1989 年 11 月	2 869.08	54 007.3	2.50
中国台湾	1991 年 11 月	5 215.58	20 101*	2.11#
泰国	1989 年 11 月	3 659.66	5 479.761	7.67
美国	1989 年 11 月	161 632.00	51 495.87	2.32
越南	1998 年 11 月	1 558.20	1 755.265	5.25
世界		735 142.24	10 437.76	2.26

* 表示 2011 年数据；# 表示 2013 年数据

资料来源：根据世界银行和相关资料整理

6.1.2　TPP 和 RCEP 谈判的进展情况

目前，亚太区域最主要的两个正在谈判的自由贸易协定是 TPP 和 RCEP（图6-1）。

TPP 现有 12 个成员国参加谈判，分别是美国、智利、秘鲁、越南、新加坡、新西兰、马来西亚、文莱、澳大利亚、墨西哥、加拿大和日本，占全球国内生产总值总量的比重达到 40%。TPP 谈判主要包括两大重点，一是市场准入谈判，涉及货物、服务贸易和投资；二是贸易和投资规则谈判，涉及知识产权、国有企业、环境保护、劳工保护和原产地规则等领域。许多 TPP 成员已明确表示希望看到市场准入谈判取得满意成果后，才愿意接受在贸易和投资规则方面的高标准要求，因此，目前 TPP 谈判的焦点在市场准入谈判。TPP 已经进行了 20 多次谈判，但是由于参与国家之间发展水平和国内体制等差异很大，至今已经数次延迟达成协定的时间。2015 年以来，美国多位政府官员和学者表示，TPP 谈判主要分歧已经解决，已就框架协议达成了共识，年内能够完成 TPP 谈判。2015 年 4 月底，奥巴马和安倍会见之后，美国和日本都表示将尽快完成谈判，但也承认双方之间的分歧并未完全消除，在农产品和汽车业市场准入方面谈判艰难。5 月，美国国会批准了给予总统对外贸易谈判权的《贸易促进授权法案》（*Trade Promotion Authority*），美国政府获得 TPP 等对外贸易投资谈判中至关重要的自由度，虽然这并不能保证谈判协定

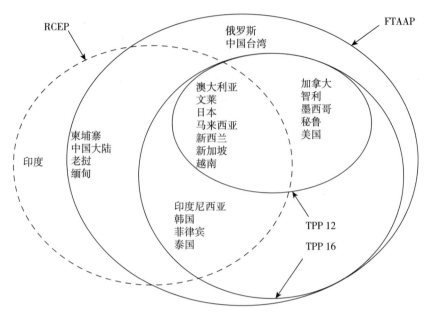

图 6-1　亚太区域主要自由贸易区成员示意图

资料来源：根据有关资料整理

文本最终获得国会支持，但将在程序上获得简化、避免具体内容修改的麻烦。

　　RCEP 谈判成员有东盟 10 国、中国、日本、韩国、澳大利亚、新西兰和印度。RCEP 已经进行了 5 轮谈判。据《RCEP 谈判指导原则和目标》，RCEP 谈判领域包括货物贸易、服务贸易、投资、经济技术合作、知识产权、竞争政策和争端解决机制等 8 个方面，其目标是搭建一个高标准的、综合性的经贸平台，不仅涉及消除贸易壁垒、完善投资环境、扩大服务贸易，还将涉及知识产权、竞争政策等多个领域，自由化程度将高于目前东盟与 6 个伙伴国现有的开放水平。RCEP 在 2012 年 11 月举行的第 21 届东盟峰会上正式启动，由东盟 10 国和 6 个伙伴国，即中国、日本、韩国、印度、澳大利亚和新西兰共同发起。自 2013 年 5 月在文莱展开首轮谈判以来，至今已经进行了 8 轮谈判，并在 7 个主要领域取得较大进展。按照时间表，各参与方致力于在 2015 年年底之前结束谈判并达成协议。RCEP 拥有占世界总人口约一半的人口，生产总值占全球的 30%，建成后将是世界上最大的自由贸易区。

　　美国和中国是亚太区域最大的两个经济体，但是，美国并没有参加 RCEP 谈判，而中国也没有参加 TPP 谈判。

　　未来，在 RCEP 和 TPP 谈判成功的基础之上，促进两者之间的融合，应该是建设 FTAAP 的可能路径。此外，中美之间达成双边投资协定，对于促进亚太地区自由贸易区建设也具有重要的积极影响。

6.2　中国推进自由贸易区建设最新进展

加快实施 FTA 战略是中国改善经贸关系、发展高水平开放型经济的重要举措。进入 21 世纪以来，中国积极参与区域经济合作，大力实施自由贸易区战略，取得了较大实际进展。

截至 2015 年年底，中国已对外签署了 14 个自由贸易协定，涉及 22 个国家和地区，除了中国大陆与中国香港、澳门签订的《关于建立更紧密经贸关系安排》(Closer Economic Partnership Arrangement，CEPA) 及中国大陆与中国台湾签订的海峡两岸经济合作框架协议(Economic Cooperation Framework Agreement，ECFA) 外，还包括与东盟、智利、巴基斯坦、新西兰、新加坡、秘鲁、哥斯达黎加、冰岛、瑞士、韩国和澳大利亚签订的自由贸易协定。中韩自由贸易区，是中国大陆迄今为止对外商谈的覆盖领域最广、涉及国别贸易额最大的自由贸易区，总体上实现了双方领导人期望的"高水平、全面、利益大体平衡"的目标，其重要性和意义为各方瞩目。

已经启动谈判的自由贸易区有 7 个，涉及 22 个国家，包括中日韩自由贸易协定、涵盖 16 个亚洲国家的 RCEP 等区域自由贸易谈判，以及与 GCC、斯里兰卡等进行的双边自由贸易协定谈判。此外，中国已完成了中印区域贸易安排全面经济合作协定(Comprehensive Economic Cooperation Agreement，CECA)联合研究，并正在与哥伦比亚进行双边自由贸易协定的可行性研究(表 6-2)。

表 6-2　中国自由贸易区建设的进展情况

进展	自由贸易协定	双边贸易占外贸总额比重/%	
		2010 年	2014 年
已签协定	中国大陆-中国香港(2003 年)、中国大陆-中国澳门(2003 年)、中国-东盟(2004 年)、中国-巴基斯坦(2006 年)、中国-智利(2005 年)、中国-新加坡(2008 年)、中国-新西兰(2008 年)、中国-秘鲁(2009 年)、中国-哥斯达黎加(2010 年)、中国大陆-中国台湾(2010 年)、中国-冰岛(2013 年)、中国-瑞士(2013 年)	24.1	27.6
已完成谈判	中国-澳大利亚(2005 年，2014 年 11 月宣布结束实质性谈判)、中国-韩国(2012 年，2014 年 11 月宣布结束实质性谈判)	9.9	9.9
正在谈判	中国-海湾阿拉伯国家合作委员会(2004 年)、中国-挪威(2008 年)、中国-南部非洲关税同盟(2004 年)、中日韩(2013 年)、RCEP(2013 年)，中国-斯里兰卡、中国-以色列	26.79	25.2
官方研究	中国-印度(2006 年，2008 结束)、中国-哥伦比亚、中国-马尔代夫(2014 年)	2.28	2.01

注："已签协定"自由贸易区括号内为协定签署时间；"正在谈判"括号内为启动谈判时间；"官方研究"括号内为启动研究的时间和结束时间

资料来源：根据商务部网站资料整理。贸易比重根据中国海关统计计算

实施自由贸易区战略，对中国对外经济政治关系都具有重要意义。一方面，对推动中国与贸易伙伴的贸易和投资快速发展、促进国内经济增长与结构调整、加强区域成员之间互利共赢的经济合作关系等，起到了十分重要的作用；另一方面，彰显了中国和平发展和对外开放的积极姿态，为赢得中国在区域和国际事务中的话语权与影响力、营造良好外部环境做出了贡献。

表6-3显示，签订自贸协定对中国与自由贸易区伙伴之间的双边贸易产生了积极的促进作用。从2008～2012年中国对外贸易总额和与主要自由贸易协定伙伴的双边贸易增长及其比重的变化情况，可以看出以下特点：①在经历了国际金融危机的严重冲击之后，中国对外贸易2009年出现较大幅度负增长，但于2010年开始实现增长，按年均增速①计算，2008～2012年实现了10.83%的增长②；②中国与自由贸易协定伙伴的双边贸易增长明显高于平均增长水平，表明贸易自由化安排对促进双边贸易加快增长发挥了积极的作用；③中国来自自由贸易协定伙伴的进口增长明显快于对其出口增长，反映出中国在自贸安排中实施实质性减税及市场空间大等特点，说明在中国消费者从自贸安排中获得收益的同时，自由贸易区伙伴从中国的经济增长和制度性经济合作中同样获得了好处；④与自由贸易协定伙伴的双边贸易在中国对外贸易中的重要性进一步上升，其中东盟占比升幅最大，达到1.32百分点。随着各个自由贸易协定的全面实施，双方的获益程度还会进一步扩大。

表6-3   中国与自由贸易区伙伴之间的双边贸易情况

地区＼贸易情况	2008～2012年均增长/%			2008～2012年比重变化/%		
	进出口	出口	进口	进出口	出口	进口
世界	11.3	10.6	12.2	0.00	0.00	0.00
中国香港	14.1	15.1	0.0	0.1	0.2	−0.4
中国澳门	5.2	6.4	−5.1	−0.3	−0.3	−0.3
巴基斯坦	21.5	20.3	29.0	0.7	0.6	2.9
中国台湾	8.9	13.1	7.9	−0.3	−0.2	−0.5
智利	15.7	18.6	14.2	0.3	0.2	0.3
哥斯达黎加	13.9	13.3	14.1	−0.1	−0.2	0.0
秘鲁	15.2	20.1	12.2	0.0	0.2	−0.1
新西兰	37.3	14.9	67.1	0.7	−0.1	1.9
东盟	18.0	23.1	13.0	−0.4	0.3	−0.6
新加坡	8.7	8.6	8.8	−0.3	−0.4	−0.1
自由贸易区合计	14.3	16.9	10.6	0.2	0.3	0.1

资料来源：根据中国海关统计计算

———

① 利用年均增速分析，能够在一定程度上减弱2008年秋季国际金融危机爆发导致2009年出现大幅度下降及2010年反弹性增长等特殊性因素的影响。

② 资料来源：根据中国海关统计计算。

　　实践经验表明，在贸易自由化的推动下，自由贸易区不仅有利于推动双边贸易整体加快发展，而且有利于促进双边贸易结构升级。以中国-东盟自由贸易区（China-ASEAN-Free Trade Area，CAFTA）为例，这是中国大陆对外（不包括中国台湾、中国香港和中国澳门地区）建立的第一个自由贸易区，也是全球最大的由发展中经济体组建的自由贸易区。CAFTA 于 2010 年 1 月 1 日全面生效，带动双边贸易增长的效果在所有中国签署的双边自由贸易区中表现得最为明显。从表 6-3 可以看出，2008～2012 年，中国大陆对东盟出口、进口年均增幅都明显高于中国对外贸易同期平均增长水平；同时双边贸易结构也出现明显变化，运输设备、电气电子设备、精密机械等技术密集型产品进出口增速加快，尤其是中国大陆进口这些商品的增速明显高于同类产品的出口增速（表 6-4）。

表 6-4　中国-东盟分商品的双边贸易增长形势

进口＼出口		出口增长（2008～2010 年均增长 9.9%）		
		高增长（20%以上）	一般增长（0～20%）	负增长（0 以下）
进口增长 （年均增长 31.7%）	高增长 （20%以上）	杂项制品、塑料橡胶、植物产品、鞋帽伞、动物产品	纸制品、运输设备、食品、精密机械、非金属矿物制品、电气电子设备、化工产品、平均	金属及制品、木制品、珠宝贵金属、动植物油脂
	一般增长 （0～20%）	矿产品	纺织品	
	负增长 （0 以下）		皮革毛皮	未分类商品、艺术品

资料来源：根据中国海关统计计算和分类

　　自由贸易区在带来经济收益的同时，也会增加双方结构调整和市场开放压力，并随着区域一体化格局的变化，产生一定的贸易转移效应。从中国大陆与自贸伙伴的贸易发展来看，中国香港、中国澳门和中国台湾作为中国大陆传统的中转贸易基地，其地位随着中国大陆与其他贸易伙伴关系的深化而面临贸易转移的压力和挑战。另外，由于比较优势的变化，中国大陆部分产品出口可能面临其他伙伴国产品的竞争而出现下降，加上进口增长对中国大陆产业造成一定冲击等，都可能增加国内的结构调整压力。

　　例如，从 2008～2010 年中国与东盟分商品双边贸易形势来看，中国确实面临着部分商品的出口下降和进口过快增长的现实压力。如何趋利避害，在获得自由化收益的同时降低结构调整成本？中国还需要进一步完善自由贸易区战略及其政策，包括学习和借鉴其他国家的经验。

　　金融危机后，多哈谈判僵局进而陷入停滞，多边贸易体制短期内取得实质性进展较为困难，各国对区域和双边自由贸易的制度性安排更加重视，区域一体化出现加速发展的趋势。中国的自由贸易区战略虽然取得了一定成效，但是和世界一些主要经济体和周边国家的实际进展相比，从自由贸易区伙伴数量、贸易覆盖率及自由化标准等方面来看，仍然存在很大差距。美国、欧盟及韩国已签署的自由贸易协定的贸易覆盖率[①]分别为 37%、27% 及 35.6%，墨西哥和韩国更是高达 70% 以上[②]。与之相比，中国自由贸易协定进程仍显得相对滞后：一是中国自由贸易协定的总体贸易覆盖率仅为 26%，特别是若剔除港澳台地区，中国与其他自贸伙伴的贸易仅占中国对外贸易总额的 17%；二是中国已缔结自由贸易协定的多为周边经济体或发展中国家，尚未与欧美启动自由贸易协定的商谈。与韩国相比，若中韩自由贸易协定签署并生效，以出口计，韩国自由贸易协定的贸易覆盖率将达到 60%，中国的自由贸易协定覆盖率则仅上升至 31% 左右，差距进一步拉大。

十八大提出"全面提升开放型经济水平"，十八届三中全会明确提出"加快实施自由贸易区战略"。这表明，中国将加快推进自由贸易区战略的实施，努力扩大自由贸易区成果、提高自由贸易区水平，为全球贸易发展、为中国和贸易伙伴的经济增长提供新的动力。

6.3   建设 FTAAP 的路径选择

6.3.1   FTAAP 取得突破性进展

APEC 成员于 1994 年在第二次领导人非正式会议上通过了《茂物宣言》，确立了在亚太地区实现贸易和投资自由化的远景目标，即"茂物目标"，为 APEC 发展指明了方向，促使了一系列自由贸易协定的提出。

2006 年 APEC 领导人非正式会议提出建设 FTAAP 的愿景，2010 年 APEC 领导人峰会同意将当时推进的几项自由贸易区谈判，如东盟"10＋6"、中日韩"10＋3"和 TPP 等作为实现 FTAAP 的可能路径，但一直没有启动实质性的进程。直至美国近两年力推 TPP，使之成为实现亚太贸易投资自由化和区域一体化的现实途径，并对其他区域自贸构想形成巨大冲击，也推动了区域一体化进程取得突破性进展，中日韩 FTA 和 RCEP 谈判正式启动。

2014 年 5 月 APEC 贸易部长会议声明，表示将制定推动实现 FTAAP 路线图。11 月在北京举行的 APEC 第 22 次领导人峰会，决定启动 FTAAP 进程，批准亚太经合组织推动实现 FTAAP 区路线图，就启动 FTAAP(可行性)研究达成

---

① 贸易覆盖率是指与 FTA 伙伴国的贸易额占其对外贸易总额的比例。

② 资料来源："新形势下对外开放的战略布局"，黄海洲、周诚君，《第一财经日报》，2013 年 5 月。

了共识。而且，此次会议通过名为《领导人宣言——北京纲领：构建融合、创新、互联的亚太》的宣言，对 FTAAP 做了进一步定位，并阐明了它与其他贸易安排的关系，即 FTAAP 是 APEC 推动区域经济一体化的主要手段，是一个全面的自贸协定，在"10+3"、"10+6"及 TPP 等现有区域贸易安排基础上发展建立。

6.3.2　实现 FTAAP 的路径选择

虽然，2014 年的 APEC 峰会并未确定 FTAAP 建设的详细路径，只是启动了对参加成员、涵盖领域和时间表等问题进行为期两年的战略研究。但亚太主要经济体及其智库，都已开始对实现 FTAAP 各种路径的可能性及其宏观和产业影响进行积极的研究。

太平洋经济合作理事会(Pacific Economic Cooperation Council，PECC)在不久前发布的《亚太蓝皮书：亚太地区发展报告(2014)》中，提出了建立 FTAAP 的四种可能路径，分别如下：第一，由 TPP 演变建立 FTAAP；第二，由 RCEP 演变建立 FTAAP；第三，专门设立一个机构，推进 FTAAP 建设；第四，在 TPP 和 RCEP 及其他主要自贸协定的基础上综合演变为"伞形协议"，建立 FTAAP。

美国的彼得森国际经济研究所，用经济计量模型对四种路径的影响进行量化分析，该分析纳入关税减让、服务自由化和贸易便利化等多种因素，模拟到 2025 年 FTAAP 将给相关国家和地区带来的收益和影响。彼得森分析报告的结论如下。

(1)通过第一种路径，即由 TPP 演变建立 FTAAP，将为成员创造 740 亿美元的经济收益，其中美国创造 240 亿美元。如果区域内关税水平降为零关税，亚洲其他国家或地区的产品将挤占中国商品的出口份额，中国大陆和印度将由此分别遭受 210 亿美元和 10 亿美元的损失。印度尼西亚、菲律宾、泰国、俄罗斯、欧盟、中国香港和中国台湾地区等非 TPP 创始成员，也会在第一种路径中呈现出不同程度的经济负增长，遭受利益损失。而且，如果日本、韩国、印度尼西亚、泰国和菲律宾等成员的经济发展保持平稳，第一种路径的收益将提高到 5 000 亿美元，其中美国和日本收益将分别升至 1 080 亿美元和 1 290 亿美元，中国大陆和印度遭受的损失扩大到 840 亿美元和 70 亿美元。

(2)通过第二种路径，即从 RCEP 演变建立 FTAAP，将为 RCEP 16 个成员创造的总收益将达到 6 440 亿美元，远高于第一种的收益规模。其中，中国将获得 2 970 亿美元，特别是 RCEP 成员对非成员的出口几乎不会产生冲击。

(3)通过第三种路径，即专门设立一个机构推进 FTAAP，彼得森国际经济研究所认为，这实际上是重新建立一套机制来推进 FTAAP 建设，不仅成本较高，可能也难以获得区域内成员的认同。

(4)通过第四种路径，即在 TPP 和 RCEP 及其他主要自贸协定的基础上建立

FTAAP，预计将给成员创造总计 14 820 亿美元经济收益，分别是第一种路径的
20 倍和第二种路径的 2.3 倍。美国和中国将分别获得高达 2 670 亿美元和 6 780
亿美元的收益，分别占两国 2025 年预估国内生产总值的 1.3％和 3.8％，其他所
有收益指标也都远高于另外三种路径。日本和韩国将分别获得 2 280 亿美元和
1 290 亿美元的收益，东盟将获得 210 亿美元的经济利益。由此来看，兼顾两大
现实选择的第四种路径，应该是通向 FTAAP 的最优路径。

6.3.3　推进 FTAAP 的基本原则

从 FTAAP 的贸易自由化标准来看，TPP 协定被认为市场开放水平和规则
要求的标准最高；相对来讲，RCEP 的贸易投资自由化水平和规则要求德国标准
需为更多的区域内国家、特别是经济欠发达的成员所接受，并且不涉及劳工、环
境保护和政府采购等对区域内大多数发展中国家较难的议题。

根据 APEC 推进便利化的经验，区域内的关税水平是以渐进的方式从 1989
年的 16.9％降低至 2010 年的 5.8％。为此，在推进 FTAAP 的过程中，一方面，
需对 TPP 和 RCEP 两个协定都涉及的领域内容进行整合；另一方面，在两个协
定各自单独涉及的领域，则需根据各成员的实际情况，采取折中整合、先易后难
的原则，逐步向高标准推进的路径实现两者的融合。

总之，既要选择采用尽量高的标准，也要根据各成员的实际情况进行“微
调”，有条不紊地深化亚太区域经济一体化。

6.3.4　中国的选择

区域一体化一定会给成员方带来贸易创造、资源优化配置和跨境投资增加效
应，会带来宏观经济增长、福利增加和就业创造等收益。而且，从理论和实践结
果看，区域范围越大，参与方获得的经济收益也越大。但是，一体化的影响也具
有两面性，即在一定程度上有可能固化现有的分工与比较优势，这是目前处于国
际价值链低端的经济体所不愿看到的负面影响。

中国正处于经济转型升级的关键期，参与区域一体化不仅有助于中国深化改
革和扩大开放进程，而且也会对中国的产业结构和出口结构升级带来重要影响。
为此，我们既要认真研究亚太区域一体化的实现路径和总体战略，还要深入探讨
如何享受一体化收益的同时，避免分工和价值链地位固化。

在此背景下，如何认清中国在区域一体化中的竞争优势和区域生产网络中比
较优势的变化；如何培育新的竞争优势，借助亚太地区全球价值链的发展提升中
国在国际产业分工中的地位；如何通过更好地融入亚太产业链促进区域一体化发
展，都将是我们在研究增加值核算及其对亚太区域一体化政策含义和积极推进亚
太区域经济一体化进程中，应予以认真关注的问题。

第7章

深化一体化合作，
推动 APEC 经贸关系互利发展

赵晋平、许宏强、张　琦

金融危机后，亚太地区成为全球经济发展最活跃的地区，亚太经济体在中国对外贸易和跨境投资中占据日益重要的地位。利用贸易增加值核算这一新的贸易统计方法，我们可以看到，中国和 APEC 主要经济体之间的相互影响和作用日趋凸显。在此基础上，课题组提出深化亚太价值链分工合作、促进区域内贸易投资发展和深化区域经济一体化合作的路径选择等政策建议。

7.1　亚太地区成员是中国最为重要的贸易与投资伙伴

1. 中国与 APEC 主要经济体之间的双边贸易活跃，互为至关重要的进口来源和出口市场

对中国来讲，在 2013 年前 10 大贸易伙伴中，有 8 个是 APEC 成员（表 7-1）；与 APEC 经济体的贸易，占中国进、出口的比重更是分别达 63.4% 和 65%。尽管中国对外贸易整体增速降至 7.6%，但中国对东盟和澳大利亚等经济体的贸易增长则高达 10.9% 和 11.5%。

表 7-1　2013 年中国前 10 大贸易伙伴

贸易情况 贸易伙伴	进出口			出口		进口	
	亿美元	增长/%	占比/%	亿美元	增长%	亿美元	增长%
合计	41 603.3	7.6	100.0	22 100.4	7.9	19 502.9	7.3
欧盟	5 590.6	2.1	13.4	3 390.1	1.1	2 200.6	3.7
美国	5 210.0	7.5	12.5	3 684.3	4.7	1 525.8	14.8

续表

贸易情况 贸易伙伴	进出口			出口		进口	
	亿美元	增长/%	占比/%	亿美元	增长%	亿美元	增长%
东盟	4 436.1	10.9	10.7	2 440.7	19.5	1 995.4	1.9
中国香港	4 010.1	17.5	9.6	3 847.9	19.0	162.2	−9.3
日本	3 125.5	−5.1	7.5	1 502.8	−0.9	1 622.8	−8.7
韩国	2 742.5	7.0	6.6	911.8	4.0	1 830.7	8.5
中国台湾	1 972.8	16.7	4.7	406.4	10.5	1 566.4	18.5
澳大利亚	1 363.8	11.5	3.3	375.6	−0.4	988.2	16.8
巴西	902.8	5.3	2.2	361.9	8.3	540.9	3.4
俄罗斯	892.1	1.1	2.1	495.9	12.6	396.2	−10.3

资料来源：根据中国海关统计整理

对 APEC 经济体来讲，1995～2013 年，对华贸易规模增长 8.2 倍，远高于其对外贸易总额平均增长 2.8 倍的幅度。2013 年，对华贸易占 APEC 经济体进、出口的比重分别为 17.7%和 12.4%，比 1995 年的 7.6%和 5.1%显著提高。尤其是在金融危机后，对华贸易为提振 APEC 各成员的外部需求和经济增长做出突出贡献。

2. 从相互投资看，APEC 经济体是中国吸收外资和对外投资的最主要来源和目的地，且重要性日益上升

对中国来讲，2003～2013 年，APEC 经济体占中国吸收外资总额的比重从 69%提高到 78%；同期，中国对 APEC 经济体的海外投资占全部对外投资总额的比重也从 52%提高到 72%。

根据 UNCTAD 发布的《2014 世界投资报告》，正在谈判的 TTIP、TPP 和 RCEP 三个大型一体化安排显示了不同的 FDI(foreign direct investment，即外国直接投资)趋势：正在就 TTIP 框架进行谈判的美国和欧洲占全球 FDI 流入的比重，从危机前的 56%降低到 2013 年的 30%；虽然美国的全球占比例减少、但新兴经济体相应份额的增长，使 TPP 成员占全球 FDI 的比重从 2008 年前的 24%增长到 2013 年的 32%；RCEP 的 16 个成员在全球 FDI 流入中的占比超过 20%，是危机前水平的两倍。这一分化发展的趋势，与中国地位的提升和亚太地区的经济活跃等密切相关。

从双边贸易和相互投资看，APEC 经济体对中国贸易投资的重要性和相互影响程度日益加深。APEC 区域主要经济体都在积极推进自由贸易区建设，在区域内现有的超过 60 个自由贸易协定的基础上，建立覆盖整个 APEC 区域的

FTAAP，对促进区域内生产要素流动和深化价值链分工合作、保持地区经济活力和增长意义重大；对中国稳定外部经贸环境、促进经济持续稳定增长，特别是对推进十八届三中全会《中共中央关于全面深化改革若干重大问题的决定》提出的加快构建面向全球的高标准自由贸易区网络，更具有十分重要的意义。

7.2　亚太各国以价值链网络为基础的经济伙伴关系日趋加强

实证研究证明，亚太生产网络日趋成熟、联系紧密，区域内贸易处于较高水平。APEC 涵盖亚太地区的 21 个经济体，经济总量和贸易规模分别占全球的 56％和 48％。尽管亚太尚未形成北美自由贸易区（North American Free Trade Agreement，NAFTA）和欧盟那样的区域一体化制度性安排，但受益于经济全球化、国际分工深化和 APEC 的积极推动，亚太地区已经形成了联系紧密的生产网络与经贸合作。

据 UNCTAD 统计，长期以来，亚太经济体区域内贸易的比重较高，1995～2012 年 APEC 区域内贸易占比基本保持在 70％上下。金融危机导致区域内贸易的比重略有下降，从最高点时的 73.2％逐步降至 2008 年的 65.3％。金融危机后，亚太地区的区域内贸易比重重拾上升趋势，2013 年为 68.1％，仍高于一体化合作程度较高的北美自由贸易区（48.5％）和欧盟（61.8％），如图 7-1 所示。

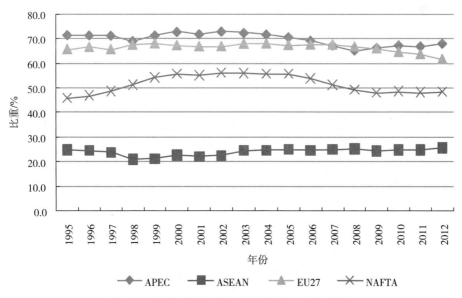

图 7-1　世界主要地区的区域内贸易比重变化趋势

资料来源：联合国贸发会议数据库（UNCTAD）

作为全球经济最为活跃、增长前景最好的地区，亚太地区也是全球价值链发展特征最为突出、最具代表性的地区，即各国通过融入亚太地区的价值链生产网络，促进了经济快速发展和产业结构升级；通过紧密的经贸投资合作，各国之间已经形成了互利共赢和深度融合的相互依存关系。

根据目前国际上可得的数据进行的贸易增加值计算，我们可以得到下面三方面的比较结果。

首先，APEC在全球价值链中地位明显上升。无论是按总额方法还是增加值方法计算，1995～2011年，欧盟出口占全球的比重均出现下降；而同期，亚太地区出口的全球占比则出现上升，且以增加值计算的全球占比更高，从1995年的42.1%提高到2011年的44%（图7-2）。

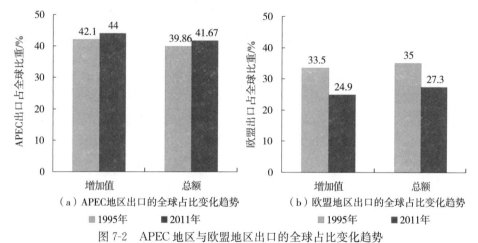

（a）APEC地区出口的全球占比变化趋势　　（b）欧盟地区出口的全球占比变化趋势

图7-2　APEC地区与欧盟地区出口的全球占比变化趋势

资料来源：根据子课题组中国科学院数学与系统科学研究院杨翠红、祝坤福等完成的"中国与APEC主要成员经济的相互拉动作用分析"的计算结果进行整理

其次，APEC主要经济体参与全球价值链的程度有所提高。从APEC 10大经济体来看，1995～2011年，除美国、日本、加拿大和中国台湾外，其他主要经济体出口的全球占比都有所提升（图7-3）；而且，以增加值计算，多数APEC主要经济体的全球出口份额相比贸易总值的计算结果均有所提升（图7-4），只有韩国、墨西哥和印度尼西亚略有下降。

最后，在亚太生产网络的发展中，中国是大赢家之一。

以增加值出口的全球份额看，中国大陆提升幅度最大。图7-3显示，1995～2011年，中国大陆在全球增加值出口中的份额从3.3%上升到11.8%，升幅达8.5百分点；其他APEC 9大主要经济体中，升幅最高的俄罗斯仅为1.6%。至于日本、美国、中国台湾、加拿大等经济体的全球出口份额出现下降，应与发达经济体产业转移和跨国公司的国际化生产布局密切相关。

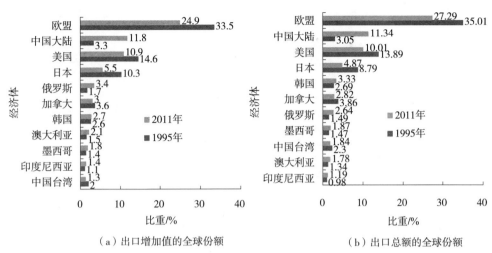

（a）出口增加值的全球份额　　　　　（b）出口总额的全球份额

图 7-3　APEC 主要经济体和欧盟在全球出口中所占比重的变化

资料来源：根据子课题组中国科学院数学与系统科学研究院杨翠红、祝坤福等完成的"中国与 APEC 主要成员经济的相互拉动作用分析"的计算结果进行整理

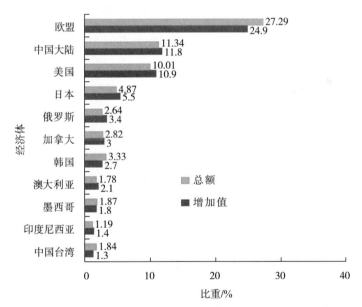

图 7-4　2011 年不同核算方法下 APEC 经济体和欧盟全球出口份额的比较

资料来源：根据子课题组中国科学院数学与系统科学研究院杨翠红、祝坤福等完成的"中国与 APEC 主要成员经济的相互拉动作用分析"的计算结果进行整理

以增加值出口的实际金额看，中国最多。1995～2011 年，中国的增加值出口额增加 1.4 万亿美元，不仅远高于其他经济体，更超越了美国(图 7-5)。

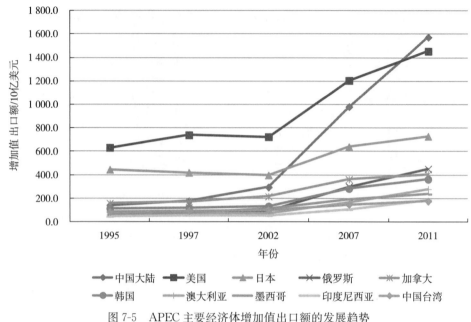

图 7-5　APEC 主要经济体增加值出口额的发展趋势

资料来源：根据子课题组张亚雄等完成的"参与全球价值链对 APEC 主要

经济体产业结构和国际竞争力的影响分析"课题的计算结果进行整理

7.3　中国与 APEC 主要经济体互为经济增长驱动因素

根据 WTO 提出"全球制造"和"任务贸易"的新概念，以"贸易增加值核算"作为新的国际贸易统计方法，为各国有效衡量全球价值链条件下的真实贸易收益、制定相应的经贸政策提供了重要依据。

我们的研究人员（来自本书第 12 章的子课题 2）利用世界投入产出数据库（WIOD），对 1995～2011 年（可利用的最新全球投入产出数据）的亚太贸易关系进行了测算。主要包括两个方面，一是测算中国的最终需求增长对 APEC 主要成员的经济增长（增加值）具有多大拉动作用；二是研究 APEC 主要经济体的最终需求对中国经济增长拉动作用及其变化趋势。

测算结果表明，APEC 成员间经贸关系紧密，中国与 APEC 主要经济体之间经济相互拉动作用日益增强，区域内贸易增长已成为各国经济发展与产业结构升级的重要推动力。

1. 中国最终需求拉动的国外增加值加速提升，为亚太区域经济稳定增长做出重要贡献

一是中国拉动需求快速增长，加入 WTO 后更为显著。1995～2011 年，中国最终需求拉动的国外增加值增长为 10.2 倍，达 12 305 亿美元。其中，加入 WTO 前中国拉动的国外增加值年均增长为 11.0%，加入 WTO 后的年均增长达 18.4%，拉动作用明显增强，如图 7-6 所示。

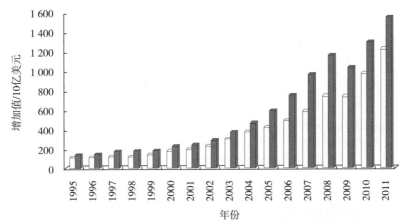

□ 中国最终需求对他国国内生产总值的拉动　■ 外部需求对中国国内生产总值的拉动

图 7-6　中国与外部最终需求拉动对方增加值的变化趋势

资料来源：根据子课题组中国科学院数学与系统科学研究院杨翠红、祝坤福等完成的"中国与 APEC 主要成员经济的相互拉动作用分析"的计算结果进行整理

二是中国最终需求对 APEC 主要经济体拉动作用更为突出。2011 年中国大陆最终需求拉动 APEC 经济体的国内(地区)生产总值总额为 5 680.9 亿美元，占中国大陆拉动的国外增加值总额的 46.2%。从中国大陆最终需求拉动的增加值占本国国内生产总值①的比重看，中国台湾获益最高，2011 年占其地区生产总值的 9.6%，其次是韩国(6.5%)、澳大利亚(5.4%)、印度尼西亚(3.1%)、俄罗斯(2.7%)和日本(2.2%)。处于北美自由贸易区的美国、加拿大、墨西哥三国已组成北美自由贸易区多年，中国大陆需要的拉动占其国内生产总值的比重相对较低(图 7-7)。

作为中国在 APEC 成员中最大的两个贸易伙伴，美国和日本由中国大陆最终需求拉动的增加值仅占其国内生产总值的 1.0% 和 2.2%，但绝对值最高，2011 年分别为 1 483 亿美元和 1 311 亿美元(图 7-8)。其后，是澳大利亚和韩国，

———————

① 一国的国内生产总值＝国外最终需求拉动的增加值＋国内最终需求拉动的增加值。

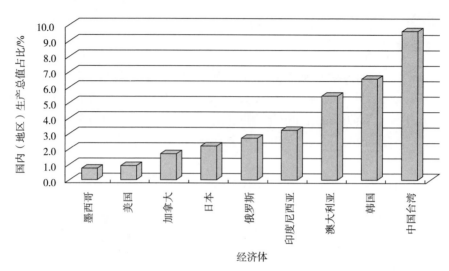

图 7-7   中国大陆最终需求对 APEC 经济体增加值的拉动作用[国内(地区)生产总值占比]
资料来源：根据子课题组中国科学院数学与系统科学研究院杨翠红、祝坤福等完成的"中国与 APEC
主要成员经济的相互拉动作用分析"的计算结果进行整理

然后是俄罗斯、中国台湾、印度尼西亚。加拿大和墨西哥虽是亚太重要经济体，但由于与美国接壤且有北美自由贸易区安排，受中国大陆需求的拉动较小，在亚太地区十大经济体中位居最后。

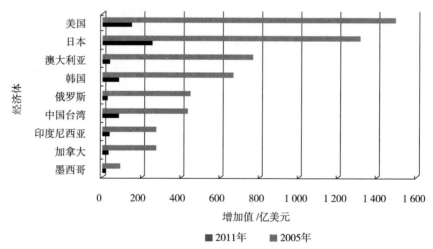

图 7-8   中国大陆最终需求对 APEC 经济体增加值的拉动作用
资料来源：根据子课题组中国科学院数学与系统科学研究院杨翠红、祝坤福等完成的"中国与 APEC
主要成员经济的相互拉动作用分析"的计算结果进行整理

三是中国大陆最终需求拉动增加值的部门结构看，APEC 主要成员间存在较大差异，主要是各经济体的比较优势不同。农业部门增加值占比普遍较低；澳大利亚、印度尼西亚均是采掘业占比最高，达到 58%，俄罗斯（38%）和加拿大（33%）亦是如此（图 7-9）；在日本、韩国和中国台湾等东亚经济体，中国大陆需求对日用品、原材料、机械设备和服务等行业拉动的增加值占比较高；对美国来讲，中国需求拉动的增加值中有一半来自服务业。显然，由中国大陆最终需求拉动的增加值占比较高的部门，基本上都是各经济体竞争优势突出的领域。

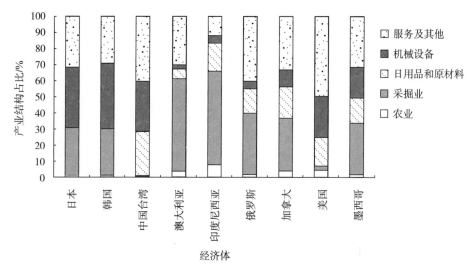

图 7-9　2011 年中国大陆最终需求拉动的 APEC 其他主要成员增加值：产业结构

资料来源：根据子课题组中国科学院数学与系统科学研究院杨翠红、祝坤福等完成的"中国与 APEC 主要成员经济的相互拉动作用分析"的计算结果进行整理

2. 国外最终需求拉动中国国内生产总值增长也呈持续扩大态势，其中 APEC 主要经济体的贡献将近一半

一是外部需求对中国国内生产总值增长的贡献不断提高，加入 WTO 后快速提升。1995～2011 年，外部最终需求拉动中国国内生产总值增长的增加值扩大 10.2 倍，达 15 474 亿美元。从趋势上看，加入 WTO 后国外需求对中国国内生产总值的拉动效应快速上升，从 1995 年占中国国内生产总值的 17% 提高至 2007 年的 27.5%；虽然，金融危机后外部需求水平下降导致拉动效应减弱，但 2011 年仍然达到 21.2% 的较高水平。

二是在外部最终需求中，APEC 主要经济体对中国增加值的拉动作用突出。2011 年，APEC 主要经济体对中国增加值的贡献达到 7 505 亿美元，占所有外部最终需求对中国国内生产总值拉动总值的 48.5%。其中，美国占 21.9%，日本占 8.6%，其他国家和地区所占份额则相对较低。

　　三是外部最终需求拉动的商品增加值结构与中国出口结构升级的轨迹相吻合。研究发现，外部最终需求拉动的商品增加值结构呈现不断变化、逐步升级的趋势。从最初(1995 年)以农产品、纺织服装为主，逐步升级为电子和光学设备、金属及其制品、商业服务等为主。国外需求拉动的增加值，也可被视为中国用于生产、满足国外需求产品时创造的国内增加值。通过表 7-2 的比较，我们可以看出外部需求拉动的商品增加值结构及其变化趋势，与中国出口结构的升级轨迹是吻合的。

表 7-2　外部需求拉动的商品增加值结构变化

1995 年拉动中国增加值最大的 10 部门		2011 年拉动中国增加值最大的 10 部门	
部门	拉动占比/%	部门	拉动占比/%
纺织品	54.8	电子与光学设备	53.5
服装、皮革与鞋帽	50.3	纺织品	53.2
电子与光学设备	47.7	化学制品	35.3
金属与金属制品	28.2	金属与金属制品	30.8
化学制品	25.6	商业服务	28.1
采掘业	25.5	机械设备	27.8
金融服务	18.8	采掘业	26.5
批发业	16.6	批发业	22.7
食品、饮料和烟草	14	金融服务	19.2
农业	13.1	农业	15.7

　　资料来源：根据子课题组中国科学院数学与系统科学研究院杨翠红、祝坤福等完成的"中国与 APEC 主要成员经济的相互拉动作用分析"的计算结果进行整理

7.4　以区域一体化进程促进亚太价值链网络深度拓展

　　2014 年 5 月，APEC 贸易部长青岛会议确定了未来十年 APEC 的两大任务：一是推动 FTAAP 建设进程，二是共同营建有利于全球价值链发展的核算体系与政策环境。在 11 月的 APEC 北京峰会上，各成员领导人就"共建面向未来的亚太伙伴关系"达成共识，宣布启动和推进 FTAAP 进程。

　　我们利用贸易增加值核算这一新的贸易统计方法，深入分析亚太各国以价值链网络为基础的经济伙伴关系、特别是中国和 APEC 主要经济体需求变化及对其他成员的影响日趋加强，将为推进北京共识的落实，提供重要的决策参考依据和政策建议。

1. 深化亚太区域内合作，对促进国内经济发展具有重要意义

在市场力量推动下，APEC 已经形成了紧密的、以价值链分工为基础的经济依存关系，区域内贸与易投资对各成员经济发展的作用日益提升。加强亚太经济合作和一体化进程，将对中国经济产生重要而积极的影响。

一是加强与世界经济最活跃的地区和经济体之间的经济与贸易投资合作，通过制度性安排稳定对外经贸关系，将为中国经济可持续增长提供新的动力。

二是基于传统比较优势与培育新的竞争优势，积极参与亚太生产网络的发展，将助推国内经济的结构调整。

三是通过密切经贸联系、促进地区稳定，将有利于中国的能源和资源安全的保障。

四是在中国大力推动走出去战略进程中，可力促亚太地区成为中国培育跨国企业的新平台。

2. 推进亚太经贸合作的重要举措

中国加快推进自由贸易区战略，特别是与周边经济体商谈贸易投资自由化的制度性安排，将显著增强亚太地区在全球经济中的影响力（图 7-10）。

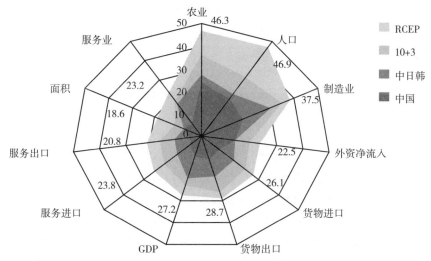

图 7-10　亚太地区的经济一体化路线图及其影响
资料来源：课题组根据世界银行数据库计算

加强亚太经济合作的政策举措，需注重五大方面：①加强 APEC 各经济体之间的政策沟通，增强整个区域的宏观经济和贸易投资政策的协调；②充分发挥现有区域合作机制的推动作用（如积极促进 APEC 加快通关便利化的落实、加强安全环保标准协调等的机制性合作等）；③支持相关国家签署双边或次区域

FTA；④加快推进覆盖整个地区的 FTAAP 建设进程，进一步推动贸易投资自由化进程；⑤加大力度推进亚太区域内的基础设施互联互通建设，降低区域内贸易投资的管理成本和交易成本。在这五大举措中，加强政策沟通和基础设施的互联互通，是促进区域内贸易投资合作的重要基础，而推进区域内的自由贸易区建设则是提供进一步的制度保障。

3. 深化亚太价值链分工合作，推动亚太经合组织发挥更大作用

APEC 成立 26 年来，始终倡导开放、包容、合作和共赢的区域经济合作，在促进亚太经济稳定繁荣、亚太贸易便利化等方面，发挥了积极作用。金融危机后，亚太成为全球经济增长最为活跃的地区，加上美国提出"重返亚太"战略和力推 TPP 谈判，各国日益重视 APEC 框架下的区域合作，领导人峰会及其核心议题成为成员各方关注的焦点。

未来，亚太各国应共同努力，中国也应积极倡导并切实推动区域内价值链分工的进一步深化，通过优化区域内的资源配置，为中国和亚太成员的经济长期稳定增长增添新的动力。

4. 积极推进以建立 FTAAP 为目标的区域一体化

世界经济大调整和全球化深入发展的背景下，多边贸易体制短期内取得实质性进展较为困难，亚太各国日益重视区域和双边贸易投资自由化的制度性安排，区域一体化将出现更加复杂的局面。主要表现为：在亚太地区出现次区域制度化安排多、交叉重叠严重（spaghetti bowl effect），但整个区域的一体化进程缓慢，且短期内实现建立覆盖整个区域的自贸机制的可能性不大。考虑到中国因素和其他非成员国的态度仍存变数，TPP 作为 FTAAP 的现实途径还存在较大挑战。2013 年启动 RCEP 和中日韩 FTA 谈判，其有助于加快东亚一体化进程，也有助于避免东亚国家陷入在中美两国中"选边站"的矛盾。TPP 和 RCEP 并行推进，各国依据自身条件和发展需要进行选择，未来各机制运行效率、核心国协调能力和重点国家的态度，将决定相关谈判能否取得实质性进展。

当然从长远看，建立涵盖整个地区的 FTAAP，更有助于整合亚太地区多个次区域安排重叠、制度规则复杂的局面。根据 2009 年中国、韩国、澳大利亚和新西兰四国专家开展的联合研究，在货物贸易自由化、货物自由化＋便利化、货物＋服务贸易自由化等三中情景下，FTAAP 将分别给整个亚太地区带来 0.55 百分点、2.2 百分点和 2.3 百分点的国内（地区）生产总值增长。此外，日本内阁审议室主持的学术研究显示，FTAAP 给美国的收益将是其从力推的 TPP 中获得收益的 2.5 倍，带给中国的收益将是 RCEP 的 2.7 倍。这正符合理论上"区域范围越大、成员越多，一体化带来的好处越大"的判断。

2013 年，亚太地区国内（地区）生产总值合计达 42.5 亿美元，约占全球国内

生产总值总规模的 57%，贸易总量则占全球的 46%。未来亚太一体化进程对区域内各经济体和全球经济发展都具有重要意义和深远影响。中国借 2014 年 11 月成功主办峰会之机，在推动落实以往合作协议的同时，主动倡导和推动构建更加开放的区域性贸易投资规则体系和政策框架，是明智和恰逢其时之举：既符合 APEC 成员长远利益的重要举措，也将有助于中国拓展经济发展空间，特别是有助于提升参与和引领国际经贸规则制定的话语权和影响力。

为此，中国应坚持"求同存异、互利共赢"的原则。一方面，在明确反对排他性、歧视性的区域经济合作方案的基础上，鼓励探索有利于亚太经济一体化的不同构想、尊重各成员的路径选择；另一方面，应勇于承担起推进亚太区域一体化的大国责任，与区域各成员一起加快推进 FTAAP 建设。这样，既符合 APEC "开放包容"的地区合作精神，又可以缓解 TPP 谈判对东亚一体化构想的冲击，为加快实现十八届三中全会《中共中央关于全面深化改革若干重大问题的决定》提出的"构建高水平自由贸易区网络"形成新的突破。

第 8 章

对接"一带一路"战略，抓住提升中国全球价值链地位的重大机遇

赵晋平、许宏强

全球价值链是全球最为重要的产业分工合作方式，各方从中获取的利益取决于各自的参与程度和所处位置。中国由于产业技术和出口附加值水平偏低等原因，在全球价值链中尚处于中低端位置，价值回报相对有限。全面提升在全球价值链中的地位是中国经济提质增效的一项长期任务。"一带一路"区域合作将为实现这一目标提供重大机遇。

8.1 "一带一路"贸易投资合作具有广阔的发展前景

2013 年，习近平主席先后提出"可以用创新的合作模式，共同建设丝绸之路经济带"和"共建 21 世纪海上丝绸之路"的战略构想，受到了国际社会的高度关注和积极响应，正在逐步成为区域各国的广泛共识和实际行动。"一带一路"建设的核心目标是促进各国的经济发展、区域稳定和繁荣。加强贸易投资合作是实现这一目标的重要途径，发展前景广阔。

1."一带一路"相关国家的跨境贸易投资活动在推动经济增长中的作用日趋凸显

这一区域的贸易投资活动具有以下突出特点：一是跨境贸易和投资增长明显快于全球平均水平。根据世界银行数据①计算，1990～2013 年，全球贸易、跨境直接投资年均增长速度为 7.8% 和 9.7%，而"一带一路"相关 57 个国家同期的年

---

① 数据来自世界银行数据库。因资料所限，汇总了包括中国、俄罗斯、土耳其、蒙古和东盟 10 国、南亚 5 国、中亚 5 国及西亚、中东欧等共 57 个主要国家的数据。

均增长速度分别达到 13.1％和 16.5％；尤其是国际金融危机后的 2010～2013
年，丝路地区的对外贸易、外资净流入年均增长速度分别达到 6.2％和 13.9％，
比全球平均水平高出 3.4 百分点和 4.6 百分点（表 8-1），对带动全球贸易投资复
苏发挥了较大作用。二是丝路各国经济增长对跨境贸易投资的依赖程度高于全球
平均水平。据测算，丝路国家平均的外贸依存度 2000 年为 32.6％；2010 年提高
到 33.9％；2012 年达到 34.5％，远高于同期 25.3％的全球平均水平（表 8-2）。
这表明这些国家跨境贸易在推动本地经济增长方面具有重要作用。三是区域整体
保持了较强的贸易竞争力。从区域贸易竞争力指数（trade competitiveness，TC）
来看，1990 年这一区域对外贸易整体实现盈余，贸易竞争力指数达到 2.1％；
2000 年这一指数提高到 12.5％，优势有所扩大；2010 年，受国际金融危机带来
的外部经济因素影响，这一指数有所回落，下降到 9.5％，随后几年保持了 10％
左右的水平，整体外贸盈余持续稳定。四是这一地区具有吸引外国跨境投资的较
强优势。1990 年，丝路地区的外国直接投资净流入相对于国内生产总值的比例
是 1.48％，低于 1.75％的全球平均水平；2000 年差距仍然存在，2010 年以后，
这一地区的引进跨境直接投资能力指数开始超过全球平均值，2013 年直接投资
净流入占国内生产总值比重达到 6.30％，不但高于全球平均 1.89 百分点，而且
比 2000 年也有了较大幅度提高。跨境直接投资净流入增长对这一地区的经济增
长的带动作用明显加强。

表 8-1　世界与丝路区域增长形势比较

时间	国内生产总值年均增长/%			贸易年均增长/%		外资流入年均增长/%	
	世界	丝路区域		世界	丝路区域	世界	丝路区域
		增长	贡献率				
1990～2000 年	2.8	3.7	17.8	21.0	17.4	6.4	11.3
2000～2010 年	2.6	6.7	44.3	1.5	18.9	9.0	14.8
2010～2013 年	2.4	4.7	41.3	2.8	6.2	9.3	13.9
1990～2013 年	2.7	5.1	33.7	9.7	16.5	7.8	13.1

注：国内生产总值为 2005 年美元不变价统计；贸易和投资额以现价美元统计。其中贸易额为截至 2012
年的数据

资料来源：世界银行数据库

表 8-2　贸易和外资依存度比较

时间	贸易依存度/%		贸易竞争力指数/%		外资净流入/国内生产总值/%	
	世界	丝路区域	世界	丝路区域	世界	丝路区域
1990 年	15.7	17.5	−2.0	2.1	1.75	1.48

续表

时间	贸易依存度/%		贸易竞争力指数/%		外资净流入/国内生产总值/%	
	世界	丝路区域	世界	丝路区域	世界	丝路区域
2000 年	19.7	32.6	−2.9	12.5	7.96	4.70
2010 年	23.9	33.9	−0.6	9.5	4.71	6.96
2011 年	25.8	35.6	−0.5	10.2	5.16	7.07
2012 年	25.3	34.5	−1.1	10.1	4.23	6.04
2013 年					4.41	6.30

注：贸易依存度＝贸易额/国内生产总值；贸易竞争力指数＝(出口−进口)/贸易额。均以现价美元计算
资料来源：世界银行数据库

　　丝路区域贸易和投资增长促进了相关国家和地区整体经济增长，同时也对推动世界经济增长做出了贡献。根据世界银行国内生产总值(2005 年美元不变价)统计的计算结果表明，1990～2013 年，丝路区域整体国内生产总值年均增长速度达到 5.1%，相当于同期全球平均增幅的 2 倍。即使在 2010～2013 年因国际金融危机影响全球经济复苏缓慢期间，丝路年均增速也达到 4.7%，高出全球平均水平 2.3 百分点。受到整体增长较快和经济总量持续扩大的影响，丝路地区经济增长对全球经济增长的贡献率明显提高，2010～2013 年高达 41.3%，即这一时期全球经济增量中有四成以上来自丝路地区(表 8-1)。

　　2. 推进"一带一路"相关国家之间贸易投资合作还需要克服诸多困难

　　加强丝路区域内各国之间的贸易和投资合作目前仍然面临着一些困难和问题。

　　第一，区域内多数国家的经济发展水平较低，现有市场需求规模有限。根据57 个主要国家的统计计算结果显示，2013 年人均国内生产总值水平低于 1 万美元(世界平均水平是 10 500 美元)的国家有 35 个。这些国家的人口总数达到 39.5亿人，占全球的 55.34%，但国内生产总值仅占全球的 20.36%；人均国内生产总值为 3 862 美元，仅相当于这一区域平均水平的 76.5% 和全球平均水平的 35.7%(表 8-3)。

表 8-3　丝路国家人均国内生产总值分组比较

按照人均国内生产总值分组	国家数	人均国内生产总值/美元	人口总数/万人	比重/%	国内生产总值/亿美元	比重/%
2 万美元以上	10	35 470	6 426	0.90	22 793	3.04
1 万～2 万美元	12	13 178	33 649	4.72	44 342	5.92

续表

按照人均 国内生产总值分组	国家数	人均国内生产 总值/美元	人口总数/万人	比重/%	国内生产总值 /亿美元	比重/%
1 万美元以下	35	3 862	394 788	55.34	152 482	20.36
丝路主要国家总计	57	5 050	434 862	60.96	219 617	29.32
世界		10 500	713 333	100.00	749 000	100.00

资料来源：世界银行数据库

第二，这一丝路区域的高水平经济一体化建设明显滞后。虽然丝路地区人口众多、距离相近，具有深化彼此之间经济关系的有利条件，但由于经济发展水平差异巨大、地缘政治复杂等原因，缺乏以本地区成员为主、具有广泛代表性的多边自贸安排和有效合作机制，制约了区域内合作的深度和广度。

第三，这一地区的区域内贸易比重相对较低。与欧盟、NAFTA 及东盟等在区域一体化方面取得实质性进展的地区相比，"一带一路"相关国家面向区域内国家的出口和进口在全部对外贸易中的比重比较低。过度依赖外部市场，受到区域外经济波动冲击的风险较大，同时还有可能加剧区域内经济体之间的恶性竞争，压低区域整体的贸易收益水平。

第四，区域内大多数地区基础设施和实际需要相比存在较大差距。包括中国国内沿边地区、中亚地区在内，由于地广人稀、经济发展水平较低等，交通、通信等基础设施与欧洲、亚洲人口密集地区相比还存在较大差距。

第五，贸易往来存在较多壁垒和障碍。例如，新欧亚大铁路途经多个国家，轨距不同，换轨操作费时耗力，各国口岸合作机制尚未形成，通行便利化程度不够，物流成本偏高，一些国家的港口设施落后，增加了相互商品和服务流通的困难程度。

第六，非经济因素的干扰和不利影响仍然存在，地区各国之间的战略互信有待于进一步加强。在日趋复杂和竞争激烈的国际经济背景下，沿线国家应建立命运共同体意识，消除彼此之间的疑虑和猜忌，共同加强经济贸易投资和人员往来促进区域经济社会稳定繁荣的合作目标，把合作共赢作为造福于各国人民的根本需要。

3. 加强政策沟通和基础设施互联互通建设是促进贸易投资合作的重要保障

相关国家，首先应深入开展交流和对话，在广泛达成共识的基础上，加强相互之间的政策沟通，努力消除贸易和投资合作中存在的问题和障碍，为促进人、财、物等生产要素的跨境有序流动、高效配置及市场融合创造良好的政策环境。其次应着力深化和完善区域内已有多边、双边合作机制，支持和鼓励区域成员之间选择定期或不定期对话协商、签署贸易或投资协定、建立双边或次区域自由贸易区等多种方式推动区域经济深度合作的尝试。上海合作组织成员和观察员涵盖了丝绸之路经济带上的许多国家，具有广泛的区域代表性和凝聚力，可在推动经济带合作方面发挥有效作用；中国和东盟合作机制为本地区提供了重要政策沟通平台，并形成了实质性一体化合作框架，应借助中国-东盟自由贸易区升级版建设，为区域内成员之间的高水平贸易投资制度性合作机制建设提供示范和经验借鉴。再次是加强区域内主要大国之间的协调合作和引领作用。中国、印度、俄罗斯和土耳其都是区域内、乃至全球具有重要影响力的国家。按照 2013 年统计计算，四国的经济总量占这一地区经济的 65.7%（表 8-4）；外国直接投资净流入占67.9%；贸易额比重也在 40% 以上。尤其重要的是，这些大国还是区域内其他成员的主要出口市场和跨境直接投资流入的主要来源。四国本身的发展与合作事关区域整体的发展大局和未来前景。这些国家应更多地以开放的态度处理和地区国家之间的经济关系，承担推动地区发展的重要责任。最后是相关各国共同推动基础设施互联互通建设。基础设施互联互通是加强沿线国家合作的空间载体和必要条件。道路通才能人缘通、货源通和财路通。中国和许多亚洲国家共同倡导建立亚洲基础设施投资银行和丝路基金，通过相关国家共同出资的方式，有望为本地区基础设施投资互联互通建设提供重要的金融支持。

表 8-4   区域大国的地位

时间	丝路国家国内生产总值占世界比重/%	区域大国国内生产总值占丝路区域比重/%				
		中国	俄罗斯	印度	土耳其	四国合计
2000 年	12.9	28.3	6.1	11.2	6.3	51.9
2010 年	25.0	36.6	9.4	10.6	4.5	61.1
2011 年	27.0	38.0	9.9	9.8	4.0	61.7
2012 年	28.3	39.9	9.8	9.0	3.8	62.5
2013 年	28.5	43.2	9.8	8.8	3.8	65.6

注：国内生产总值为按照现价美元计算数据

资料来源：世界银行数据库

4. 中国在"一带一路"贸易投资合作中将发挥更加积极有效的作用

经过改革开放三十多年来的努力，中国已经成为全球排名第二的经济大国。中国发展受益于经济全球化的良好外部环境。同时也为推动世界经济发展做出了贡献。在今后一个相当长时期内，中国需要继续通过持续发展解决自身存在的问题和不足，跨越所谓的中等收入陷阱，良好的外部环境至关重要。另外，随着中国经济大国地位的逐步上升，中国需要在世界经济发展和全球治理中承担更多与自身发展水平相适应的责任，实现与世界各国的共同发展。在"一带一路"建设中发挥更加积极有效作用，就是这种包容式发展的重要内容之一。中国应充分发挥自身优势，在促进"一带一路"贸易投资合作和基础设施互联互通建设方面做出贡献，具体包括：一是加快中国与南亚、西亚、中亚和中东欧等区域国家商签自由贸易协定和投资协定的进程，尽快完成中国-东盟自由贸易区升级版谈判，促进双边和区域经济一体化进一步深化发展。二是鼓励和支持中国企业到周边国家开展跨境直接投资，并和东道国合作建立生产园区，为投资企业创造良好经营环境。三是加大沿边地区跨境经济合作区建设，为跨国贸易投资合作提供重要平台。四是联合区域内各国通过出资设立亚洲基础设施投资银行、丝路基金等开发开放政策性金融机构，争取国际资本进入等方式为互联互通建设提供必要的资金支持。五是促进来自"一带一路"相关国家的进口，满足自身生产和消费需要的同时，为其他成员提供巨大的商品和服务市场。据测算，未来 5 年内，中国的累计进口将超过 10 万亿美元规模，如果其中一半左右来自"一带一路"相关国家，将会为这一地区提供超过 5 万亿美元的出口机会。六是通过国内东中西部联动和城市之间的深度合作，加强和提升资源要素整合运营能力，为打造"一带一路"国际大通道创造有利条件。

促进"一带一路"相关国家的贸易和投资合作，智库交流和对话应当先行。我们将以这次会议为契机，在加强相关国家之间的联合研究、交流与研讨方面进一步加大工作力度，为"一带一路"建设提供重要的智力支持。

8.2 "一带一路"区域合作将成为提升中国全球价值链地位的重大机遇

全面提升中国在全球价值链中的地位，需要立足于更大范围和更高层次的国际经济合作基础上进行科学谋划，需要将亚太区域合作政策与中国目前正在着力推进的"一带一路"重大区域合作战略对接。

8.2.1 提升全球价值链地位是强化中国全球化获益能力的迫切需要

贸易增加值核算为评估全球价值链参与水平提供了重要方法。课题组[①]测算结果显示，中国的贸易增加值具有以下三个突出特点：一是单位出口的国内增加值含量偏低。2012 年中国每 1 000 美元一般贸易出口的国内增加值含量为 792 美元，但由于加工贸易单位出口的国内增加值仅有 386 美元，总出口增加值含量下降到 640 美元的较低水平。二是技术密集型产业出口带动的国内增加值较小。中

---

① 国务院发展研究中心对外经济研究部与中科院计算与应用数学研究院、国家信息中心有关专家组成课题组，承担了国家自然科学基金会管理学部 2014 年应急项目"APEC 贸易增加值核算的政策含义及对策"研究。

国机械设备等技术密集型产业增加值比重偏低(表 8-5),单位出口国内增加值含量明显低于劳动密集型产品,其中,电子计算机、电子视听设备和仪器仪表等单位出口增加值含量仅达到 400 美元左右,低于平均水平 30%~50%。三是中国对主要发达经济体单位出口国内增加值含量远低于其对华出口所获取的增加值(表 8-6)。2012 年,中国对美国、欧盟和日本单位出口创造的国内增加值仅为589 美元、631 美元和 599 美元,从对方单位进口含有其国内增加值为 860 美元、790 美元和 760 美元,分别高出我国 46.0%、25.2%和 31.9%。

表 8-5　1995 年、1997 年、2002 年、2007 年及 2011 年 APEC 主要经济体中制造业国内生产总值

产业	1995 年	1997 年	2002 年	2007 年	2011 年
制造业/亿美元	31 270.1	31 568.7	32 357.6	49 139.2	67 905.3
所占比重/%	100.0	100.0	100.0	100.0	100.0
低技术制造业/亿美元	9 930.7	9 981.5	10 510.0	13 763.0	19 703.6
所占比重/%	31.8	31.6	32.5	28.0	29.0
中低技术制造业/亿美元	8 072.0	8 188.5	7 813.0	14 049.8	19 232.7
所占比重/%	25.8	25.9	24.1	28.6	28.3
中高技术制造业/亿美元	8 988.6	9 040.8	9 687.0	14 260.6	18 742.4
所占比重/%	28.7	28.6	29.9	29.0	27.6
高技术制造业/亿美元	4 278.9	4 358.0	4 347.7	7 065.8	10 226.6
所占比重/%	13.7	13.8	13.4	14.4	15.1

资料来源:课题组子课题 3(国家信息中心张亚雄等)研究报告

表 8-6　1995 年、1997 年、2002 年、2007 年及 2011 年 APEC 主要经济体中各国(或地区)间的中间产品进口额及比重

经济体	指标	1995 年	1997 年	2002 年	2007 年	2011 年
AUS	中间产品进口额/亿美元	185.5	232.4	205.0	470.2	871.6
	进口总额/亿美元	314.6	415.8	397.2	875.2	1 560.7
	中间产品占进口总额比重/%	59.0	55.9	51.6	53.7	55.8
CAN	中间产品进口额/亿美元	803.6	974.5	1 057.3	1 683.3	2 053.5
	进口总额/亿美元	1 383.5	1 670.8	1 818.8	3 001.8	3 649.5
	中间产品占进口总额比重/%	58.1	58.3	58.1	56.1	56.3
CHN	中间产品进口额/亿美元	624.0	783.6	1 193.8	3 960.3	7 319.9
	进口总额/亿美元	848.7	980.8	1 621.7	4 670.6	8 668.0
	中间产品占进口总额比重/%	73.5	79.9	73.6	84.8	84.4

续表

经济体	指标	1995 年	1997 年	2002 年	2007 年	2011 年
IDN	中间产品进口额/亿美元	218.0	263.1	183.8	275.4	709.0
	进口总额/亿美元	291.9	343.7	238.8	379.2	958.3
	中间产品占进口总额比重/%	74.7	76.5	77.0	72.6	74.0
JPN	中间产品进口额/亿美元	1 141.9	1 313.6	1 044.6	1 983.0	3 068.4
	进口总额/亿美元	1 928.7	2 120.9	1 795.7	3 110.5	4 699.6
	中间产品占进口总额比重/%	59.2	61.9	58.2	63.8	65.3
KOR	中间产品进口额/亿美元	581.7	688.1	677.1	1 562.9	2 395.2
	进口总额/亿美元	832.3	951.3	926.4	2 060.5	3 062.7
	中间产品占进口总额比重/%	69.9	72.3	73.1	75.9	78.2
MEX	中间产品进口额/亿美元	416.5	653.0	861.6	1 369.2	1 760.1
	进口总额/亿美元	570.5	890.5	1 243.8	1 963.7	2 613.4
	中间产品占进口总额比重/%	73.0	73.3	69.3	69.7	67.4
RUS	中间产品进口额/亿美元	37.8	52.4	59.4	279.9	423.1
	进口总额/亿美元	97.9	115.7	130.2	693.1	1 136.6
	中间产品占进口总额比重/%	38.6	45.3	45.6	40.4	37.2
TWN	中间产品进口额/亿美元	472.7	548.0	456.8	952.6	1 216.6
	进口总额/亿美元	684.5	804.5	690.9	1 289.0	1 615.6
	中间产品占进口总额比重/%	69.0	68.1	66.1	73.9	75.3
USA	中间产品进口额/亿美元	2 149.0	2 526.2	2 834.6	5 608.0	7 027.2
	进口总额/亿美元	4 258.4	5 078.6	6 252.7	10 500.1	12 297.3
	中间产品占进口总额比重/%	50.5	49.7	45.3	53.4	57.1

注：AUS 表示澳大利亚；CAN 表示加拿大；CHN 表示中国大陆；IDN 表示印度尼西亚；JPN 表示日本；KOR 表示韩国；MEX 表示墨西哥；RUS 表示俄罗斯；TWN 表示中国台湾；USA 表示美国

资料来源：课题组子课题 3(国家信息中心张亚雄等)研究报告

　　上述结果表明，中国在全球价值链中的地位还比较低，参与水平与发达经济体存在较大差距，获取的收益相对有限。中国经济正进入增速换挡、结构优化和动力转换的关键时期。在全球价值链上的新目标，就是要从附加值和技术含量的低端位置向高端位置移动，在全球生产网络中掌握一定的定价权和控制力，缩小和发达经济体的差距，提高出口的国内增加值创出效率。

8.2.2 "一带一路"区域合作的重要作用

新兴国家提升全球价值链地位需要"双管齐下"。一是通过学习和技术创新，在发达国家主导的全球价值链中向更高附加值的环节提升，如从低端加工制造环节向核心零部件制造和研发环节转移。二是通过面向后发经济体的跨境产业布局，运用自身掌握的品牌、关键技术、销售渠道等核心资源，构建新的区域产业分工合作体系，占据区域价值链运营治理的主导权，并依托区域生产网络提升自身在全球价值链中的地位。20 世纪 70 年代，日本通过实施"（贸易）黑字还流"和发展援助计划，推动大规模海外投资，强化了与东亚国家之间的贸易投资关系，利用所谓"雁行模式"的东亚价值链实现了自身全球地位的提升。90 年代以来韩国借助面向发展中国家投资形成的全球生产网络，提升了其在全球价值链中的地位。

由此可见，实现跨境产业布局调整、构建新的区域生产网络，事关中国提升全球价值链地位的战略大局。"一带一路"区域合作将提供重大机遇。

首先，亚太地区包括了全球最具实力的发达经济体，中国在区域生产网络中总体处于中低端位置，在提升价值链地位方面取得突破的难度较大。与此相比，中国在"一带一路"沿线具有相对较强的价值链领先优势。中国目前处于工业化后期阶段，与处于工业化初、中期阶段的沿线多数国家相比，具有较为成熟的产业体系和较强价值链获益能力。例如，贸易增加值核算显示，中国对东盟、印度单位出口的国内增加值含量高出对美国、欧洲、日本单位出口的国内增加值含量水平的 5%~18%。通过加强区域合作和面向沿线地区的投资布局，可占据区域生产网络的高端环节，并利用市场、技术、资金等优势，构建由中国掌握核心环节的价值链，依托区域生产网络提升在全球价值链中的地位。

其次，"一带一路"区域合作将促进国内生产制造向价值链高端环节移动。通过对沿线投资，转出部分国内传统产业，在土地、资源和人才等要素稀缺、成本上升的背景下可为发展高端产业腾出空间。企业集中于高端制造和服务环节的投资、研发，有利于促进国内产业结构升级。另外，海外投资和基础设施建设将有效带动国内设备、零部件需求增长，尤其是拉动金融、电信、物流和研发等服务的市场需求和出口持续扩张，提升国内商品附加值水平。例如，中国单位服务出口带动的国内增加值比货物贸易高出 36.6%，其中电信、金融保险和计算机信息服务更是高出 45%~53%。

再次，"一带一路"区域合作有助于推动人民币国际化和金融开放创新。货币金融服务是全球价值链上的高端环节，"一带一路"建设将扩大人民币的使用范围，加快人民币国际化进程。同时，亚洲基础设施投资银行、丝路基金及其他金融机构将为"一带一路"建设提供各类政策性和商业性金融服务，中国金融国际化服务能力将因此得到提高。

最后，"一带一路"区域合作将为中国贸易投资提供持续增长动力。"一带一路"沿线区域是中国重要的贸易和投资伙伴，近 10 年来相互贸易增长对中全部贸易增长的贡献率平均保持在 25％以上，区域合作的持续扩大和加强，将为中国对外贸易、投资和工程承包带来新的增长动力，对继续提高中国的国际市场份额产生积极影响。

8.3　引领"一带一路"价值链合作需要"内外兼修"

一是加快经济结构优化升级，培育国际竞争新优势。在传统竞争优势逐步减弱的背景下，能否形成以技术密集型和高附加值商品生产、出口为主要特征的新优势，对于提高中国在区域生产网络中的治理能力至关重要。当前深化改革和扩大开放的一系列重大举措有利于形成新的创新驱动力，应坚定不移地抓紧落实和切实推进。建议把优化结构和产业技术升级放在优先位置，重点推进新技术、新材料、新产品研发和创新；通过放开服务业投资准入，引进跨国公司的先进技术、管理和人才，促进高端制造业和现代服务业加快发展，提升发达国家主导的全球价值链参与水平，保持在沿线区域的产业和技术领先优势，改善区域价值链治理结构，发挥引领作用。

二是深化沿线经贸合作，逐步构建区域自由贸易区网络。充分利用现有区域多双边合作机制，加强成员间政策沟通和协调，消除贸易投资往来中存在的制约因素，提高便利化水平。今后逐步拓展政策对话范围，形成具有广泛代表性的政策沟通协调机制。建议将与沿线国家商签订自贸协定作为中国自由贸易区战略的重点目标，逐步构建覆盖沿线多数国家的自由贸易区网络，降低区域跨国价值链的治理成本。

三是促进国际产能合作，引导传统产业沿线布局。中国传统产业面临跨境整合要素资源和拓展市场的巨大压力。建议全面实行对外投资备案制，对面向沿线投资企业提供必要的融资、外汇和财税政策支持，对企业境外投资、生产所需的零部件、设备和技术出口在通关、退税等环节采取鼓励性措施。建议加快和沿线国家签署投资保护协定，并选择具备条件的国家商签包含准入前国民待遇和负面清单管理方式的高水平投资自由化协定。

四是推进沿线人民币结算，加强跨境金融服务能力建设。建议通过签署货币互换协议、建立跨境本币结算安排等方式，建立和巩固沿线地区人民币结算的制度环境，完善人民币跨境清算结算、银行间拆放、货币兑换交易、市场定价机制，逐步实现沿线货币与人民币直接挂钩的汇率形成机制。鼓励商业金融机构"走出去"在沿线设立经营网点，为中资企业提供投融资、清算、汇兑和保险服务。

五是扩大沿线国际发展援助，增加全球治理公共产品。中国的对外援助政策亟待根据"一带一路"战略需要做出新的调整。建议适度增加对外援助的预算规模，新增部分主要用于面向沿线发展中国家基础设施建设领域。应做好援助工作的顶层设计，与亚洲基础设施投资银行、丝路基金的政策性融资及商业贷款等合理搭配组合，提高中方企业的项目参与比例，加强项目评估、考核和督导工作。

参 考 文 献

陈爱贞 .2012. 全球竞争下中国装备制造业升级制约与突破——基于价值链与产业链双重视角分析 . 北京：经济科学出版社 .

陈仲常，马红旗，绍玲 .2012. 影响我国高技术产业全球价值链升级的因素 . 上海财经大学学报，(4)：56-64.

邓伟根，王然 .2010. 全球价值链治理与外向型经济产业转型——以珠三角地区为例 . 学术研究，(1)：56-62.

黄先海，杨高举 .2010. 中国高技术产业的国际分工地位研究：基于非竞争型投入占用产出模型的跨国分析 . 世界经济，(5)：82-100.

梁军 .2007. 全球价值链框架下发展中国家产业升级研究 . 天津社会科学，(4)：86-92.

刘林青，谭力文 .2006. 产业国际竞争力的二维评价——全球价值链背景下的思考 . 中国工业经济，(12)：37-44.

刘仕国，吴海英 .2013. 全球价值链和增加值贸易：经济影响、政策启示和统计挑战 . 国际经济评论，(4)：86-96.

刘友金，胡黎明 .2011. 产品内分工、价值链重组与产业转移——兼论产业转移过程中的大国战略 . 中国软科学，(3)：149-159.

刘志彪 .2012. 战略性新兴产业的高端化：基于"链"的经济分析 . 产业经济研究，(3)：9-17.

刘志彪，张杰 .2009. 从融入全球价值链到构建国家价值链：中国产业升级的战略思考 . 学术月刊，(9)：59-68.

毛蕴诗，林晓如，李玉惠 .2011. 劳动密集型产业升级研究——以台湾自行车产业整体升级及其竞合机制为例 . 学术研究，(6)：63-70.

邱斌，叶龙凤，孙少勤 .2012. 参与全球生产网络对我国制造业价值链提升影响的实证研究——基于出口复杂度的分析 . 中国工业经济，(1)：57-67.

曲建 .2013. 基于全球价值链角度的中国加工贸易转型升级 . 北京：中国经济出版社 .

孙治宇 .2013. 全球价值链分工与价值链升级研究 . 北京：经济科学出版社 .

唐东波 .2012. 贸易政策与产业发展：基于全球价值链视角的分析 . 管理世界，(12)：13-22.

唐海燕，张会清 .2009a. 产品内国际分工与发展中国家的价值链提升 . 经济研究，(9)：81-93.

唐海燕，张会清 .2009b. 中国在新型国际分工体系中的地位——基于价值链视角的分析 . 国际贸易问题，(2)：18-26.

文嫮，曾刚 .2004. 嵌入全球价值链的地方产业集群发展——地方建筑陶瓷产业集群研究 . 中国工业经济，（6）：36-42.

熊英，马海燕，刘义胜 . 2010. 全球价值链、租金来源与解释局限——全球价值链理论新近发展的研究综述 . 管理评论，（12）：120-125.

张宏，王建 . 2013. 中国对外直接投资与全球价值链升级 . 北京：中国人民大学出版社 .

张辉 . 2005. 全球价值链下地方产业集群升级模式研究 . 中国工业经济，（9）：11-18.

张辉 . 2006. 全球价值链动力机制与产业发展策略 . 中国工业经济，（1）：40-48.

张少军，刘志彪 . 2009. 全球价值链模式的产业转移——动力、影响与对中国产业升级和区域协调发展的启示 . 中国工业经济，（11）：5-15.

张少军，刘志彪 . 2013. 国内价值链是否对接了全球价值链——基于联立方程模型的经验分析 . 国际贸易问题，（2）：14-27.

周蕾 . 2013. 生产性服务贸易与全球价值链提升 . 杭州：浙江大学出版社 .

Abonyi G. 2005. Integrating SMEs into global and regional value chains-implications for subregional cooperation in the greater Mekong subregion. UNESCAP.

APEC Policy Support Unit. 2012. Concepts and trends in global supply, global value, and global production chains.

APEC Policy Support Unit. 2013a. SMEs' participation in global production chains. APEC Secretariat.

APEC Policy Support Unit. 2013b. Global supply chains operation in the APEC region: case study of the electrical and electronics industry.

Fernandez-Stark K, Bamber P, Gereffi G. 2011. The fruit and vegetables global value chain. Duke Center on Globalization, Governance & Competitiveness.

Fries B. 2007. The value chain framework, rural finance, and lessons for TA providers and donors. Presentation at Asia International Conference.

Gereffi G. 2009. A global value chain approach to food safety and quality standards.

Gereffi G, Humphrey J, Sturgeon T. 2005. The Governance of Global Value Chains. Review of International Political Economy, 12(1): 78-104.

Gereffi G, Memedovic O. 2003. The global apparel value chain. UNIDO.

Helewood N, Surya P. 2012. Mobilizing the agricultural value chain. World Bank.

Jones L. 2009. Value Chains and Development: Emerging Theory and Practice. Rugby: Practical Action Publishing.

Koopman R, Powers W, Wang Z, et al. 2010. Give credit to where credit is due: tracing value added in global production chains. NBER Working Papers, NO. 16426.

Korea Association Business Consultancy. 2012. Global value chain analysis on samsung electronics.

Lee J, Gereffi G, Beauvais J. 2009. Global value chains and agrifood standards: challenges and possibilities for smallholder in developing countries. Proceedings of the National Acacleny of Sciences of the United States of America, 109(31): 12326-12331.

Maertens M, Swinnen J. 2009. Trade, standards and poverty: evidence from senegal. SSRN Electronic Journal, 37(1): 161-178.

Milberg W, Winkler D. 2010. Trade, crisis, and recovery restructuring global value chains. Chapter 2 in Global Value Chain in a Postcrisis World.

Miller C, Jones L. 2010. Agricultural Value Chain Finance: Tools and Lessons. Washington D. C. : FAO and Practical Action Publishing.

Miller K. 2013. Can SME's tap into app revolution to fuel their growth? Developer Tech.

OECD and WTO. 2013. Aid for trade at a glance 2013: connecting to value chains. Chapter 3 Value Chains and the Development Path.

OECD. 2012. Mapping global value chains.

OECD. 2013. Interconnected economies: benefiting from global value chains. Preliminary version.

Rosey H, Buttle M, Sandars J. 2009. The impact of the global economic slowdown on value chain Labor markets in Asia.

Schmid S, Grosche P. 2009. Managing the international value chain in the automotive industry-strategy, structure, culture.

Sturgeon T, Kawakami M. 2010. Global value chains in the electronics industry: was the crisis a window of opportunity for developing countries? The World Bank.

UNCTAD. 2013. Global value chains and development. United Nations.

UNESCAP. 2011. Facilitating agricultural trade in Asia and the Pacific. United Nations.

van Biesebroeck J, Sturgeon T. 2013. Effects of the 2008-09 crisis on automotive industry in developing countries: a global value chain perspective. Chapter 6 of Global Value Chains in a Postcrisis World.

WTO/IDE-JETRO. 2011. Trade patterns and global value chains in East Asia: from trade in goods to trade in tasks.

附录一

国内外研究现状及发展动态分析

贸易增加值核算方法的源头可以追溯到投入产出分析方法的创始人里昂惕夫。1982 年桑亚尔和琼斯(Sanyal and Jones)发表的关于中间品贸易的研究成果，是较早与全球价值链有关的研究文献。但是，全球价值链和贸易增加值核算问题真正引起学术界地广泛重视和研究是在 2000 年以后。2001 年胡莫尔斯等发表了关于垂直贸易的研究成果，旨在从出口中的进口含量的角度测算垂直生产链中的序列贸易。第一批也是最新的明确研究贸易增加值测算的论文，如道登等的《世界经济中谁在为谁生产》、约翰逊等的《中间品核算：生产共享和贸易增加值》、库普曼等的《给信贷以有信用的：追踪全球生产链中的增加值》。这三项研究使用全球贸易分析项目(global trade analysis project，GTAP)数据库计算贸易增加值的流动，阐明全球价值链分工模式对国际生产和贸易格局的重大影响。通过这些研究，关于贸易增加值的概念框架得到了加强，对贸易增加值的组成也有了全面认识。由于全球价值链分工模式对世界贸易和经济发展的重要性日益上升并受到各界重视，近年来一些研究文献开始分析其政策含义，并提出了相关的政策建议。例如，OECD、WTO 和 ADB 等国际机构先后发表了一系列关于全球价值链和贸易增加值核算的政策建议的研究报告。

2011 年 WTO 和日本亚洲经济研究所联合发表了《东亚的贸易模式和全球价值链：从货物贸易到任务贸易》，研究了东亚地区价值链分工和贸易模式的发展现状和影响，分析了东亚地区技术、体制和政策变革对区域内生产分工和贸易网络形成发展的影响。2012 年 ADB 发表了《全球价值链和商业周期冲击的传递》报告，研究全球价值链分工模式下，经济周期性冲击的扩散问题和对策。UNCTAD 发布的《2013 世界投资报告》，年度主题是"全球价值链：促进发展的投资与贸易"。该报告分析了全球价值链对经济发展的影响，指出参与全球价值链能够促进经济增长、技术进步和就业，但是也存在经济波动、陷入低技术生产环节、社会责任挑战和环境污染等风险，因此，需要准确判断国家的比较优势并制定适宜的政策。该报告提出了全球价值链政策框架的五个关键因素：①一国总体发展战略中的全球价值链融入；②推进全球价值链参与；③构建国内生产能力；④提供一个稳定的环境、社会和治理框架；⑤协同贸易投资政策和体制。2013 年 OECD 发表了专门讨论全球价值链政策含义的文件《全球价值链的政策含义》，其指出，在全球价值链分工下，贸易保护的成本会被放大，采取降低贸易限制、扩大市场开放、减少市场交易成本、提高劳动力素质等措施，能有效融入全球价值链，促进经济增长。IMF 在 2013 年 8 月发表了《贸易的相互联系：全球价值链的世界》报告，分析了全球价值链对参与国家经济增长的重要作用，指出了全球价值链的三方面政策含义：①应该减少传统贸易保护措施；②边境后措施和贸易便利化措施的重要性超过了传统贸易政策措施；③支持和反映全球价值链发展趋势的贸易自由化协定正在兴起，全球多边贸易体制正在分化。2014 年 5 月，亚太经合组织政策支持机构（APEC Policy Support Unit）发表了《中小企业融入全球价值链：政策原则和最佳实践》报告，分析了农业、食品加工业、汽车业、电子和手工艺品五个行业全球价值链中的中小企业情况，并提出了帮助中小企业融入全球价值链的政策建议。埃尔姆斯（Deborah Kay Elms）在 2013 年 8 月发表了《促进全球价值链的亚太优惠贸易协定》一文，认为 WTO 的规则已经不能适应全球价值链发展趋势，应该制定和执行新的贸易投资规则。埃尔姆斯认为，TPP 和 RCEP 都将有利于全球价值链发展。

国内学者对中国如何利用全球价值链分工模式，促进中国产业和经济发展进行了一系列研究。

邱斌等（2012）研究发现，全球生产网络对中国制造业价值链地位的影响存在显著的行业差异性。他们提出了三点政策建议：①突破传统的静态比较优势的束缚，出口的重点应当逐步凸显结构升级导向，由注重出口规模向注重技术含量转变。②重点发展技术密集型制造业，对技术敏感性较强的行业给予更多的政策扶持。③积极营造制造业企业参与全球生产网络分工的配套环境，为制造业企业提高产业链分工的层次提供外部条件。陈仲常等(2012)从全球价值链角度对影响中国高技术产业全球价值链升级的因素进行了分析。研究结果显示，政府支持主要集中于大型企业，对其他类型企业的支持力度还不够；中国的金融环境多益于大型企业和国有企业的价值链升级，而对"三资"企业和中小型企业的影响不明显。张少军和刘志彪(2013)研究发现，中国目前形成的全球价值链和国内价值链之间存在着负相关关系，国内价值链并没有成功对接全球价值链。他们认为，利用大国优势和在位优势延长全球价值链在国内的环节，培育其与国内价值链之间的关联对接，构建链条对链条的竞争，可能为中国产业升级和区域经济协调发展提供坚实的分工基础。唐东波(2012)在投入-产出框架下分析了中国的贸易政策如何影响了国内的产业发展。研究发现，中国出口产品的结构升级还只是国内企业进一步参与全球垂直分工的结果，中国融入全球经济的程度相对较"浅"。鉴于加工出口的国内增加值率依然较低，为提升国内产业在全球价值链中的位置，我们不仅需要强化加工贸易在国内相关产业的纵向关联，而且应设计更为灵活的贸易政策以促进一般出口产品的技术结构升级。

刘仕国和吴海英(2013)认为，全球价值链的发展不仅放大而且加快了商业周期冲击的国际传导。全球价值链的政策启示包括：积极参与全球价值链，政府要创造友好高效的商务环境；尽量在多边层面削减关税；贸易政策应保持中性；应降低投资壁垒；政府引资政策的焦点应从较粗的产业层次深入到具体产品的生产活动；政府应合力建设多边投资体系；应加强对国际投资者完成初始投资后的服务。

　　附录二

亚太区域部分国家(地区)签订的自由贸易协定[①]

附表 1　新加坡签订的自由贸易协定

已签署并生效的自由贸易协定		
生效时间	自贸协定名称	备注
1993 年 1 月	东盟自由贸易区(AFTA)	1992 年 1 月 28 日签署了共同有效优惠关税协定 (CEPT)，1993 年 1 月 1 日生效

----

　　① 课题组根据相关资料整理。

续表

已签署并生效的自由贸易协定		
生效时间	自贸协定名称	备注
2001 年 8 月	新西兰-新加坡更紧密经济伙伴协定（ANZSCEP）	2000 年 8 月 18 日签署，2001 年 8 月 18 日生效
2002 年 11 月	日本-新加坡经济合作协定（JSEPA）	2002 年 1 月 13 日签署，2002 年 11 月 30 日生效，日本签的第一份自由贸易协定
2003 年 1 月	欧盟-新加坡自由贸易协定 ESFTA	2002 年 6 月 26 日签署，2003 年 1 月 1 日生效
2003 年 7 月	新加坡-澳大利亚自由贸易协定（SAFTA）	2003 年 2 月 17 日签署，2003 年 7 月 28 日生效，包含商品贸易、服务贸易、投资、人员流动、政府采购和知识产权等内容的全面协定
2004 年 1 月	美国-新加坡自由贸易协定（USSFTA）	2003 年 5 月 6 日签署，2004 年 1 月 1 日生效
2005 年 7 月 2007 年 7 月 2010 年 2 月	东盟-中国自由贸易区（ACFTA）	商品贸易协议：东盟国家于 2005 年 7 月 1 日生效，中国于 2005 年 7 月 20 日生效；服务贸易协议：2007 年 7 月生效；投资协议：2010 年 2 月 15 日生效
2005 年 8 月	新加坡-约旦自由贸易协定（SJFTA）	2004 年 4 月 29 日签署，2005 年 8 月 22 日生效，同时签署了新加坡-约旦双边投资协定（BIT）
2005 年 8 月	印度-新加坡全面经济合作协定（CE-CA）	2005 年 6 月 29 日签署
2006 年 3 月 2 日	韩国-新加坡自由贸易协定（KSFTA）	2005 年 8 月 4 日签署，2006 年 3 月 2 日生效
2006 年 5 月	跨太平洋战略经济伙伴关系协定 Trans-Pacific SEP	2006 年 5 月 28 日生效
2007 年 6 月	东盟-韩国自由贸易协定（AKFTA）	商品贸易部分于 2007 年 6 月生效
2009 年 1 月	东盟-日本全面经济合作（AJCEP）	2008 年 4 月 14 日签署，2009 年 1 月 1 日实施
2009 年 1 月	中国-新加坡自由贸易协定（CSFTA）	2008 年 9 月 3 日签署，2009 年 1 月 1 日生效
2009 年 8 月	秘鲁-新加坡自由贸易协定（PeSFTA）	2008 年 5 月 29 日签署，2009 年 8 月 1 日生效
2010 年 1 月	东盟-澳大利亚-新西兰自由贸易区（AANZFTA）	2009 年 2 月 27 日签署，2010 年 1 月 1 日生效

续表

生效时间	自贸协定名称	备注
2010 年 10 月	东盟-印度商品贸易协定（AIFTA）	2009 年 8 月 13 日签署，2010 年 10 月 1 日生效
2013 年 7 月	新加坡-哥斯达黎加自由贸易协定（SCRFTA）	2010 年 4 月 6 日签署，2013 年 7 月 19 日。
2013 年 9 月	海湾合作委员会-新加坡自由贸易协定（GSFTA）	2008 年 12 月 15 日签署，2013 年 9 月 1 日生效
2006 年 3 月（签署）	巴拿马-新加坡自由贸易协定（PSFTA）	2006 年 3 月 1 日签署，新加坡与拉美国家签订的第一份全面自由贸易协定

正在谈判中的自由贸易协定

谈判开始时间	自贸协定名称	备注
2000 年 7 月	墨西哥	
2001 年 10 月	加拿大	
2005 年 8 月	巴基斯坦	
2007 年 5 月	乌克兰	

附表 2　日本签订的自由贸易协定

已生效的 FTA/EPA

生效时间	协定名称	备注
2002 年 11 月	日新 EPA	2002 年 1 月签署
2005 年 4 月	日墨 EPA	2004 年 9 月签署
2006 年 7 月	日马 EPA	2005 年 12 月签署
2007 年 9 月	日智 EPA	2006 年签署 EPA，2007 年 3 月 27 日签署 SEP，2007 年 9 月 3 日生效
2007 年 11 月	日泰 EPA	2007 年 4 月 3 日签署
2008 年 7 月	日印（尼）EPA	2007 年 8 月 20 日签署
2008 年 7 月	日文 EPA	2007 年 6 月 18 日签署
2008 年 12 月	日本-东盟全面经济伙伴关系协定（AJCEP）	2008 年 4 月 14 日签署
2008 年 12 月	日菲 EPA	2006 年 9 月签署

续表

已生效的 FTA/EPA		
生效时间	协定名称	备注
2009 年 10 月	日越 EPA	2008 年 12 月 25 日签署
2009 年 9 月	日瑞 EPA	2009 年 2 月 17 日签署
2011 年 8 月	日印 EPA	2011 年 2 月 15 日签署
2012 年 3 月	日秘 EPA	2011 年 5 月 31 日签署
2015 年 1 月	日澳 EPA	2014 年 7 月签署
2015 年 2 月签署	日本蒙古 EPA	

谈判中的 FTA/EPA		
谈判开始时间	协定名称	备注
2003 年 12 月	日韩 EPA	2004 年 11 月第六次谈判后中断
2006 年 9 月	日本-GCCEPA	2007 年 1 月完成第二回合谈判，之后中断
2011 年 12 月（加入）	TPP	
2012 年 11 月	日本-加拿大 FTA	
2012 年 12 月	日本-哥伦比亚	
2013 年 3 月	中日韩 FTA	
2013 年 4 月	日本-欧盟 FTA	
2013 年 5 月	RCEP	

附表 3　韩国签订的自由贸易协定

已生效（达成）的 FTA		
生效时间	协定名称	备注
2004 年 4 月	韩智 FTA	2004 年 4 月生效
2006 年 3 月	韩国-新加坡 FTA	2005 年 8 月 4 日签署
2006 年 9 月	韩国- EFTA FTA	2005 年 12 月 15 日签署
2007 年 7 月	韩国-东盟 FTA	2006 年 8 月 24 日签署
2010 年 1 月	韩印 CEPA	2009 年 8 月 7 日签署
2011 年 7 月	韩欧 FTA	2009 年 10 月 15 日签署
2011 年 8 月	韩秘 FTA	2011 年 3 月 21 日签署

已生效(达成)的 FTA		
生效时间	协定名称	备注
2012 年 1 月	韩美 FTA	2007 年 6 月 30 日签署，2010 年 12 月 3 日重新签订，韩国议会于 2011 年 11 月 22 日通过批准议案，于 2012 年 1 月 1 日生效
2013 年 5 月	韩土 FTA	2012 年 8 月签署协定，2013 年 5 月生效
2014 年 12 月	韩澳 FTA	2013 年 12 月签署协定
2015 年 1 月	韩加 FTA	2014 年 9 月正式签署自贸协定
2013 年 2 月	韩哥 FTA	2013 年 2 月正式签署协定
2014 年 11 月	韩国-新西兰 FTA	2014 年 11 月宣布达成一致
2014 年 11 月	韩国-中国 FTA	2014 年 11 月宣布结束实质性谈判
2014 年 12 月	韩越 FTA	2014 年 12 月 10 日宣布结束实质性谈判

谈判中的 FTA		
谈判开始时间	协定名称	备注
2003 年 12 月	韩国-日本 FTA	2004 年 11 月第 6 轮谈判后暂停
2007 年 12 月（重启谈判）	韩墨 FTA	2008 年 6 月第 2 回合谈判后暂停谈判
2008 年 7 月	韩国-GCC FTA	2009 年 7 月第 3 回合谈判后暂停谈判
2012 年 3 月	韩国-印度尼西亚 FTA	2011 年 5 月启动联合可行性研究，2011 年 10 月结束研究
2013 年 3 月	中日韩 FTA	2011 年 12 月结束可行性联合研究
2013 年 5 月	RCEP	

研究中的 FTA		
研究启动时间	协定名称	备注
2005 年 5 月	韩国-南方经济共同体（MERCOSUR）FTA	2007 年 10 月完成联合研究，2009 年 7 月签署备忘录
2007 年 9 月	韩俄双边经济伙伴协定	2008 年 7 月举行第 2 次联合研究会议后，暂停
2008 年 10 月	韩蒙 FTA	
2008 年 12 月	韩国-SACU FTA	2008 年 12 月启动合作可行性研究
2009 年 8 月	韩以 FTA	2010 年 8 月完成联合可行性研究
2010 年 10 月	韩国-中美洲 FTA	2011 年 4 月完成联合可行性研究
2011 年 5 月	韩国-马来西亚 FTA	2012 年 12 月完成联合可行性研究

附表 4　东盟签订的自由贸易协定

已生效的 FTA		
生效时间	协定名称	备注
2005 年 7 月	中国东盟 FTA（CAFTA）	2002 年 11 月 5 日签署框架协定 2004 年 11 月 29 日签署《货物贸易协定》 2007 年 1 月签署《服务贸易协定》 2009 年 8 月 15 日签署《投资协定》
2007 年 7 月	韩国东盟自由贸易区（KAFTA）	2006 年 8 月 24 日签署，2007 年 7 月 1 日生效，2009 年完成其他协定签署
2008 年 12 月	东盟日本全面经济伙伴关系（AJCEP）	2008 年 4 月 14 日签署
2010 年 1 月	东盟澳新自由贸易区（AANZFTA）	2009 年 2 月 27 日签署，2010 年 1 月 1 日生效
2010 年 1 月	东盟-印度区域贸易投资协定（RTIA）	2003 年 10 月 8 日签署《东盟-印度全面经济合作框架协定》，2004 年 7 月 1 日生效；2009 年 8 月签署货物贸易协定，2010 年 1 月 1 日生效
谈判中的 FTA		
谈判开始时间	协定名称	备注
2013 年 5 月	RCEP	
研究中的 FTA		
研究开始时间	协定名称	备注
2007 年 5 月	东盟-欧盟 FTA（ASEAN-EU FTA）	2007 年 5 月，双方同意商讨建立自由贸易协定
2009 年 6 月	东盟-海合会 FTA	2009 年 6 月同意对建立框架协议和货物贸易协定进行可行性研究
	"10＋3"FTA	2009 年已完成二轨研究
	PAFTA（巴基斯坦）	正在进行最后阶段的可行性研究

资料来源：根据相关资料整理

第三部分

贸易增加值核算体系的演进
及对APEC区域经贸的影响

第 9 章

贸易增加值核算方法的演进
及主要研究结论

王 岚、马 涛

在过去几十年中，国际贸易属性最重要的变革之一就是遍布多国的各个生产过程之间日益紧密的联系。而各个国家专业化于生产过程的特定阶段。这一现象在文献中并冠以"全球价值链（global value chains，GVCs）"、"国际生产网络"、"垂直专业化"、"离岸"、"生产分割"及"多阶段生产"等名称。数据表明，就平均而言，世界出口额的一半是与 GVCs 贸易相关的（OECD，2013）。全球价值链分工的不断发展为传统贸易统计提出了挑战。由于现行国际贸易统计以商品总值为统计口径，因此中间品的价值会在多次跨越国境的过程中被多次统计。

全球价值链贸易可以通过四种方式测度（Daudin et al.，2011）。第一种方法是利用企业调研。但是这种方法只对有限的国家和跨国公司适用。第二种方法是利用能够反映关税减免措施的海关统计。为了鼓励国内行业发展，很多发展中国家对用于出口产品生产的进口中间品免收关税，而发达国家减免进口中间品关税则是为了提高进口最终产品中的国内投入品成分。这种方法的困难在于只对数据可得的几个国家适用。而该方法的另一个局限在于随着零部件关税的逐渐降低，企业利用特别关税优惠的意愿会减弱，这会减少享受税收优惠的进口中间品的范围，不足以覆盖 GVCs 贸易。第三种方法是利用区分中间品和最终产品的国际贸易标准分类（standard international trade classification，SITC）数据，这种方法以 Yeats（1998）为开端，后续的研究还包括 Athukorala 和 Yamashita（2006）、Miroudot 等（2009）。这种方法的局限在于对中间品和最终产品在用途上的分类过于随意。鉴于上述方法存在的局限性，运用投入产出（input-output，IO）数据成为测度 GVCs 贸易的首选方法。基于投入产出数据的增加值贸易（trade in value added，TiVA）法由此产生，刻画出特定国家特定行业的价值链。

9.1　从垂直专业化到 KWW 法：考虑中间品在国家间的流转

9.1.1　出口中的进口成分：垂直专业化

1. 基本概念

在全球价值链分工背景下，垂直贸易是国际贸易的典型特征。Hummels 等（2001）（简称 HIY）首次提出垂直专业化（vertical specialization，VS）指标。该指标旨在通过测度一国出口中包含的进口成分（国外价值增值）及一国出口中作为中间品被别国进口的成分（VS1，即一国增加值的间接出口）来考察一国参与垂直国际分工的程度。垂直专业化指标的测算以投入产出数据为基础，因此避免了区分中间品和最终产品的随意性。此外，使用投入产出表可以计算间接用于出口产品生产的进口中间品①。值得注意的是，由于投入产出表是在行业层面的加总，因此会在计算行业层面出口中的进口成分时存在问题。例如，假设一个行业涉及两种产品，其中一类产品进口中间品但不出口，而另一种产品不使用中间品但出口。对于这两类产品 VS 指标会为零，但是行业层面的 VS 指标会是大于零的数值。

2. 实证结果

Hummels 等（2001）利用非竞争型投入产出表计算出 OECD 十个国家及爱尔兰、韩国和中国台湾垂直专业化指标。Yi（2003）在 HIY 基础上，分析了垂直专业化对世界贸易增长的影响，指出在 1962～1999 年世界贸易增长中超过 50% 的是由垂直专业化引起的。此后很多学者利用 HIY 构建的 VS 指标对不同国家和地区的垂直专业化指标进行了测度（Chen et al. 2005；Chen and Chang，2006；Breda et al.，2007；Amador and Cabral，2008；Aurujo，2009；Javier，2012）。但是在上述研究中，基于产业层面的 VS 指标无法区分跨国公司和贸易方式对各国和地区垂直专业化的影响（OECD，2009）。Hanson 等（2005）利用跨国公司的微观经营数据，着重考察了美国跨国公司母公司与子公司之间的垂直专业化程度及其影响因素。

国内学者对垂直专业化的测度研究主要分为两个阶段：一是基于 HIY 分析框架之下，利用投入产出表及进出口贸易数据，测算中国总出口或各部门的垂直

---

① 出口部门间接使用进口中间品，是指特定部门的生产过程中使用进口中间品，而该部门的产出又被用去第二个部门的生产，以此类推，直至最终包含在出口产品中。

专业化水平(北京大学中国经济研究中心课题组，2006；张小蒂和孙景蔚，2006；黄先海和韦畅，2007；盛斌和马涛，2008；文东伟和冼国明，2010)，进而考察垂直专业化对中国不同产业贸易竞争力的影响(胡昭玲，2007；文东伟和冼国明，2009)；二是考虑到加工贸易对中国垂直专业化程度的影响，对 HIY 方法进行调整，唐东波(2013)通过将海关进出口贸易数据匹配到三位数行业，直接估计不同出口方式下中国各行业的垂直专业化程度。研究发现，2000～2008 年中国出口的垂直专业化程度整体较高且主要缘于加工贸易，资本技术密集型行业的垂直专业化程度显著高于劳动密集型行业。而科技含量集中的电子设备制品行业的垂直专业化达到 80% 以上，说明中国出口的快速增长带有某种"统计假象"(statistical illusion)(Srholec，2007)。

但是，垂直专业化指标的计算严格依赖两个关键假设：其一，假设国内最终产品和出口产品拥有一样的进口中间品投入密集度，当一国加工贸易占比很大时(如中国和墨西哥)，这一点无法得到满足，因为此时出口产品对进口产品的依赖程度会远远高于国内消费产品；其二，假设所有进口中间品完全是由国外价值增值构成的，这一点在当前全球价值链分工体系下同样已经无法得到满足，因为该假设排除了在全球价值链分工体系下普遍存在中间品回流的情况。正是由于垂直专业化指标在假设条件上存在缺陷，因此贸易增加值统计体系更加符合全球价值链分工的特征，形成了全新的贸易统计框架。

9.1.2　从垂直专业化到 KWW 法：允许中间品的再进口

全球价值链分工的本质在于不同国家在最终产品生产链上的彼此承接和紧密关联，中间品在到达最终消费者之前会经历不同国家的多个环节的加工生产，因而会在多个国家留下价值增值足迹(material footprint)。这种多次跨越国境的迂回贸易正是 HIY 方法试图运用 VS 和 VS1 测度的。显然，能够融合 VS 和 VS1 并能捕捉一国进口中间品中所含本国成分的度量方法更能真实地反映出当前的国际分工体系。KWW 法通过允许中间品在国家间的多次流转形成了全新的贸易统计框架。

1. 基本测算框架

Daudin 等(2011)首次提出了"增加值贸易"(value-added trade)概念，并利用 GTAP 数据库中的国家间投入产出数据对世界各国不同行业出口中的价值增值的分布进行了测度，回答了"谁为谁生产什么"的问题。Wang、Powers 和 Wei 采用 WPW 方法运用亚洲国际投入产出表(Asian International Input-Output Tables，AIIOT)，在将一国不同行业出口分解为国外成分和国内成分的基础上，分解了不同国家对一国出口国外价值增值的贡献，并将出口中的国内价值增值分解为直接价值增值及通过出口中间品经国外加工再回流本国而形成的间接价值增值，第一次形成了运用国际投入产出数据分析国际贸易的系统框架 Wang 等（2009）。Johnson 和 Noguera（2011，2012）则定义了增加值出口（value-added export），并运用 OECD 整合的国际投入产出数据（harmonized input-output database）和双边贸易数据重点测度了增加值出口占总出口的比例（ratio of value added to gross exports，VAX），并从世界、单个国家及双边贸易三个层面分析了该比例的内在影响机制和变化原因。Koopman 等（2010）融合 HIY 方法和 WPW 方法，首次形成了规范的增加值贸易统计框架，将一国出口中的价值增值分解为国内价值增值和国外价值增值，并将国内价值增值进一步分解为直接价值增值出口、间接价值增值出口及国内价值增值回流三个部分。在此基础上，Koopman 等（2012）将以上研究纳入统一框架，实现了一国出口的完全价值增值分解，并且建立了增加值出口和传统出口之间的联系，成为增加值贸易测算的集大成之作，被称为 KWW 法。

1）出口的增加值分解

假设存在 G 个国家和 N 个部门，所有产品既可被用做中间品也可用做最终产品被本国和外国消耗[①]。因此，产品市场的出清意味着一国产出满足如下：

$$x_r = a_{rr}x_r + \sum_{r \neq s}^{G} a_{rs}x_s + y_{rr} + \sum_{r \neq s}^{G} y_{rs}, \; r, \; s = 1, \; 2, \; \cdots, \; G \qquad (9\text{-}1)$$

其中，x_r 和 x_s 分别表示 r 国和 s 国的总产出；a_{rr} 表示 r 国产品生产过程中所需消耗的本国产品；a_{rs} 表示 s 国产品生产过程中所需消耗的 r 国产品，即 s 国产品对 r 国中间品的直接消耗系数；y_{rr} 表示 r 国对本国产品的最终需求；y_{rs} 表示 s 国对 r 国产品的最终需求。因此，式（9-1）中等号右边的前两项加总表示的是 r 国产出中以中间品形式满足本国和外国生产的部分，而后两项加总表示的则是 r 国产出中用于满足本国和外国最终需求的部分。将式（9-1）整理，并改写成矩阵形式，得到

$$\begin{bmatrix} \boldsymbol{X}_1 \\ \boldsymbol{X}_2 \\ \vdots \\ \boldsymbol{X}_G \end{bmatrix} = \begin{bmatrix} \boldsymbol{I} - \boldsymbol{A}_{11} & -\boldsymbol{A}_{12} & \cdots & -\boldsymbol{A}_{1G} \\ -\boldsymbol{A}_{21} & \boldsymbol{I} - \boldsymbol{A}_{22} & \cdots & -\boldsymbol{A}_{2G} \\ \vdots & \vdots & & \vdots \\ -\boldsymbol{A}_{G1} & -\boldsymbol{A}_{G2} & \cdots & \boldsymbol{I} - \boldsymbol{A}_{GG} \end{bmatrix}^{-1} \begin{bmatrix} \sum\limits_{r}^{G} y_{r1} \\ \sum\limits_{r}^{G} y_{r2} \\ \vdots \\ \sum\limits_{r}^{G} y_{rG} \end{bmatrix} \qquad (9\text{-}2)$$

其中，$\boldsymbol{X}_r$ 表示各国的产出向量；$\boldsymbol{A}_{rs}$ 表示直接消耗系数矩阵；y_{rs} 表示 s 国对 r 国产

---

① 这是增加值贸易对 VS 第二个假设的放松。

出的最终需求。令 $\boldsymbol{B} = (\boldsymbol{I} - \boldsymbol{A})^{-1}$，即里昂惕夫逆矩阵或称完全消耗矩阵，其中的系数 B_{rs} 被称为"完全消耗系数"，它表示 s 国最终需求多增加 1 单位所需投入的 r 国产出。进一步定义直接价值增值系数 $v_r = 1 - \sum_{r=1}^{G} a_{sr}$，它表示剔除中间品对产出的贡献（$\sum_{r \neq s}^{G} a_{sr}$）后得到的 r 国对产出贡献的直接价值增值部分。

令 $\hat{\boldsymbol{V}}_r$ 表示 $N \times N$ 的对角阵，其对角线上的元素表示 r 国各部门的直接价值增值系数，定义多国多部门直接价值增值系数矩阵如下：

$$\hat{\boldsymbol{V}} = \begin{bmatrix} \hat{\boldsymbol{V}}_1 & \boldsymbol{0} & \cdots & \boldsymbol{0} \\ \boldsymbol{0} & \hat{\boldsymbol{V}}_2 & \cdots & \boldsymbol{0} \\ \vdots & \vdots & & \vdots \\ \boldsymbol{0} & \boldsymbol{0} & \cdots & \hat{\boldsymbol{V}}_G \end{bmatrix}_{(GN \times GN)} \tag{9-3}$$

令 $\hat{\boldsymbol{E}}_r$ 表示 $N \times N$ 的矩阵，各元素表示 r 国各部门总出口，定义多国多部门出口矩阵为

$$\hat{\boldsymbol{E}} = \begin{bmatrix} \hat{\boldsymbol{E}}_1 & \boldsymbol{0} & \cdots & \boldsymbol{0} \\ \boldsymbol{0} & \hat{\boldsymbol{E}}_2 & \cdots & \boldsymbol{0} \\ \vdots & \vdots & & \vdots \\ \boldsymbol{0} & \boldsymbol{0} & \cdots & \hat{\boldsymbol{E}}_G \end{bmatrix}_{(GN \times GN)} \tag{9-4}$$

将直接价值增值矩阵 $\hat{\boldsymbol{V}}$ 与完全消耗矩阵 $\boldsymbol{B}$ 及出口矩阵 $\hat{\boldsymbol{E}}$ 相乘，就可实现对各国出口的价值增值分解如下：

$$\boldsymbol{V}\hat{\boldsymbol{B}}\boldsymbol{E} = \begin{bmatrix} \boldsymbol{V}_1 \sum_{r}^{G} B_{1r} E_{r1} & \boldsymbol{V}_1 \sum_{r}^{G} B_{1r} E_{r2} & \cdots & \boldsymbol{V}_1 \sum_{r}^{G} B_{1r} E_{rG} \\ \boldsymbol{V}_2 \sum_{r}^{G} B_{2r} E_{r1} & \boldsymbol{V}_2 \sum_{r}^{G} B_{2r} E_{r2} & \cdots & \boldsymbol{V}_2 \sum_{r}^{G} B_{2r} E_{rG} \\ \vdots & \vdots & & \vdots \\ \boldsymbol{V}_G \sum_{r}^{G} B_{Gr} E_{r1} & \boldsymbol{V}_G \sum_{r}^{G} B_{Gr} E_{r2} & \cdots & \boldsymbol{V}_G \sum_{r}^{G} B_{Gr} E_{rG} \end{bmatrix}_{(GN \times GN)} \tag{9-5}$$

$\boldsymbol{V}\hat{\boldsymbol{B}}\boldsymbol{E}$ 矩阵各行非对角元素的加总表示 r 国通过将中间品出口给 s 国经后者加工成最终消费品再出口给 t 国而实现的间接附加值出口（indirect value-added export，IV）如下：

$$\text{IV}_r = \sum_{s \neq t} \boldsymbol{V}_r \boldsymbol{B}_{rs} \boldsymbol{E}_{st} \tag{9-6}$$

而 $\boldsymbol{V}\hat{\boldsymbol{B}}\boldsymbol{E}$ 矩阵各列非对角元素的加总表示其他国家对 r 国出口贡献的价值增

值，也即 r 国出口中包含的国外价值增值(foreign value-added，FV)：

$$\mathrm{FV}_r = \sum_{s \neq r} \boldsymbol{V}_s \boldsymbol{B}_{sr} \boldsymbol{E}_{r*} \tag{9-7}$$

而 $\boldsymbol{V\hat{B}E}$ 矩阵的对角元素反映的则是出口中国内价值增值(domestic value-added，DV)：

$$\mathrm{DV}_r = \boldsymbol{V}_r \boldsymbol{B}_{rr} \boldsymbol{E}_{r*} \tag{9-8}$$

综合上述分析，最终可将一国出口分解为以下五个部分：

$$\boldsymbol{E}_{r*} = \underbrace{\boldsymbol{V}_r \boldsymbol{B}_{rr} \sum_{s \neq r} \boldsymbol{Y}_{rs}}_{(1)} + \underbrace{\boldsymbol{V}_r \boldsymbol{B}_{rr} \sum_{s \neq r} \boldsymbol{A}_{rs} \boldsymbol{X}_{ss}}_{(2)} + \underbrace{\boldsymbol{V}_r \boldsymbol{B}_{rr} \sum_{s \neq r} \sum_{t \neq r, s} \boldsymbol{A}_{rs} \boldsymbol{E}_{st}}_{(3)}$$

$$+ \underbrace{\boldsymbol{V}_r \boldsymbol{B}_{rr} \sum_{s \neq r} \boldsymbol{A}_{rs} \boldsymbol{E}_{sr}}_{(4)} + \underbrace{FV_r}_{(5)} \tag{9-9}$$

其中，(1)表示被包含在最终产品和服务出口中直接被进口方吸收的 r 国国内价值增值；(2)表示包含在出口中间品中用于进口国生产国内需求产品的 r 国国内价值增值；(3)表示包含在出口中间品中，供进口国生产向第三国出口产品的 r 国国内价值增值，也即 r 国的间接附加值出口；(4)表示 r 国出口给进口方用来生产回流本国产品的中间品中含有的国内价值增值；(5)表示出口中包含的国外价值增值。(1)、(2)、(3)的加总等于各国附加值总出口。(1)～(4)的加总则为一国出口中包含的国内价值增值，其中(1)表示各国的直接国内价值增值出口，也即包含在本国最终产品出口中的国内价值增值；(2)和(3)的加总表示包含在一国中间品出口中的国内价值增值；(4)表示回流的国内价值增值。

2)增加值出口

出口中国内/国外价值增值及增加值出口尽管相关但却是两个不同的概念。增加值出口是指直接或间接包含在另一国最终消费中的一国价值增值；而出口中的价值增值是指包含在总贸易中的不同来源价值增值[①]。可见，尽管二者测度的都是生产国生产要素创造的价值，但是出口中的价值增值不受消耗地点的影响，而增加值贸易则取决于一国出口如何被进口国使用。

令 $\boldsymbol{Y}_{rs}$ 表示对 r 国产出的总需求，将式(9-2)改写为

$$\begin{bmatrix} \boldsymbol{X}_1 \\ \boldsymbol{X}_2 \\ \vdots \\ \boldsymbol{X}_G \end{bmatrix} = \begin{bmatrix} \boldsymbol{I} - \boldsymbol{A}_{11} & -\boldsymbol{A}_{12} & \cdots & -\boldsymbol{A}_{1G} \\ -\boldsymbol{A}_{21} & \boldsymbol{I} - \boldsymbol{A}_{22} & \cdots & -\boldsymbol{A}_{2G} \\ \vdots & \vdots & & \vdots \\ -\boldsymbol{A}_{G1} & -\boldsymbol{A}_{G2} & \cdots & \boldsymbol{I} - \boldsymbol{A}_{GG} \end{bmatrix}^{-1} \begin{bmatrix} \boldsymbol{Y}_{r1} \\ \boldsymbol{Y}_{r2} \\ \cdots \\ \boldsymbol{Y}_{rG} \end{bmatrix} \tag{9-10}$$

令 $\hat{\boldsymbol{Y}}_{rs}$ 表示 $N \times N$ 的矩阵，各元素表示 s 国各部门对 r 国总需求，定义对 r 国产

[①] Stehrer(2012)。

出的最终需求矩阵：

$$\hat{Y}_{rs} = \begin{bmatrix} \hat{Y}_{r1} & 0 & \cdots & 0 \\ 0 & \hat{Y}_{r2} & \cdots & 0 \\ \vdots & \vdots & & \vdots \\ 0 & 0 & \cdots & \hat{Y}_{rG} \end{bmatrix}_{(GN \times GN)} \tag{9-11}$$

将直接价值增值矩阵 $\hat{V}$ 与完全消耗矩阵 B 及总需求矩阵 $\hat{Y}_{rs}$ 相乘，就可计算 r 国增加值贸易如下：

$$V\hat{B}Y = \begin{bmatrix} V_1 \sum_r^G B_{1r} Y_{r1} & V_1 \sum_r^G B_{1r} Y_{r2} & \cdots & V_1 \sum_r^G B_{1r} Y_{rG} \\ V_2 \sum_r^G B_{2r} Y_{r1} & V_2 \sum_r^G B_{2r} Y_{r2} & \cdots & V_2 \sum_r^G B_{2r} Y_{rG} \\ \vdots & \vdots & & \vdots \\ V_G \sum_r^G B_{Gr} Y_{r1} & V_G \sum_r^G B_{Gr} Y_{r2} & \cdots & V_G \sum_r^G B_{Gr} Y_{rG} \end{bmatrix}_{(GN \times GN)} \tag{9-12}$$

$V\hat{B}Y$ 矩阵第 r 行非对角线元素的加总表示 r 国的增加值出口；$V\hat{B}Y$ 矩阵第 r 列非对角线元素的加总表示 r 国的增加值进口。

2. 与垂直专业化的比较

1）两国情形

假设有两个国家，各国生产 N 类差异化可贸易品。各部门生产的产品既可直接消费也可作为中间品，各国都可以向别国出口最终产品和中间品。式(9-13)考察的是增加值出口：

$$V\hat{B}Y = \begin{bmatrix} \hat{V}_1 & 0 \\ 0 & \hat{V}_2 \end{bmatrix} \begin{bmatrix} B_{11} & B_{12} \\ B_{21} & B_{22} \end{bmatrix} \begin{bmatrix} Y_{11} & Y_{12} \\ Y_{21} & Y_{22} \end{bmatrix} \tag{9-13}$$

其中，B_{sr} 表示里昂惕夫逆矩阵中的各子阵，为 r 国多增加 1 单位的最终需求所需投入的 s 国产品；Y_{sr} 和 Y 分别表示 $N \times 1$ 和 $2N \times 2$ 的最终需求矩阵，其中 Y_{sr} 表示 r 国对 s 国的最终需求；$\hat{V}_r$ 表示 $N \times N$ 的对角阵，其对角线上的元素是直接增加值系数，是指各国完成的直接价值增值在商品总值中的比重。计算得出的 $V\hat{B}Y$ 矩阵是 $2N \times 2$ 的价值增值生产矩阵，其对角线元素是各国自身吸收的价值增值，而非对角元素则构成了 $2N \times 2$ 的双边增加值贸易矩阵。设定 E_{r*} 表示 r 国总出口，对总出口中不同来源价值增值测度则可以通过式(9-14)实现：

$$VBE = \begin{bmatrix} V_1 B_{11} E_{1*} & V_1 B_{12} E_{2*} \\ V_2 B_{21} E_{1*} & V_2 B_{22} E_{2*} \end{bmatrix} \tag{9-14}$$

VBE 矩阵对角线上的元素反映的是一国出口中的国内价值增值，而非对角线反映的则是一国出口的国外价值增值。在两国情形下解出四个 B_{sr} 矩阵，通过对比可以表明 HIY 对垂直专业化的度量是增加值贸易测算的一种特殊情况。通过求解可得

$$\begin{bmatrix} B_{11} & B_{12} \\ B_{21} & B_{22} \end{bmatrix} = \begin{bmatrix} (I-A_{11}-A_{12}(I-A_{22})^{-1}A_{21})^{-1} & B_{11}A_{12}(I-A_{22})^{-1} \\ (I-A_{22})^{-1}A_{21}B_{11} & (I-A_{22}-A_{21}(I-A_{11})^{-1}A_{12})^{-1} \end{bmatrix} \quad (9\text{-}15)$$

由此，总出口可以分解为 FV 和 DV，具体如下：

$$\mathrm{DV} = \begin{bmatrix} V_1 B_{11} E_{1*} \\ V_2 B_{22} E_{2*} \end{bmatrix} = \begin{bmatrix} V_1(I-A_{11}-A_{12}(I-A_{22})^{-1}A_{21})^{-1}E_{1*} \\ V_2(I-A_{22}-A_{21}(I-A_{11})^{-1}A_{12})^{-1}E_{2*} \end{bmatrix} \quad (9\text{-}16)$$

$$\mathrm{FV} = \begin{bmatrix} V_2 B_{21} E_{1*} \\ V_1 B_{12} E_{2*} \end{bmatrix}$$

$$= \begin{bmatrix} u(A_{21}-A_{12}(I-A_{22})^{-1}A_{21})(I-A_{11}-A_{12}(I-A_{22})^{-1}A_{21})^{-1}E_{1*} \\ u(A_{12}-A_{21}(I-A_{11})^{-1}A_{12})(I-A_{22}-A_{21}(I-A_{11})^{-1}A_{12})^{-1}E_{2*} \end{bmatrix} \quad (9\text{-}17)$$

利用同样的方法，HIY 方法测量垂直专业化程度的指标就可以表示为

$$\mathrm{VS} = \begin{bmatrix} uA_{21}(I-A_{11})^{-1}E_{1*} \\ uA_{12}(I-A_{22})^{-1}E_{2*} \end{bmatrix} \quad (9\text{-}18)$$

对比式(9-17)和式(9-18)，HIY 方法测量的是当 $A_{12}=0$ 或 $A_{21}=0$ 时一国出口中的国外价值增值，换言之，垂直专业化假设只有一国出口中间品。正如 Johnson 和 Noguera(2011)提到的，一旦两国都出口中间品，那么 HIY 方法就会出现偏差。而增加值贸易则考虑了 HIY 方法没有考虑到的一个重要成分。对于本国而言，HIY 方法对国内价值增值与国外价值增值的度量与实际值都偏差了 $A_{12}(I-A_{22})^{-1}A_{21}E_{21}$。因此增加值贸易可以测算出口到国外加工后再回流到本国的国内价值增值部分。HIY 方法对垂直专业化另一个角度的测量，考察的是间接出口到第三国的国内增加值，即 VS1。两国情形下，本国的 IV 等于外国的 FV，具体如下：

$$IV_1 = V_1 B_{12} E_{21} = V_1 B_{11} A_{12}(I-A_{22})^{-1}E_{21}$$

$$= V_1\left((I-A_{11})-A_{12}(I-A_{22})^{-1}A_{21}\right)^{-1}A_{12}(I-A_{22})^{-1}E_{21} \quad (9\text{-}19)$$

其中，$A_{12}(I-A_{22})E_{21}$ 表示外国出口中包含的本国中间品，也即外国出口中的进口成分；$V_1\left((I-A_{11})-A_{12}(I-A_{22})^{-1}A_{21}\right)^{-1}$ 表示国内增加值对本国出口的贡献率。因此，将这两项相乘就得到了本国向外国出口的，用于外国生产出口的中间品中包含的国内价值增值，由此得到外国出口中间接包含的国内价值增值。两国情形下，这部分必然等于本国进口中的国内成分，也即国内价值增值的回流。

2）三国情形

将上述方法推广到三个国家。

$$\begin{bmatrix} X_1 \\ X_2 \\ X_3 \end{bmatrix} = \begin{bmatrix} I-A_{11} & -A_{12} & -A_{13} \\ -A_{21} & I-A_{22} & -A_{23} \\ -A_{31} & -A_{32} & I-A_{33} \end{bmatrix} \begin{bmatrix} Y_1 \\ Y_2 \\ Y_3 \end{bmatrix} = (I-A)^{-1}Y \quad (9\text{-}20)$$

$$\begin{bmatrix} X_1 \\ X_2 \\ X_3 \end{bmatrix} = \begin{bmatrix} A_{11}X_1+Y_{11}+E_1 \\ A_{22}X_2+Y_{22}+E_2 \\ A_{33}X_3+Y_{33}+E_3 \end{bmatrix}$$

其中，$\begin{bmatrix} E_1 \\ E_2 \\ E_3 \end{bmatrix} = \begin{bmatrix} E_{12}+E_{13} \\ E_{21}+E_{23} \\ E_{31}+E_{32} \end{bmatrix} = \begin{bmatrix} A_{12}X_2+Y_{12}+A_{13}X_3+Y_{13} \\ A_{21}X_1+Y_{21}+A_{23}X_3+Y_{23} \\ A_{31}X_1+Y_{31}+A_{32}X_2+Y_{32} \end{bmatrix}$ 。里昂惕夫逆矩阵为

$$\begin{bmatrix} I-A_{11} & -A_{12} & -A_{13} \\ -A_{21} & I-A_{22} & -A_{23} \\ -A_{31} & -A_{32} & I-A_{33} \end{bmatrix}^{-1} = (I-A)^{-1} = \begin{bmatrix} B_{11} & B_{12} & B_{13} \\ B_{21} & B_{22} & B_{23} \\ B_{31} & B_{32} & B_{33} \end{bmatrix} \quad (9\text{-}21)$$

定义三国情形下的 VB 矩阵为

$$VB = \begin{bmatrix} V_1B_{11} & V_1B_{12} & V_1B_{13} \\ V_2B_{21} & V_2B_{22} & V_2B_{23} \\ V_3B_{31} & V_3B_{32} & V_3B_{33} \end{bmatrix} \quad (9\text{-}22)$$

其中，V_r 表示 $1 \times N$ 的直接增加值系数行向量；B_{sr} 表示 $N \times N$ 的方阵，因此 V_sB_{sr} 是 $1 \times N$ 的行向量，VB 是 $3 \times 3N$ 的矩阵。该矩阵的对角线元素表示各国单位出口中国内增加值的比重。每一行非对角元素的加总表示以中间品形式被包含在第三国出口中的国内价值增值比重，也即 VS1 的比重；每一列非对角线元素的加总表示一国出口中国外价值增值的比重，也即 VS 的比重。

在三国情形下，准确计算不同来源价值增值需要对多次跨境的中间品进行调整，以 VB 矩阵的第一个对角元素为例：

$$V_1B_{11} = V_1\{I-A_{11}-A_{12}[I-A_{22}-A_{23}(I-A_{33})^{-1}A_{32}]^{-1}[A_{21}+A_{23}(I-A_{33})^{-1}A_{31}]$$
$$-A_{13}[I-A_{33}-A_{32}(I-A_{22})^{-1}A_{23}]^{-1}[A_{31}+A_{32}(I-A_{22})^{-1}A_{21}]\}^{-1} \quad (9\text{-}23)$$

其中，$V_1 = (u-A_{11}-A_{21}-A_{31})$。对比式（9-16）和式（9-23），可以看到三国情形与两国情形相比包含了更多的调整成分，而所有调整都涉及经由第三国的中间品出口。具体而言，以测度国家 1 总出口中国内价值增值为例，需要将该国对国家 2 和国家 3 出口中间品中包含的国内价值增值包含在内。这些中间品既可被进口国（国家 2 和国家 3）用于生产最终产品并返销给国家 1，也可被进口国用于生产出口给第三国（国家 3 和国家 2）的产品。其中 $A_{23}(I-A_{33})^{-1}A_{32}$ 表示国家 2 向国家 3 出口的用来生产返销给国家 2 产品的中间品；$A_{23}(I-A_{33})^{-1}A_{31}$ 表示国家 2 向国家 3 出口的用来生产国家 3 对国家 1 出口产品的中间品；

$A_{32}(I-A_{22})^{-1}A_{23}$ 表示国家 3 出口给国家 2 用于该国生产向国家 3 出口产品的中间品;$A_{32}(I-A_{22})^{-1}A_{21}$ 则表示国家 3 出口给国家 2 用于该国生产向国家 1 出口产品的中间品。

进一步比较三国情形下的国外价值增值和 VS。国家 1 出口中的国外价值增值比例为

$$FV_1 = V_2 B_{21} + V_3 B_{31} = V_2 B_{22} [A_{21} + A_{23}(I-A_{33})^{-1}A_{31}] [I-A_{11}-A_{13}(I-A_{33})^{-1}A_{31}]^{-1}$$
$$+ V_3 B_{33} [A_{31} + A_{32}(I-A_{22})^{-1}A_{21}] [I-A_{11}-A_{12}(I-A_{22})^{-1}A_{21}]^{-1} \qquad (9\text{-}24)$$

其中,

$$B_{22} = \{I-A_{22}-A_{21}[I-A_{11}-A_{13}(I-A_{33})^{-1}A_{31}]^{-1}[A_{12}+A_{13}(I-A_{33})^{-1}A_{31}] -$$
$$-A_{23}[I-A_{33}-A_{31}(I-A_{11})^{-1}A_{13}]^{-1}[A_{32}+A_{31}(I-A_{11})^{-1}A_{12}] \}^{-1}$$

$$B_{33} = \{I-A_{33}-A_{31}[I-A_{11}-A_{12}(I-A_{22})^{-1}A_{21}]^{-1}[A_{13}+A_{12}(I-A_{22})^{-1}A_{23}] -$$
$$-A_{32}[I-A_{22}-A_{21}(I-A_{11})^{-1}A_{12}]^{-1}[A_{23}+A_{21}(I-A_{11})^{-1}A_{13}] \}^{-1}$$

而三国情形下,国家 1 出口中的进口成分,也即国家 1 出口的 VS 比例为

$$VS_1 = (V_2 A_{21} + V_3 A_{31})(I-A_{11})^{-1} \qquad (9\text{-}25)$$

对比式(9-24)和式(9-25),可以看到,三国情形下垂直专业化忽略了价值增值经由第三国的流转,不能准确反映一国出口中的国外价值增值:一方面,垂直专业化由于没有剔除直接进口中间品中包含的国内价值增值,因此存在高估一国出口国外成分的可能;另一方面,由于垂直专业化没有考虑国外价值增值在其他国家间的流转因而存在低估一国出口中国外成分的可能。

3. KWW 法的拓展

1)方法演进

贸易增加值的方法来源于里昂惕夫(Leontief)在 1936 年提出的经典方程。该方法通过矩阵形式反映了不同国家、不同部门之间的投入产出结构关系,反映了每个国家/部门生产每一单位产出所需要的中间投入品的数量和种类(国家来源与部门属性),由此可对最终产品生产过程中每一阶段的产出进行追溯。当生产某一给定最终产品所需的总产出已知时,增加值的生产和贸易就可以简单地用直接增加值率乘以所需的各国各部门的总产出得到。

如果只计算隐含于一国总出口中的国内增加值,使用基本的里昂惕夫方法已经足够了。但是对于许多经济和政策的应用研究来说,通常需要度量总出口中其他部分的价值及其结构。在这种情况下,基本的里昂惕夫方法就不足以解决问题了,因为它没有提供一种可以将不同国家之间的中间产品贸易分解为被不同国家和部门最终吸收的各种增加值的方法。中间品贸易流量的分解不能通过简单地套用里昂惕夫的方法来实现。因为它作为内生变量,需要首先根据给定的最终需求水平从国家间投入产出(inter-country input-output,ICIO)模型中解出。在王直等(2015)的文章中,提出对任意部门层面(包括国家/部门层面、

双边层面，双边/部门层面)的总贸易流量的分解方法，将所有的双边中间品贸易流量根据其产地和被最终吸收的目的地进行分解，形成被不同国家的不同部门最终产品生产所吸收的各个部分。这一关键分解技术成功地将总产出及总出口(在标准 ICIO 模型通常为内生变量)转化为总贸易核算法中的外生变量(最终需求)，从而实现了对双边中间品贸易流量的彻底分解，建立了从官方贸易总值统计到贸易增加值统计的一套完整核算方法。

2)指标拓展

Koopman 等(2010)在上述研究基础上，构建指标分别衡量一国在特定部门全球价值链上的地位及一国对全球生产网络的参与程度。Koopman 等(2010)首先构建价值链参与度指标用来度量一国对国际价值链的参与程度，该指标越大，表明一国参与国际价值链的程度越高。

$$GVC\_Participation_{ir} = \frac{IV_{ir}}{E_{ir}} + \frac{FV_{ir}}{E_{ir}} \tag{9-26}$$

考虑到即使两国特定行业参与国际价值链分工程度相同，两国国际分工地位也会存在差异。如果一国处于上游环节，它会通过向其他国家提供原材料或者中间品参与国际生产。对于这样的国家，其间接价值增值占总出口的比例(indirect value-added，IV)就会高于国外价值增值的比例(foreign value added，FV)；相反，如果一国处于生产的下游环节，就会使用大量来自别国的中间品来生产最终产品，此时 IV 会小于 FV。在此思想指导下，Koopman 等(2010)进一步构造价值链地位指数为

$$GVC\_Position_{ir} = \ln\left(1 + \frac{IV_{ir}}{E_{ir}}\right) - \ln\left(1 + \frac{FV_{ir}}{E_{ir}}\right) \tag{9-27}$$

该指标越大，表明一国在国际生产链上所处的位置就更高；该指标越小，则表明一国在国家价值链上的位置越靠近下游。

综上所述，上述研究运用国际投入产出模型，构建了分解贸易中不同来源价值增值及测度增加值贸易的系统框架，并利用该方法对国际贸易进行考察，为相关领域后续研究奠定了坚实基础。另外一些研究则将国家间投入产出模型运用于解决分析贸易价值增值来源之外的其他问题。Pula 和 Peltonen(2009)运用亚洲投入产出表(Asian input-output tables，AIO)分析了亚洲新兴市场国家、日本、美国及欧盟 15 国在贸易与生产关联上的相互依存，表明东亚生产体系虽然有其独立性但并没有和全球分工网络脱节，而且一体化程度还在加深。Meng 等(2010)基于由 Ghosh 创建的供给驱动型投入产出模型，运用 OECD 整合的投入产出数据，从供给层面考察了 47 个部门进口中间品各自在所有部门出口中所占的比重。类似的研究还包括 Mori 和 Sasaki(2007)等的研究。

9.2 考虑贸易方式的增加值核算：DPN 法

KWW 法虽然克服了垂直专业化的第二个假设条件，但是还没有考虑出口品和国内消费品在进口中间品投入密集度程度的差异。Dean 等（2007）考虑到加工贸易对中国垂直专业化程度的影响，运用区别于 Hummels 等（2001）的新方法，对中间品进行了新的界定，在此基础上对中国各部门历年来的垂直专业程度进行了度量，迈出了考虑加工贸易特殊性的第一步。而要真正克服垂直专业化不考虑加工贸易和非加工贸易的缺陷，还需通过投入产出表在贸易方式及中间品用途上的拆分来实现。

9.2.1 区分加工贸易和非加工贸易的非竞争型投入产出表

根据对进口商品的处理方法的不同，投入产出模型可以分为两种——竞争（进口）型投入产出模型和非竞争（进口）型投入产出模型。在竞争型投入产出模型中，各生产部门消耗的中间投入部分没有区分哪些是本国生产的，哪些是进口的，假定二者可以完全替代，只在最终需求象限中有一个进口列向量。因而，此类投入产出模型无法反映各生产部门与进口商品之间的联系。非竞争型投入产出模型的中间投入，则分为国内生产的中间投入和进口品中间投入两大部分，反映了二者的不完全替代性。而仅仅这样的改进还不足以实现厘清加工贸易对一国出口的国内价值增值的影响。

Lau 等（2007）构建了考虑加工贸易的非竞争型投入产出表（表 9-1），将生产活动分为国内需求生产（D）、加工出口的生产（P）及非加工出口（N），提出了一个国家总出口与分部门商品单位出口对国内增加值和就业的拉动效应的计算方法（DPN）。据此测算和分析了中美两国出口对各自国内增加值和就业的影响，开辟了此领域的先河。从表 9-1 中的水平方向，可以得到国内产品 D、加工出口 P、非加工出口及其他 N 和进口 M 的如下供求关系方程：

$$\boldsymbol{Z}^{DD}\boldsymbol{\mu} + \boldsymbol{Z}^{DP}\boldsymbol{\mu} + \boldsymbol{Z}^{DN}\boldsymbol{\mu} + \boldsymbol{F}^{D} = \boldsymbol{X}^{D}$$
$$\boldsymbol{E}^{P} = \boldsymbol{X}^{P}$$
$$\boldsymbol{Z}^{ND}\boldsymbol{\mu} + \boldsymbol{Z}^{NP}\boldsymbol{\mu} + \boldsymbol{Z}^{NN}\boldsymbol{\mu} + \boldsymbol{F}^{N} = \boldsymbol{X}^{N}$$
$$\boldsymbol{Z}^{MD}\boldsymbol{\mu} + \boldsymbol{Z}^{MP}\boldsymbol{\mu} + \boldsymbol{Z}^{MN}\boldsymbol{\mu} + \boldsymbol{F}^{M} = \boldsymbol{M} \tag{9-28}$$

表 9-1　区分加工出口和非加工出口的非竞争型投入产出模型投入产出模型（DPN 模型）

产出部分 投入部分			中间需求			最终要求				国内总产出或进口
			用于国内需求的生产	加工出口生产	非加工出口生产及其他	消费	资本形成总额	出口	最终需求合计	
投入部分	国内产品中间投入	国内需求生产	$\boldsymbol{Z}^{DD}$	$\boldsymbol{Z}^{DP}$	$\boldsymbol{Z}^{DN}$	$\boldsymbol{F}^{DC}$	$\boldsymbol{F}^{DI}$	$\boldsymbol{0}$	$\boldsymbol{F}^{D}$	$\boldsymbol{X}^{D}$
		加工出口生产	$\boldsymbol{0}$	$\boldsymbol{0}$	$\boldsymbol{0}$	$\boldsymbol{0}$	$\boldsymbol{0}$	$\boldsymbol{E}^{P}$	$\boldsymbol{F}^{P}$	$\boldsymbol{X}^{P}$
		非加工出口生产及其他	$\boldsymbol{Z}^{ND}$	$\boldsymbol{Z}^{NP}$	$\boldsymbol{Z}^{NN}$	$\boldsymbol{F}^{NC}$	$\boldsymbol{F}^{NI}$	$\boldsymbol{E}^{N}$	$\boldsymbol{F}^{N}$	$\boldsymbol{X}^{N}$
	进口产品中间投入		$\boldsymbol{Z}^{MD}$	$\boldsymbol{Z}^{MP}$	$\boldsymbol{Z}^{MN}$	$\boldsymbol{F}^{MC}$	$\boldsymbol{F}^{MI}$	$\boldsymbol{0}$	$\boldsymbol{F}^{M}$	M
	增加值		$\boldsymbol{V}^{D}$	$\boldsymbol{V}^{P}$	$\boldsymbol{V}^{N'}$					
	总投入		$\boldsymbol{X}^{D'}$	$\boldsymbol{X}^{P'}$	$\boldsymbol{X}^{N'}$					

注：右上标 D、P、N 和 M 分别表示国内需求产品、加工出口、非加工出口和进口，$\boldsymbol{X}^{D}$、$\boldsymbol{X}^{P}$ 和 $\boldsymbol{X}^{N}$ 分别表示 D、P 和 N 总产出的列向量，$\boldsymbol{M}$ 表示进口列向量；$\boldsymbol{F}^{D}$、$\boldsymbol{F}^{P}$ 和 $\boldsymbol{F}^{N}$ 分别表示 D、P 和 N 最终需求的列向量，$\boldsymbol{Z}^{DD}$、$\boldsymbol{Z}^{DP}$、$\boldsymbol{Z}^{DN}$ 表示国内产品用于 D、P 和 N 的中间投入矩阵，$\boldsymbol{F}^{DC}$ 和 $\boldsymbol{F}^{DI}$ 表示用于国内消费和资本形成的国内产品的列向量，且 $\boldsymbol{F}^{D}=\boldsymbol{F}^{DC}+\boldsymbol{F}^{DI}$；$\boldsymbol{E}^{P}$ 表示加工出口列向量，且 $\boldsymbol{E}^{P}=\boldsymbol{F}^{P}=\boldsymbol{X}^{P}$，加工生产完全用于出口，故中间需求和其他最终需求都为零；$\boldsymbol{Z}^{ND}$、$\boldsymbol{Z}^{NP}$ 和 $\boldsymbol{Z}^{NN}$ 分别表示非加工出口生产及其他中间品用于 D、P 和 N 的中间投入矩阵；$\boldsymbol{F}^{NC}$、$\boldsymbol{F}^{NI}$ 和 $\boldsymbol{E}^{N}$ 分别表示非加工出口及其他生产作为消费、资本形成及一般出口的列向量，且 $\boldsymbol{F}^{N}=\boldsymbol{F}^{NC}+\boldsymbol{F}^{NI}+\boldsymbol{E}^{N}$；$\boldsymbol{Z}^{MD}$、$\boldsymbol{Z}^{MP}$ 和 $\boldsymbol{Z}^{MN}$ 分别表示进口产品用于 D、P 和 N 的中间投入矩阵；$\boldsymbol{F}^{MC}$、$\boldsymbol{F}^{MI}$ 表示进口产品作为最终消费和资本形成的列向量，且 $\boldsymbol{F}^{M}=\boldsymbol{F}^{MC}+\boldsymbol{F}^{MI}$；$\boldsymbol{V}^{D'}$、$\boldsymbol{V}^{P'}$ 和 $\boldsymbol{V}^{P'}$ 分别表示 D、P 和 N 中各部门增加值的列向量

资料来源：Lau 等（2007）

定义直接消耗系数 $a_{ij}^{DD}=z_{ij}^{DD}/x_j^{D}$，它表示生产 1 单位 j 部门产品所需投入的 i 部门用于国内产品生产的中间品，同理可以定义其他各类生产的直接消耗系数矩阵：

$$\boldsymbol{A}^{DD}=[a_{ij}^{DD}]=[z_{ij}^{DD}/x_j^{D}]，\quad \boldsymbol{A}^{DP}=[a_{ij}^{DP}]=[z_{ij}^{DP}/x_j^{P}]，$$
$$\boldsymbol{A}^{DN}=[a_{ij}^{DN}]=[z_{ij}^{DN}/x_j^{N}]$$
$$\boldsymbol{A}^{ND}=[a_{ij}^{ND}]=[z_{ij}^{ND}/x_j^{D}]，\quad \boldsymbol{A}^{NP}=[a_{ij}^{NP}]=[z_{ij}^{NP}/x_j^{P}]$$
$$\boldsymbol{A}^{NN}=[a_{ij}^{NN}]=[z_{ij}^{NN}/x_j^{N}]，\quad \boldsymbol{A}^{MD}=[a_{ij}^{MD}]=[z_{ij}^{MD}/x_j^{D}]$$
$$\boldsymbol{A}^{MP}=[a_{ij}^{MP}]=[z_{ij}^{MP}/x_j^{P}]，\quad \boldsymbol{A}^{MN}=[a_{ij}^{MN}]=[z_{ij}^{MN}/x_j^{N}] \tag{9-29}$$

把式（9-29）带入式（9-28）得到

$$\boldsymbol{A}^{DD}\boldsymbol{X}^{D}+\boldsymbol{A}^{DP}\boldsymbol{X}^{P}+\boldsymbol{A}^{DN}\boldsymbol{X}^{N}+\boldsymbol{F}^{D}=\boldsymbol{X}^{D}$$
$$\boldsymbol{E}^{P}=\boldsymbol{X}^{P}$$

$$A^{ND}X^D + A^{NP}X^P + A^{NN}X^N + F^N = X^N \tag{9-30}$$

$$A^{MD}X^D + A^{MP}X^P + A^{MN}X^N + F^M = M \tag{9-31}$$

由式(9-30)可得

$$\begin{bmatrix} X^D \\ X^P \\ X^N \end{bmatrix} = \begin{bmatrix} (I-A^{DD})^{-1} & -A^{DP} & -A^{DN} \\ \mathbf{0} & I & \mathbf{0} \\ -A^{ND} & -A^{NP} & (I-A^{NN}) \end{bmatrix}^{-1} \begin{bmatrix} F^D \\ F^P \\ F^N \end{bmatrix}$$

进一步可以写成

$$X = (I-A)^{-1}F = BF \tag{9-32}$$

其中，$X = \begin{bmatrix} X^D \\ X^P \\ X^N \end{bmatrix}$；$A = \begin{bmatrix} A^{DD} & A^{DP} & A^{DN} \\ \mathbf{0} & \mathbf{0} & \mathbf{0} \\ A^{ND} & A^{NP} & A^{NN} \end{bmatrix}$；$F = \begin{bmatrix} F^D \\ F^P \\ F^N \end{bmatrix}$；$B = (I-A)^{-1}$。$B$ 表示

扩展的里昂惕夫逆矩阵，即扩展的完全消耗系数矩阵，矩阵中的元素表示最终需求增加 1 单位所需投入的全部中间品。将其分块矩阵记为

$$\begin{bmatrix} (I-A^{DD})^{-1} & -A^{DP} & -A^{DN} \\ \mathbf{0} & I & \mathbf{0} \\ -A^{ND} & -A^{NP} & (I-A^{NN}) \end{bmatrix}^{-1} = \begin{bmatrix} B^{DD} & B^{DP} & B^{DN} \\ B^{PD} & B^{PP} & B^{PN} \\ B^{ND} & B^{NP} & B^{NN} \end{bmatrix}$$

其中，B^{DD}、B^{DP} 和 B^{DN} 分别表示 D、P 和 N 的单位最终需求对 D 部门产品的完全消耗系数矩阵；B^{PD}、B^{PP} 和 B^{PN} 分别表示 D、P 和 N 的单位最终需求对 P 部门产品的完全消耗系数矩阵；B^{ND}、B^{NP} 和 B^{NN} 分别表示 D、P 和 N 的单位最终需求对 N 部门产品的完全消耗系数矩阵。

基于投入产出理论，考察出口产品生产对国内增加值的拉动效应，需要与其相对应的完全消耗系数。令 v_j 表示部门 j 完成的增加值，则直接增加值系数向量 $A'_V = (a_{vj}) = (v_j/x_j)$，$D$、$P$ 和 N 三个部门的直接增加值向量分别为 $A_V^{D'} = (a_{vj}^D) = (v_j^D/x_j^D)$，$A_V^{P'} = (a_{vj}^P) = (v_j^P/x_j^P)$，$A_V^{N'} = (a_{vj}^N) = (v_j^N/x_j^N)$。完全增加值系数矩阵可写为

$$B_V = \overline{A}_V(I-A)^{-1} = \overline{A}_V B \tag{9-33}$$

其中，

$$B_V = \begin{bmatrix} B_V^D \\ B_V^P \\ B_V^N \end{bmatrix}，\overline{A}_V = \begin{bmatrix} A_V^D \\ A_V^P \\ A_V^N \end{bmatrix}，B = \begin{bmatrix} B^{DD} & B^{DP} & B^{DN} \\ B^{PD} & B^{PP} & B^{PN} \\ B^{ND} & B^{NP} & B^{NN} \end{bmatrix} = \begin{bmatrix} B^{DD} & B^{DP} & B^{DN} \\ \mathbf{0} & I & \mathbf{0} \\ B^{ND} & B^{NP} & B^{NN} \end{bmatrix}。$$ 那么，

可以得

$$B_V^{D'} = A_V^{D'}B^{DD} + A_V^{N'}B^{ND}$$

$$B_V^{P'} = A_V^{D'}B^{DP} + A_V^{P'} + A_V^{N'}B^{NP}$$

$$B_V^{N'} = A_V^{D'}B^{DN} + A_V^{N'}B^{NN} \tag{9-34}$$

其中，式(9-34)中的三个等式分别反映了特定部门国内需求产品、加工出口产品

以及非加工出口产品中包含的完全国内价值增值(total value added，TVA)，也即国内成分(domestic content，DC)所占的比例。

在此基础上，Koopman 等(2008)为了更好地突出加工贸易的特点，将加工生产部分(P)单独考察，并将国内需求生产和一般贸易生产合并为(D)，构建了如表 9-2 所示形式的非竞争型投入产出表。基于上述模型对加工贸易进行调整，就可以更客观的测度一国出口中的国内价值增值和国外价值增值所占的比例。其中，D 、P 和 M 分别表示国内需求和一般出口、加工出口及进口；E 、Y 、X 和 V 表示出口、最终需求、国内产出及价值增值向量。A^{DD} 和表示国内中间品用于满足国内最终需求和一般出口的中间投入矩阵，A^{DP} 表示国内中间品用于加工出口的中间投入矩阵；Y^{D} 表示用于满足国内最终需求的产出，E^{P} 表示加工贸易出口；A^{MD} 表示进口中间品用于满足国内最终需求和一般出口的中间投入矩阵；A^{MP} 表示进口中间品用于加工出口的中间投入矩阵；Y^{M} 表示用于满足最终需求的进口品，V^{D} 和 V^{P} 分别表示 D 、P 两部门的价值增值行向量。最终需求则由最终消费、资本形成、政府采购及出口四部分。

表 9-2　考虑加工贸易的非竞争型投入产出模型

产出部分 投入部分		维度	中间品使用		最终使用 (C+I+G+E)	总产出 或进口
			国内需求/ 一般出口生产	加工出口		
			1，2，…，N	1，2，…，N	1	1
国内中间品投入	国内需求/ 一般出口生产(D)	1 ⋮ N	A^{DD}	A^{DP}	$Y^{D}-E^{P}$	$X-E^{P}$
	加工出口 (P)	1 ⋮ N	$\mathbf{0}$	$\mathbf{0}$	E^{P}	E^{P}
进口中间品投入		1 ⋮ N	A^{MD}	A^{MP}	Y^{M}	M
价值增值		1	V^{D}	V^{P}		
总产出		1	$X-E^{P}$	E^{P}		

资料来源：Koopman 等(2008)

9.2.2　基本框架

考虑加工贸易的投入产出模型可以描述成如下形式：

$$\begin{bmatrix} I-A^{DD} & -A^{DP} \\ \mathbf{0} & I \end{bmatrix} \begin{bmatrix} X-E^{P} \\ E^{P} \end{bmatrix} = \begin{bmatrix} Y^{D}-E^{P} \\ E^{P} \end{bmatrix} \tag{9-35}$$

$$\boldsymbol{A}^{MD}(\boldsymbol{X}-\boldsymbol{E}^{P})+\boldsymbol{A}^{MP}\boldsymbol{E}^{P}+\boldsymbol{Y}^{M}=\boldsymbol{M} \tag{9-36}$$

$$\boldsymbol{u}\boldsymbol{A}^{DD}+\boldsymbol{u}\boldsymbol{A}^{MD}+\boldsymbol{A}_{v}^{D}=\boldsymbol{u} \tag{9-37}$$

$$\boldsymbol{u}\boldsymbol{A}^{DP}+\boldsymbol{u}\boldsymbol{A}^{MP}+\boldsymbol{A}_{v}^{P}=\boldsymbol{u} \tag{9-38}$$

式(9-35)和式(9-36)刻画的是市场出清条件,其中式(9-36)中的 $\boldsymbol{A}^{MP}\boldsymbol{E}^{P}$ 尤其刻画了全球价值链分工背景下的国际投入产出关联,它表示了加工出口中投入的进口中间品,这是上一部分没有单独考虑的。式(9-37)和式(9-38)表示 D、P 两部门生产投入产出关系的约束条件,以式(9-38)为例,它表明一国加工出口的价值增值来源包括:国内其他部门的价值增值($\boldsymbol{A}^{DP}$)、进口中间品的价值增值($\boldsymbol{A}^{MP}$)及加工出口部门自身的价值增值($\boldsymbol{A}_{v}^{P}$)。通过求解可以得到对进口中间品的总需求为

$$\boldsymbol{M}-\boldsymbol{Y}^{M}=\boldsymbol{A}^{MD}(\boldsymbol{1}-\boldsymbol{A}^{DD})^{-1}(\boldsymbol{Y}^{D}-\boldsymbol{E}^{P})+\boldsymbol{A}^{MD}(\boldsymbol{1}-\boldsymbol{A}^{DD})^{-1}\boldsymbol{A}^{DP}\boldsymbol{E}^{P}+\boldsymbol{A}^{MP}\boldsymbol{E}^{P} \tag{9-39}$$

可以看到,对进口中间品的总需求由三个部分组成:等号右侧第1项表示国内最终需求和一般出口生产间接引致的中间品进口;第2项表示加工出口间接引致的中间品进口;第3项表示加工出口直接引致的中间品进口。由此可以分别计算各行业 D、P 两部门中的国外成分如下:

$$\begin{vmatrix} \text{VSS}^{D} \\ \text{VSS}^{P} \end{vmatrix}^{\text{T}}=\begin{vmatrix} \boldsymbol{u}\boldsymbol{A}^{MD}(\boldsymbol{I}-\boldsymbol{A}^{DD})^{-1} \\ \boldsymbol{u}\boldsymbol{A}^{MD}(\boldsymbol{I}-\boldsymbol{A}^{DD})^{-1}\boldsymbol{A}^{DP}+\boldsymbol{u}\boldsymbol{A}^{MP} \end{vmatrix}^{\text{T}} \tag{9-40}$$

特定部门总的国外成分是对两类生产国外成分的加权和,权重为该部门一般出口和加工出口的比重(s^{p} 和 $u-s^{p}$)为

$$\overline{\text{VSS}}=(\boldsymbol{u}-s^{p},\ s^{p})\begin{vmatrix} \text{VSS}^{D} \\ \text{VSS}^{P} \end{vmatrix} \tag{9-41}$$

一国总出口中的国外价值增值比例为

$$\text{TVSS}=\boldsymbol{u}\boldsymbol{A}^{MD}(\boldsymbol{1}-\boldsymbol{A}^{DD})^{-1}\frac{E-E^{p}}{E}+\boldsymbol{u}(\boldsymbol{A}^{MD}(\boldsymbol{1}-\boldsymbol{A}^{DD})^{-1}\boldsymbol{A}^{DP}+\boldsymbol{A}^{MP})\frac{E^{p}}{E}$$

$$\tag{9-42}$$

类似的,各行业 D、P 两部门中的国内成分为

$$\begin{vmatrix} \text{DVS}^{D} \\ \text{DVS}^{P} \end{vmatrix}^{\text{T}}=\begin{vmatrix} \boldsymbol{A}_{v}^{D}(\boldsymbol{I}-\boldsymbol{A}^{DD})^{-1} \\ \boldsymbol{A}_{v}^{D}(\boldsymbol{I}-\boldsymbol{A}^{DD})^{-1}\boldsymbol{A}^{DP}+\boldsymbol{A}_{v}^{P} \end{vmatrix} \tag{9-43}$$

一国某行业出口中的国内成分为

$$\overline{\text{DVS}}=(\boldsymbol{u}-s^{p},\ s^{p})\begin{vmatrix} \text{DVS}^{D} \\ \text{DVS}^{P} \end{vmatrix} \tag{9-44}$$

一国总出口中的国内成分比例为

$$\text{TDVS}=\boldsymbol{A}_{v}^{D}(\boldsymbol{I}-\boldsymbol{A}^{DD})^{-1}\frac{E-E^{p}}{\text{te}}+(\boldsymbol{A}_{v}^{D}(\boldsymbol{I}-\boldsymbol{A}^{DD})^{-1}\boldsymbol{A}^{DP}+\boldsymbol{A}_{v}^{P})\frac{E^{p}}{\text{te}}$$

$$\tag{9-45}$$

其中，te 表示一国总出口。式(9-40)～式(9-45)给出了考虑加工贸易对一国出口进行价值增值分解的方法，利用上述方法，并结合国际投入产出表及双边贸易数据就可以更加客观的测度一国出口中国内成分和国外成分的比例。

Koopman 等(2008)通过构建上述考虑加工贸易的出口中国内成分(DVA)的测度方法，整合中国投入产出数据和海关统计的贸易数据，和对相关参数进行估算和校准，测度了 1992 年、1997 年和 2002 年中国不同出口方式下的国内价值增值和国外价值增值比例。结果表明，考虑加工贸易后中国整体出口中的国外价值增值比重约 50％，约是传统垂直专业化指数测算结果的两倍。可见，区分贸易方式对于准确测度中国出口的国内外增值及国际分工地位来说非常必要。

9.2.3　DPN 方法拓展

DPN 方法虽然通过区分不同贸易方式下进口中间品密集度来克服垂直专业化的不足，但依然存在缺陷：一方面，采用单一国家的投入产出表，没有考虑一国出口对国内和国外增加值的间接消耗，这意味着将会存在因为没有考虑国内增加值包含在进口中间品而低估一国出口中国内增加值比例的可能，同时还存在没有考虑国内中间品中包含的国外增加值而导致高估一国出口中国内增加值比例的可能；另一方面，在对一国投入产出表的拆分过程中对大量关键参数进行估算，会影响结果准确程度；最后，没有充分考虑同一行业中的企业异质性。

1. 投入产出模型的拓展

考虑到加工贸易在中国对外贸易中的重要地位，同时为了解决 DPN 方法存在的第一个问题，Chen 等(2014)在 DPN 方法基础上，提出了区分贸易方式的国际投入产出表的构建方法，以克服忽略中国加工贸易特性情况下带来的计算误差①。由于中国区分贸易方式的非竞争型投入产出表(Chinese DPN input-output table)是产品×产品的投入产出表，为了构建区分贸易方式的国家间投入产出表，需要同样类型的世界投入产出表(Word Input-Output Table，WIOT)。由于 WIOD 是行业×行业的投入产出表，因此需要将其调整为产品×产品的投入产出表。产品×产品的投入产出表可以通过 WIOD 公布的 40 个经济体的国际供给使用表(supply-use tables，SUTs)获得②，需要以下三个步骤：①将 40 个经济体的国际 SUTs 整合为世界 SUTs；②基于生产技术假设，将世界 SUT 转换为基

---

① 中国 95％的国内最终需求被国内产品满足，而国内产品的进口成分低于平均水品，因此如果不区分贸易方式，用于满足中国国内需求的国外价值增值(也即中国的增加值进口)会被高估；中国通过出口满足外国的最终需求，而中国出口尤其是加工出口中的国内成分要低于平均水平，因此如果不区分贸易方式会高估满足国外最终需求的中国价值增值(也即中国增加值出口)。

② 与国家 SUTs 不同，国际 SUTs 基于双边贸易进一步区分了特定国家进口品额用途。

础的产品×产品的世界投入产出表，在这个基础表中，世界其他地区（rest of world，RoW）被视为外生经济体，因为它没有国际 SUT；③基于世界投入产出基础表和贸易差额数据将 RoW 内生化，获得最终的可供分析的产品层面的世界投入产出表。

基于区分贸易方式的国家间投入产出表，Chen 等（2014）重新计算了中国大陆与主要贸易伙伴之间的增加值贸易，结果表明如果不区分贸易方式，用于满足外国最终需求的中国价值增值（中国增加值出口）和满足中国大陆最终需求的国外价值增值（中国增加值进口）都会被高估，这一点在美国、日本、韩国、德国等中国主要贸易伙伴上体现的尤为明显（图 9-1）。同时，实证结果还表明与调整前相比，中美贸易顺差被高估了 7.4%；而中国大陆与德国、俄罗斯、中国台湾等贸易差额则存在明显的低估情况（图 9-2）。

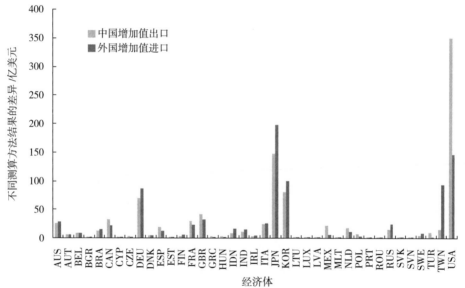

图 9-1   调整前和调整后中国大陆与主要贸易伙伴增加值贸易的差异

AUS 表示澳大利亚；AUT 表示奥地利；BEL 表示比利时；BGR 表示保加利亚；BRA 表示巴西；CAN 表示加拿大；CYP 表示塞浦路斯；CZE 表示捷克；DEU 表示德国；DNK 表示丹麦；ESP 表示西班牙；FIN 表示芬兰；FRA 表示法国；GBR 表示英国；GRC 表示希腊；HUN 表示匈牙利；IDN 表示印度尼西亚；IND 表示印度；IRL 表示爱尔兰；ITA 表示意大利；JPN 表示日本；KOR 表示韩国；LTU 表示立陶宛；LUX 表示卢森堡；LVA 表示拉脱维亚；MEX 表示墨西哥；MLT 表示马耳他；NLD 表示荷兰；POL 表示波兰；PRT 表示葡萄牙；ROU 表示罗马尼亚；RUS 俄罗斯；SVK 表示斯洛伐克；SVN 表示斯洛文尼亚；SWE 表示瑞典；TUR 表示土耳其；TWN 表示中国台湾；USA 表示美国

资料来源：Chen 等（2014）

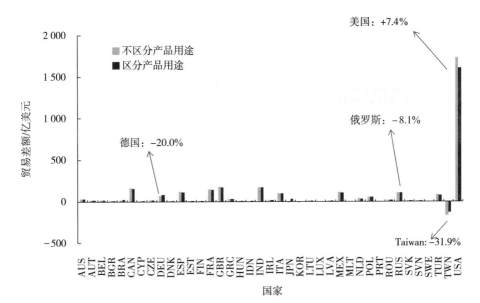

图 9-2　调整前和调整后中国与主要贸易伙伴增加值贸易差额

AUS 表示澳大利亚；AUT 表示奥地利；BEL 表示比利时；BGR 表示保加利亚；BRA 表示巴西；CAN 表示加拿大；CYP 表示塞浦路斯；CZE 表示捷克；DEU 表示德国；DNK 表示丹麦；ESP 表示西班牙；FIN 表示芬兰；FRA 表示法国；GBR 表示英国；GRC 表示希腊；HUN 表示匈牙利；IDN 表示印度尼西亚；IND 表示印度；IRL 表示爱尔兰；ITA 表示意大利；JPN 表示日本；KOR 表示韩国；LTU 表示立陶宛；LUX 表示卢森堡；LVA 表示拉脱维亚；MEX 表示墨西哥；MLT 表示马耳他；NLD 表示荷兰；POL 表示波兰；PRT 表示葡萄牙；ROU 表示罗马尼亚；RUS 俄罗斯；SVK 表示斯洛伐克；SVN 表示斯洛文尼亚；SWE 表示瑞典；TUR 表示土耳其；TWN 表示中国台湾；USA 表示美国

资料来源：Chen 等(2014)

2. 引入企业所有权性质差异

考虑到不同所有权形式企业出口行为异质性对一国增加值贸易的影响，Ma 等(2015)在 Koopman 等(2008)基础上，构建了同时区分贸易方式和企业性质的非竞争型投入产出表(表 9-3)，分别考察了不同所有权性质企业在不同出口方式下的国内成分，据此分解了不同类型企业在参与贸易过程中获得的收入，将一国参与价值链贸易的贸易利益进行了所有权分解。结果表明，中国出口国内价值增值中的将近 45％是由外资企业创造的，而与内资企业相比，外资企业更高的加工出口比例及由此导致的对进口中间品更高的依赖程度，拉低了中国外资企业出口中的国内价值增值比例；一般贸易与加工贸易相比能够给中国带来更多的贸易利益；中国出口价值中的 52.6％被国外要素所有者获得(图 9-3)。

表 9-3   同时区分贸易方式和企业性质的非竞争型投入产出表

投入＼产出		内资企业使用的中间品		外资企业使用的中间品		最终需求	出口	国内总产出或进口
		N	P	N	P			
内资企业国内中间品投入	N	Z^{CCN}	Z^{CCP}	Z^{CFN}	Z^{CFP}	Y^C	E^{CN}	$X^C - E^{CP}$
	P	0	0	0	0	0	E^{CP}	E^{CP}
外资企业的国内中间品投入	N	Z^{FCN}	Z^{FCP}	Z^{FFN}	Z^{FFP}	Y^F	E^{FN}	$X^F - E^{FP}$
	P	0	0	0	0	0	E^{FP}	E^{FP}
进口		Z^{MCN}	Z^{MCP}	Z^{MFN}	Z^{MFP}	Y^M	0	M
增加值		V^{CN}	V^{CP}	V^{FN}	V^{FP}			
总投入		$X^C - E^{CP}$	E^{CP}	$X^F - E^{FP}$	E^{FP}			
收入		G^{CN}	G^{CP}	G^{FN}	G^{FP}			

注：表中 C 表示内资企业，F 表示外资企业，N 表示一般贸易，P 表示加工贸易
资料来源：Ma 等(2015)

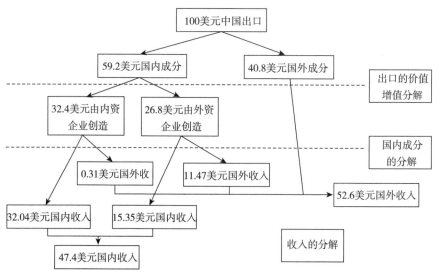

图 9-3   中国出口价值增加值和要素收入的所有权分解
资料来源：Ma 等(2015)

9.3   基于微观企业异质性的贸易增加值核算

利用投入产出表计算行业层面以增加值为口径的出口国内增加值现已成为广

泛使用的方法，由于其能够提供包括直接进口和间接进口在内的全面分析因此具有明显优势(Ahamad et al.，2013)。但是，投入产出表一直以来作为分析一国各产业间相互关联的工具都由各国统计部门编制。在投入产出表的构建过程中，假设特定部门所有厂商的生产技术是一致的。然而，随着全球价值链生产体系的不断深化，生产过程的国际分割对该假设提出了挑战。尤其是当企业在生产出口产品/服务时，采用与生产国内同类消费产品/服务时不同的生产技术时，这一情况就更加应该受到重视。因此，需要一种能够充分反映企业异质性的更加详尽的投入产出表。然而这一工作需要时间，尤其是需要统计部门提供大量数据。因此，直接利用企业经营数据测算出口中的国内价值增值逐渐成为体现企业异质性的折中方法。

近年来，一些研究尝试通过整合企业数据和贸易数据来直接测算一国贸易增加值。Kee 和 Tang(2012)通过对接中国工业统计数据库中的企业经营数据和海关贸易数据，对中国不同行业加工贸易中的国内增加值比例进行了测度，结果表明中国在全球价值链分工地位出现了提升，已不再仅从事加工装配等最终生产环节。Upward 等(2013)利用类似的方法，对 2000～2007 年中国不同行业出口中的国内价值增值比例进行了测度。Ahmad 等(2013)通过整合对接土耳其的企业经营数据、贸易数据、行业产出数据测算了土耳其不同行业出口中包含的国外价值增值，并与基于投入产出表测算的结果进行了比较。国内学者张杰(2013)在上述研究基础上，进一步调整了间接进口与资本品进口对一国出口国内价值增值的影响，测算结果发现加工贸易的国内增加值比例显著低于一般贸易，外资企业国内增加值比例显著低于本土企业，推动中国出口国内增加值上升的主要动力是民营企业与从事加工贸易的外资企业。

此外还有一些研究，对特定产品或企业的全球价值链进行了刻画。这个领域的大多数研究大多选择以电子信息产品为研究对象(Linden et al.，2009；Xing and Detert，2010)。Sturgeon 等(2013)则在上述研究的基础上，进一步考察了企业经营行为的方式选择和区位选择对贸易增加值核算的影响。

9.4　增加值贸易核算方法演进逻辑和评价

9.4.1　脉络梳理

图 9-4 对贸易增加值测算方法演进及各方法之间的关系进行了全面梳理。从图 9-4 中可以看到，贸易增加值方法的不同分支源于对 VS 不同假设的修正。VS 在计算时有两个假设：其一，只存在单向的中间品流动，而不存在双向(two-way)中间品贸易；其二，国内消费产品和出口的进口中间品投入密集度一样。基于以上假设，HIY 方法利用国家间非竞争型投入产出表，对主要国家出口中的国外成分进行了测度。

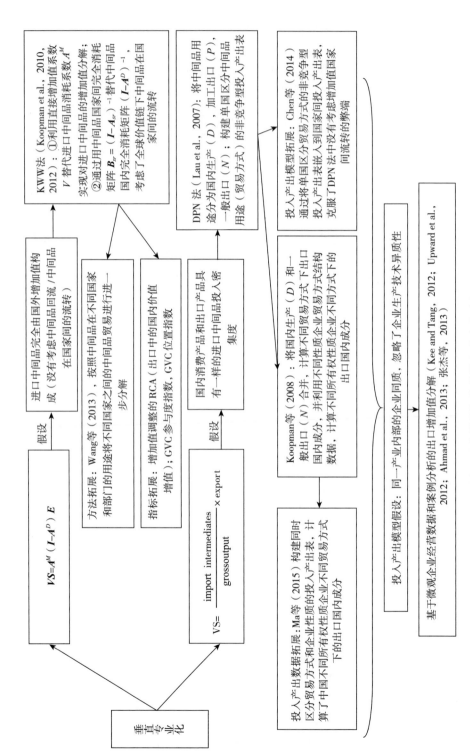

图9-4　贸易增加值核算方法演进路径

资料来源：作者根据相关文献整理

　　第一个假设在 GVC 分工体系下并不适用，原因在于中间品在国家间的多次流转是 GVC 的典型特征，如果假设只存在单向的中间品流动，那么就忽略了中间品在国家间的流转，这意味着进口中间品完全由国外价值增值构成，没有考虑国内增加值的回流，造成计算结果的不准确。两国情形下，这会低估出口国内成分，高估国外成分；多国情形下，这一假设对计算结果的影响并不确定，一方面，VS 由于没有剔除直接进口中间品中包含的国内价值增值，因此存在高估一国出口国外成分的可能；另一方面，由于 VS 没有考虑国外价值增值在其他国家间的流转因而存在低估一国出口中国外成分的可能。基于以上考虑，Koopman 等（2010，2012），利用直接增加值系数代替进口中间品直接消耗系数，同时将中间品国内完全消耗矩阵替换为中间品国家间完全消耗矩阵，实现了对不同来源价值增值在国家间流转的刻画，克服了 VS 第一个假设条件在 GVC 下的不符。以上贸易增加值分解方法被称为 KWW 法。KWW 法将一国总出口分解为国内价值增值（国内成分，domestic content）和国外价值增值（国外成分，foreign content）。其中，国外成分对应 HIY 方法中的 VS。而国内价值增值可以进一步分解为增加值出口与国内价值增值回流。而增加值出口又可以分解为直接增加值出口和间接增加值出口，即 HIY 中的 VS1 部分。基于以上分解框架，Koopman 等（2010）进一步提出了增加值调整的 RCA 指标、GVC 参与度指标（GVC participation index）和 GVC 位置指标（GVC position index），实现了对 KWW 法的指标拓展和应用。王直等（2015）在 KWW 方法基础上，进一步将不同国家之间的中间产品贸易分解为被不同国家和部门最终吸收的各种增加值，实现了一国总出口的全分解。

　　VS 的第二个假设则由于没有考虑加工贸易与一般出口和国内生产相比，更高的进口中间品密集度，将低估一国出口中的国外成分，高估一国出口中的国内成分，这一点对于中国、墨西哥等加工贸易占比较大国家来说尤为重要。基于此，Lau 等（2007）通过将中间品用途区分为国内生产（D）、一般出口（N）和加工出口（P），构建了中国区分贸易方式的非竞争型投入产出表，被称为 DPN 法。Koopman 等（2008）为了突出加工贸易的特征，将国内生产（D）、一般出口（N）合并为一个部门，并引入不同所有权性质企业贸易方式结构的差异，计算了不同性质企业不同贸易方式下的出口国内成分。但是由于以上方法以单国国内产出为基础，无法刻画中间品在国家外的流转，因此存在误差。为了克服这一问题，Chen 等（2014）将区分贸易方式的单国非竞争型投入产出表嵌入到国家间投入产出表，构建了区分贸易方式的多国投入产出表，克服了这一问题。Ma 等（2015）则在 Koopman 等（2008）基础上，构建了同时区分企业所有权性质和贸易方式的投入产出表，克服了 Koopman 等（2008）中对不同所有权性质企业中间品投入密集度一致的假设，进一步提高了计算结果的准确度。

　　可以看到，无论是 VS、KWW 法还是 DPN 法，它们的计算都以投入产出表为基础。但是不容忽视的是，投入产出表的关键假设之一就是同一部门不同企业的生产技术是一致的，这就意味着忽略了企业生产技术异质性。基于以上考虑，越来越多的研究将研究视角聚焦在微观企业，形成了利用微观企业经营数据或案例分析进行贸易增加值分解的新方法。

9.4.2   方法评价

图 9-5 梳理了描绘和度量 GVCs 的不同研究分支。图 9-5 中的横轴表示度量方法所需数据的复杂度，纵轴表示度量结果的准确度，即度量方法可以在多大程度上反映 GVCs 的特征；图 9-5 中第三个维度是测度方法的涵盖范围，也即测度方法在多大程度上包含 GVCs 的世界维度。为了排序，每个维度都被赋值 1~5，值越高表示对应测度方法所需数据的复杂度越高，准确度越高，对 GVCs 的覆盖面越广。从图 9-4 中可以看到，作为对刻画 GVCs 的主要方法，贸易增加值法的优势非常明显，与垂直专业化、案例研究及微观企业数据等方法相比，贸易增加值法能够涵盖更多的 GVC 贸易，同时与零部件和中间品相比，贸易增加值能够更加全面和准确的反映 GVCs 分工的特征，因此成为刻画 GVC 的主流方法。

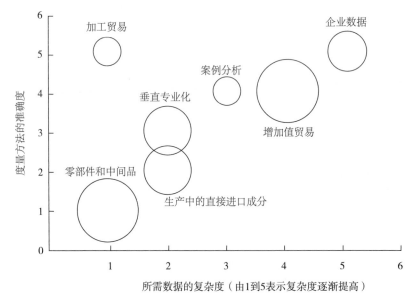

图 9-5   刻画全球价值链的主要方法：准确度 vs. 数据复杂度

图中圆圈的大小表示测度方法对全球价值链的覆盖程度。圆圈越大，覆盖范围越大

资料来源：Amador 和 Cabral（2014）

基于以上分析，表 9-4 比较了以上三种方法的优势和劣势，同时从适用对象和数据可获得性方面对三种方法进行评价。

表 9-4　贸易增加值分解方法的比较

方法	优势	劣势	适用对象	数据可获得性
KWW法	充分刻画 GVC 分工下中间品在国家间多次流转的特征	没有考虑不同贸易方式中间品投入密集度的差异	加工出口占比较小，且需要跨国比较的研究	WIOD、Eora、GTAP、OECD、ASIA ICIO 等
DPN法	区分了不同贸易方式下中间品投入密集度的差异	仅限于单国模型，无法进行跨国比较；没有考虑中间品在国家间的流转；存在大量参数估算，影响准确性	加工贸易占比较大的经济体，如中国、墨西哥、越南等	目前只可获得中国的数据
微观数据法	体现企业异质性，通过直接测算企业层面的出口增加值，回避了 GVC 下 VS 假设条件的问题	仅限于对提供微观企业数据的国家进行分析，无法分析宏观问题	在某一行业领域具有重要地位的企业，或 GVC 分工较为明显的行业	对微观企业数据要求较高

9.5　已有贸易增加值核算研究结论的梳理

9.5.1　增加值贸易与总值贸易测算结果的比较

1. 贸易差额

一国单边贸易差额无论用增加值贸易测度还是用总值贸易测度都是一致的，增加值贸易对双边贸易差额的调整更有意义。Koopman 等（2010，2012）基于增加值贸易贸易法重新测度了 2004 年主要经济体之间的贸易差额（图 9-6）。图 9-6 中子图（a）中横轴表示总值贸易差额，纵轴表示增加值贸易差额。虚线上的点表示双边增加值贸易差额与总值贸易差额一致，虚线上方的点表示增加值贸易差额大于总值贸易差额，虚线下方的点则表示增加值贸易差额大于总值贸易差额，图中括号中的值是增加值贸易差额占总值贸易的比例。从图 9-6 中子图（b）可以发现，经过增加值贸易调整后，对大多数双边贸易差额都发生了变化。测算结果表明，传统贸易统计下，中国大陆与发达经济体的贸易差额大部分被高估。举例来说，经过增加值贸易调整后，中美贸易顺差将缩减 41%，中欧贸易顺差将减少 50%。而中国大陆与日本之间的贸易差额，经过增加值贸易调整后，由之前的顺差变为逆差；中国大陆与中国台湾和韩国之间的贸易逆差经过增加值贸易调整后幅度收窄；日美贸易增加值差额则比总值贸易差额高出了 40%。这表明，总值贸易严重高估了中国大陆与主要出口市场之间的贸易顺差，同时低估了中国大陆与中国台湾、韩国的贸易逆差及日本与美国之间的贸易顺额。这反映出在当前国际分工体系下，中国大陆从日本、韩国、中国台湾进口中间品，加工组装后出口给美国、欧盟发达经济体的分工格局。WTO 和 IDE-JETRO(Institute of Developing Economies Japan External Trade Organization,即日本贸易振兴机构亚洲经济研究所)的研究也支持了以上结论,结果表明如果用增加值贸易度量,2008年中美总值贸易顺差将缩减 21%,如果进一步考虑到加工贸易,这一幅度将进一步扩大到 42%(图 9-6)。

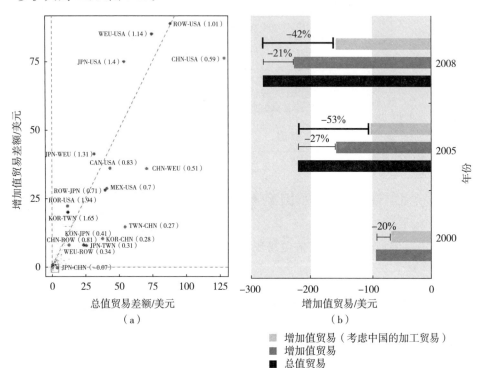

图 9-6　增加值贸易差额与总值贸易差额比较

资料来源:Koopman 等(2010);WTO 和 IDE-JETRO(2011)

　　综上,在全球价值链分工体系下,一国越处在价值链下游,该国出口中包含的国外价值增值越多,总值贸易对该国贸易差额的高估幅度越高;一国越处在价值链上游,别国出口中包含的该国价值增值越多,贸易差额的转嫁效应越强。因此,从增加值贸易对总值贸易差额的调整方向和幅度,可以大体判断出一国在全球价值链分工中所处的位置。

　　2. 贸易竞争力

　　鉴于全球价值链分工体系下,一国出口产品的价值不完全由出口国价值增值构成,因此需要重新考虑竞争力指标。在此背景下,Koopman 等(2010,2012)以出口国内价值增值代替出口产品总值作为计算一国 RCA 的基础,提出经过增加值调整的 RCA(value-added adjusted RCA)。Koopman 等(2010,2012)分别选

择金属制品和房地产、租赁行为作为制造业和服务业的代表，测算了总值贸易
RCA 和经过增加值调整的 RCA。结果表明，总值贸易往往会高估发展中国家的
贸易竞争力，而低估发达国家的贸易竞争力。造成这种现象的原因就在于发达国
家往往位于价值链分工的上游，而发展中国家则整体处于价值链分工的下游
环节。

9.5.2　贸易增加值核算主要研究结论的梳理

1. 不同研究方法测算结论的比较

1)VS 法和 KWW 法比较：以中国为例

表 9-5 对比了 VS 法和 KWW 法对 2007 年总出口的分解结果，从表 9-5 中可
以看到，VS 法严重低估了中国出口的国外成分。按照 VS 法计算，2007 年中国
制成品出口中国外成分占比为 27.1%，其中直接国外价值增值占比为 16.3%。
而按照 KWW 方法，考虑到中间品在国家间地来回流转，国外价值增值在中国
制成品出口中的比例可以达到 40.3%，比 VS 法高出 13 百分点。其中直接国外
价值增值占比为 32.4%，比 VS 法的计算结果高出一倍。同样的对于中国货物贸
易，VS 法依然低估了国外价值增值比例，但是低估幅度弱于对制成品出口的低
估幅度。这意味着制成品价值链分工发展程度比农产品等初级产品要深。

表 9-5　2007 年中国总出口分解：VS 法和 KWW 法（单位：%）

分解方法 / 出口成分		HIY(2001 年)	KWW(2012 年)
制造业	直接国内价值增值	24.6	16.5
	总国内价值增值	72.9	59.7
	直接国外价值增值	16.3	32.4
	总国外价值增值	27.1	40.3
货物贸易	直接国内价值增值	20.3	17.1
	总国内价值增值	71.3	60.6
	直接国外价值增值	13.7	31.6
	总国外价值增值	28.7	39.4

资料来源：Ma 等(2015)

2)VS 法和 DPN 法比较

表 9-6 比较了按照 VS 法和 DPN 法对 1997 年、2002 年和 2007 年中国总出
口的分解结果。根据 DPN 方法的测算结果表明，中国货物贸易出口中的国内价
值增值比例从 1997 年的 54.0% 提高到了 60.6%。与商品贸易整体相比，中国制
成品出口中的国内价值增值比例略低，但是保持了较为明显的增长态势，从

1997 年的 50.0% 提高 2007 年的 59.7%。整体而言，直接国内价值增值占到中国出口总值的将近一半，间接国外价值增值则占比较小，中国出口中国外价值增值大多来自直接进口中间品。但间接国外价值增值增长迅速，2007 年它已经占到中国直接进口投入品的 1/4，这表明在中国加工贸易中，对进口零部件的简单加工装配比例下降，越来越多的进口中间品用于生产其他中间品的生产，而不是直接用于出口产品的生产，表明中国实现了加工贸易转型。

表 9-6　总值贸易的分解：VS 法和 DPN 法（单位：%）

分解方法 出口成分		VS			DPN		
		1997 年	2002 年	2007 年	1997 年	2002 年	2007 年
货物贸易	总国外价值增值	17.6	25.1	28.7	46.0	46.1	39.4
	直接国外价值增值	8.9	14.7	13.7	44.4	42.5	31.6
	总国内价值增值	82.4	74.9	71.3	54.0	53.9	60.6
	直接国内价值增值	29.4	26.0	20.3	22.2	19.7	17.1
制成品 贸易	总国外价值增值	19.0	26.4	27.1	50.0	48.7	40.3
	直接国外价值增值	9.7	15.6	16.3	48.3	45.1	32.4
	总国内价值增值	81.1	73.6	72.9	50.0	51.3	59.7
	直接国内价值增值	27.5	24.6	24.6	19.6	18.1	16.5

资料来源：Koopman 等（2008）

对比 VS 法和 DPN 法，VS 法严重低估了中国出口中的国外价值增值，这一点对直接国外价值增值，也即中国直接进口中间品中包含的国外价值增值，体现的尤为明显。以 2002 年为例，按照 VS 法，中国出口中的直接国外价值增值比例 14.7%；如果按照 DPN 法，中国出口直接国外价值增值比例为 42.5%，是 VS 法的将近三倍。从变化趋势看，按照 VS 法，中国货物贸易出口中的国外成分比例从 1997 年的 17.6% 提高到 2007 年的 28.7%，同期中国制成品出口中的国外成分则从 19.0% 提高到 27.1%。如果考虑到加工贸易和一般贸易的差别，DPN 法判断出来的趋势与 VS 法正好相反，结果表明中国货物贸易出口中的国外成分从 1997 年的 46.0% 下降到 2007 年的 39.4%。

一国出口国内成分变化主要源于以下三个原因：总进口中用于加工出口生产和国内销售/一般出口生产的进口中间品比例的变化；出口中的加工贸易的比例；出口的行业结构。加工贸易需要投入更多的进口中间品，而加工贸易在中国出口中占有重要比例，是导致 VS 大幅低估中国出口国外成分的核心原因（表 9-7）。从表 9-7 中可以看到，加工贸易出口中的国外成分比例远高于一般出口。以 2007 年为例，国外价值增值在中国加工出口和一般出口中比例分别为 62.7% 和 16.0%。而另外，随着中国出口企业越来越多的从本土企业采购中间品，跨国公司将上游生产环节向着靠近下游生产环节的地区转移,中国出口中的国内成分比例得以提升。表 9-7 中的结果表明,2002～2007 年,中国制成品加工贸易国内成分比例由 24.8% 提高到 37.0%。

表 9-7　中国出口中的国内成分和国外成分:加工出口 vs. 一般出口(单位:%)

贸易方式 出口成分		一般出口			加工出口		
		1997 年	2002 年	2007 年	1997 年	2002 年	2007 年
占比			44.3	49.9		55.7	50.1
货物贸易	总国外价值增值	5.2	10.4	16.0	79.0	74.6	62.7
	直接国外价值增值	2.0	4.2	5.0	78.6	73.0	58.0
	总国内价值增值	94.8	89.6	84.0	21.0	25.4	37.3
	直接国内价值增值	35.1	31.9	23.4	11.7	10.1	10.9
制成品 贸易	总国外价值增值	5.5	11.0	16.4	79.4	75.2	63.0
	直接国外价值增值	2.1	4.5	5.2	79.0	73.6	58.3
	总国内价值增值	94.5	89.0	83.6	20.7	24.8	37.0
	直接国内价值增值	31.5	29.5	22.4	11.7	10.0	10.9

资料来源:Koopman 等(2008)

3)DPN 法和 KWW 法比较:以中国为例

表 9-8 以中国为例,比较了 KWW 法和 DPN 法的测算结果。结果表明,区分贸易方式后,中国制造业出口中的国内成分比例会进一步下降,从 59.7% 下降到 57.3%,而国外成分比例相应的从 40.3% 提升到 42.7%。另外,2011 年由中国科学院领衔的贸易增加值课题研究组将加工贸易从国内生产中分离出来,提出了一套系统地测算中国出口增加值的方法论,建立了适合研究中国出口增加值的非竞争型投入产出模型。结果表明,加工出口对增加值的拉动作用较非加工出口为弱,2010 年中国 1 000 美元加工出口带来的国内增加值仅为 387 美元,不足非加工出口的一半。可见,对于加工贸易占比越高的国家,用 DPN 方法分解其总出口是非常必要的。

表 9-8　2007 年中国总出口分解:KWW 法和 DPN 法(单位:%)

分解方法 出口成分		KWW 法	DPN 法
制造业	直接国内价值增值	16.5	18.4
	总国内价值增值	59.7	57.3
	直接国外价值增值	32.4	34.7
	总国外价值增值	40.3	42.7

续表

分解方法 出口成分		KWW 法	DPN 法
货物贸易	直接国内价值增值	17.1	19.6
	总国内价值增值	60.6	60.6
	直接国外价值增值	31.6	31.5
	总国外价值增值	39.4	39.4

资料来源：Ma 等(2013)

2. 贸易增加值核算的一般性结论

第一，双边贸易不平衡被普遍高估。贸易增加值核算法对产品进出口仅计入各国纯增加值部分，扣除各环节的外国增加值。按现行核算方法，各国双边贸易不平衡被普遍高估。处于价值链低端的装配国(如中国)出口额被严重高估，处于价值链中低端提供零部件国家(如日本、韩国)的出口额被严重低估。按增加值核算，2009 年中国对美顺差被高估 25%(约 400 亿美元)，高估部分应分别计入为中国提供零部件的日本、韩国和德国等。

以中国为例，以增加值计的中美贸易顺差、中欧贸易顺差、中印贸易顺差及中韩贸易逆差均大幅下降，而中日贸易逆差则有所扩大。2010 年和 2011 年，以总值计算的中美贸易顺差为 1 812 亿美元和 2 024 亿美元，但以增加值计算的中美贸易顺差降为 794 亿美元和 926 亿美元，分别降低 56.2% 和 54.2%。2010 年和 2011 年，以总值计算的中欧贸易顺差分别为 1 428 亿美元、1 448 亿美元，以增加值核算的贸易顺差则分别降为 806 亿美元、803 亿美元，分别下降 43.6% 和 44.5%。以增加值核算的中日贸易逆差和贸易总值逆差相比，2010 年和 2011 年分别扩大了 23.5% 和 41.8%。2010 年和 2011 年中韩贸易逆差，以增加值核算，与总值贸易相比分别降低了 48.1% 和 43.5%，这主要是因为中国从韩国进口单位产品给韩国带来的增加值率较低，低于同年中国对韩国单位出口的增加值。

第二，零部件进口有力地促进了出口。当今全球贸易中有 60% 属于中间品贸易，大多数国家进口的中间品约有 1/3 被用于出口。中国出口产品的进口含量较多，如电子产品中 40% 的价值来自进口零部件。同时，中国除从国外进口零部件外，还进口了本国出口的零部件，即"出口复进口"，而这导致了全球贸易数据库出现大量重复计算。在全球出口中约有 28% 是进口国为了将其作为生产某种出口商品或服务的中间品而进口的。2010 年 19 万亿美元的全球出口中，重复计算的约有 5 万亿美元。

第三，全球价值链中服务贸易对出口贸易增加值贡献显著。按贸易增加值核算，服务对货物出口贡献率远高于传统方法核算的结果。服务贸易在全球出口总额中占 20%，但服务部门贡献了全球出口增加值部分的近一半。服务业在大部分发达国家占到经济的 2/3，然而按照传统贸易核算方法服务业在贸易总额中的比重不到 25％。但是按照增加值贸易法，在总出口额中，货物产品中包含的服务，美国占到 50％，接下来依次是英国、法国和德国等国家，中国占 30％。服务贸易的这个比例用传统核算方法衡量是无法看到的，因为这部分服务价值隐含在货物中，传统贸易总额的方法，无法把服务从货物中分离出来。美国、英国、德国和法国等发达国家服务对出口的贡献率高达 50％以上，包括中国在内的发展中国家服务对出口的贡献率亦在 30％以上。

　　第四，跨国企业全球生产网络主导全球价值链形成。跨国公司通过在全球进行投资生产，并通过复杂程度不同的跨国价值链对中间产品和制成品进行贸易，构建全球生产网络。由跨国公司主导的全球价值链在全球贸易中大约占 80％。

　　第五，发展中国家参与全球价值链的方式呈多样性。参与方式主要包括全球价值链及升级、通过全球价值链实现跳跃式发展或提升竞争力。在参与全球价值链的同时，不断提升增加值可收到最好效果。同时，发展中国家参与全球价值链可促进本国经济增长。价值链贸易在国内创造的增加值在经济中占有重要份额，发展中国家的贸易增加值在国内生产总值中平均占到 28％，发达国家仅为 18％。

　　第六，国内贸易增加值比例与一国的经济规模、出口产品构成和经济结构等因素有关。经济体规模越大及出口商品以初级产品为主的国家，国内贸易增加值比率越高；而以加工贸易、转口贸易为主的国家，国内贸易增加值比例相对较低。前 25 大贸易出口经济体中，俄罗斯出口中国大陆的国内贸易增加值比重达到 91％，印度为 90％、美国为 89％、日本为 82％、中国大陆为 70％。部分开放型经济体的国内贸易增加值比例较小，中国香港为 46％，新加坡为 36％。

9.6　贸易增加值核算的应用领域及影响

9.6.1　贸易增加值核算的应用领域

1. 调整贸易差额，厘清国际责任

　　利用增加值贸易核算来重新评估贸易利得，更有利于解释贸易失衡的结构性问题，这也是增加值贸易核算的重要性之所在。以中国为例，长期以来，中国对美国和欧盟等国家和地区是贸易顺差国，而对韩国、日本和德国等国则是贸易逆差国。以中国上述主要贸易顺、逆差国为例，分析中国与这些国家的贸易失衡情况，可以洞悉失衡的真实结构。OECD-WTO 联合数据库的增加值贸易差额数据显示，2005～2009 年，中美贸易顺差在增加值贸易核算方式下下降 26％～31％。中欧贸易顺差在两种贸易核算方式下的变化是减少 120 亿～250 亿美元，占到传统贸易顺差总额的 21％～50％。

调整双边贸易差额有利于廓清各国在全球贸易失衡中的责任。仍以中美贸易为例，两国的贸易失衡一直受到关注，但这种失衡的真实结构如何，值得进一步解析。WTO 和 IDE-JETRO 另外一组详细的数据显示，同总值贸易核算较大的顺差额相比，中美增加值贸易顺差在 2000 年、2005 年和 2008 年降低了 20%～27%，如果考虑到加工贸易因素，贸易失衡更会减少 40% 以上，其中 2005 年缩减了 53%。这也是中美之间真实贸易失衡的程度，在剥离出从外国进口的中间投入品之后，尤其是考虑到中国加工贸易在对外贸易中的独特性，这样才能还原出两国贸易真实的顺差与逆差。换言之，中国替日本、韩国等价值链上游国家承担了它们本应对美国的贸易顺差，出现了明显的贸易差额转嫁。由此造成的中国出口困境在一定程度上抑制了中国出口竞争力的增强，用贸易增加值调整双边贸易差额对于中国等价值链下游国家显得越发必要。

2. 对贸易竞争力的重新考察

目前显性比较优势等竞争力指标的测算是以总贸易为基础的。以 iPhone 为例，传统贸易统计表明中国在生产 iPhone 上具有比较优势，而从增加值贸易统计来看，中国的比较优势在于装配环节。Koopman 等(2010)利用增加值贸易数据测算出的显性比较优势得出了与传统贸易统计不同的结论。考虑到竞争力评价是政策制定者制定发展战略、确定出口部门及促进产业政策的基础，对产业出口竞争力的分析不能不考虑生产分割及中间品贸易的作用。Koopman 等(2010)构建"GVCs 参与度"指数和"GVCs 地位"指数，在考察各国参与全球价值链分工程度和地位基础上，利用增加值贸易数据替代总值贸易数据，重新测度了各国不同行业的出口竞争优势，国内学者周升起等(2014)及王岚(2014)利用"GVCs 参与度"指数和"GVCs 地位"指数对中国参与全球价值链分工的路径进行了刻画，还有些研究将研究视角聚焦在全球价值链分工对实际有效汇率的影响(Bems and Johnson，2012；Bayoumi et al.，2013)。

3. 贸易政策

当以产品总值作为双边贸易差额的统计口径时，与最终产品生产者之间的逆差(或者最终产品出口方的顺差)就会被夸大，因为其包含了来自其他国家的价值增值。因此贸易失衡还涉及将中间品提供给最终生产商的国家。在减少持续逆差的压力下，逆差国就会基于不准确的贸易失衡来源统计，对全球价值链末端国家实施贸易保护措施。而这会影响贸易政策的合理性和有效性。在生产分割及全球价值链背景下，带有重商主义色彩的"与邻为壑"贸易发展战略的结果会是"与己为壑"。因为国内价值增值不仅包含在出口中还包含在进口中，本国中间产品和服务出口到国外后会包含在进口中回流到本国。这就导致关税、非关税壁垒及贸易措施除了影响国外厂商之外还会应先国内厂商。瑞典贸易委员会于 2007 年对欧盟鞋类部门的研究表明，标有"美洲制造"的鞋子中包含的来自欧盟的价值增值要占到产品总值的 $50\%\sim80\%$。2006 年欧盟委员会对来自中国和越南的鞋类产品实施反倾销措施，而该措施会对欧盟创造附加值产生消极影响。Diakantoni 和 Escaith(2012)利用贸易增加值核算方法，重新测度了关税有效保护率。

4. 全球价值链与就业

一些关于贸易自由化对劳动力市场影响的研究试图估计贸易中的"就业成分"。此类分析只有从增加值贸易视角进行时才有意义。增加值贸易数据揭示了创造就业的环节。分解各国(包括本国)价值增值在一国进口中所占的比例有助于分析贸易的获益者。Lau 等(2007)测度了中美双边贸易对各自国内就业的拉动作用，Stehrer 等(2012)则基于贸易增加值贸易的要素分解法测度了不同国家出口中蕴含的不同技术层次的劳动力；以前文欧盟鞋类部门的例子为例，基于产品总值的传统观点认为，欧盟鞋类销售商从中国和越南进口鞋类导致了欧盟就业减少并变相将岗位转移到这两个国家。但是从增加值角度而言，必须考虑欧盟价值增值在其中的影响。虽然在组装阶段欧盟产业工人确实丧失了就业岗位，但是基于价值增值的统计更加关注的是研发、设计及营销环节工人创造的价值增值。当比较优势的作用对象转变为生产环节而不再是最终产品时，出口中国内成分的劳动技术水平构成反映了一国的发展水平。工业化国家往往专业化于收入更加丰厚且在总价值中占比更高的高技术生产环节。WTO 和 IDE-JETRO (2011)关于东亚全球价值链的研究表明，中国专业化于低技术环节的生产，而日本则主要从事密集使用中高技术工人的环节的生产，而进口低技术密集型产品。研究还表明韩国在其中扮演的是一个介于日本和中国之间的角色，且逐渐向日本靠拢。

5. 全球价值链与贸易利益

全球价值链分工丰富了贸易利益的来源，并使其分配机制更加复杂。总贸易差额与贸易利益的背离成为新型国际分工体系的新特征。运用增加值贸易统计体系测算各国出口中国内价值增值比例将是测度一国所得真实贸易的基础。Timmer 等(2013，2014)提出了全球价值链收入(GVCs income)概念，并对不同价值链在国家间的增加值分布进行了刻画；曾铮和张路路(2008)利用贸易附加值指标，对 1997~2006 年中国 8 个主要制造业部门对美贸易利得进行界定，发现中国制造业对美贸易的附加绝对价值逐年增长，但附加值比重却没有实质改善。

6. 全球价值链对宏观经济冲击的传导机制

2008~2009 年金融危机的一个重要特征就是所有经济体贸易的集体下滑。很多学者考察了全球供应链在危机传导中发挥的作用，并将这一作用称为全球价值链的"长鞭效应"(bullwhip effect)。当需求突然萎缩时，厂商会推迟订单并减少存货，结果在供应链上会导致一连串的连锁反应并最终使上游厂商的生产停滞。而增加值贸易为政策制定者预期宏观经济冲击的影响并采取正确的政策应对措施提供了有效的工具(如 Escaith et al. , 2010；Bems et al. 2010，2011；Eaton et al. , 2011；Johnson，2012；等等)。

7. 贸易与环境

增加值贸易帮助政策决策的另一个领域是考察贸易对环境的影响。国际社会对温室气体排放及其对气候变化潜在影响的关注，引发了学术界对贸易如何影响二氧化碳排放的研究。生产与消费的分离及生产的国际分割需要从增加值视角了解进口产品的产地，即搞清楚二氧化碳作为贸易的产物是在哪里产生的。很多研究都注意到了生产行为的再分布会对源于消费和供给行为的二氧化碳排放水平之间的差异产生重要影响(Ahmad et al. , 2003；Nakano et al. , 2009)。

9.6.2　贸易增加值核算的政策影响

1. 对经济发展政策的影响

第一，要积极参与全球价值链。一个国家的发展在很大程度上取决于自身对全球经济的参与，尤其是自身在全球价值链中的作用。参与全球价值链，可以融入更大的市场，获取更好的信息，创造更多的机会，更快地学习技术并获得技能，从而进入发展的快车道。获得发达经济体的离岸外包业务，可以为发展中经济体开辟新的投资领域，增加就业，推动出口高速增长，从而提高国内生产总值。

第二，创造友好高效的商务环境，包括改善边境管理。同发达国家相比，发展中国家的关税、非关税壁垒、物流、地理与文化差距等贸易成本更高。因此，应增加基础设施的可得性，提高基础设施质量，以降低物流成本。同时，加强制度建设。全球价值链活动的基石是契约，由于契约涉及众多国家的众多公司，各利益方的综合履约能力事关全球价值链能否高效运转。法律体系越成熟的国家，越倾向于出口更复杂的产业；契约制度运转越良好的国家越易于获得并执行契约更加复杂的任务。

第三，积极发展服务业尤其是商业服务业。全球价值链中的外包业务包括服务活动，其范围相当广泛。从简单的日常前台与后台工作到复杂的研究与开发，比如数据加工、虚拟援助、法律支持、医疗服务、金融与会计、软件应用与开发，统统被称为业务流程外包(business process outsourcing，BPO)或基于信息技术的服务(internation technology enadled services，ITES)。

第四，促进创新和研发，积极促进全球价值链活动升级。促进全球价值链升级的最重要动力是知识资本(knowledge-based capital)投资。这种投资不仅可以加快生产率增长，而且决定全球价值链最终产品在消费市场的差异，进而决定创造的总价值。全球价值链活动升级可能会压缩发展中经济体发展道路的选择空间，因为增长的主要动力已从自然资源快速演进到研发创新与服务，已从线性追赶过程转向非线性发展过程。发展中国家唯有通过全方位的文化与制度发展，夯实研发与创新基础，才有可能更有效地升级自身经济活动。为在全球价值链中创造并收获更多的价值，发展中国家可以首先选择一些较容易的升级方式，如过程升级和产品升级。

第五，关注全球价值链治理结构对市场竞争的影响。关注全球价值链的治理结构，有助于理解发展中经济体的企业进入全球市场的路径和方式，可能获得的收益和面临的风险，以及参与全球价值链的净收益可能会如何增加。为促进全球价值链的可持续发展，政府面临的难题在于，设计怎样的平衡政策，才能既尊重大型跨国公司对全球价值链发展的动态贡献，又防止其垄断整个全球价值链。

2. 对贸易促进政策的影响

第一，尽量在多边层面削减关税。促进多边贸易谈判，推动多边贸易自由化，是贸易收益最大化的最佳方式。在全球价值链上，上游或下游的任何国家设定的贸易障碍，都会通过该国生产商同全球价值链上直接伙伴的贸易而传导到整个价值链上，其水平无论多低，在货物多次跨境后，最终也会累积起很高的贸易成本，也即贸易成本的"放大效应"。OECD 关于全球价值链的贸易政策报告显示，2009 年，中国制造业总出口所负担的关税只有 4% 左右，低于日本、德国、欧盟、法国和越南，大致接近美国、英国和荷兰，但换算成出口的国内增加值部分所负担的关税时（即中国出口商实际负担的有效关税），税率猛然上升，达到 17%，为所列国家中的最高值；农业面临的有效关税更高，2009 年接近 34%。因此，各国在出台贸易政策时，要考虑该政策在其他市场的可能效果。在国际相依性大大增加的情况下，降低关税及其他跨境成本，对供应链会产生立竿见影的促进效果。区域贸易协定应同本区域的生产网络协调一致，避免引入区外贸易成本，以致扭曲区域内的全球价值链。如果政治条件许可，单边自由化的国家应尽量同其他贸易伙伴进行协调。

第二，贸易政策应保持中性，确保任何公司都有平等的机会进入国外市场并获得外国投入品。贸易协议不仅要提高货物流通的便利程度，而且应提高服务、资本、技术和人员流动的便利性。

第三，推进边贸管理便捷化。优化边境管理，尤其要推进通关流程便捷化，其主要包括增加营业时间、降低审查与船舶滞港时间、加快权证处理、减少通关单证数量或者提高单证验检速度、改善行政要求相关信息等。这些举措会显著提高物流效率，有助于供应商节省延迟销售所致成本，优化存货管理，保证供应链运行更顺畅，从而提高中间品贸易商的收益。

3. 对投资促进政策的影响

第一，应降低投资壁垒。降低投资障碍，参与国际直接投资，是各国更深融入全球价值链的最直接路径之一。而全球价值链成功与否，部分取决于双向投资的促进或便利程度。鉴于跨国公司在全球价值链中十分重要的作用，促进跨国公司的投资，可有效参与全球价值链并提高全球价值链的作用。

第二，政府应合力确保多边投资体系长期支持经济增长。全球价值链是多边现象，一条全球价值链可能涉及上百个国家的数千家企业，包括国有企业和跨国公司。有必要增进多边协作，确保国际投资环境有序开放，从而促进全球价值链上的国际投资。双边与区域协议有助于促进核心伙伴之间的贸易与投资。然而，国际直接投资现有架构的复杂性在于包括数千个双边与区域投资协议，可能产生不确定性，抑制全球价值链内的国际投资。因此，需要政府支持和倡导多边投资体系建设。

第三，政府引资政策的焦点应从较粗层次的产业深入产业内更为具体的生产活动，而这取决于该国的制度质量、禀赋和战略选择。传统的投资促进政策以引进整个产业为核心，但在全球价值链下应以发展产业的部分环节为核心，尤其是对基础设施和人力资源的投资。这类投资的回报率中短期内一般不会很高，但却会更长久地从全球价值链中持续获益。

第四，引导投资者自觉接受全球价值链的制约，履行应尽的责任，以图长远发展。因为保护环境、劳工权益和客户隐私等不力，一些企业受到国际舆论的谴责，并付出沉重的经济代价，部分供应商甚至个别国家可能无法进入某些全球价值链。

第 10 章

国际投入产出数据库比较研究

李国学

在产品内分工条件下，一个国家出口的产品和服务往往包含了来自世界各地不同国家(地区)的投入，出现了价值创造、占有与贸易额的严重背离。为了还原真实的贸易状况，基于不同假设、方法和数据来源，一些国际经济组织和研究机构开发出了各具特色的投入产出数据库。由于编制方法不同，不同国际投入产出表所计算的中国增加值贸易数值也略有不同。

10.1 国际投入产出表的基本情况

目前，国际上主要的国际投入产出数据库主要有世界投入产出表(WIOT)、增加值贸易数据库(TiVA)、全球贸易分析项目(GTAP)，多地区投入产出表(Multi-Region Input-Outpit MRIO)、亚洲国际投入产出表(AIIOT)，以及悉尼大学编制的优化和模型调整的国家 IO 表等数据库等。受到所获得资料限制，我们主要介绍前四个国际投入产出数据库。

10.1.1 世界投入产出数据库(WIOD)

受欧洲委员会资助，欧洲 11 家研究机构共同开发了世界投入产出数据库(WIOD)。WIOD 是一个 1995～2009 年国家间投入产出表的时间序列，涵盖欧盟 27 个成员国和 13 个其他主要国家和地区。基于 CPA(the classification of products by activity，即按经济活动划分的产品分类)和欧洲共同体经济活动分类体系 (Nomenclature des Activie é s économiques dans la Communate Eurpéenne，NACE)版本 1(ISIC 修订版 2)分类，WIOD 分类表包括了 35 个行业的 59 种产品。

WIOD 主要包括世界/国家 IO 表、社会经济账户(social economic accunts，SEA)和环境账户。国家 IO 表以当前价格和上一年价格计价，主要包括 35 个行业

59 个产品的国家供应和使用表,以及这 35 个行业的国家投入产出表。社会经济账户涵盖以当前价格和基准价格计价的 35 个行业产值和增加值、投资和资本存量,以及按技能类型(低、中、高)划分的工资和就业。环境账户涉及按部门和能源产品划分的总能源消耗、排放相关的能源使用、二氧化碳排放等,以及按部门和污染物划分的空气中的排放物,按类型和部门划分的土地使用、材料使用和水资源使用等。

WIOD 的数据来源及其提供。WIOD 构建过程中主要使用了三种类型的数据,即国民账户统计(National Accounts Statistics,NAS)、供应-使用表 SUTs 和国际贸易统计(International Trade Statistics,ITS)。这些数据都是公开的,而且是比较可靠的。WIOD 提供的主要是产业-产业类型的相关数据,这种类型的数据与 NAS 衔接的比较好,而且预测性应用也都基于产业-产业类型表,如就业或投资方面数据往往只在产业的基础层面上提供。

10.1.2 全球贸易分析模型(GTAP)

全球贸易分析项目 GTAP,是基于美国普渡大学教授 Thomas W. Hertel 主持的全球贸易分析计划发展而来的多国、多部门可计算一般均衡模型(computable general equilibrium,CGE)。该模型基于土地、资本、技术劳动力、非技术劳动力和自然资源五种不同类型要素,以及家庭、政府和厂商等三个代表性行为主体,建立一国(地区)多部门的一般均衡子模型,然后通过国家间贸易关系将不同国家(地区)子模型整合成为多国多部门的一般均衡模型。

全球贸易分析项目的核心是 GTAP 数据库,最新的第 8 版数据库以 2004 年和 2007 年为基准年份,涵盖了 114 个国家和 20 个区域、57 个部门的全球投入产出数据。GTAP 考虑了世界各国之间和国内各部门之间的互动关系,可以用于分析外生变量的变动对各国各部门的生产、进出口、产品价格、要素供求、要素报酬、国内生产总值和社会福利水平的影响,尤其适合于政府决策和政策研究的定量分析,因此在 WTO、IMF 和世界银行等主要国际经济组织中得到广泛的应用。

10.1.3 增加值贸易(TiVA)

基于 OECD 各个国家的投入产出表,OECD 开发了 TiVA 数据库。目前 OECD 还没有提供年度国家间投入产出(Inter-Country Input-Output,ICIO)表,TiVA 只是覆盖了 1995 年、2000 年、2005 年、2008 年、2009 年等年份 58 个国家和地区(包括 34 个 OECD 成员国和中国、印度、南非等 23 个非 OECD 成员国,以及世界其他地区)的 37 个产业。

TiVA 数据主要来自于 OECD 各国投入产出表,并且参考了产业和最终用途、国际服务贸易(International Trade in services,TIS)及其结构分析(structural analysis,STAN)数据库等附加信息,TiVA 提供的数据包括总出口、服务业出口、中间品进口等在内的 37 个指标。TiVA 可以更好地反映服务业在全球价值链中的贡献、进口在出口绩效中的作用、经济相互依存的性质、新兴经济体在全球价值链中的作用，以及供给和需求冲击对上、下游可能生产的影响等。

10.1.4　多地区投入产出数据库(MRIO)

随着世界经济发展，碳排放引起的气候变化问题变得更加严重和迫切，而且日益成为一个政治问题。碳排放密集型产品出口国强烈地要求按照消费者责任原则承担相应的责任和义务，国际社会需要建立一个有关碳排放和国际贸易的全面和可靠的 MRIO 数据库。在这种背景下，Eora 开发了 MRIO 数据库。

Eora 的 MRIO 数据库涵盖 187 个国家、15 909 个部门，时间跨度为 1990～2011 年（卫星账户截至 2010 年）。国民经济统计总量数据库和官方数据是 MRIO 数据库国家模块的主要组成部分。其中，国民经济核算总量数据库包含 216 个国家 38 年的 126 152 个以美元表示的数据点；官方数据包括 216 个国家 38 年的 1 599 180 个数据点。此外，MRIO 数据库还提供了 35 种环境指标，主要包括空气污染、能源消耗、温室气体排放、水资源利用、生态足迹①，以及初级生产力的人类占用等。UNCTAD 也基于 MRIO 数据库开发了自己的一套“贸易增加值指标”，几乎涵盖了所有的发展中国家，可以说，这个数据库是 WTO-OECD TiVA 指标的一个重要补充。

MRIO 数据库包括基本价格表及其相同格式的四个附加表，涉及贸易和运输利润，以及产品税收和补贴等，整组表格还附带一组包含所有 MRIO 元素标准差的表格。货币表还辅以一些卫星账户，包含许多环境和资源使用指标，如温室气体排放、能源消耗和气体排放等。

Eora 的 MRIO 数据库的数据来源主要有：国家统计局的投入产出表和主要总量数据，欧盟统计局 2011 年、IDE-JETRO 2006 年及 2009 年 OECD 投入产出表的汇编，联合国国民经济核算主要汇总数据库，联合国国民经济核算官方数据，联合国产品贸易统计国际贸易数据库，联合国服务贸易的国际贸易数据库等。

10.2　主要国际 IO 数据库的编制方法

现有国际研究机构推出的投入产出数据库各有千秋，基本假设、构建视角和

---

① “生态足迹”也称“生态占用”，是一种衡量人类对地球生态系统与自然资源的需求的分析方法。它显示在现有技术条件下，指定的人口单位内(一个人、一个城市、一个国家或全人类)需要多少具备生物生产力的土地(biological productive land)和水域，来生产所需资源和吸纳所衍生的废物。

数据来源各不相同，覆盖的国家范围和应用的领域也有所差异。由于 AIIOT 与 TiVA 编制方法基本相同，仅覆盖范围和年份存在差异①，优化和模型调整的国家 IO 表(AISHA)相关数据资料无法获得，我们主要介绍广为人知和被广泛使用的四个数据库——WIOD、GTAP、TiVA 和 MRIO 的编制方法。

10.2.1　WIOD 的编制方法

1. WIOD 编制的基本假设

WIOD 数据库主要以各国国民账户(national account，NA)作为整合双边贸易统计的切入点，以此推导出 WIOT。WIOT 构建的基本思想是国民账户与国际贸易统计信息相结合构建国际 SUTs，其途径是将基于产品的贸易统计与 SUTs 中的产品统计联系在一起，将产业增加值和就业数据与 SUTs 中的产业统计联系在一起。具体来说，从 NAS 数据中得到总产值和产业增加值时间序列，并按使用类别划分为进口总额、出口总额、最终使用，然后运用所谓的 UT-RAS(biproportional scaling method，即双比例更新法)方法生成 SUTs 时间序列，再把国家 SUTs 拆分为国内生产产品和进口产品的使用，进而把每个国家的国际 SUTs 整合成一个 WIOT。

由于国民账户(NAS)、供应-使用表(SUTs)和国际贸易统计(international trade statistics，ITS)是其主要数据来源，WIOD 也遵循上述统计方法所设定的所有假设。除此外，WIOD 编制过程中还设定了以下几个假设。

(1)进口使用比例假设。基于联合国商品贸易统计数据库 HS6 位码分类，按照国内中间品、最终消费和投资的比例拆分进口总额。基于这一比例假设，每种进口商品被分配到中间品、最终消费和投资这三种用途，从而得到了进口使用表。进口使用表的每个单元格都细分到来源国，每个国家在不同用途的进口使用比例可能会有所差异。

(2)产品销售结构假设。销售结构是指在总产出中、中间产品和最终产品所占比例。在把国际 SUTs 转化为 WIOT 过程中，运用了固定产品销售结构假设。这个假设被广泛地应用，不仅是因为它比其他假设更加现实，而且还因为它只需要一个相对简单的程序。此外，它在 WIOT 中不会产生任何将需要手动重新平衡的负值。在此过程中，为了确保进口和出口双边流动的一致性，出口被定义为来自进口镜面流。更具体地讲，假设国家 A 从国家 B 进口的产品 i 等于本产品从国家 B 到国家的 A 出口。

(3)RoW 的相关假设。为了确保 WIOT 完整并使其适用于各种模型，还增

---

① 　亚洲国际 IO 表(AIIOT)由日本发展经济研究所(IDE)编制，只包括一组选定的九个亚洲经济体加上美国，将世界其余部分(包括欧盟)视为外生板块。此外，它的出版物也存在显著时滞(最近表为 2005)。

加了一个代表世界上其余所有国家的虚拟地区 RoW。由于缺乏投入产出结构的详细数据，RoW 的 IO 表主要通过建模得到。RoW 生产和消费模型化是基于联合国国民账户中产业产值和的最终用途分类的总和，并假设投入产出结构等同于一个平均发展中国家的投入产出结构。RoW 进口给定为供应表中进口贸易数据的一部分，RoW 出口就是国家集合（而不是来自于 WIOD 的那组国家）的进口。WIOD 国家集合中的每个国家对 RoW 的出口按残差法定义，以确保所有目标国出口的加总等于国家 SUTs 中给定的总出口。

2. WIOD 编制方法的主要优点

减少了因假设而产生的内生性偏差。WIOD 的构建不是基于通常所说的国家投入产出表（IO），而是以国民账户（national account，NA）作为基准，在各个国家供应使用表（SUTs）的基础上，通过整合双边贸易统计数据得到对称的WIOT。与基于国家投入产出表而构建的国际投入产出表相比，SUTs 提供了国内各产业所生产产品的信息，某产业或最终使用者所使用每个产品的信息，以及产品国内原产地等信息，这种构建方法需要相对较少的假设。此外，以 NA 作为基准还避免了将 SUTs 转换成对称的投入产出表时，因选择不同假设而产生的内生性偏差。

考虑了使用类别进口比例的异质性。在根据最终用途把进口总额拆分为中间品、最终消费和投资三部分时，WIOT 使用了从 ITS 推导出来的而不是实际值比例。与文献中流行的标准比例法相比，这种方法考虑了不同使用类别进口比例的差异，以及在每种使用类别内部因来源国不同而导致的进口比例差异，更加切合实际情况。

与其他统计数据具有较好的兼容性。WIOD 不但把贸易统计中的产品与供应使用表中的产品连接起来，而且也把增加值/就业数据中的产业统计与供应表中产业统计联系起来。此外，WIOD 还对资金类型和劳动技能进行了详细分类，与欧盟和世界的全要素比较项目 KLEMS（K-capital，L-labor，E-energy，M-Materia and S-purchased services，即资本、劳动、能源、中间投入和系统）具有密切联系。

3. WIOD 编制方法的主要缺点

WIOD 数据处理方法需要进一步改进。在数据的统一和调整过程中使用了有约束的最优化，有可能使这些数据库提供的国内生产总值偏离联合国国民账户。为了与 SUTs 提供的进口一致，WIOD 构建过程中使用了从国际贸易统计中推导出来的而不是实际值的比例，虽然这种处理方法具有一定的优点，但并不一定能保证国内使用数值非负。按残差法定义 WIOD 国家集合中每个国家对 RoW 的出口，有可能会出现某些国家对 RoW 的某些产品出口为负。

　　WIOD 国家覆盖范围及其数据详细程度有待调整。尽管欧盟 27 个成员国的覆盖面是详细的，但只包括了到 10 个发展中国家。加工贸易通常比非加工贸易包括较高的国外投入比例，加工贸易的处理是增加值估计的一个核心问题，但 WIOD 还没有考虑到这些问题。此外，"居民国外购买"和"非居民国内购买"将导致对每个国家国内和国外最终需求及国内生产总值和贸易总量调整。然而，WIOD 并没有将它们按国家和部门分配到最终需求，使它们留在一个 ICIO 表中，有可能出现内部不一致问题。例如，如果没有这样的调整，利用列昂惕夫逆和最终需求可能不会得到每个国家的总产出，进而给出总增加值的正确估计。

　　贸易增加值估算过程中面临统计制度的冲突。此外，由于大部分国家的贸易数据来自海关，而支出法国内生产总值核算来自政府统计部门，投入产出表中支出法核算国内生产总值中的分部门贸易进出口数据与海关统计的贸易进出口数据并不相同，有时差异很大。在进行贸易增加值估算过程中，需要基于一种统计对另一种统计进行调整。

10.2.2　GTAP 的编制方法

1. GTAP 编制的基本假设

　　考虑一个开放的区域，其代表性行为主体有家庭、政府及厂商。GTAP 理论模型和数据库建设也是基于一系列严格的假设条件之上，主要包括需求函数假设和生产函数假设，以及运输部门设置和价格体系设置。

　　需求函数假设。在偏好方面，政府对不同种类产品的效用是 C-D 函数形式，即政府对每种产品支出占政府总支出的比例是不变的；家庭对不同种类产品的效用以介于不变弹性（constant elasticity of substitution，CES）之间，即家庭对某种产品的消费量既受所有产品价格相对变化的影响，也受家庭总支出变化的影响，总效应取决于该产品与其他产品的各自价格弹性、交叉价格弹性及收入弹性。

　　生产函数假设。假设一个区域具有土地、资本、技术劳动、非技术劳动和自然资源五种生产要素及其中间投入品，中间投入品与生产要素之间不可替代，即是一种里昂惕夫函数关系。假设市场是完全竞争的，所有产品和要素市场全部出清，当期投资不会通过资本累积影响生产，生产规模报酬不变，生产者追求生产成本最小化，消费者追求效用最大化。中间投入品包括国产品和进口品，不同来源的进口中间投入品用 CES 函数加总成为综合进口中间投入品，综合进口中间投入品和国产中间投入品再用 CES 函数加总成为综合中间投入品。厂商关于各生产要素和综合中间投入品的产出是 CES 生产函数。

　　运输部门设置。由于到岸价（cost insurance freight，CIF）与离岸价（free on

board，FOB)差异在某种程度上反映了运输费用，GTAP 设计一个虚拟的"国际运输部门"，主要负责地区之间产品的运输，并通过双边贸易将世界各国联系起来。该部门不但可以平衡 CIF 与 FOB 之间的差异，而且其生产效率系数变化也反映出非关税壁垒的变动情况。

价格体系设置。GTAP 还考虑了税收和补贴导致的市场价格(market prices)和行为主体面对的价格(agent prices)之间的差异。但是，GTAP 没有考虑国内运输费用和出口保险费用。各种主要价格差异如下：

生产者面对的国内市场供给价格＝生产者供给价格＋生产税

消费者面对的国内市场需求价格＝生产者面对的国内市场供给价格＋货物税

出口国 FOB 价格＝生产者面对的国内市场供给价格＋出口税

进口国 CIF 价格＝出口国 FOB 价格＋单位运输成本

进口国进口品市场供给价格＝进口国 CIF 价格＋进口税

进口国消费者面对的进口品市场需求价格＝进口国进口品市场供给价格＋货物税

进口国消费者面对的综合产品的市场需求价格＝其面对的国产品的国内市场需求价格与其面对的进口品市场需求价格的 CES 加总。

基于上述假设和设置，GTAP 构造了一个多国多部门一般均衡模型。在开放条件下，政府和家庭支出包括购买国内产品与进口产品两部分。与此相对应，厂商的中间投入品和产品也划分为国内和国外两部分，且不同地区中间投入品不能完全相互替代。国内产品与进口产品之间是常替代弹性，即可以用 CES 函数将国内产品与进口产品加总成为一个综合产品。家庭和政府部门分别决定其消费和储蓄行为，各国储蓄通过全球银行决定投资资金流向。

2. GTAP 编制方法的主要优点

GTAP 具有更广泛的国家和产业覆盖范围。与其他国际投入产出表不同的是，GTAP 核心是一个多国、多部门可计算一般均衡模型，涵盖 114 个国家和20 个区域，涉及 57 个部门层面的双边贸易信息，而且从理论上来说，随着数据可获得性的进一步提高，GTAP 可以扩展到更多国家和部门的投入产出分析。

GTAP 对贸易数据的处理更接近现实。GTAP 所采用的贸易数据是以经过调整的官方贸易统计数据为基准的。例如，GTAP 根据中国香港的转口贸易信息对各国产品的进口来源地和出口目的地进行了系统性调整，从而使国际贸易信息更能准确地反映全球的投入产出关系，如图 10-1 所示。

3. GTAP 编制方法的主要缺点

GTAP 进口数据拆分需要进一步改进。GTAP 数据库所依赖的国际 IO 表是基于文献中所谓的 MRIO 表，在数据方面，中间品、最终产品和服务贸易之间

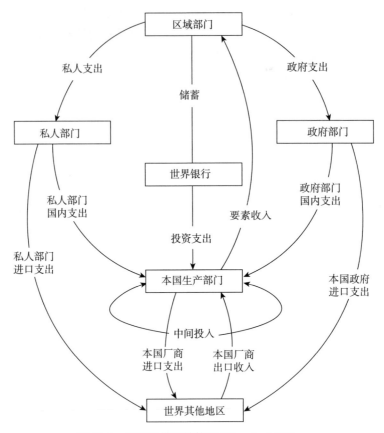

图 10-1　GTAP 模型结构图（Hertel，1997）

资料来源：张光南，陈坤铭，杨书菲. ECFA 对两岸三地的经济、贸易和产业影响——
基于全球贸易分析模型 GTAP 的分析. 经济学季刊，2012，11(3)：873-892

并没有区别；在把贸易统计比例应用到 NAS 序列时，GTAP 采用了标准比例法，没有考虑使用者差异，所有单元格运用一个共同的进口比例，即进口在产品总供给中所占比例。

　　GTAP 与 NAS 贸易数据存在较大差异。由于 GTAP 是以调整的贸易统计为基准，国家和部门层面的供应和需求数据可能与国民账户中相对应的统计数据有较大的差异。例如，在参考年份，按部门划分的进口使用与国家统计机构发布的基准年份的进口矩阵信息并不对应。此外，无论是 WIOD 还是 GTAP 数据库在最后阶段的数据协调过程中都没有选择不变约束的优化技术，这也可能使计算的国内生产总值偏离联合国国民经济统计。

　　GTAP 很难进行时间序列比较分析。随着理论和实践发展，GTAP 模型也不断进行改进，GTAP 全球数据库每五年公布一次，但以往版本的数据并未进行相应调整和更新，这使不同版本的数据之间缺少一致性，很难用不同时间序列数据进行比较分析。

10.2.3　TiVA 的编制方法

1. TiVA 编制的基本假设

按照一般的编制要求，每一产业都要满足"纯部门假设"。在产业分类过程中，一个特定产业内所有公司（和所有产品）具有完全相同的消耗结构、工艺技术和经济用途。但是，在实际经济中，同时满足经济用途、消耗结构和工艺技术三个条件均相同的部门几乎不存在，同一产业内的不同公司，即使是那些生产同样产品的公司，可能具有不同的生产技术和技术系数，而且它们所生产的产品也可能被分配到不同类型的消费者和市场。一般只能满足其中的一个或者两个条件。在这方面，TiVA 数据库构建主要关注的是，相对于国内生产的产品和服务而言，出口产品具有不同的消耗系数。与国内企业相比，出口企业，尤其是外商参与的出口企业，更多地融入全球生产网络中，它们所生产的产品通常有较高的外国含量比例。TiVA 的一个重要创新是，利用特殊构建的中国投入产出表，区分出口加工企业、一般出口企业，以及产品和服务只用于国内消费的企业。由于中国在全球贸易中的重要性，这种处理方法显著地提高了结果的质量。

TiVA 数据库分配进口到不同产业时采用了"比例假设"。在国家层面，编制非竞争性投入产出表需要分配进口到不同产业的相关信息。在信息量较小或质量较低时，一般的处理方法是采用"比例假设"。对于某种给定的产品，假定产业从国外购买的中间品比例，等于那种产品相关的进口与国内总需求的比例。就其本身而言，这种假设不会对经济总量估计有显著地影响，但可能会影响到各个产业的进口含量。推而广之，"比例假设"影响了增加值贸易的双边贸易估计，但在任何特定的方向上，结果预期不会有太大的偏差。

TiVA 数据库对一国与全球贸易统计不一致进行了平衡调整。众所周知，国家统计部门所采用的国际贸易统计方法并不是全球统一的，这可能导致全球出口总额不等于全球进口总额。当考虑双边贸易流时，这种不一致就很大，尤其是当从产品层面详细观察这些流量时，这种不一致就会更大。例如，即使 A 国出口总额等于 B 国进口总额，但当从产品×产品层面考察这些流量时，双边贸易额仍可能存在差异。尽管一国出口总额和进口总额与它们官方 NAS 记录一致，但平衡过程中必然会引入对双边贸易流的一致性调整，这将导致官方记录的双边贸易总额与那些体现在投入产出表中的双边贸易总额之间存在差异。虽然全球贸易统计方法不一致调整不会对根据产业划分的总的外国含量估计产生显著影响，但可能会影响双边贸易增加值估计。随着全球贸易统计方法改进，TiVA 结果将会得到显著的改善。

2. TiVA 编制方法的主要优点

OECD 强调了企业、进口和出口异质性。在产业层面,对企业异质性进行了详细考察。例如,企业进一步区分为国外与国内企业、出口与非出口企业、大中小规模企业等。在进口贸易方面,国际投入产出表不但提供了 CIF/FOB 计价,而且还单独列出了居民的国外支出。在出口方面,OECD 根据公司特征对出口做了进一步分解,还分别考察了非居民支出和转口贸易。例如,中国的出口企业可以划分为出口加工企业和一般出口企业等,在哥斯达黎加的出口企业中特别强调了那些在出口加工区经营的企业。

OECD 还对一些不可观测项目进行了调整。在这个新的综合性核算框架下,国际投入产出表的行增加了产品质量和收入、按产业划分的工作和技能、碳排放、资产收益等。其中,资产收益涉及的细目有利息、公司收益分配、FDI 再投资收益和投资收益支付等,对于有关税基侵蚀和利润转移(base erosion and profit shifting,BEPS)的项目,还考虑了对当前收入、财富的征税等。

3. TiVA 编制方法的主要缺点

TiVA 编制过程中受到了各种因素的制约。首先,国际贸易统计数据中存在的问题,如双边贸易数据不一致、贸易数据缺失、转口贸易、CIF/FOB 价格调整、非居民和居民国外支出的估计、保密规则等。其次,不同国际贸易统计数据来源之间不一致,如国民经济核算体系、SUTs 和 IO 表中产品贸易/服务贸易数据之间的冲突等。

国际运输并没有作为一种内生性产业。为了得到一致的贸易增加值估计,需要把国际贸易利润看做目标国国内增加值的一部分。通过加总产业增加值计算以市场价格计价的国内生产总值时,产品净税收应包括进去,国际贸易利润应排除在外。然而,这三个数据库都没有把国际运输作为一种内生性产业,GTAP 也只是在模型中外生地设置了一个国际运输部门。

10.2.4　MRIO 的编制方法

1. MRIO 编制的基本假设

Eora 的 MRIO 设有八个栏目。第一栏描述了会计年度,第二栏描述表中的估值,其余栏目表示交易原产地国家、实体和部门,以及目标国家、实体和部门等。其中,有关实体的信息主要是产业、产品和增加值/最终需求。

RoW 的设定。联合国 SNA 汇总数据库及其国家官方数据库一共列出了 252 个地理实体,MRIO 数据库涵盖其中的 187 个国家,只是剔除了 65 个较小的实体,因此没有明确地设立 Rest-of-the-World 区域。但是,在编制的投入产出表不是 100% 平衡的情况下,Eora 也设置了 Rest-of-the-World 区域,以此包含任何剩余的残差。新成立国家及其前身被视为随着时间推移而出现的不同实体。大多数国家产分类还没有超越普通 ISIC（国际标准工业分类法）所涵盖的 25 个部门，它们被划为一组，并被称为"共同分类"国家。对于这些国家来说，大多数数据是来自于联合国的 SNA 国民经济核算汇总数据库和国民账户的官方数据，这些国家增加值和最终需求是基于 SNA93 做出的定义。

Eora 通过一个复合的供应使用表、行业和产品投入产出表的基础上编制 MRIO。供应使用表具有模型化分析的优势，但是供应使用矩阵仅适用于有限的国家，编制其他国家产业或产品类型投入产出表需要进行相应的产品和产业技术假设。EORA 保留了原始数据提供者所做的技术假设，把复合的供应使用表（SUTs）、产业（IIOT）或产品表（CIOT）整合起来，形成一个复合的 MRIO。

在 2 000 个约束条件下，对 MRIO 表中 2 000 个初始值进行估计，并把这个解作为次年的初始估计值，运用依次迭代构造了时间序列。这种方法的独特之处是，预测和返溯（back casting）可以同时进行（Lenzen et al.，2012）。如果前一年度发生了显著经济变化，那么这一年的数据将不再是下一年恰当的初始估计值，处理方法是把所有以前年份的解乘以与交易（使用、贸易）T、最终需求 y、增加值 v，以及供应表 V 相关的一个比例 $\beta^T_{T,y,v,V}$ 来构建初始估计值，这些比率可以从一个国家关于国内生产总值、出口、进口和增加值的时间序列数据中得到。

基于每组初始估计和约束条件，运用大规模的优化方法就得到了 MRIO 表。因为原始数据中存在大量冲突，既有平衡规则与原始数据的冲突，也有联合国产品贸易数据库内部的冲突，以及符号变化的原始数据。这都是传统 RAS 方法所不能克服的收敛问题。因此，在 MRIO 表编制过程中，运用二次规划法或 RAS 方法中符号变化（non-sign-preserving）的 KRAS 变量来创建平衡表。把 MRIO 向量化成一个 N×1 的列向量 P，并且把原始数据安排成为一个 M×1 列向量 c，可以建立一个线性方程 $GP=c$，MRIO 的解向量 P 尽可能满足一套约束 $1\leqslant P\leqslant u$。标准的数量化取决于所选择的优化方法，特别是依赖于目标函数的形式。M×N 矩阵 G 是把原始数据与 MRIO 元素联系起来的约束系数矩阵。平衡规则主要体现在 G 中，如对于行和列总和之间的差异，在 c 中把对应元素设置为零，为了使除库存变化和补贴值以外的其他 MRIO 元素都严格为正，设置了下限向量 l 和上限向量 u。此外，由于 GP 往往违反对原始数据 c 施加的约束，而且对较小数额约束比对较大数额约束的违反得更多，除了原始数据 c 和以前矩阵 P_0，处理冲突约束的优化技术还需要一些 c 和 P_0 的可靠性或不确定性信息，如标准差。

2. MRIO 编制方法的主要优点

Eora 以各种估值方法构建 MRIO，既避免了对原始数据的偏离，又可以满足不同的分析目的。例如，Eora 区分了基本价格区、利润和税收，还在基本价格表中区分了 3 种利润，即贸易、运输和其他方面的利润，并且在同一张表中给出了净税收(税收减去补贴)；MRIO 还提供了 FOB 或"成本＋保险费＋运费"(CIF)价格的估值。这种处理方法避免了原始数据转换带来的各种问题。例如，如果一个国家只有以购买者价格计价的支出向量，在所有产业的利润矩阵可以利用的情况下，以购买者价格计价的支出向量很容易转换成基本价格计价，而不需要进一步的假设和更多的数据。

Eora 以当前美元价格构建了 MRIO，不但可以在整个 MRIO 表中应用平衡约束，而且也能够使各国相互进行比较。虽然国家数据及联合国国民经济核算官方数据均以本国货币表示，但其他数据，如联合国国民经济核算汇总数据均以当时美元计价。在本国货币与美元转换过程中，Eora 采用了基于 IMF 的官方汇率、经价格调整的汇率(price-adjusted exchange rate，PARE)及联合国商业汇率的混合汇率。

3. MRIO 编制方法的主要缺点

数据冲突和信息缺乏也制约着 MRIO。例如，国家进出口贸易数据与全球贸易差额之间不一致，无法得到一个平衡的全球多地区投入产出表。在这种情况下，不是平衡条件无法满足，就是修改原始数据。目前，Eora 编制 MRIO 表只强调大多数国家、在大多数数据项上满足平衡条件。为了缓解原始数据与平衡条件之间的冲突，国际贸易模块的利润、税收和补贴表，不得不放松约束条件进行补偿性调整。尽管如此，仍有一些问题是无法克服的，如负的国际贸易模块、整体上为负的收益表格、严重的负补贴等。

原始数据与 MRIO 表之间定义存在差异。例如，最原始的中间品交易数据不包括相应的转口，但后来的统计中则包括了这些转口。为了满足大多数情况，在 MRIO 分类中把总转口作为单独部门。这意味着，包括转口的部门原始数据就不能使用了，因为它们所统计的转口仅是总转口中的一部分。

10.3　中国增加值指标的比较分析

由于国际投入产出数据库数据获得性问题，本节主要基于 Lin 等(2014)的相关工作，针对 TiVA、GTAP 和 WIOD 三个数据库的中国增加值指标进行比较分析。按照国际标准产业分类码(ISIC，第三版)，将 TiVA、GTAP 和 WIOD 3个数据库的产业重新分类汇总，得到具有共同 ISIC 代码的 25 个产业。按照

WIOD 数据库中的 41 个国家对 TiVA 和 GTAP 数据覆盖范围进行调整。在上述统一和协调基础上，我们从 3 个数据库中得到了一组 10 个统一的 ICIO 表，以此作为比较分析的主要数据源。这 10 个 ICIO 表包括：2004 年和 2007 年的 GTAP 和 WIOD 国际投入产出表，2005 年、2008 年和 2009 年的 OECD 和 WIOD 国际投入产出表。

10.3.1　中国增加值的比较分析：WIOD 与 GTAP

GTAP 所报告结果略低于 WIOD。2004 年 GTAP 和 WIOD 所报告的增加值出口占比分别为 70.6% 和 73.1%，2007 年二者所报告的增加值出口分别为 72.7% 和 73.5%，这两年 GTAP 所报告结果比 WIOD 的低了约 2.5% 和 0.8%。在多重计算部分，GTAP 所报告结果也略高于 WIOD，2004 年它们所报告结果分别是 29.4% 和 26.9%，二者相差约 2.5%；2007 年它们所报告结果分别是 27.3% 和 26.5%，二者相差约 0.8%。

在增加值总额（含多重计算部分）中，最终品出口增加值占比略高于中间品。2004 年 GTAP 所报告的最终品出口和中间品出口增加值在增加值总额（含多重计算部分）中的比例分别为 34.0% 和 31.5%，2007 年的比例分别为 35.8% 和 30.4%，WIOD 所报告的 2004 年最终品出口和中间品出口增加值在增加值总额（含多重计算部分）中的比例分别为 34.0% 和 31.5%，2007 年的比例分别为 35.8% 和 30.4%；这两年 GTAP 所报告的最终品出口和中间品出口增加值占比之差分别为 2.5% 和 5.4%。在总增加值出口子项目中，GTAP 和 WIOD 所报告结果相差最大的是最终品出口，2004 和 2007 年前者比后者分别低了约 2.5% 和 1.9%；其次是最终品的外国增加值，2004 和 2007 年前者比后者分别高了 2.2% 和 1.7%。

从主要贸易伙伴来看，从总增加值出口与出口总额的比例（VAX）来看，2004 年 WIOD 和 GTAP 所报告的 VAX 都高于 65%，2007 年所报告的 VAX 都高于 63%；2004 年二者所报告的 VAX 之差低于 7%；除了中美贸易情况异常以外，2007 年二者所报告的其他主要贸易伙伴的 VAX 之差低于 2%。中美和中国-EU15 贸易的 VAX 相对较高，中日贸易的 VAX 与中国的总体情况基本一致，中国-EU12 贸易的 VAX 略低于中国的总体情况。2004 年和 2007 年 WIOD 所报告的中国总体情况分别是 73.3% 和 73.46%，中美、中国-EU15 VAX 均高于中国总体情况，且中美 VAX 高于中国-EU15 VAX；中日 VAX 与中国总体情况基本相似，中国-EU12 则低于中国总体情况；2004 年和 2007 年 GTAP 所报告的中国总体情况分别是 70.6% 和 72.78%，VAX 排序只是中美和中国-EU15 交换了一下次序，其他次序大致相同。2004 年 WIOD 和 GTAP 所报告的中国总体 VAX 之差约为 2.70%，主要贸易伙伴 VAX 之差排序与 GTAP 所报告的 VAX

排序类似，其中二者所报告的中美贸易 VAX 之差最高，也只有 6.51%，中国-EU12 最低，仅有 0.76%；2007 年 WIOD 和 GTAP 所报告的中国总体 VAX 之差约为 0.68%，二者所报告的中国-EU12 和中国-EU15 的 VAX 之差基本上可以忽略不计，中日贸易 VAX 之差也仅为 1.87%，中美贸易 VAX 之差略有异常，达到了 14.85%。

10.3.2   中国增加值的比较分析：WIOD 与 TiVA

在 2005 年、2008 年和 2009 年，TiVA 所报告增加值出口占比略低于 WIOD。2005 年 TiVA 和 WIOD 所报告的增加值出口占比分别为 71.8% 和 72.7%，2008 年二者所报告的 VAX 分别为 74.4% 和 75.3%，2009 年二者所报告结果分别为 77.4% 和 78.7%，这三年二者所报告的 VAX 之差分别为 -0.9%、-0.9% 和 -1.3%。在多重计算部分，TiVA 所报告结果也略高于 WIOD，2005 年它们所报告结果分别是 28.2% 和 27.3%，二者相差约 0.9%；2008 年它们所报告结果分别是 25.6% 和 24.7%，二者相差约 0.9%；2009 年它们所报告结果分别是 22.6% 和 21.3%，二者相差约 1.3%。

从主要贸易伙伴来看，在 2005 年、2008 年和 2009 年内，TiVA 和 WIOD 所报告结果中美贸易 VAX 都是最高的，中国-EU15 次之，它们都高于中国的总体情况。除了 2008 年 TIVA 所报告结果略高于中日以外，中国-EU12 贸易 VAX 在大部分年份里是最低的，而且低于中国的总体情况。除了 2005 年 WIOD 所报告结果略高于中国总体情况以外，中日贸易 VAX 在大部分年份里都低于中国总体情况，但高于中国-EU12。

在增加值总额（含多重计算部分）中，最终品出口增加值占比略高于中间品，TiVA 所报告的 2005 年最终品出口和中间品出口增加值在增加值总额（含多重计算部分）中的比例分别为 42.6% 和 24.2%，WIOD 所报告比例分别为 34.8% 和 30.5%；2008 年的比例分别为 41.5% 和 26.8%，WIOD 所报告比例分别为 36.0% 和 31.6%；2009 年的比例分别为 43.9% 和 27.8%，WIOD 所报告比例分别为 39.6% 和 31.7%。TiVA 所报告最终品出口增加值所占比例高于 WIOD，2005 年、2008 年和 2009 年分别高出了 7.7%、5.6% 和 4.3%；然而，TiVA 所报告中间品出口增加值低于 WIOD，这三年分别低了 -6.3%、-4.8% 和 -3.9%。

这三年来看，除了中美贸易略有异常以外，TiVA 所报告的中国与主要贸易伙伴 VAX 方差总体上要高于 WIOD，但在同一年份里，TiVA 所报告的中国与主要贸易伙伴双边贸易 VAX 的方差不但较低，而且各年份相差较小，WIOD 所报告的方差不但较高，而且各年份相差较大。2005 年和 2008 年 TiVA 所报告主要贸易伙伴 VAX 都介于 66%~80%，同期 WIOD 所报告 VAX 都介于 64%~

84%；2009 年二者所报告结果都普遍偏高，TiVA 所报告 VAX 介于 70%～83%；WIOD 所报告 VAX 介于 65%～88%。在 2005 年、2008 年和 2009 年内，WIOD 所报告的中国总体贸易 VAX 方差高于中国与主要贸易伙伴双边贸易 VAX 的方差，TiVA 所报告的中国总体贸易 VAX 的方差也是相对较高的，仅低于中日贸易 VAX 方差。

第 11 章

贸易增加值核算对 GVCs 发展趋势和 APEC 经贸的影响

马　涛、王　岚

　　当价值链在全球范围进行分割后，一国相对应的贸易政策就会变得更加独立，也变得更为重要，因为这些政策会产生立竿见影和普遍的效应。全球价值链分工体系下，以产品总值为口径的传统贸易统计已经无法真实衡量双边贸易失衡程度。利用贸易增加值核算来重新评估贸易利得，更有利于解释双边贸易失衡的结构性问题。例如，贸易增加值核算可以廓清中国在全球贸易失衡中的责任。总而言之，贸易增加值核算有利于对双边贸易及贸易利得产生本质的认识和深层次理解。

　　此外，以传统贸易差额为依据制定贸易政策会产生一定偏差。在全球价值链分工体系下，各经济体在"生产共享"过程中实现了利益的贡献和分摊，这不仅会导致带有重商主义色彩的"与邻为壑"贸易政策，更会造成"与己为壑"的后果。因为国内价值增值不仅包含在出口中还可能包含在进口中，本国中间产品和服务出口到国外后会包含在进口中回流到本国。这就导致关税、非关税壁垒及贸易救济措施除了影响国外厂商之外，还会间接影响到国内厂商。所以，贸易增加值核算将会影响到国家间贸易政策的制定和国际经贸规则的相互协调。

　　APEC 等经济组织需要实施全球价值链下的贸易增加值核算。亚太经合组织是亚太地区重要的区域性经济组织。亚太地区是当代全球价值链的发源地和成长地，包含世界最大的"总部经济"体——美国和最大的"工厂经济"体——中国。在亚太区域贸易中实施贸易增加值核算方法具有重要意义。当然，贸易增加值核算对 APEC 贸易投资也是一个重要的实践应用。为厘清 APEC 各经济体之间的生产、经贸联系及利得关系，贸易增加值核算能发挥巨大作用。亚太地区已成为全球价值链和供应链联系最为紧密的地区，但是各成员之间的发展差距远未弥合，人力资源、基础设施和机构建设之间的互联互通依然十分薄弱。

11.1　贸易增加值核算与 GVCs 下的国际经贸规则

11.1.1　贸易增加值核算对自贸协定谈判和国际投资的影响

基于贸易增加值的核算分析方法，可以为 APEC 地区生产和经贸联系的区域一体化发展提供一个深层次案例研究。众所周知，亚太地区既包含许多发达经济体，也有很多的发展中经济体和新兴市场国家，其经贸上相互交织形成了错综复杂的生产体系。所以，基于全球价值链合作的新起点上构建 APEC 贸易增加值核算框架，就显得十分必要。全面实施 APEC 贸易部长们在青岛通过的全球价值链有关倡议，不仅有利于摸清 APEC 经济体的真实经贸利益，也有利于亚太地区经济进一步深化整合，并促进世界经济强劲、可持续、平衡增长。

全球价值链上不仅仅要求货物贸易自由化，而且我们更要强调服务贸易的自由化，以及投资领域的自由化和便利化。全球价值链发展合作的战略蓝图，需要对货物、服务、投资，发展中国家中小企业如何参与全球价值链，做出了一些倡议。所以，2014 年 APEC 会议提出的《全球价值链中的 APEC 贸易增加值核算战略框架》，对构建 FTAAP 具有重要意义。使用贸易增加值核算可以重新界定 APEC 成员在亚太生产体系中的角色、地位及经贸联系，从而为推进 FTAAP 谈判提供理论依据。

自由贸易协定包含双边和诸边自由贸易协定，参与自贸协定谈判的国家间均有着紧密的经贸联系。以传统的贸易统计方法无法厘清实际贸易利得的情况，而贸易增加值核算方法则可以把贸易（特别是出口贸易）的国内外增加值区分开来，这样可以更好洞悉各国在全球价值链上的分工和收益情况。当前，全球范围内的诸边自贸协定谈判当属 TPP 最受世人关注，在经贸增长最为活跃的亚太地区签署范围颇为广泛的自由贸易协定，自然有着重要的战略意义。如何从本质上看清亚太地区经济体之间经贸联系及成员经济体的自贸协定，借助贸易增加值核算，则可以更好把握住在区域生产网络中的利得关系。

众所周知，全球价值链是发达国家获得巨大收益的重要路径。由于发达国家依托跨国公司掌控着价值链的高端环节，占据着"微笑曲线"的两端位置，获得的增加值收益最大。例如，在东亚国际生产网络中，美国、日本和韩国等国家掌控产品的研发、设计和营销等环节，而中国、马来西亚和泰国等国家成为其加工厂，创造的增加值低而仅赚取微薄的利润。发达国家和发展中国家扮演着全球价值链上、下游不同的角色，由于价值增值创造能力差异较大，获益也就相差悬殊。

这里我们选择 TPP12 个成员中的 7 个主要经济体与中国的增加值贸易联系为例（表 11-1），分析这些国家之间的贸易关联。我们发现，TPP 的发起者美国对主要参与协议协定的国家贸易增加值联系较大。例如，加拿大、墨西哥和智利出口贸易中包含的美国贡献的增加值分别占比为 9%、13% 和 4%，可以看出美国是这些国家出口增加值的主要来源国。在这样紧密的贸易联系下，美国发起的TPP 协定更具有说服力和主导权。从数据还可以看出，日本和中国也是贸易增加值的主要输出国，尤其是日本，占中国出口贸易中外国增加值的 4%。所以，从贸易增加值核算可以看出美国和日本等国在成员出口中隐含着较大份额的美、日的出口贡献。这也是美国能不断扩大 TPP 谈判成员和进程的经贸优势，也是大型自由贸易区（Mega-FTA）数量不断增加的基础。

表 11-1   TPP 主要经济体贸易增加值核算下的国内外增加值占比情况（单位：%）

增加值来源 出口国	加拿大	墨西哥	美国	智利	澳大利亚	新西兰	日本	中国
加拿大	80		9				1	1
墨西哥	1	70	13				2	3
美国	1	1	89				1	1
智利			4	82			1	1
澳大利亚			2		87		1	1
新西兰			2		3	82	1	1
日本			2		1		85	2
中国	1		4		1		4	67

资料来源：OECD/WTO 增加值贸易数据库。其中，对角线上方格中的数据为本国的国内增加值所占份额，其他方格中的数据为出口中的对应外国增加值份额

当然，中国在大型自贸协定谈判中正在发挥更大的作用，这与中国在全球价值链中影响力的提升密切相关。在 OECD/WTO 全球价值链数据库样本的 41 个国家中，有 36 个国家出口中源自中国的增加值占比超过 1%，这包含了 TPP 和RCEP 中所有被统计的国家和地区[①]。

很明显，发达国家的增加值贸易份额要比发展中国家高，但是近年来，美国、日本和英国等主要发达经济体增加值贸易份额却出现了明显下降。相反，以中国为代表的发展中国家，增加值贸易份额逐年提高，并且中国的增加值贸易份额也是提高最显著的国家。上述增加值贸易结构的变化，与全球价值链结构变动密不可分，这是发展中国家不断深入参与价值链并转型升级的结果，并带来了增加值贸易结构变化。

---

① 杨盼盼.超大型自贸区哪家强？中国社会科学网，2015-04-30。这一广泛程度在所有样本国家中仅次于美国和德国。不过在绝对占比规模和相互依存程度上，中国的情况还需要进一步分析。

当然，通过贸易增加值核算方法影响贸易政策的途径，也能促进双边投资协定(BITs)协定的发展。降低投资壁垒将是国家通过国际投资深度参与全球价值链的最为直接的方式。双边和区域协定也会有助于贸易便利化和伙伴之间的投资流动。然而，当前成千上万的双边和区域投资协定所造成的国际投资政策的复杂性，也会引致不确定性，由此阻碍全球价值链中的国际投资。因此，多边合作在维护公开和可预测的国际投资环境方面变得很有必要，这种环境可以支持当前以增加值核算为主导的国际投资。

11.1.2　原产地规则、区域贸易协定与贸易增加值核算

自由贸易协定中最重要的规则之一就是原产地规则。原产地规则也称为"货物原产因规则"，是指一国根据国家法令或国际协定确定的原则制定并实施的，以确定生产或制造货物的国家或地区的具体规定。为了实施关税的优惠或差别待遇、数量限制或与贸易有关的其他措施，海关必须根据原产地规则的标准来确定进口货物的原产国，给以相应的海关待遇。近年来，美国在亚太地区力推严格的原产地规则，一旦相关国家达成协议，可能会对协议以外国家造成不利影响。由于贸易增加值核算体系的构建和完善，将进一步降低中间品和最终品的进口关税，进而会简化原产地规则和标准。

美国统计数据显示，中国是美国纺织原料最重要的出口市场，中美两国在纺织服装行业形成了紧密的价值链联系。如果美国在 TPP 协定中推行严格的原产地规则，对双方均会产生不利影响(金中夏和李良松，2014)。我们这里利用纺织服装、皮革和鞋制造业在 APEC 成员出口中 FVA(外国增加值)排序及各自前十位来源国占比，以 2009 年的数据来分析自由贸易协定中的原产地规则对全球价值链发展的影响。表 11-2 中的数据显示，中国在所列 APEC 主要经济体中的纺织服装、皮革和鞋制造业的外国增加值份额均占最大或者较大份额。假设一种情况，如果美国与其他经济体签订了原产地规则，而把中国排斥在外的话，将会对中国该产业造成极大的利益损害。当然，这样也不利于达成协议经济体的产业发展。

表 11-2　样本国家以不同技术复杂度水平参与 GVCs 的出口增加值份额(单位:%)

国家	根据产品技术复杂度划分的出口类型				
	资源型产品	低技术制造品	中技术制造品	高技术制造品	知识服务产品
巴西	60	5	15	5	10
中国	10	25	20	30	5
哥斯达黎加	20	5	5	35	15
印度	35	15	10	5	25

续表

国家	根据产品技术复杂度划分的出口类型				
	资源型产品	低技术制造品	中技术制造品	高技术制造品	知识服务产品
马来西亚	30	10	15	30	5
俄罗斯	75	5	10	0	5
新加坡	20	5	15	35	15
南非	55	5	25	0	5

资料来源：UNCTAD 分析，基于全球数据库

从全球价值链角度看，原产地规则可能人为地割裂了一些国家某些行业参与全球价值链，造成这些国家某些产业在全球分工体系中的重新调整。取消进出口中的配额和其他数量限制，修改原产地规则中的累计原则可以鼓励区域价值链贸易的发展。例如，TPP 协定若实施较为严格的原产地规则的话，将会对一些国家的某些产业，如纺织业等造成深刻影响，即 TPP 成员国之间的出口将会获得更多的优惠政策（因为优惠措施都是针对原产地而设定的），也会扩大成员国产业的竞争优势，进而会伤害非成员经济体的国家和产业利益。

在区域贸易协定谈判中，如 TPP 谈判过程中，各国对原产地规则的立场，除了要考虑本国的产业实际情况外，还要配合其他谈判议题的需要。当然，区域贸易协定也会在微观层面造成影响。例如，TPP 中若实施严格的原产地规则，那么非 TPP 成员国的企业可能就会面临较大压力，于是这些企业就会到 TPP 成员国中投资设厂，通过进行跨国的自我调整以求规避原产地规则。

在 TPP 协定中，如果美国政府依然坚持实施严格原产地规则。除了政治考虑外，还有一种可能，就是美国以坚持严格原产地规则为筹码，以换取其他国家在一些重要议题上的让步（如知识产权保护等）。因此，若美国将来声称放弃这一原则，转而采取更为灵活的原产地规则，也不应视为美国做出的重大让步。

多边和区域贸易投资协定有助于全球价值链的发展和成长。伴随着 GVCs 的出现，多边和区域贸易协定将会反映货物和服务流动的普遍性，正如重商主义所认为的那样，出口对国家有益，而进口对国家无益。

考虑到多边和诸边协议，如果更多国家参与或者市场更加开放，那么收益将会越大。GVCs 强化了多边层面高级别协议的经济含义，1997 年的信息技术协议（information technology agreement，ITA）成功之处在于涵盖了所涉及 IT 价值链的所有产品和所有国家。ITA 也凸显了在诸边协议中应用最惠国待遇的益处，这样就消除了原产地规则的繁琐程序，以及对贸易的潜在干扰。

区域贸易协定将有助于企业参与全球价值链。为扩大全球价值链的效应，成员经济体共同参与区域生产体系下的区域贸易协定更为有效。这些区域贸易协定

也为加深一体化提供了条件，这在于标准的整合或者资格的认可能从双边或者区域层面开始。但是，区域贸易协定还是要尽量避免扰乱企业的选择，不使企业与价值链的其他部分失去联系。例如，更为自由化的原产地规则将会使区域贸易协定更偏好全球价值链，并且对企业的生产率造成更大影响。从长期看，不断强化和多边化的区域贸易协定将有助于特惠协议"意大利面条碗效应"变得更为简洁，并对全球价值链所有成员的贸易体制更有效。

11.2　基于贸易增加值的 GVCs 新趋势和融入路径分析

11.2.1　GVCs 融入路径和发展模式

图 11-1 从嵌入位置和增值能力两个层面，刻画了特定行业融入 GVCs 的路径。两个维度将整个空间划分为四个象限：第 I 象限中的行业嵌入位置靠近上游且增值能力较强，表明行业从事的是上游高增加值环节，如设计研发；第 II 象限处于增值能力较强但嵌入位置靠近下游的区域，这意味着行业从事的是下游高增加值环节，如营销、售后服务等；第 III 象限与第 II 象限情况相反，嵌入位置位于上游但增值能力弱，资源类行业多属于此种情况，虽然位于上游，但仅靠输出资源增值能力有限；第 IV 象限与第 I 象限情况完全相反，嵌入位置靠近最终需求且增值能力弱，表明行业专业化从事的是价值链下游的低增加值环节，比如加工装配。显然，第 I、II 象限的行业在价值链分工中的获利能力更强，国际分工地位相对有利；而第 III、IV 象限的行业则相对被动，只能通过从事低增加值的环节融入 GVCs 分工，面临着转型压力。

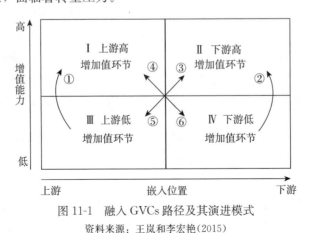

图 11-1　融入 GVCs 路径及其演进模式

资料来源：王岚和李宏艳(2015)

基于演进方向的不同对 GVCs 融入路径演进模式进行了进一步划分(图 11-1)。

模式①和②的共同特征在于嵌入位置保持稳定，但增值能力增强。为实现这一目的，企业可以通过在现有环节进入更加复杂的生产线，提高产品增加值，实现产品升级；还可以通过技术升级或生产系统重组，将投入更加高效转化为产出，实现过程升级。模式③的特征是产业在价值链中的嵌入位置下降但增值能力增强，意味着产业通过向下游增值能力更高的环节转化，实现了功能升级，如从 OEM（original equipment manufacturer，即原始设备制造商）转变为 OBM（original brand manufacturer，即原始品牌制造商）。模式④中产业的嵌入位置和增值能力同时提升，也即产业向上游增值能力更高的环节转化，这同样也是功能升级，只是产业链延伸的方向与模式③相反。模式⑤中产业在价值链中嵌入位置提升但增值能力下降，意味着企业向价值链上游低增加值的环节转化，此时企业在参与价值链分工的过程中处于被动局面，被跨国公司俘获在价值链上游环节，增值能力被抑制，面临着参与价值链与提高增值能力的两难抉择。模式⑥与模式④相反，产业的嵌入位置和增值能力同时下滑，这种路径是最需要警惕的，因为此时产业在参与价值链分工的过程中逐渐被边缘化，面临着被锁定在低端环节的风险，亟须扭转。概括而言，模式①→④由于都实现了增值能力的提高，因此有利于特定行业价值链分工地位的提升；而模式⑤和⑥则意味着行业在国际分工中存在边缘化风险（王岚和李宏艳，2015）。

11.2.2　APEC 成员融入 GVCs 的路径

WTO 的一份报告给出了 2005 年东亚主要国家和地区各产业的平均延伸长度（average propagation length，APL）[①]。该指数是根据 IDE-JETRO 的亚洲国际投入产出表计算的，这里只选取交通运输装备制造业的 APL 指数，中国大陆的是 10.5，日本的是 29，美国的是 10.4，韩国的是 3.8，中国台湾的是 3.0。APL 指数也反映了产业在 GVCs 中参与的长度和深度，技术复杂度越高的产业，指数越大。但是，也不是所有技术水平高的产业的该指数都大，还要看参与国际分工的程度。

Dietzenbacher 等（2005）构建了 APL 指数，用于测度产业与产业之间的供应链长度，该指数也用到投入产出模型中。该指数给出了如何定位国家在区域供应链中所处的位置，也可以刻画产业与产业之间生产环节的数量多少。例如，为了衡量产业 1 到产业 5 之间的供应链长度，我们可以根据供应链路径进行划分，供应链长度也会依据生产阶段的多少有所差异。

图 11-2 给出了 APEC 中的十个经济体在区域供应链上相对位置的变动情况。首先，需要理解两个概念，全球价值链的上游度和下游度，上游度代表距离零部件和中间产品生产较近的一端，而下游度则与之相反，靠近加工组装、最终消费

---

① Elms D K，Low P. Global value chains in a changing world. WTO，2013.

品的一端。相比 1985 年，2005 年上游国家相对更加集中，而中国和泰国则单独处于下游。这种零部件供应商和最终产品组装制造商之间的两极分化在此期间变得尤其显著，由此中国和泰国被誉为"亚洲工厂"也充分证明国际分工的高度垂直专业化。各个国家在区域生产体系中各自扮演着不同的角色。

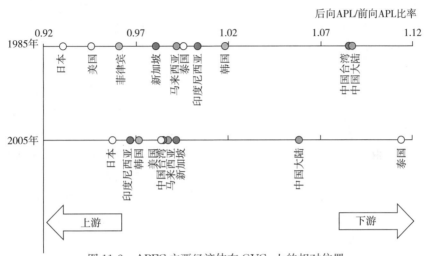

图 11-2　APEC 主要经济体在 GVCs 上的相对位置

资料来源：Inomata S. Trade in value added；an East Asian perspective.
ADBI Working Papers Series NO. 451，December 2013

以东亚十国分析亚太地区经济体参与价值链的程度，这里利用上游度和下游度的概念进行分析（这里的上游度和下游度是指后向和前向平均延伸长度，与 Antras 提出的上游度指数不同）。从图 11-2 可以看出，自 1985～2005 年，上游经济体还是相对较为集中，出现了集聚现象。1985 年，只有中国大陆和中国台湾处于下游位置，而到了 2005 年，中国大陆和泰国处于下游国家的行列。这说明，"亚洲工厂"还是属于一些发展中国家，首先这些国家具有劳动力资源的比较优势，其次是这些国家在政策上也具备一些优惠措施。

11.2.3　国家融入 GVCs 的模式及其含义

全球价值链结构发生着变化，也面临转型和重构。从世界层面看，中国越来越多的企业走出去，对海外公司实施跨国投资战略，美国则在金融危机后宣称"重返制造业"，欧洲实体经济饱受债务危机的重创，新兴经济体则异军突起引领危机后的经济增长，世界经济格局的新变化对全球价值链的结构和发展将产生战略性影响。在此背景下，全球价值链可能会存在不同的发展路径，而这取决于各国参与全球价值链的模式，尤其是发展中国家所采取的贸易和投资战略。发展中国家存在以下参与全球价值链的模式：一是从事全球价值链的生产活动——发展中国家依靠吸引 FDI 并与跨国公司建立非股权关系，从事加工贸易生产，其出口中内涵不断增加的中间品和服务。二是在全球价值链中求升级——一体化程度较高的发展中国家，不断增加高增加值产品和服务的出口，扩大参与价值链的范围。三是在全球价值链中勇于竞争——一些发展中国家在高增加值环节利用国内生产能力取得竞争，并通过跨国并购使国内生产企业融入全球生产体系。四是转变全球价值链模式——发展中国家根据其出口构成提升加工贸易中的进口构成，其进口构成与自身生产能力可以改变全球价值链的模式。五是实现全球价值链跨越发展——一些国家出口竞争力依托国内生产能力的快速扩张而得到提升，FDI在贸易一体化和国内生产能力建设方面起着催化剂作用(UNCTAD，2013)。

图 11-3 刻画了十个国家从 1990 年到 2000 年再到 2010 年的参与全球价值链的发展路径。一般而言，考察国家的 GVCs 发展路径都会从参与 GVCs 程度和国内增加值份额两个维度进行测度和定位。这些国家可能通过不同产业和 GVCs 的分割，以不同的方式增长，包括 FDI、非股权模式或者国内企业的发展。总体而言，国家层面 GVCs 发展路径应该是许多产业活动的平均发展路径。其中，墨西哥、突尼斯、哥斯达黎加和加纳在三个时点上，GVCs 参与程度在提高，但是出口中的国内增加值份额在减少。相反的是，新加坡、菲律宾、马来西亚和泰国在参与 GVCs 程度大幅提高的情况下，其出口中的国内增加值份额也在明显扩大，尤其是马来西亚和菲律宾更为明显。

这种全球价值链的发展路径在一定条件下与产业升级紧密相连。一些国家出口中的国内增加值份额降低也可能是升级的一种路径，前提条件是这些国家能够深入参与全球价值链并创造更高的增加值，或者以更高水平的技术复杂度参与 GVCs 的任务和生产活动，以此在绝对量上创造更多的价值，与此同时，还要依赖增加的出口外国增加值。

表 11-2 是从产品大类(或者产业)层面分析样本国家出口增加值份额的分布情况，即各产业国内增加值的占比。根据产品技术复杂度划分的产品大类(或者产业)，分别有资源型产品、低技术制造品、中技术制造品、高技术制造品和知识型服务产品。我们可以看到，巴西、俄罗斯和南非的资源型产品出口增加值份额较高，均大于或等于 55％。中国、马来西亚和印度的低技术制造品的出口增加值份额比其他国家高，均大于或等于 10％，尤其是中国高达 25％。高技术制造品出口增加值较高的国家有哥斯达黎加、新加坡、中国和马来西亚，尽管多数是发展中经济体，但这些国家的高技术制造业发展较快。知识服务产品出口增加值份额较高的国家有哥斯达黎加、新加坡和印度等，这些国家的服务行业或者服务型制造业都较为发达。以上通过国别间不同技术含量产业的国内增加值份额的比较，可以纵览这些国家在产业层面参与全球价值链的发展路径，以及各自的比较优势和要素禀赋的差异造成的不同发展道路。

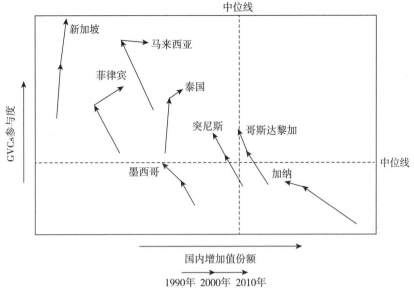

图 11-3　不同经济体的 GVCs 发展路径

资料来源：UNCTAD-Eora GVCs 数据库

11.2.4　全球价值链重构对中国的政策启示

由于世界经济格局的变化，全球价值链结构也在发生变化，进行重构。全球价值链下的总值贸易核算会导致大量重复核算问题，WTO 推动的贸易增加值核算不仅可以还原真实的世界贸易，还可以明确各个国家在全球价值链上的角色和任务。发展中国家在全球价值链上发挥了自身比较优势并获得了对应的任务贸易，充分参与了全球生产体系，赢得了更多的福利。特别是中国，参与全球价值链为其带来了经济增长动力和巨大就业机会。但是如何提升潜在收益，以下三方面建议对中国产业和贸易发展具有一定的政策启示。

第一，继续深度参与全球生产体系，努力提升在价值链上的地位。

中国自改革开放以来，尤其是加入 WTO 之后，深入融合到新型国际生产体系中，对外贸易额大幅提升，不仅创造了就业机会，对经济增长贡献也更加突出。然而，由于中国外贸企业受人力资本低、研发创新能力有限及生产基础差等因素的限制，还要维持现行的对外贸易战略，承接多种形式的加工贸易，逐步向进料加工贸易转变。继续与发达国家的高创新能力、高端生产能力等要素结合，形成"优势互补"的跨国生产与贸易格局。除此以外，发展中国家还要努力推动资本、技术密集型企业向价值链的两端拓展，在全球价值链中形成高、中、低全面覆盖的梯度发展模式。在深度参与全球生产体系的同时，把握住全球价值链转型的战略机遇期。

尽管贸易增加值核算会降低贸易对经济增长的贡献份额，但却能准确衡量对外贸易在中国经济中的真实地位，并能直接反映国民福利的提升状况。增加值贸易还可以揭示出口产品的结构组成，反映中国真实生产能力和技术水平。增加值贸易在一定程度上对中国贸易的可持续增长提出一定挑战，这也迫使外贸企业加快转型升级、国家出台更多有利于产业转型升级的政策。此外，贸易增加值核算方式还准确衡量了中国对外贸易失衡的真实程度，较好地解释了双边经贸关系。

第二，在全球价值链重构过程中积极应对产业转移，努力走新型工业化道路。

中国对外贸易在转型的同时，国内外环境的变化也迫使中国部分产业"主动"或"被动"地进行转移。国内沿海地区"用工荒"及土地等资源的匮乏，迫使大量外贸企业向中西部省份转移，除了寻求廉价生产要素外，更重要的是寻求市场。由于东南亚新兴市场国家的劳动力价格低于中国，许多产业和跨国企业转移到这些国家，就像当年日本和亚洲四小龙向中国大陆进行产业转移一样，中国目前也面临着几乎同样的国际战略机遇期。

为应对这样的战略机遇和挑战，我们认为中国在未来促进产业升级和生产与贸易方式的转变中，应该积极参与全球价值链和国际生产体系，顺应国际分工从产品层次转向要素层次的趋势与规律，充分享用外国投资与生产外包、价值链细分和地理配置与丰裕资源禀赋相结合的巨大收益，形成和壮大生产集聚和规模经济效应。同时，也要认识到随着国际分工由产品分工转向要素分工，发展中国家不断深入参与的垂直专业化国际生产体系是由发达国家和跨国公司所主宰和控制的，在价值创造的分配上很不平衡。因此对于中国来说，若真正实现经济崛起就必须改变生产低端产品、过度依赖 FDI 和以加工贸易为主的生产、投资与贸易的传统模式，通过研发和创新转向生产和出口高增加值产品的新型工业化道路。

第三，努力构建国家价值链（national value chains），以此促进贸易结构转型升级。

目前，中国已经成为世界第二大经济体和第一大出口贸易国，应该借助全球价值链重构的契机，加快构建国家价值链（刘志彪和张杰，2009），提升部分产业技术升级和贸易结构的转型。

加入 WTO 以来，中国对外贸易数量取得了巨大提升，成为举世公认的"贸易大国"，考虑到加工贸易在中国对外贸易中占据半壁江山，这种"大进大出"的贸易方式很大程度上只是提高了中国的出口贸易量。加工贸易需要中国从上游国家进口大量中间投入品，尤其高度依赖高技术产品的进口，这足可以证明中国距"贸易强国"还有一定距离。为突破中国贸易发展的瓶颈，只有培育以本土市场需求为基础的国家价值链，掌握产业价值链的核心环节，才能加快中国产业和贸易结构转型升级，不断提升出口产品的增加值比重（在贸易增加值核算下，中国对外贸易在世界贸易中的贡献份额已经开始提升）。而要实现从"共享型"到"独享型"生产贸易模式的回转，终极目标就是要生产和出口更多"自有品牌、自主知识产权和自主营销"的高品质货物和服务产品（马涛和刘仕国，2013）。

11.3　贸易增加值对营建全球价值链结构和贸易政策的影响

11.3.1　贸易增加值核算与全球价值链结构的关系

全球价值链结构的构建很大程度上就是国际生产分割（international fragmentation of production）不断演化的结果。实际上，全球价值链在不断分割的过程中就产生了用贸易增加值进行核算的必然性，所以，贸易增加值核算中国内、国外增加值（不管是最终产出还是出口贸易中的）份额的变化就能体现全球价值链在参与国家中的结构重组和重构。

首先，产品层面的生产分割趋势愈发显著，这是全球价值链结构构建的微观基础。在贸易产品层面，贸易增加值核算便可以识别出贸易品的结构性问题，即将贸易品按照价值增值的国别属性，区分为外国增加值和国内增加值。图 11-4 中，FVAS（foreign value added share，即外国增加值份额）就是最终制成品中包含的外国增加值份额，这里的 558 种制造品可以汇总到 14 个制造业部门，数据来自全球 40 个国家的产出数据。采用最终制造品作为研究对象，在于这些产品的生产价值链易于分割，这样我们就可以拥有 558 条价值链进行考察。通过 2008 年和 1995 年的 FVAS 数据进行对比发现，更多的制造品位于 45 度线的左上方，这说明更多的制造品的价值链国际分割的程度在提升。图 11-4 中的细实线是根据普通最小二乘法（ordinary least square，OLS）估计出的斜率，在 1995～2008 年，斜率平均增长了 20%。

其次，用贸易增加值核算分解出的外国增加值份额能够很好地描绘全球价值链结构的变动。无论是基于产品层面，还是基于产业层面，不断被分割的全球价值链结构日益凸显。我们再回归到中观的产业层面，从表 11-3 数据可以看出，像石油制品、金属制品和电子产品等产业的外国增加值份额较高，而且从 1995 年到 2008 年增长的幅度也较大，增幅均在 10% 以上，石油制品业竟高达 20.8%。这充分说明，这些产品技术含量较高的行业，出现的国际生产分割程度也较高。上述产业全球价值链的分散化程度越高，这些产业的全球价值链结构较劳动密集型产业要复杂、碎片化得多。而皮革制品、造纸和印刷制品，以及纺织品行业的 FVAS 变化甚微，说明这些产业的价值链结构变动不大，生产分割的国际程度没有继续深化的趋势。表 11-4 的最后一列数据是 2008 年的每个产业的

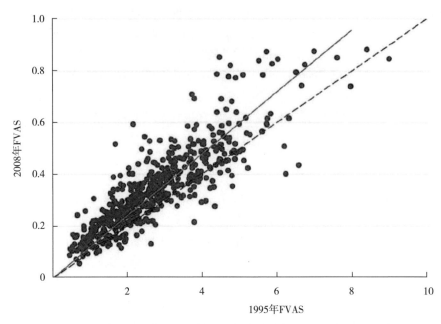

图 11-4   最终制成品产出中的外国增加值份额变化(1995 年和 2008 年)

资料来源：Los 等(2014)基于 WIOD 数据库计算的结果

最终总产出，由前面的 FVAS 可以确定每个行业的增加值创造能力。当然，增加值的创造是由全球消费和投资需求引致的。

表 11-3   分产业的最终制造品产出中的外国增加值份额

产业	ISIC rev3.0	外国增加值份额			2008 年全球总产出/百万美元
		1995 年/%	2008 年/%	1995~2008 年变化	
石油制品	23	32.9	53.7	20.8	678 571
基础和制成金属品	27，28	17.7	30.2	12.5	386 895
电子产品	30~33	18.3	29.1	10.8	1 405 650
化学产品	24	17.4	28.0	10.5	707 378
交通运输品	34，35	20.4	30.3	9.9	1 834 003
其他机械品	29	14.9	24.0	9.1	1 326 246
橡胶与塑料品	25	18.3	26.4	8.1	151 410
其他制造品	36	15.6	23.6	8.0	467 998
木制品	20	13.4	20.7	7.2	49 288
其他非金属矿	26	13.0	20.2	7.2	75 310
食品	15，16	12.1	16.9	4.8	2 438 968
纺织品	17，18	16.7	20.4	3.7	577 356

续表

产业	ISIC rev3.0	外国增加值份额			2008 年全球总产出/百万美元
		1995 年/%	2008 年/%	1995~2008 年变化	
造纸和印刷品	21, 22	14.8	18.3	3.6	361 138
皮革制品	19	17.5	18.5	1.0	140 314

资料来源：Los 等(2014)基于 WIOD 数据库计算的结果

如何解释上述产业之间价值链结构变动的差异呢？一方面，全球价值链的分割程度是由许多因素决定的，这其中包括关税和符合标准要求的贸易成本、运输成本及其他相关成本等。例如，最终石油制品的外国增加值份额的增加，是因为多数国家国内没有石油储量，进而需要进口石油中间品，以提炼汽油等制成品。在 1995~2008 年，原油价格提高了 5 倍，这样原油生产商就提高了提炼油的价格，其份额也有所增加。所以，假定一系列原材料价格普遍上涨，那么其他资源密集型产品的全球价值链分割也会出现类似的趋势。另一方面，一些劳动密集型产业的外国增加值份额增长缓慢，这是由于这些产业的中间产品均来自于当地农业部门，食品的非关税壁垒相对较高，运输成本也较高，这些都是导致上述行业的价值链分割程度低的主要原因。

11.3.2　贸易壁垒与 GVCs 下贸易增加值核算的相互影响

1. 关税在全球价值链下的放大效应

全球价值链下的贸易成本会大幅提高，应在多边层面削减关税。目前的全球贸易体系下，发达国家对制造品的进口名义关税已经很低，发展中国家的情况虽然相对复杂，但也朝着低关税水平发展。但在全球价值链体系下，关税成本会比一般情况下要高，原因在于中间投入品在多次跨境交易后大大提高了累计关税。例如，下游企业对进口的投入品缴纳关税，对出口制成品还要上缴全部贸易额的关税，这就产生了对进口投入品的重复征税。OECD 的全球价值链报告显示，2009 年，中国制造品总出口负担的关税率约 4%，如果换算成国内增加值部分所负担的关税时，则高达 17%，意味着中国出口商实际负担的有效关税上升了 4 倍。这种效应在制造品的外国增加值比重较高时尤为明显，累计关税造成了规模较大的贸易成本。所以，在关税累加效应显著的情况下，降低关税和其他跨境成本，可以对参与全球价值链产生立竿见影的促进效果。

在所有的跨境交易成本中，名义关税率是最直接可见的，关税通过全球价值链放大了保护措施的效应。自从第二次世界大战之后，通过连续数轮的多边谈判、区域协定和贸易自由化，制造业的关税已经显著下降。2010 年 WTO 成员的制造业产品平均应用关税率降低至 2.6%。贸易自由化不可否认地削弱了关税在世界范围内的保护作用，但也不能完全终止其对于本国制造者的保护作用。

如何量化上文提及的关税放大效应，具有重要的现实意义。全球价值链下的关税放大效应源于两个方面：一是贸易品的多次跨境交易；二是产品最终完成国进口值和增加值之间的偏差。这里我们做一个假设，一件产品的增加值是 100，这件产品分 n 个阶段在不同国家生产制造。假定每个生产阶段在不同国家生产并贡献相同的增加值，且在每个边界处征收相同的关税。所以，关税的放大效应该由生产阶段的分割数量和关税额两个因素决定。假设一种情况是高度的生产分割，生产阶段划分为 $n=10$，这样小幅的关税提高就会导致较大的成本增加，例如，5％关税的提高就会导致最终产品价格提升 25％，若是关税提高 20％，价格则会大涨 160％。又如，假设关税水平为 10％，那么 5 个生产阶段的增加值会从 22％提高到 10 个生产阶段的近 60％。具体如图 11-5 所示。

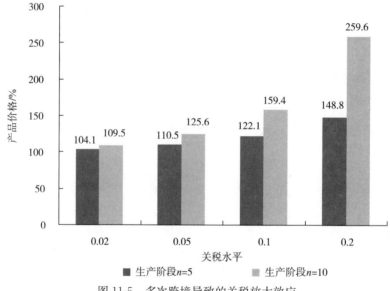

图 11-5　多次跨境导致的关税放大效应

资料来源：OECD. Interconnected economies：benefiting from global value chains. 2013

还有一种全球价值链下的关税放大效应的途径，即出口贸易中内涵了外国增加值的一个重要份额。在价值链上简单的一次跨境交易，出口制造商面临的增加值关税率可以定义为，名义关税除以出口商国内增加值率的结果。如果进口投入品占到出口增加值较大份额，那么较低的名义关税能够转化成一个较高的增加值关税。

当然，全球价值链的这种放大效应不仅只有关税在起作用，而且在每一次跨境交易中的其他贸易成本都会引致这种放大效应。每次产品沿着价值链交易都会在跨境时产生交易成本，其中也包含一些其他潜在的累加效应。当名义关税率下降时，全球价值链中的非关税边境成本的相对重要性会上升。

2. 非关税壁垒在全球价值链下的放大效应

全球价值链分工体系下中间品在国家间多次流转，不仅关税壁垒，而且非关税措施的贸易保护效果也会被放大。当今国际贸易体系中出现了各种巧立名目的非关税措施，这些非关税措施在很多方面都影响到价值链上的生产者。尽管有些非关税措施在设立的本意上不存在保护的目的，但在实施中却造成了比关税还要高的贸易成本，所以，各经济体也要尽量避免使用各种非关税措施。

非关税措施越来越成为隐蔽的保护手段，如大量的标准和技术规范所引致的贸易成本提高，对中小企业参与全球价值链带来难以承受的负担。非关税措施在价值链的某一环节就会对中小企业造成较高的进入门槛，这在全球价值链主导的世界经济中更为严重。制定适当的质量标准对最终消费者是有利的，但是上述标准措施的复杂性和保护性对中小企业进入全球价值链形成了一道障碍。所以，取缔具有保护性质的非关税措施，才能有利于企业积极参与全球价值链。

在全球生产网络中，零部件贸易和最终品贸易需要跨境交易的服务便利化是特别必要的准备条件。如果在关键的服务部门缺少一定竞争可能会成为顺利融入全球价值链的瓶颈。从广义角度讲，贸易壁垒不仅在于非关税的限制，也在于这些措施的实施上。贸易规则和其他程序实施不透明会严重阻碍贸易并加深非关税措施的影响。

减少跨境交易中的贸易壁垒，降低生产网络中的交易成本。由于没有大量证据表明，交易成本可以对贸易流产生负面影响的非线性关系。尤其在任务贸易视角下，货物在抵达最终目的地前都要经过多个节点。关税的小幅降低便能导致需要一个任务贸易承担该节点的关税，而这在关税未降低之前不存在。当关税降至该临界点以下后，将会引致国际贸易大幅增长，而这种增长却是非线性的。

11.3.3　贸易增加值核算需要提高贸易便利化程度

贸易便利化旨在优化货物通关措施，在加速全球贸易增长的同时，降低进出口商在进行跨境贸易时产生的贸易成本[①]。与贸易自由化旨在降低关税不同，贸易便利化更关注的是一系列阻碍贸易发展的非关税因素，包括繁琐的海关手续和落后的交通基础设施等。贸易便利化可以从贸易扩张、拉动就业和经济收入等方面使各国获得收益，同时也需要投入一定的成本。根据国际商会预测，"巴厘一揽子协定"将为全球经济每年增加最多 1 万亿美元的贸易额，创造近 2 100 万个就业岗位。如果推行贸易增加值核算，必然要求提高贸易便利化的程度，只有这样才能简化海关统计的程序，保障贸易增加值核算的运行。

---

① 相关研究表明，贸易便利化协定生效后，中国企业的国际贸易成本可降低 13.2%。

　　运输成本和贸易便利化，同关税一样，运输和海关程序会引致的国际供应链上成本的扩大，并且经过多次跨境的加工制造会两次支付关税，一次是进口零部件，另外是加工产品。贸易便利化措施对全球价值链的重要影响体现在以下方面：降低通关与物流费用、节省贸易时间成本、增加透明度与可预测性。快速和高效的通关环境能够使价值链运行得更加顺畅，减少企业对存货的依赖及对全球需求的变化快速做出反应。简化边境措施能够帮助一国在全球价值链中降低贸易和经营成本，扩大参与全球价值链带来的收益。

　　全球价值链上多次跨境交易要求提高贸易的便利化程度。全球价值链上的投入品可能先以中间品进行跨境交易，再以最终品出口到别国。这种多次跨境交易就需要一个快速、有效的海关和港口程序使供应链上的操作更加顺畅。在交易过程中，企业要维持精益库存，并对外部需求变化有迅速的反应，避免中间投入品在边境受到交易的延误。那么，贸易便利化措施对于参与全球化生产网络和市场交易的企业就至关重要。

　　在这方面，OECD 推行的一套贸易便利化指标涵盖了边境交易程序的整个范围。这套指标包含了从预先裁决到运输保障等内容，涵盖 133 个不同收入水平、地理区位和发展阶段的国家。贸易便利化措施可以使所有国家在进出口交易中受益，也会使投入品能够顺畅进入生产环节，深入参与体现国际贸易特征的全球价值链。综合的贸易便利化改革比起单个、渐进的措施更加有效。贸易便利化措施能够带来非常显著地降低成本的效应，其中，低收入国家将减少 15%，中等偏下收入国家将减少 16%，中等偏上收入国家将减少 13%，OECD 国家将减少 10%。在某种程度上，成本问题对于发展中国家来说可能是一种障碍，但是可以通过有效的贸易援助措施减轻这种负面效应。

　　那么，对于不同收入国家最为有益的贸易便利化改进在于以下五个方面。

　　第一，协调并简化手续流程将会降低贸易成本，对低收入国家可降低 3%，对中低收入国家可降低 2.7%。

　　第二，精简程序将会进一步降低中高收入国家贸易成本的 2.8%，中低收入国家的 2.2%，以及 OECD 国家的 1%。

　　第三，自动化流程将也会降低贸易成本，低收入国家会降低 2.3%，中低收入国家降低 2.1%，中高收入国家降低 2.4%，OECD 国家降低 2.1%。

　　第四，确保与贸易相关信息的可得性，也会减少贸易成本，OECD 国家可以降低 2%，低收入国家可以降低 1.6%，中低收入国家可以降低 1.4%。

　　第五，事先裁定海关事项也可以导致成本的削减，中低收入国家会降低 1.5%，中高收入国家会降低 1.2%，OECD 国家会降低 1%。

　　全球价值链分工体系下，中间品在国家间的多次流转，意味着关税和非关税壁垒的贸易保护效果会被放大。这也意味着，贸易壁垒的小幅提升，也会带来最终产品成本的显著提升。同时，现有关税体系以进口产品总值，而不是以进口产品增加值作为应税标准，会导致当国外价值增值在产品中占比较大时，关税成本会显著提高。这一点具有非常明显的政策含义，亚太经济体共同的、协调的削减贸易壁垒，较之单边的、孤立的贸易自由化措施将更加有效地推进亚太地区的贸易自由化。

11.4　基于贸易增加值核算的 APEC 经贸联系

2014 年 APEC 会议的主题是共建面向未来的亚太伙伴关系。5 月 18 日，APEC 贸易部长会议通过了《全球价值链中的 APEC 贸易增加值核算战略框架》，提出共同营建有利于全球价值链发展的核算体系和政策环境。全球价值链下的贸易增加值核算这一新的统计体系，不仅能够推动区域经济一体化发展，也能促进经济创新发展、改革与增长，全球价值链还将对国际贸易投资新规则产生深刻影响。

APEC 的 21 个成员中一半以上是发展中经济体，区域贸易的纵深发展加强了成员的经贸联系。以中国为例，2013 年，中国与 APEC 其他成员之间的贸易额达 2.5 万亿美元，占中国对外贸易总额的 60%。在中国十大贸易伙伴中，有八个是亚太经合组织成员。根据 UNCTAD-Eora 全球价值链数据库的数据，1990 年发展中经济体增加值贸易的份额为 22%，2000 年提高到 30%，2010 年则猛增到 42%。尽管发展中经济体在全球贸易中创造的增加值比重越来越高，但是其对进口投入品的依赖也有增无减。发展中经济体出口贸易结构的这种特殊构成，也体现出贸易增加值核算在贸易统计中的重要性。

全球价值链下的贸易增加值核算，不仅有助于全面深入研究亚太生产网络，也有助于进一步理解"全球制造"(made in the world)对亚太各国贸易竞争力和区域贸易发展的影响。基于这种新核算方法的全球价值链研究，可以更加客观地看待各国在对外贸易中的比较优势和分工地位的变化。当然，该方法还有助于分析全球化发展对中国参与全球和区域贸易，以及经济合作的影响。

11.4.1　APEC 成员参与 GVCs 的前向联系和后向联系

1. APEC 成员的国家(地区)层面 GVCs 参与指数

2013 年 5 月，OECD/WTO 发布了 GVCs Indicators 数据库，我们整理出 19 个 APEC 成员经济体参与 GVCs 的指数，除了总的 GVCs 参与指数，还包含前向关联和后向关联指数[①]。其中，前向关联是指一国将本国增加值出口到其他国家并作为其他国家对外出口的一部分增加值，而非最终消费。后向关联是指一国出口中包含的外国增加值部分。该指数的理论基础主要是贸易增加值核算方法，

---

① OECD/WTO 数据库只包含了 21 个 APEC 成员中的 19 个，不包括巴布亚新几内亚和秘鲁。

总关联指数反映了国家层面参与全球价值链的程度，前向、后向关联指数则主要是测度国家在价值链上下游的分布情况，并且总的 GVCs 参与指数等于前后向关联指数之和(表 11-4)。

表 11-4　19 个 APEC 成员参与 GVCs 的整体和前向、后向关联指数

年份	1995	2000	2005	2008	2009
1. 日本	29.263	36.002	43.391	50.052	47.748
后向关联	6.846	9.911	13.753	19.352	14.795
前向关联	22.417	26.091	29.638	30.700	32.953
2. 韩国	37.926	52.062	63.938	68.401	65.029
后向关联	23.707	32.933	37.721	43.422	40.642
前向关联	14.219	19.129	26.217	24.979	24.387
3. 美国	32.874	40.217	43.440	44.277	39.833
后向关联	8.359	9.166	11.692	14.611	11.289
前向关联	24.515	31.051	31.748	29.666	28.544
4. 澳大利亚	33.639	39.626	44.347	49.032	43.809
后向关联	11.830	13.537	12.962	13.929	12.510
前向关联	21.809	26.089	31.385	35.103	31.299
5. 中国	25.723	32.567	48.633	47.620	46.059
后向关联	11.866	18.814	36.385	33.267	32.632
前向关联	13.857	13.753	12.248	14.353	13.427
6. 加拿大	33.174	40.921	38.367	38.248	34.778
后向关联	23.529	30.834	25.591	21.316	19.544
前向关联	9.645	10.087	12.776	16.932	15.234
7. 墨西哥	36.861	41.151	40.682	44.658	41.790
后向关联	26.538	31.822	30.729	30.637	30.326
前向关联	10.323	9.329	9.953	14.021	11.464
8. 智利	37.924	43.232	51.301	57.245	52.213
后向关联	15.100	17.977	17.551	20.712	18.461
前向关联	22.824	25.255	33.750	36.533	33.752
9. 新西兰	30.632	35.568	34.368	40.934	34.102
后向关联	17.359	20.178	19.613	21.422	18.410
前向关联	13.273	15.390	14.755	19.512	15.691
10. 印度尼西亚	33.518	42.986	49.228	49.236	43.724
后向关联	14.706	19.324	17.824	17.420	14.414
前向关联	18.812	23.662	31.404	31.816	29.310

续表

年份	1995	2000	2005	2008	2009
11. 中国台湾	49.454	48.235	69.728	76.383	70.992
后向关联	35.845	35.369	42.236	47.758	41.520
前向关联	13.609	12.866	27.492	28.625	29.472
12. 马来西亚	55.439	62.564	68.740	67.671	65.573
后向关联	40.264	43.010	41.544	38.061	37.891
前向关联	15.175	19.554	27.196	29.610	27.682
13. 菲律宾	47.540	63.230	74.334	72.817	66.649
后向关联	30.918	45.902	45.609	41.736	38.370
前向关联	16.622	17.328	28.725	31.080	28.279
14. 中国香港	51.894	50.497	56.168	58.137	55.793
后向关联	40.589	32.607	28.259	29.063	28.498
前向关联	11.305	17.890	27.909	29.073	27.295
15. 新加坡	60.527	69.358	74.764	74.289	70.656
后向关联	46.698	50.724	52.347	53.432	49.917
前向关联	13.829	18.634	22.417	20.856	20.739
16. 文莱	37.672	40.249	45.376	51.805	43.720
后向关联	18.379	10.394	6.747	8.801	11.562
前向关联	19.293	29.855	38.629	43.004	32.158
17. 泰国	41.866	49.081	55.871	56.448	52.818
后向关联	29.849	34.809	38.480	37.773	34.530
前向关联	12.017	14.272	17.391	18.675	18.288
18. 越南	37.033	47.633	52.883	56.324	51.348
后向关联	24.398	29.563	35.035	39.802	36.646
前向关联	12.635	18.070	17.848	16.522	14.702
19. 俄罗斯	44.007	51.278	57.470	58.360	51.826
后向关联	10.667	12.510	8.175	7.404	6.894
前向关联	33.340	38.768	49.295	50.956	44.932

资料来源：从 OECD GVCs Indicators 数据库获得并整理

　　从国家整体的 GVCs 参与指数看，所有国家和地区在 5 年内都得到了显著提升，说明参与全球生产体系的国际分割程度不断深化。其中，韩国的 GVCs 参与指数远远高于其他发达国家，可见韩国在东亚生产网络中逐步成为生产制造的核心国家，参与程度越高在生产网络中的一体化程度也越高。作为新兴经济体的中国、印度和墨西哥，参与 GVCs 的程度也不断加深，而中国和墨西哥的后向关联的 GVCs 参与指数更高一些，说明两国承接更多的是价值链下游的生产环节。印度却不同，由于其大力发展自主品牌的产业产品，其前向关联的 GVCs 参与指数更高一些。发达国家和地区中的日本、美国和欧盟前向关联的 GVCs 参与指数较后向关联指数要高，说明这些国家在产品研发、设计等方面更具主导地位。韩国的情况较为特殊，其后向关联指数较前向的要高，表明其整体经济参与价值链下游环节的较多。

以上是从国家和地区层面分析参与全球价值链的不同程度。越是生产复杂制造业和服务业产品的国家，参与全球价值链的程度越深，而像一些能源和资源型国家的参与度就相对较低，在全球价值链上的上游度更高，也就是上面所说的前向关联更大。

2. 从产业层面分析出口中外国增加值来源国构成及其中国的角色

从产业层面分析 APEC 成员参与 GVCs 的程度及成员之间的相互关联显得非常必要，这种关联可以通过考察成员的产业前向关联和后向关联加以实现。我们可以通过 OECD/WTO 数据库 2009 年的数据加以分析，某一产业的后向关联是指该产业出口中内涵的外国增加值。我们可以对某种重要产业的后向关联最为显著的国家进行排序，然后再分解外国增加值部分的主要来源国的占比情况。

首先，我们可以通过 OECD/WTO 数据库的 TiVA 基于贸易伙伴产业层面的增加值贸易（indicators by industry with partner world）分项中的"总出口中的外国增加值内容（foreign value added content of gross exports）"获得要考察的 APEC 中 19 个成员外国增加值部分的排序情况。还可以通过不同的来源国的贡献分解出上述外国增加值的占比情况，我们取前六位的来源占比进行分析，数据来源于基于来源国和产业的总出口中的增加值（Value added in gross exports by source country and source industry）。

我们首先分析传统劳动密集型产业——纺织服装、皮革和制鞋业的情况。表 11-5 是 APEC 的 19 个成员中纺织服装、皮革和制鞋业出口中外国增加值（FVA）的排序，以及各自前十位来源国家和地区占比的情况。其中，表 11-5 中的 FVA 一行数据为实际外国增加值额，中国在 19 个成员中 FVA 值最大，其次是越南、泰国、韩国等国家。中国纺织服装、皮革和制鞋业的出口体量最大，也导致出口中内涵的外国增加值最大，2009 年高达 420.3 亿美元。另外，尽管中国该行业出口中的外国增加值巨大，但是外国增加值的来源国份额却占比较小，美国为 2.81%，其次是日本为 2.49%，再次是韩国为 1.41%，这也说明中国从外国进口的中间产品国别分布较广，即使份额小，但是绝对值较大。

2009 年，位于东南亚的越南纺织服装、皮革和制鞋业出口中的外国增加值仅次于中国，达 87.7 亿美元。越南出口中的进口中间品有 13.49% 来自于中国，7.32% 来自于韩国，6.22% 来自于日本，说明其外国增加值主要集中于东亚国家和地区。这说明中国、韩国和日本的纺织服装、皮革和制鞋业具有较大的比较优

表 11-5 2009 年纺织服装、皮革和鞋制造业在 APEC 成员出口中 FVA 排序及各自前十位来源国家和地区的占比

经济体 序号	中国大陆	越南	泰国	韩国	印度尼西亚	中国台湾	美国	墨西哥	马来西亚	加拿大	日本	菲律宾	新西兰	新加坡	文莱	澳大利亚	智利	俄罗斯	中国香港
FVA/亿美元	420.3	87.7	43.4	38.5	26.4	23.2	23.1	16.8	13.6	7.6	7	6.3	3.1	2.4	2	1.9	1.3	0.9	0.06
1	美国 2.81	中国大陆 13.49	中国大陆 3.24	中国大陆 5.64	中国大陆 4.63	日本 6.15	中国大陆 2.22	美国 12.84	中国大陆 4.48	美国 9.7	中国大陆 3.62	美国 5.29							
2	日本 2.49	韩国 7.32	日本 3.18	美国 4.06	韩国 2.92	美国 4.59	加拿大 1.59	中国大陆 1.64	美国 4.19	中国大陆 2.75	美国 1.68	中国大陆 3.49							
3	韩国 1.41	日本 6.22	美国 2.85	日本 2.97	美国 1.93	中国大陆 3.6	日本 1.12	加拿大 0.74	日本 3.58	意大利 0.81	沙特阿拉伯王国 0.57	日本 2.05							
4	巴西 0.95	中国台湾 5.29	沙特阿拉伯王国 1.05	沙特阿拉伯王国 1.84	日本 1.56	沙特阿拉伯王国 2.38	墨西哥 1.07	德国 0.71	泰国 2.68	德国 0.72	韩国 0.55	韩国 1.99							
5	中国台湾 0.94	美国 4.41	澳大利亚 0.92	澳大利亚 1.28	中国台湾 1.26	德国 1.13	德国 0.87	日本 0.61	新加坡 1.96	韩国 0.69	澳大利亚 0.52	中国台湾 1.61							
6	德国 0.92	泰国 2.06	德国 0.90	印度尼西亚 1.22	新加坡 1.03	韩国 1.13	韩国 0.74	韩国 0.49	印度尼西亚 1.83	印度 0.67	德国 0.48	越南 1.01							
7	澳大利亚 0.77	德国 2.02	巴西 0.84	德国 1.10	沙特阿拉伯王国 0.97	澳大利亚 1.12	英国 0.72	意大利 0.47	中国台湾 1.65	日本 0.63	印度尼西亚 0.48	印度尼西亚 0.95							

续表

经济体序号	中国大陆	越南	泰国	韩国	印度尼西亚	中国台湾	美国	墨西哥	马来西亚	加拿大	日本	菲律宾	新西兰	新加坡	文莱	澳大利亚	智利	俄罗斯	中国香港
8	沙特阿拉伯国 0.61	俄罗斯 1.52	韩国 0.79	印度 1.08	马来西亚 0.75	印度尼西亚 1.10	印度 0.64	英国 0.30	印度 1.45	英国 0.58	意大利 0.42	泰国 0.90							
9	印度 0.59	印度 1.46	中国台湾 0.77	意大利 0.78	中国香港 0.71	印度 0.75	意大利 0.62	巴西 0.26	韩国 1.22	墨西哥 0.55	泰国 0.37	中国香港 0.84							
10	意大利 0.58	中国香港 1.44	印度尼西亚 0.74	俄罗斯 0.73	德国 0.68	俄罗斯 0.67	爱尔兰 0.48	法国 0.25	德国 1.21	法国 0.34	中国台湾 0.32	德国 0.81							
DVA/%	79.29	37.38	74.37	68.13	75.65	66.93	82	77.11	62.09	76.46	86.14	70.59							

注：表中的空格由于外国增加值较小而未进行来源国的数据分解

资料来源：OECD GVCs Indicators 数据库获得并经过整理得到

势,特别是中国已成为全球很多国家该行业的主要供应商。同时,中国该产业的国内增加值份额也高达 79.29%,不仅产量大,而且增值份额也很高。

通过排序可以发现,中国在亚太地区劳动密集型产业的影响力较大,表现在多数出口外国增加值份额较大国家中,来自中国的 FVA 份额最高。例如,在越南、泰国、韩国、印度尼西亚、美国、马来西亚和日本,来自中国的增加值最多,均高于 2% 以上。

相比上述劳动密集型产业,我们再选择一个资本和技术密集型产业进行分析,这里用交通运输设备制造业进行对比分析。表 11-6 是 APEC 的 19 个成员中交通运输设备制造业出口中的 FVA 的排序,以及各自前十位来源国占比的构成及具体情况。

第一,2009 年韩国、美国和日本的交通运输设备制造业出口中的外国增加值较大,分别是 266.9 亿美元、252.9 亿美元和 189.8 亿美元。尽管韩国的外国增加值 FVA 绝对额最大,但是韩国的国内增加值比率 DVA 为 63.51%,远低于美国的 82.95% 和日本的 85.85%。这一方面说明,韩国交通运输设备制造业的产量大导致其进口的外国增加值也较多,但是其单位产出中的国内增加值份额远不如日本和美国的高。

第二,从外国进口来源国看,美国和日本是 APEC 成员交通运输制造业的主要进口来源国,或者说是进口量来源最多的国家,而中国和德国则属于"下一梯队"的进口来源国。从数据构成可以看出,美国是一些国家进口来源的"大国",加拿大、墨西哥和新加坡等国家从美国进口比重均超过了 15%。

第三,中国大陆在交通运输设备制造业中的角色也不可小觑。在出口外国增加值较高的国家中,来自中国大陆的增加值份额会排在第二、三的位置。例如,美国、日本和墨西哥的出口 FVA 来自中国大陆的份额排在第二位,介于1.81%~2.68%,仅次于美国或者日本的份额;又如韩国、泰国、中国台湾等的出口 FVA 来自中国大陆的份额则排在第三位,介于 3%~4.4%,仅次于美国和日本的份额占比。由此可见,中国大陆在亚太地区资本和技术密集产业的出口构成中也有相当大的增加值份额,说明随着中国大陆知识资本的不断积累,中国大陆也逐渐融入高技术密集产业的跨国生产当中,发挥着不可替代的作用。

11.4.2 APEC 成员的国际分工地位分析——贸易增加值核算方法

基于产业层面 GVCs 参与指数的构建。根据 Koopman 等(2010)构建的 GVCs 参与指数,利用总出口 E 中的外国增加值 FV、出口第三国的国内增加值 IV 的比重[①],可以求得国家 r 第 i 产业的 GVCs 参与指数如下:

[①] 也就是国内 j 产业生产的投入品出口到第三国,并用于第三国出口的中间品贸易量。

表 11-6　2009 年交通运输设备制造业中 APEC 成员出口中 FVA 排序及各自前十位来源国家和地区

经济体 / 序号	韩国	美国	日本	加拿大	中国大陆	墨西哥	新加坡	中国台湾	泰国	俄罗斯	澳大利亚	马来西亚	印度尼西亚	菲律宾	越南	智利	中国香港	新西兰	文莱
FVA/ 亿美元	266.9	252.9	189.8	177.7	171.1	153.5	31.8	27.6	26.1	9.7	8.1	7.1	6.3	4.3	2.7	1.9	1.6	1.5	0.8
1	日本 6.75	日本 2.45	美国 2.53	美国 19.61	日本 6.95	美国 15.88	美国 18.37	日本 9.67	日本 14.15	德国 3.32	美国 3.51	美国 7.5	日本 2.99						
2	美国 4.78	中国大陆 1.83	中国大陆 1.82	日本 2.37	美国 4.00	中国大陆 2.68	日本 3.34	美国 5.60	美国 3.93	韩国 1.74	日本 2.08	日本 6.57	美国 2.39						
3	中国大陆 4.40	加拿大 1.43	韩国 0.73	英国 1.73	德国 3.28	日本 2.39	中国大陆 2.2	中国大陆 4.29	中国大陆 3	日本 1.51	中国大陆 1.79	中国大陆 3.22	中国大陆 1.71						
4	德国 2.21	德国 1.26	德国 0.68	中国大陆 1.56	韩国 2.64	德国 2.20	德国 2.18	沙特阿拉伯王国 1.32	德国 1.65	美国 1.44	德国 1.24	泰国 2.40	新加坡 1.34						
5	沙特阿拉伯王国 1.59	墨西哥 1.22	澳大利亚 0.64	墨西哥 1.40	法国 0.99	韩国 1.35	英国 1.51	德国 1.15	印度尼西亚 1.48	意大利 0.91	泰国 1.01	德国 2.37	泰国 1.16						
6	澳大利亚 1.43	法国 0.88	沙特阿拉伯王国 0.63	德国 1.26	澳大利亚 0.97	加拿大 1.11	法国 1.34	韩国 1.09	韩国 1.46	中国大陆 0.89	英国 0.81	韩国 1.97	德国 0.62						
7	俄罗斯 1.12	韩国 0.79	印度尼西亚 0.52	韩国 0.76	中国台湾 0.85	中国台湾 0.58	马来西亚 1.34	澳大利亚 1.05	英国 1.43	斯洛伐克 0.87	韩国 0.72	印度尼西亚 1.81	马来西亚 0.60						

续表

经济体\序号	韩国	美国	日本	加拿大	中国大陆	墨西哥	新加坡	中国台湾	泰国	俄罗斯	澳大利亚	马来西亚	印度尼西亚	菲律宾	越南	智利	中国香港	新西兰	文莱
8	法国 0.80	英国 0.69	中国台湾 0.44	法国 0.62	英国 0.82	英国 0.49	印度尼西亚 0.97	俄罗斯 0.86	马来西亚 1.24	捷克 0.79	新加坡 0.65	澳大利亚 1.66	韩国 0.55						
9	意大利 0.69	意大利 0.51	英国 0.38	意大利 0.51	俄罗斯 0.77	意大利 0.48	印度 0.85	印度尼西亚 0.80	澳大利亚 1.19	法国 0.76	法国 0.52	新加坡 1.66	澳大利亚 0.48						
10	印度尼西亚 0.68	中国台湾 0.51	泰国 0.37	中国台湾 0.33	意大利 0.72	法国 0.42	韩国 0.84	法国 0.54	瑞士 1.12	英国 0.48	意大利 0.50	英国 1.40	中国台湾 0.38						
DVA/%	63.51	82.95	85.85	63.99	66.52	66.55	55.59	64.72	55.14	79.32	79.86	52.64	82.88						

注：表中的空格由于外国增加值较小而未进行来源国的数据分解

资料来源：OECD GVCs Indicators 数据库获得并经过整理得到

$$GVC_{ir} \text{ Participation Index} = \frac{IV_{ir}}{E_{ir}} + \frac{FV_{ir}}{E_{ir}}$$

其中，IV_{ir} 表示 i 产业 r 国间接增加值出口，该指标衡量的是有多少价值增值被包含在 i 产业 j 国的中间品出口中经一国加工后又出口给第三国，即别国出口中包含的本国价值增值；FV_{ir} 表示 i 产业 r 国出口中的外国增加值；$IV_r = \sum_{s \neq t} V_r B_{rs} E_{st}$ 表示 **VBE** 矩阵各行非对角元素的加总表示 r 国通过将中间品出口给 s 国经后者加工成最终消费品再出口给 t 国而实现的间接增加值出口（indirect value-added export）；$FV_r = \sum_{s \neq r} V_s B_{rs} E_r$ 表示 r 国出口中包含的国外价值增值。其表示的是，**VBE** 矩阵的各列非对角元素的加总表示其他国家对 r 国出口贡献的价值增值，也即 r 国出口中包含的国外价值增值（foreign value-added）[①]。

在经济全球化不断深化的今天，任何产业的发展都脱离不了其在全球价值链分工中的地位和深入程度。在最新的全球价值链理论中，Koopman 等（2010）构建了"GVCs 参与指数"，其能够量化某个产业参与全球化生产和贸易的程度，也能体现该产业在全球价值链分工地位的变化。

本部分还以交通运输设备制造业为例，计算中国、印度、墨西哥、韩国、日本、美国和德国交通运输设备制造业的 GVCs 参与指数，数据来源主要是 WIOD 的"41 个国家 35 个产业"的投入产出数据，对交通运输设备制造业的计算结果见图 11-6。

需求明确的是，交通运输设备制造业 GVCs 参与指数主要体现的是一国该产业参与全球化生产和贸易的深度，也就是体现出 GVCs 中的"全球化"这一指标，还并不能量化产业升级的情况。从图 11-6 可以看出，墨西哥、中国、德国、韩国和美国的 GVCs 参与指数较其他国家高一些。其中，相较于 2011 年，2000 年中国、印度、美国和墨西哥参与 GVCs 的程度变化不大，而德国、日本和韩国却有显著提高。尤其是墨西哥，进入 21 世纪以来出现了明显的下降，其原因可能在于，墨西哥的交通运输设备产业仅在 NAFTA 地区融合发展，而对自由贸易区之外的依赖程度减小，于是降低了其参与全球生产的关联。

此外，从 GVCs 参与指数的结构构成来看，主要呈现以下三个特征：第一，所有样本国家该产业出口中外国增加值比重（FV/E，即上文所说的后向关联指数）要远远高于别国交通运输品出口中包含的本国创造的增加值比重（IV/E，即上文所说的前向关联指数）。第二，韩国和墨西哥的 FV 比重远远高于其他国家，均占到 85% 以上。这充分说明这两个国家该产业出口中内涵外国创造的增加值比重很大，而其生产和出口的零部件内涵在别国制成品出口中的份额较少。第

[①]　公式中的变量的构成和含义可参见 Koopman 等（2010）文献。

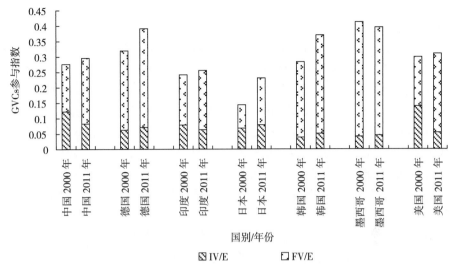

图 11-6　样本国家交通运输设备制造业的 GVCs 参与指数(2000/2011)

资料来源：作者根据 WIOD 数据进行计算的结果

三，中国和美国的 FV 所占比重有明显增长趋势，说明两国出口中外国的增加值构成有上升趋势。出人意料的是一些制造业强国的 GVCs 参与指数并不高，如日本。虽然日本的交通运输产业非常发达，但是其跨国公司早已把大量的生产任务转移至其他国家，如中国和东南亚国家，导致其本国国内制造业的"空洞化"现象严重。

11.4.3　APEC 成员按生产要素分割行业国内外增加值的构成

由于最终品的增加值等于国内外增加值的总和，我们可以利用各种生产要素创造的国内外增加值份额的变化来体现该要素对产业的贡献。根据 Leontief 的基本框架，假设 $X=AX+Y$，其中，X 表示总产出向量；Y 表示最终需求向量；A 表示中间投入品的直接消耗系数矩阵；直接消耗系数反映了部门之间的直接经济技术联系，AX 就是全部使用的中间品。恒等式转换形式为 $X=(I-A)^{-1}Y$，其中，$(I-A)^{-1}$ 是里昂惕夫逆矩阵，也称做完全消耗系数矩阵，它表示单位投入在所有生产环节中生产的全部产品的产出值。为了厘清各种生产要素贡献的增加值，传统方法是要得到每单位产出所需的要素投入，用矩阵 F 表示。矩阵 F 中的每个元素代表单位产出所投入的生产要素，这里的要素投入为各要素的补偿，本质上就是要素创造的增加值。那么，根据恒等式 $X=(I-A)^{-1}Y$ 构建我们要求的变量 K，矩阵 K 中的元素表示用要素 f 生产最终产出 x 创造的增加值比重，公式表示为：$K=F(I-A)^{-1}$。矩阵 F 表示产出标准化后的单位产出各要素创造的增加值，即各要素创造的增加值在总产出的比重。考虑到难以拆分外国进口增加值的国别属性，这里假设进口中间品包含的劳动力与资本的补偿与其国内的相同(马涛，2015)。

按照 Leontief 原理，国家中全部直接或者间接参与一件产品生产的所有要素创造的总增加值，应该等于产品的全部产量。除了投入产出数据外，还需要劳动力和资本的相关数据。根据受教育程度，按照 ISCED(International Standard Classification of Education，即国际教育标准分类法)的定义把劳动力分为低技能劳动力 L_L(包括未接受过教育、接受过扫盲班、小学和初中教育的劳动力)、中等技能劳动力 L_M(包括接受过高中教育、职业中等教育、中等技术学校教育的劳动力)和高技能劳动力 L_H(包括接受过大专、大学和研究生教育的劳动力)，以及资本补偿 C。这些数据可以从 WIOD 数据库中的国家 IO 表及各国社会和经济账户获得，该数据库包括 41 个国家和地区及 35 个产业的数据。这里，我们分别使用低技能劳动力的补偿占全部产出的份额、中等技能劳动力的补偿占全部产出的份额、高技能劳动力的补偿占全部产出的份额及资本补偿占全部产出的份额，来构造生产要素分割矩阵 F，参见以下矩阵。

$$\begin{bmatrix} \dfrac{C_1}{X_1} & \dfrac{C_2}{X_2} & \cdots & \dfrac{C_{35}}{X_{35}} \\ \dfrac{L_{H1}}{X_1} & \dfrac{L_{H2}}{X_2} & \cdots & \dfrac{L_{H35}}{X_{35}} \\ \dfrac{L_{M1}}{X_1} & \dfrac{L_{M2}}{X_2} & \cdots & \dfrac{L_{M35}}{X_{35}} \\ \dfrac{L_{L1}}{X_1} & \dfrac{L_{L2}}{X_2} & \cdots & \dfrac{L_{L35}}{X_{35}} \end{bmatrix}$$

该部分计算仅包含 APEC 成员中的 10 个经济体，分别为中国大陆、加拿大、美国、墨西哥、日本、韩国、澳大利亚、中国台湾、印度尼西亚和俄罗斯。下面只以韩国、美国和中国大陆为例进行数据计算结果的分析。

比较 1995 年和 2008 年韩国全行业国内外增加值的构成(图 11-7 和图 11-8)，我们可以发现，四种生产要素创造的行业增加值贡献发生着动态变化。第一，低技能劳动力在产出增加值中的份额有所减少，制造业和服务业都有明显的降低。第二，高技能劳动力创造的增加值份额在制造业有小幅的提高，但是并不显著。

比较 1995 年和 2008 年美国全行业国内外增加值的构成(图 11-9 和图 11-10)，我们可以发现：第一，低技能劳动力创造的增加值份额有略微小的降低，这在服务业较为突出。第二，资本在各行业创造增加值的份额均有所减少。第三，两个年份对比，中等技能劳动力在多数行业创造的增加值比重都出现不同程度的降低。

比较 1995 年和 2008 年中国全行业国内外增加值的构成(图 11-11 和图 11-12)，

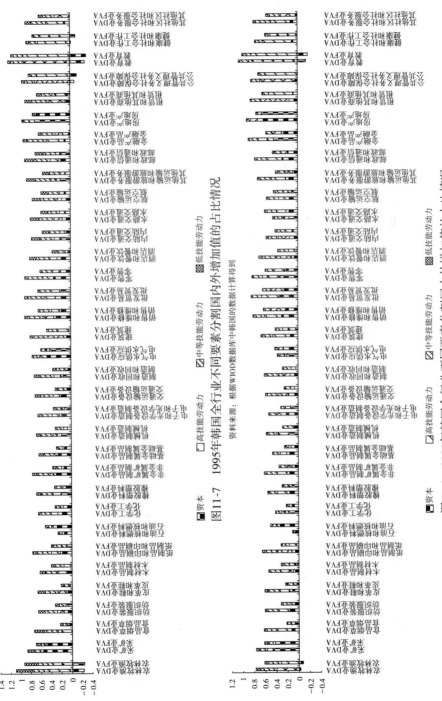

图11-7　1995年韩国全行业不同要素分割国内外增加值的占比情况

资料来源：根据WIOD数据库中韩国的数据计算得到

图11-8　2008年韩国全行业不同要素分割国内外增加值的占比情况

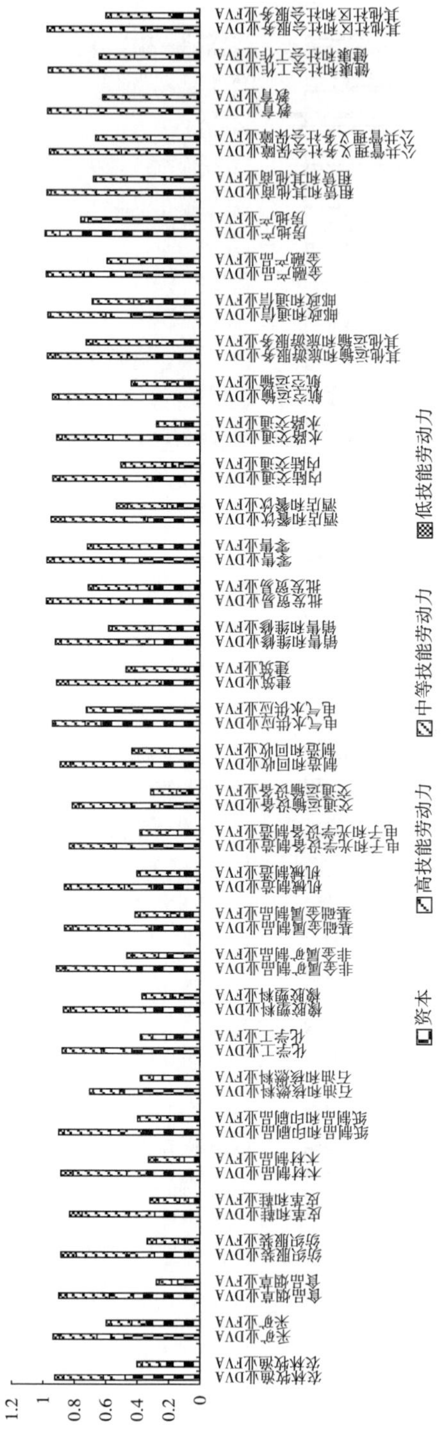

图11-9　1995年美国全行业不同要素分割国内外增加值的占比情况

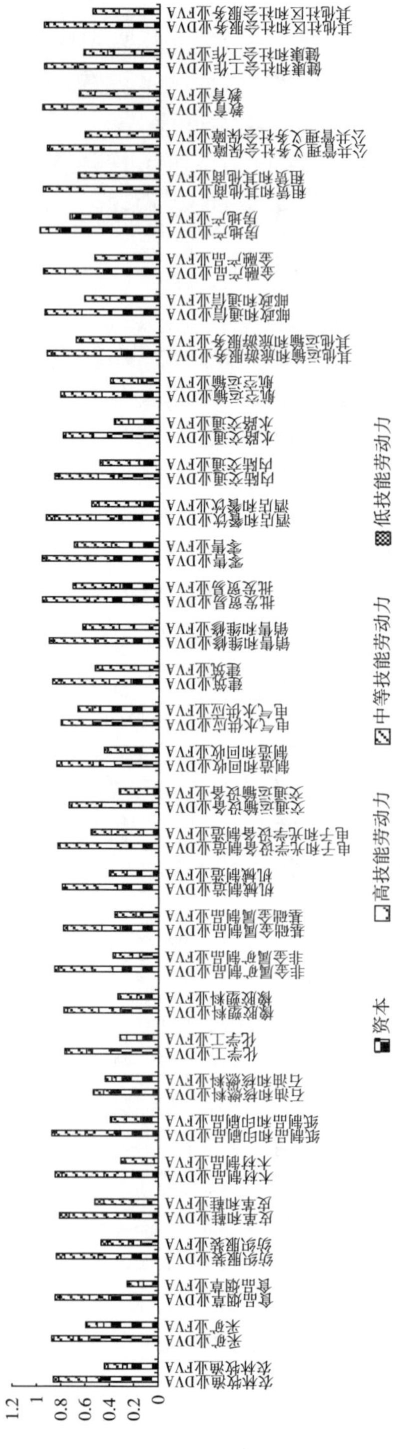

图11-10　2008年美国全行业不同要素分割国内外增加值的占比情况

我们可以发现，中国全行业的国内外增加值的占比情况呈现以下主要特征：第一，2008 年和 1995 年比较而言，多数行业外国增加值中的低技能劳动力所占比重增加，资本所占比重降低。第二，2008 年部分制造业和服务业的国内增加值比重较 1995 年有所提高。第三，两个年份相比，无论是外国增加值还是国内增加值中，资本所占的比重有较大幅度的提高。

通过对国内外增加值的要素分解，我们可以比较各经济体产业出口组成结构的变化，这种变化也折射出各经济体在产业结构转型和升级方面所做出的努力和政策影响。当然，这是基于全球价值链和贸易增加值核算视角的一种新的研究方法，这个新视角体现在把产业升级研究放在"全球化"和"价值创造"两个层面及两者内在联系上。

11.4.4　GVCs 下的贸易增加值核算对 APEC 经贸影响

1. 当前亚太地区生产格局和生产联系

亚太地区的生产体系，特别是东亚地区的生产网络被称为"亚洲工厂"，这体现在高度集中于参与国家生产的垂直生产共享的结构和国际分工，也使得该地区成为研究贸易增加值核算的理想目标。在这种垂直结构下，会促成区域内的"三角形产品流动"，具体体现为：①亚太价值链上游经济体向中国提供中间产品进行加工组装；②中国加工组装这些中间产品成为最终消费品；③这些最终消费品再出口到全球比较大的消费市场，如美国和欧盟等。

图 11-13 展示了亚太区域产业内分工的简单示意图，发达经济体基本上占据了"微笑曲线"的两端，分布在低增加值环节的不仅有中国，还包含越南、菲律宾等一些东南亚新兴经济体。这是当前亚太地区生产经贸的基本格局，但是随着全球价值链的不断演进，这种格局也会随时间发生改变和重构。

从图 11-14 可以看出亚太主要经济体和地区间生产和经济的显著互补性。图中主要描绘的是 1985～2005 年，经济体间中间品供应网络的发展情况，根据产业间的前向联系和后向联系的简单平均值呈现出经济体间的生产互联（interconnectedness）情况。1985 年经济体间的生产互联还不明显，还只是微弱和零星的呈现，但是从 20 世纪 90 年代开始，以日本为核心的生产互联就越发显著起来，日本成为亚太地区生产和经贸的重要国家，也成为上、下游国家生产和经贸的"节点"。而进入 21 世纪后，中国则成为亚太地区生产和价值链的核心，流入并再组装出口的生产模式巩固了中国在亚太生产价值链中的重要地位。

全球价值链培育了贸易和外国直接投资的平行发展。供应链创造的产业集群也会围绕着特定的商业功能而迅速成长，这个过程是不断累积的，也会改变一个经济体的生产体系。日本和美国的模式较为相似，尽管日本的服务业发展不及美

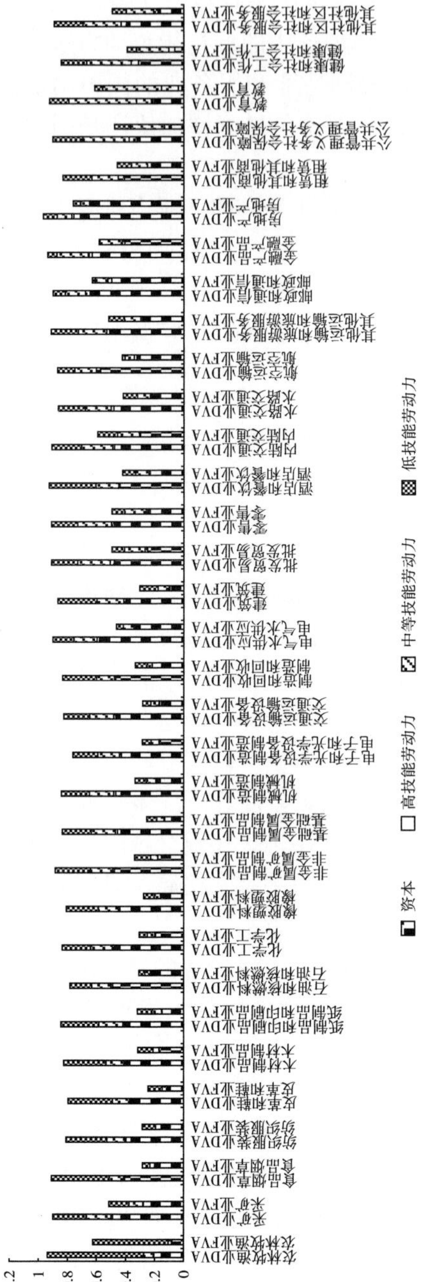

图11-11　1995年中国全行业不同要素分割国内外增加值的占比情况

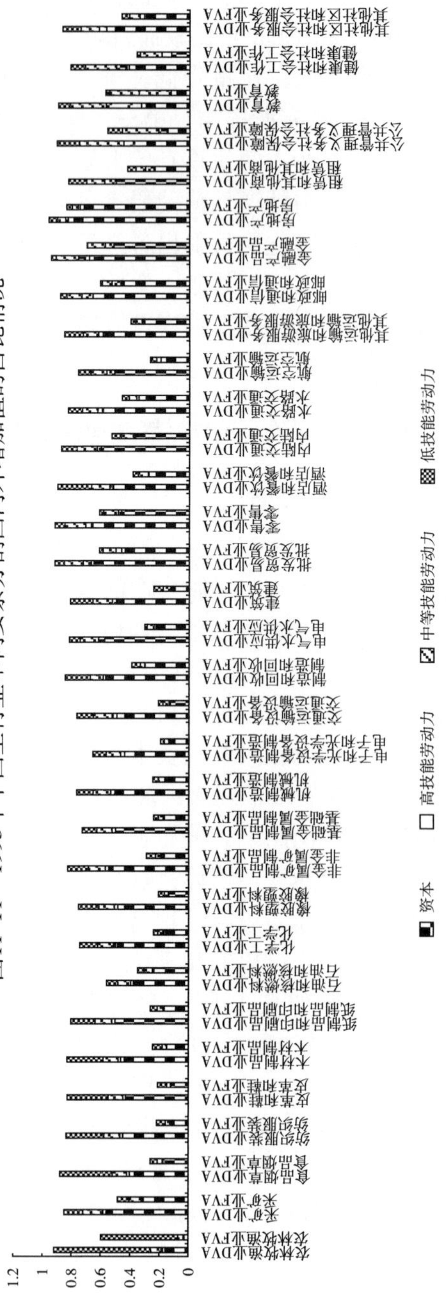

图11-12　2008年中国全行业不同要素分割国内外增加值的占比情况

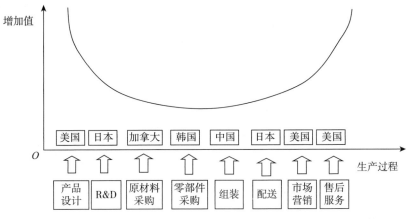

图 11-13　亚太地区产业内价值创造的"微笑曲线"

国，但是在制造业方面两国实力雄厚并且都以跨越式发展。印度尼西亚则以初级产业著称，原油和天然气部门占主导地位。中国于 2001 年加入 WTO 后，加速融入了区域生产体系。中国出口贸易的飞速发展，也带动了大量外资的不断涌入，使中国成为名副其实的"世界工厂"。

以上的经验分析给出了亚太主要经济体的生产和经贸联系，也展示出过去 20 年来该区域生产上下游及生产枢纽的动态变化情况。正是这种紧密联系的加强，才更有必要构建亚太地区完整的生产体系数据，便于分析亚太地区日益紧密的经济和贸易联系。

2. GVCs 下的贸易增加值核算对 APEC 区域经贸发展的影响

2013 年，APEC 领导人通过了促进全球价值链发展和基于前期互联互通工作的 APEC 地区合作协议。这项协议强调 APEC 各经济体间需要战略性合作，并采取措施营造全球价值链发展与合作的有利环境。在 APEC 成员之间构建有效的全球价值链，也成为不同发展水平 APEC 经济体的重要关切。鉴于当前参与亚太贸易体系成员需求的多样性，APEC 有必要建立一个全面的政策指南以引导和推进相互合作，并促进亚太地区可持续、包容和均衡增长。全面的政策指南将促进 APEC 贸易投资发展进程，也能鼓励成员积极参与全球价值链，以推动亚太区域经济一体化。全球价值链对 APEC 区域经贸发展的影响主要表现在以下几个方面。

第一，能够促进 APEC 中的发展中经济体更好参与全球生产体系。由于 APEC 成员经济体的多样性，全面经济和技术合作将有助于保证发展中经济体参与全球价值链，也有助于其实现国内经济增长目标。将经济和技术合作进行整合以指明未来发展道路，实施有针对性的能力建设以帮助发展中经济体参与并提升在全球价值链上的地位。例如，可以通过全球价值链合作伙伴、人力资源发展规

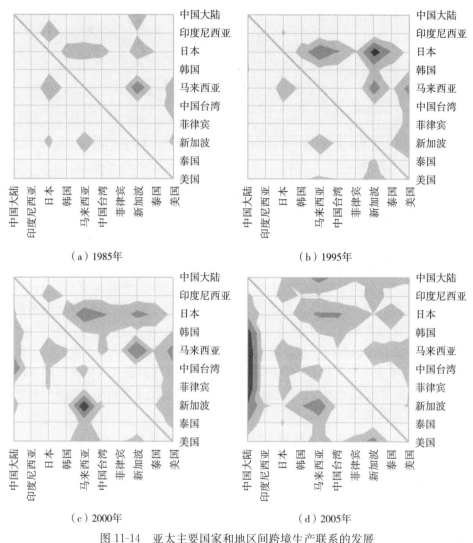

图 11-14　亚太主要国家和地区间跨境生产联系的发展

资料来源：亚洲国际投入产出表（AIIOT），IDE-JETRO

划及 APEC 地区的技术扩散加以实现。

　　第二，APEC 应为全球价值链发展改善其投资环境。APEC 各经济体应该意识到采用法律法规和投资便利化措施，改善 APEC 地区投资环境的重要性。APEC 将助力各经济体开展合理的投资战略以便能快捷、公平、公正地进行投资交易。同时，APEC 还能创造和维护透明、健全的监管体系进而促进投资便利化。

　　第三，全球价值链下的贸易增加值核算有利于 APEC 区域贸易协定的整合。目前，亚太地区存在多个生效中的区域贸易协定。不同区域贸易协定在促进亚太各经济体之间贸易投资的同时，也通过"意大利面条碗效应"，如原产地规则的碎片化，给各经济体企业的出口带来障碍。具体而言，贸易增加值核算通过辨析产品原产地来推进亚太地区区域贸易协定的整合。因此，整合亚太区域贸易协定中的原产地规则可以进一步促进亚太贸易自由化。

第四，反过来，区域贸易协定也有助于企业参与全球价值链。为扩大全球价值链的效应，成员经济体共同参与区域生产体系下的区域贸易协定更为有效。这些区域贸易协定也为加深一体化提供了条件，这在于标准的整合或者资格的认可可能从双边或者区域层面开始。但是，区域贸易协定还是要尽量避免扰乱企业的选择，不使企业与价值链的其他部分失去联系。例如，更为自由化的原产地规则将会使区域贸易协定更偏好全球价值链，并且对企业的生产率造成更大影响。从长期看，不断强化和多边化的区域贸易协定将有助于特惠协议"意大利面条碗效应"变得更为简洁，并对全球价值链所有成员的贸易体制更有效。

此外，全球价值链和供应链协定及投资数量的增加，不仅改变了现有的WTO规则，也创造了新的多边贸易投资优惠政策。除了对 APEC 区域经贸发展的影响外，全球价值链和供应链也可以从根本上重塑多边贸易体制。

参 考 文 献

北京大学中国经济研究中心课题组 . 2006. 中国出口贸易中的垂直专门化与中美贸易 . 世界经济，(5)：3-11.

胡昭玲 . 2007. 国际垂直专业化对中国工业竞争力的影响分析 . 财经研究，(4)：18-27.

黄先海，韦畅 . 2007. 中国制造业出口垂直专业化程度的测度与分析 . 管理世界，(4)：158-169.

金中夏，李良松 . 2014.TPP 原产地规则对中国的影响及对策——基于全球价值链角度，国际金融研究，(12)：3-14.

李昕 . 2012. 贸易总额与贸易差额的增加值统计研究 . 统计研究，(10)：15-22.

李昕，徐滇庆 . 2013. 中国外贸依存度和失衡度的重新估算——全球生产链中的增加值贸易 . 中国社会科学，(1)：29-55.

刘仕国，吴海英 . 2013. 全球价值链和增加值贸易：经济影响、政策启示和统计挑战 . 国际经济评论，(4)：87-96.

刘志彪，张杰 . 2009. 从融入全球价值链到构建国家价值链：中国产业升级的战略思考 . 学术月刊，9(41)：59-68.

马涛 . 2014. 全球价值链和附加值贸易统计的发展//王洛林，张宇燕，孙杰 . 2014 年世界经济形势分析与预测 . 北京：社会科学文献出版社：1-11.

马涛 . 2015. 全球价值链下的产业升级：基于汽车产业的国际比较 . 国际经济评论，(1)：98-111.

马涛，刘仕国 . 2013. 全球价值链下的增加值贸易核算及其影响 . 国际经济评论，(4)：

97-109.

盛斌，马涛 .2008. 中国工业部门垂直专业化与国内技术含量的关系研究 . 世界经济研究，
　　(8)：61-67.

唐东波 .2013. 贸易开放、垂直专业化与产业升级 . 世界经济，(4)：47-68.

王岚 .2014. 融入全球价值链对中国制造业国际分工地位的影响 . 统计研究，(5)：17-23.

王岚，李宏艳 .2015. 中国制造业融入全球价值链路径研究——嵌入位置和增值能力的视角 .
　　中国工业经济，(2)：76-88.

王直，魏尚进，祝坤福 .2015. 总贸易核算法：官方贸易统计与全球价值链的度量 . 中国社会
　　科学，(9)：108-127.

文东伟，冼国明 .2009. 垂直专业化与中国制造业贸易竞争力 . 中国工业经济，(6)：77-87.

文东伟，冼国明 .2010. 中国制造业的垂直专业化与出口增长 . 经济学（季刊），9(2)：
　　467-494.

曾铮，张路路 .2008. 全球生产网络体系下中美贸易利益分配的界定——基于中国制造业贸易
　　附加值的研究 . 世界经济研究，(1)：36-43.

张光南，陈坤铭，杨书菲 .2012.ECFA 对两岸三地的经济，贸易和产业影响——基于全球贸
　　易分析模型 GTAP 的分析 . 经济学季刊，11(2)：873-892.

张杰，陈志远，刘元春 .2013. 中国出口国内附加值的测算与变化机制 . 经济研究，(10)：
　　124-137.

张向晨，徐清军 .2013. 国内外贸易增加值问题研究的进展 . 国际经济评论，(4)：128-138.

张小蒂，孙景蔚 .2006. 垂直专业化分工的中国产业国际竞争力分析 . 世界经济，(5)：12-21.

周升起，兰珍先，付华 .2014. 中国制造业在全球价值链国际分工地位再考察——基于 Koop-
　　man 等的"GVCS 地位指数". 国际贸易问题，(2)：3-12.

Lau L J，Cheng L K，Sung Y M. 2007. 非竞争型投入占用产出模型及其应用——中美贸易顺
　　差透视 . 中国社会科学，(5)：91-103.

Ahmad N，Araújo S，Turco A L，et al. 2013. Using trade microdata to improve trade in value-
　　added measures：proof of concept using turkish data. Trade in Value Added Developing
　　New Measures of Cross-Border Trade，World Bank.

Ahmad N，Wyckoff A. 2003. Carbon dioxide emissions embodied in international trade of
　　goods. OECD Science，Technology and Industry Working Papers 2003/15.

Amador J，Cabral S. 2008. Vertical specialization across the world：a relative Measure. Estudos
　　e Documents de Trabalho Working Paper，No. 2008/10.

Athukorala P，Yamashita N. 2006. Production fragmentation and trade integration：East Asia in
　　a global context. The North American Journal of Economics and Finance，17（3）：
　　233-256.

Aurujo S. 2009. Vertical specialisation and global value chains. STD/SES/WPTGS（2009）16/
　　ANN，OECD.

Baldwin R ，Lopez-Gonzalez J. 2013. Supply-chain trade：a portrait of global patterns and
　　several testable hypotheses. NBER Working Paper，No. 18957.

Bayoumi T，Saito M，Turunen J. 2013. Measuring competitiveness: trade in goods or tasks? IMF Working Paper，No. WP/13/100.

Bems R，Johnson R C. 2012. Value-added exchange rates. NBER Working Paper，No. 18498.

Bems R，Johnson R C，Yi K M. 2010. Demand spillovers and the collapse of trade in the global recession. IMF Working Paper，WP/10/142.

Bems R，Johnson R C，Yi K M. 2011. Vertical linkages and the collapse of global Trade，http://www. aeaweb. org/aea/2011conference//... retrieve. php?

Breda E，Cappariello R，Zizza R. 2007. Vertical specialization in Europe: evidence from the import content of exports. Paper presented at the European Trade Study Group 9th Annual Conference.

Chen H，Kondratowicz M，Yi K M. 2005. Vertical specialization and three facts about U. S. international trade. North American Journal of Economics and Finance，16（1）: 35-59.

Chen H Y，Chang Y M. 2006. Trade verticality and structural change in industries: the cases of Taiwan and South Korea. Open Economies Review，17(3): 321-340.

Chen Q R，Zhu K F，Chen X Y，et al. 2014. Distinguishing the processing trade in the world input-output table: a case of China. Paper for the 22nd International Input-Output Conference，Lisbon.

Daudin G，Rifflart C，Schweisguth D. 2011. Who produces for whom in the world economy? Canadian Journal of Economics，44: 1403-1437.

Dean J M，Fung Z，Wang K C. 2007. Measuring the vertical specialization in Chinese trade. IMF Working Paper，2007/01-A.

Diakantoni A，Escaith H. 2012. Reassessing effective protection rates in a trade in tasks perspective: evolution of trade policy in "factory Asia". WTO Staff Working Paper ERSD-2012-13.

Dietzenbacher E，Luna I R，Bosma N S. 2005. Using average propagation lengths to identify production chains in the andalusian economy. Estudios de Economía Aplicada. （23-2）: 405-422.

Eaton J，Kortum S，Neiman B，et al. 2011 . Trade and the global recession . NBER Working Paper，No. 16666.

Escaith H，Lindenberg N，Miroudot S. 2010. International supply chains and trade elasticity in time of global crisis. WTO Staff Working Paper ERSD-2010-08.

Hanson G H，Mataloni R J，Slaughter M J. 2005. Vertical production networks in multinational firms. The Review of Economics and Statistics 87(4): 664-678.

Hummels D，Ishii J，Yi K-M. 2001. The nature and growth of vertical specialization in world trade. Journal of International Economics，（54）: 75-96.

Inomata S. 2013. Trade in value added: an East Asian perspective. ADBI Working Papers Series，NO. 451.

Javier L G. 2012. Vertical specialization and new regionalism. Ph D. Thesis，University of Sussex.

Johnson R C. 2012. Trade in intermediate inputs and business cycle co-movement. NBER Working Paper, No. 18240.

Johnson R C, Noguera G. 2011. Accounting for intermediates: production sharing and trade in value added. FREIT Working Paper, No. 063.

Johnson R C, Noguera G. 2012. Fragmentation and trade in value-added over four decades. NBER Working Paper, No. 18186.

Kee H L, Tang H. 2012. Domestic value added in Chinese exports: firm-level evidence. Unpublished document.

Kommerskollegium National Board of Trade. 2007. How anti-dumping can damage the supply chains of globalised European companies: five case studies from the shoe industry. Stockholm.

Koopman R, Powers W, Wang Z, et al. 2010. Give credit to where credit is due: tracing value added in global production chains. NBER Working Papers, No. 16426.

Koopman R, Powers W, Wang Z, et al. 2012. Tracing value-added and double counting in gross exports. NBER Working Paper , No. 18579.

Koopman R, Wang Z, Wei S J. 2008. How much Chinese exports is really made in China-a ssessing foreign and domestic value-added in gross exports. NBER Working Paper, No. 14109.

Lenzen M, Moran D, Kanemoto K, et al. 2013. Building Eora: a global multi-region input-output database at high country and sector resolution. Economic Systems Research, 25(1): 20-49.

Lin J, Zhi W, Li X, et al. 2014. The similarities and differences among three major inter-country input-output databases and their implications for trade in value-added esti-mates. Office of Economics Working Paper, U. S. International Trade Commission.

Linden G, Kraemer K L, Dedrick J. 2009. Who captures value in a global innovation network?: the case of apple's iPad. Communications of the ACM, 52(3): 140-144.

Los B, Timmer M P, de Vries GJ. 2015. How global are global value chains? A new approach to measure international fragmentation. Journal of Regional Science, 55(1): 66-92.

Ma H, Wang Z, Zhu K F. 2015. Domestic content in China's exports and its distribution by firm ownership. Journal of Comparative Economics, 43(1): 3-18.

Mattoo A, Wang Z, Wei S J. 2013. Trade in value added developing new measures of cross-bor-der trade. World Bank.

Meng B, Yaman N, Webb C. 2010. Vertical specialization indicator based on supply driven input-output model. IDE Working Paper, No. 270.

Miroudot S, Lanz R, Ragoussis A. 2009. Trade in intermediate goods and services.

Mori T, Sasaki H. 2007. Interdependence of production and income in Asia-Pacific economies: an international input-output approach. Bank of Japan Working Paper Series, No. 07-E-26.

Nakano S, Okamura A, Sakurai N, et al. 2009. The measurement of CO_2 embodiments in international trade, evidence from harmonized input-output and bilateral trade database. OECD Science, Technology and Industry Working Papers 2009/3.

OECD. 2009. Vertical specialization and global value chains,

OECD. 2013. Interconnected economies: benefiting from global value chains.

OECD, WTO. 2011. Trade in value-added: concepts, methodologies and challenges. http://www.oecd.org/sti/industryandglobalisation/49894138.pdf.

OECD, WTO. 2012. Trade in value-added: concepts, methodologies and challenges. Joint OECD-WTO Note.

OECD, WTO, UNCTAD. 2013. Implications of global value chains for trade, investment, development and jobs. Prepared for the G 20 Leaders Summit Saint Petersburg.

Pula G, Peltonen T A. 2009. Has emerging Asia decoupled? An analysis of production and trade linkages using the Asian international input-output table. Working paper series, No. 993.

Srholec M. 2007. High-tech exports from developing countries: a symptom of technology spurts or statistical illusion? Review of World Economics, 143(2): 227-255.

Stehrer R. 2012. Trade in value added and the value added in trade. WIOD Working Paper, No. 8.

Stehrer R, Foster N, de Vries G. 2012. Value added and factors in trade: a comprehensive approach. WIIW Working Paper, No. 80.

Sturgeon T J, Nielsen P B, Linden G, et al. 2013. Direct measurement of global value chains: collecting product- and firm-level statistics on value added and Business function outsourcing and offshoring. Trade in Value Added Developing New Measures of Cross-Border Trade, World Bank.

Timmer M P, Los B, Stehrer R, et al. 2013. Fragmentation, incomes and jobs: an analysis of European competitiveness. Economic Policy, 28: 613-661.

Timmer M, Erumban A A, Gouma R, et al. 2012. The world input-output database (WIOD): contents, sources and methods. WIOD Background document available at www.wiod.org.

Timmer M, Erumban A A, Gouma R, et al. 2014. Slicing up global value chains. Journal of Economic Perspectives, 28(2): 99-118.

UNCTAD. 2013. Global value chains and development: investment and value added in trade in the global economy.

Upward R, Wang Z, Zheng J. 2013. Weighing China's export basket: the domestic content and technology intensity of Chinese exports. Journal of Comparative Economics, 41 (2): 527-543.

Wang Z, Wei S J. 2009. Value chains in East Asian production networks-an international input-Output model based analysis. U.S. International Trade Commission, Office of Economics Working Paper, No. 2009-10-C.

World Investment Report. 2013. Global value chains: investment and trade for development.

WTO，IDE-JETRO. 2011. Trade patterns and global value chains in East Asia: from trade in goods to trade in tasks. Geneva.

WTO. 2013a. What global fragmentation means for the WTO. Article XXIV，Behind-the-Border Concessions，and A New Case for WTO Limits on Investment Incentives.

WTO. 2013b. Global value chains in a changing world.

Xing Y，Detert N C. 2010. How the iPhone widens the United States trade deficit with the People's Republic of China.

Yang C H，Chen X K，Duan Y W，et al. 2013. Measurement of trade in value-added: using Chinese input-output tables capturing processing trade. http: //www. statistics. gov. hk/ wsc/STS024-P3-S. pdf.

Yeats A J. 1998. Just how big is global production sharing? World Bank Policy Research Working Paper 1871，World Bank.

Yi K M. 2003. Can Vertical specialization explain the growth of world trade? Journal of Political Economy，111(1): 52-102.

第四部分

APEC经济体经济互利作用
及加工贸易异质性影响分析

第 12 章

中国与 APEC 其他主要经济体经济的
相互拉动作用分析

祝坤福、刘　鹏、陈相因、杨恋令、田开兰、陈全润、杨翠红

12.1　引言

加入 WTO 以来，中国与世界的经济关系越来越密切，中国对外贸易快速增长。进出口总额从 2001 年的 5 096.5 亿美元增长到 2012 年的 38 671.2 亿美元，规模扩大了 6.6 倍，年均增长速度 20.2%，其中进口和出口年均增速分别为 20.1% 和 20.4%，远高于同期的经济增长速度。从进口和出口两方面来看，中国经济的高速增长离不开外需的扩大，同时中国经济发展也拉动了世界其他经济体的经济增长。特别是 2008 年国际金融危机以来，中国对世界经济增长贡献率为 1/3[①]。当前，世界经济的复苏离不开中国经济的发展，中国经济的持续稳定增长也迫切需要一个稳定复苏的世界经济环境。如何准确核算中国与主要贸易伙伴通过贸易往来对各自国内经济的拉动，对衡量一国/地区参与全球价值链分工程度和贸易利益格局具有重要意义。

特别地，APEC 地区内贸易发展迅速，已经占 APEC 经济体对外贸易总额的很高比例。2010 年，APEC 地区内贸易比重达到 67% 左右。中国是 APEC 成员中最大的发展中经济体，近年来，中国与 APEC 其他经济体的贸易比重始终维持在 70% 以上。20 世纪 90 年代以来，中国从 APEC 其他经济体的进口额年增幅保持在 11% 左右，中国经济持续高速增长对稳定亚太地区经济发挥了至关重要的作用。中国从这些成员进口大量商品，有效地拉动 APEC 其他经济体的经

① 新华社：中国需提高劳动生产率以保持经济可持续增长——访国际货币基金组织秘书长林建海，http://news.163.com/14/1011/05/A88KVU9B00014Q4P.html，2014-10-9.

济增长及就业的增加。当然，贸易是双赢的，中国对这些经济体的出口也成为拉动中国经济、创造就业、扩大中国商品国际市场的重要力量。恰逢 2014 年 APEC 领导人峰会在北京召开，APEC 经济体间的经济依赖关系成为了 2014 年的重要议题之一。本章基于国际投入产出模型，提出了一国最终需求①对国内增加值和国外增加值拉动的核算方法，研究中国的最终需求增长对 APEC 其他主要经济体国内(地区)生产总值的拉动作用，以及 APEC 其他主要经济体的最终需求对中国国内生产总值的拉动作用。在此基础上，利用 WIOD，核算了 1995～2011 年中国与 APEC 其他主要经济体间的国内(地区)生产总值相互拉动作用②，分析了 APEC 各主要经济体经济的紧密关联程度，并指出中国与 APEC 其他主要经济体贸易的快速增长是共同利益之所在，也是各国经济发展的基石。

12.2   中国的最终需求对 APEC 其他主要经济体国内 (地区)生产总值的拉动作用分析

12.2.1   中国的最终需求对国外国内生产总值的影响变动趋势分析

1995～2011 年，中国的最终需求所拉动的国外增加值总量(国外国内生产总值)逐年递增③。如图 12-1 所示，1995 年中国最终需求拉动的国外增加值为 1 104.9 亿美元，2011 年为 12 305 亿美元，年均增速为 15.3%。加入 WTO 前(1995～2001 年)，中国的最终需求所拉动的国外增加值年均增长 11.0%，加入 WTO 后(2002～2011 年)年均增长 18.4%，中国的最终需求对国外经济的拉动作用明显增加。受到国际金融危机的影响，2009 年中国的进口增速同比出现了较大幅度下降，比 2008 年下降了 11.2%，对国外增加值的拉动也出现了小幅的下降。

中国的单位国内最终需求对国外增加值的拉动呈现出一定的规律性。1995～1998 年，拉动的国外增加值总额占中国最终需求比例(即中国最终需求中国外增加值占比)在逐渐减少，从 15.8% 降低至 12.4%；1998 年之后，这一比例逐渐增加，一直到 2004 年达到峰值 20.4%；2004～2009 年逐渐减少，2009 年达到低点

---

①   一国的国内总需求既包括最终需求(最终消费、资本形成)，也包括中间需求(包括国内中间品需求、进口品中间需求)。本书基于国际投入产出模型，利用最终需求法来计算中国与 APEC 其他主要经济体间的经济联系。受数据库覆盖范围的限制，本书主要分析中国和 APEC 中几个主要经济体的经济联系，特别是双边贸易量或者比重较大的成员。

②   特别需要指出的是，在 WIOD 数据库中，各国家/地区的投入产出表只是一般的非竞争型表，没有考虑加工贸易生产结构的特殊性，因此在计算国外需求对中国经济拉动作用的时候，计算结果将在一定程度上是高估的。但如果从时间序列上去考察，报告中的一些计算结果却能够反映中国与主要贸易伙伴间的经济联系和变迁，有一定的分析价值。

③   本章中提到的国外增加值是指除中国大陆以外的国家/地区的增加值，为表述简便，统一为"国外增加值"。

图 12-1　1995～2011 年中国最终需求对国外国内生产总值的拉动

15.6%；2009 年之后又开始增加，提高至 2011 年的 17.6%。这表明，1995～1998 年和 2004～2009 年，中国单位最终需求所拉动的国外增加值在下降，最终需求增长更多拉动的是国内增加值上升；1998～2004 年和 2009～2011 年则在上升。另外，可以得出：1995～1998 年和 2004～2009 年，中国最终需求增长的幅度要大于中国所拉动的国外增加值总额的增长幅度，而 1998～2004 年和 2009～2011 年则相反，中国所拉动的国外增加值总额的增长幅度要大于中国最终需求的增长幅度①。

12.2.2　中国最终需求对国外经济拉动的分成员结构分析

中国大陆最终需求所拉动的国外增加值中，各主要经济体增加值比例如图 12-2 所示。1995～2011 年，中国大陆最终需求拉动的美国增加值占其拉动的国外增加值总额的比例始终维持在 12% 左右。2011 年，美国超过日本成为中国大陆最终需求所拉动增加值最多的经济体。中国大陆最终需求对美国增加值的拉动达到 1 483 亿美元，而中国大陆最终需求拉动日本增加值的比例在逐渐下降，从 1995 年的 22.70% 逐渐降至 2011 年的 10.65%，比重减少了一半多。澳大利亚是中国大陆最终需求所拉动的国外增加值中占比增长最快的经济体。特别是 2002 年之后，中国大陆最终需求拉动的澳大利亚的增加值所占比例从 2002 年的

――――――――――

① 直接来看，国内单位最终需求对国外增加值的拉动额的变化，由以下两个影响因素决定：一是最终需求结构的变化，如可贸易服务（旅游、运输）占最终需求比例上升；二是个最终品生产中所使用国外要素比例的上升。如果要验证是哪个因素起决定作用，需要进一步的数量经济学方法，在本报告中并未展开。

2.85％增长到 2011 年的 6.13％；中国大陆最终需求拉动的韩国增加值所占的比例比较稳定，保持在 6％左右；而中国大陆最终需求拉动中国台湾地区增加值所占的比例自 2002 年之后下降明显，由 2002 年的 6.94％降至 2011 年的 3.44％。印度尼西亚、加拿大、墨西哥、欧盟等经济体的变化不明显。这表明，1995～2011 年，中国大陆的最终需求对 APEC 其他主要经济体国内（地区）生产总值拉动的变化中，美国、韩国、印度尼西亚、加拿大、墨西哥、欧盟等经济体的增加值占比稳定；中国大陆的最终需求对澳大利亚增加值拉动所占比重呈现增长态势；而对日本和中国台湾地区增加值拉动的占比却在不断下降。这说明中国价值链的布局已经全球化，对东亚地区价值链的依赖在逐渐减少。

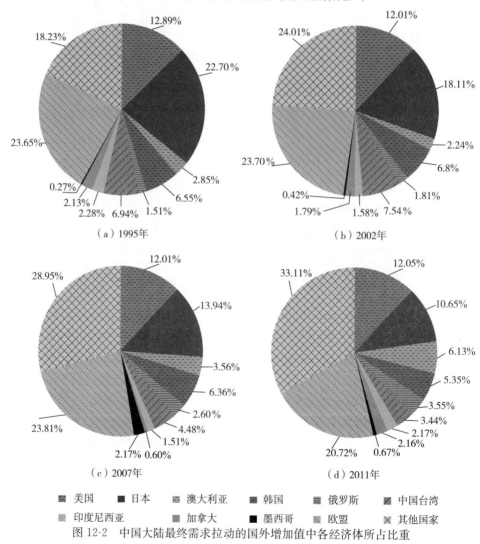

图 12-2　中国大陆最终需求拉动的国外增加值中各经济体所占比重

如表 12-1 所示，从绝对数量上来看，中国最终需求拉动的 APEC 其他主要经济体增加值总额从 1995 年的 642.2 亿美元增加到 2011 年的 5 680.9 亿美元，扩大了 7.85 倍，年均增速为 13.7%。中国最终需求拉动的非 APEC 经济体增加值总额从 1995 年的 462.8 亿美元增加到 2011 年的 6 624.2 亿美元，扩大了 13.31 倍，年均增速为 16.9%。中国最终需求对非 APEC 经济体经济增长的拉动作用快于对 APEC 其他主要经济体的拉动。从在中国最终需求总额中占比来看，所拉动国外总增加值的比例从 1995 年的 15.8% 增加到 2011 年的 17.6%，其中对 APEC 其他主要经济体拉动的增加值占比在整体上保持稳定的基础上略有下降；而对非 APEC 经济体拉动的增加值所占比例呈现快速上升趋势，从 1995 年的 6.6% 增加到 2011 年的 9.5%。

表 12-1　中国对 APEC 其他主要经济体和非 APEC 经济体增加值的拉动

年份	APEC		非 APEC		总数	
	绝对数/亿美元	比例/%	绝对数/亿美元	比例/%	绝对数/亿美元	比例/%
1995	642.2	9.2	462.8	6.6	1 104.9	15.8
2002	1 196.5	8.6	1 091.3	7.8	2 287.8	16.4
2007	2 774.3	8.9	3 098.3	9.9	5 872.6	18.8
2011	5 680.9	8.1	6 624.2	9.5	12 305.0	17.6

2002～2007 年，中国最终需求对非 APEC 经济体增加值的拉动总额超过了对 APEC 其他主要经济体增加值的拉动总额。加入 WTO 以后，中国最终需求对 APEC 其他主要经济体的依赖性在逐步下降，拉动的 APEC 其他主要经济体增加值占各国国内生产总值的比例也在减少。这直接表现为中国进口地区分布结构的改变，特别是从新兴市场国家的进口所占比例不断提高，对非 APEC 经济体经济的拉动作用不断增加。例如，中国和其他"金砖"四国(巴西、印度、俄罗斯、南非)贸易额增长较快，2002～2011 年，中国从上述四国货物进口额占中国进口总额的比重由 14.74% 上升到 17.83%，其中从巴西、南非进口比重分别从 1.02% 和 0.43% 增加到 3.01% 和 1.84%，分别提高 1.99 个和 1.41 百分点。与此同时，从传统贸易伙伴进口所占比重则出现了不同程度的下降，如从美国和日本进口分别从 2002 年的 9.23%、18.11% 下降至 2011 年的 7.00% 和 11.16%。

12.2.3　中国最终需求拉动的 APEC 其他主要经济体增加值占其国内(地区)生产总值的比重分析

在中国大陆主要贸易伙伴特别是 APEC 经济体中，中国大陆最终需求拉动中国台湾地区的增加值占中国台湾当年地区生产总值的比例是最高的，2011 年

为 9.6％；其次是韩国，2011 年有 6.5％的韩国国内生产总值是由来自中国大陆
的最终需求拉动的；第三是澳大利亚，2011 年有 5.4％的国内生产总值是由中国
大陆最终需求所拉动。作为中国在 APEC 经济体中最大的两个贸易伙伴，美国
和日本的增加值中由中国最终需求拉动的绝对值很高，2011 年分别为 1 483 亿美
元和 1 311 亿美元，但在其国内生产总值中占比并不高，分别只有 1.0％和
2.2％（图 12-3）。中国大陆最终需求变动对美国和日本整体经济影响不像对中国
台湾、韩国和澳大利亚影响那么大，但是在当前美国、日本经济增长缓慢的时
候，中国大陆需求的变动将对它们的经济增长产生较大影响。

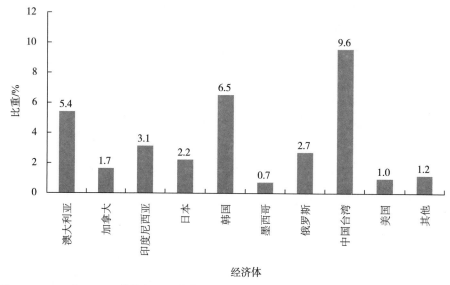

图 12-3　2011 年 APEC 其他主要经济体国内（地区）生产总值中由中国最终需求拉动的比重

12.2.4　中国最终需求增长对主要经济体国内（地区）生产总值增长的贡献率及其变化

如表 12-2 所示，从中国最终需求增长对 APEC 其他主要经济体国内（地区）
生产总值增长的贡献率来看，对东亚地区经济体的国内（地区）生产总值增长贡献
率最高。第一是中国台湾地区，1995～2011 年中国大陆对中国台湾地区增加值
增长的贡献率达到 19.21％，说明中国台湾地区经济增长对中国大陆的需求依赖
程度非常深；其次是日本，1995～2011 年中国大陆最终需求增长对日本国内生
产总值增长的贡献率为 16.92％；第三为韩国，中国大陆最终需求增长对韩国国
内生产总值增长的贡献率为 11.15％。另外，随着中国大陆固定资产投资的高速
增长，对进口铁矿石等的需求明显增加，对澳大利亚拉动作用逐年上升。2002
年，中国大陆从澳大利亚进口铁矿石 4 279 万吨，占中国大陆铁矿石进口总量的

38.5％，2011 年上升到 2.97 亿吨，比重升至 43.3％。中国从澳大利亚铁矿石和其他商品进口的快速增长对澳大利亚国内生产总值增长的拉动作用明显。1995～2011 年中国最终需求增长对澳大利亚国内生产总值增长的贡献率为 6.95％，仅次于东亚地区经济体。从拉动国外增加值的绝对量来看，中国最终需求拉动美国增加值增长显然是最多的，1995～2011 年增加了 1 340.3 亿美元；其次是日本，中国最终需求拉动日本增加值增加了 1 060.2 亿美元；再次是澳大利亚和韩国，分别为 723.3 亿美元和 585.5 亿美元。

表 12-2　中国最终需求增长对 APEC 其他主要经济体国内(地区)生产总值增长的贡献率

APEC 其他主要经济体	1995～2001 年		2001～2008 年		2008～2011 年		1995～2011 年	
	拉动国内(地区)生产总值增加额/亿美元	对国内(地区)生产总值增长的贡献率/％	拉动国内(地区)生产总值增加额/亿美元	对国内(地区)生产总值增长的贡献率/％	拉动国内(地区)生产总值增加额/亿美元	对国内(地区)生产总值增长的贡献率/％	拉动国内(地区)生产总值增加额/亿美元	对国内(地区)生产总值增长的贡献率/％
澳大利亚	16.0	−36.45	280.7	4.51	426.6	10.06	723.3	6.95
加拿大	16.9	1.42	125.6	1.70	99.5	4.92	242.0	2.28
印度尼西亚	5.9	−0.82	76.8	2.23	158.8	4.75	241.5	3.98
日本	88.0	−0.74	599.1	8.13	373.1	3.45	1 060.2	16.92
韩国	49.1	−13.85	268.4	6.63	268.0	17.19	585.5	11.15
墨西哥	5.2	0.15	34.4	0.81	40.3	9.01	79.9	0.99
中国台湾	59.7	27.55	136.7	14.10	149.8	24.34	346.2	19.21
美国	110.4	0.39	613.7	1.50	616.2	8.56	1 340.3	1.75

　　为了更好地分析不同阶段中国最终需求对 APEC 其他主要经济体国内(地区)生产总值增长的贡献，本课题组选取了中国加入 WTO 前(1995～2001 年)、加入 WTO 后至国际金融危机前(2001～2008 年)和国际金融危机后(2008～2011 年)三个时间段进行对比分析。

　　1995～2001 年，虽然澳大利亚、日本、韩国和印度尼西亚等国家的年均国内生产总值增长率为负数，但中国最终需求则是拉动其增加值总额上升的力量，对帮助这些经济体走出经济低迷发挥了作用。这一阶段，中国大陆最终需求对中国台湾地区生产总值增长贡献率最高，为 27.55％。2001−2008 年，中国最终需求拉动美国和日本增加值总额分别上升了 613.7 亿美元和 599.1 亿美元，对日本经济增长贡献率达到 8.13％。可以说，中国最终需求的增长对日本经济走出 20 世纪 90 年代的停滞期发挥了非常积极的作用。但 2008 年以后，随着国际金融危机的蔓延及随后中日关系的恶化，中日贸易受到了影响，中国最终需求对日本经济增长的贡献率急剧下降(由 8.13％下降到

3.45%），不到之前水平的一半。相反，2008 年国际金融危机以后，中国大陆最终需求对澳大利亚、韩国、墨西哥、中国台湾和美国等经济体的经济增长做出了重要贡献。其中，对美国 2008~2011 年国内生产总值增长贡献率为 8.56%，对澳大利亚和韩国国内生产总值增长贡献率分别为 10.06% 和17.19%，对中国台湾地区生产总值增长贡献率更是高达 24.34%。中国需求的增长对 APEC 其他主要经济体摆脱国际金融危机的影响、促进其经济尽快复苏起到了非常积极的作用。

12.2.5　中国各部门的最终需求对国外增加值的拉动作用分析

从分部门最终需求拉动的增加值来看（表 12-3），1995 年中国各部门最终需求拉动的国外增加值中，电子与光学设备拉动的国外增加值最高，在其拉动的增加值总额中，超过一半是国外的增加值（50.55%），其中对日本增加值的拉动最高，达到 46.97 亿美元，占总拉动国外增加值总额的 37.32%。从单位最终需求对增加值的拉动看，每 100 美元中国电子与光学设备的最终需求对拉动的日本国内生产总值为 18.9 美元。中国单位最终需求拉动国外增加值较高的其他部门还包括金属制品、机械设备和批发业等，其中拉动的增加值最高的经济体仍是日本，分别为 35.97 亿美元、24.24 亿美元和 17.76 亿美元。在加入 WTO 之前，中国最终需求拉动的国外增加值中，日本最高，其次是东亚其他经济体，说明这一时期中国主要是参与了东亚价值链的分工。2011 年中国各部门最终需求拉动的国外增加值中，采掘业中的矿产品与原油进口拉动的国外增加值最多，在其拉动的增加值总量中，合计有超过一半（54.36%）是国外的增加值，其中受益最多的是澳大利亚，拉动的澳大利亚增加值为 435.10 亿美元。其次是商业服务，受益最高的经济体是美国，共拉动了 272.09 亿美元的美国增加值。再次是电子与光学设备和金属制品业，拉动日本增加值最多，分别为 238.59 亿美元和 162.51亿美元。这些结果表明，在加入 WTO 后，中国逐渐参与了更广泛的全球化分工，与欧美经济体的联系愈加紧密。

表 12-3　中国各部门最终需求拉动增加值比例及拉动最大的经济体

部门	最终需求结构/%	拉动国外增加值比例/%	拉动最大的经济体	拉动增加值数额/亿美元	占总拉动比例/%
1995 年拉动国外增加值最大的 10 个部门和成员分布					
电子与光学设备	3.56	50.55	日本	46.97	37.32
金属与金属制品	5.17	28.45	日本	35.97	34.95
机械设备	3.97	28.51	日本	24.24	30.61

续表

部门	最终需求结构/%	拉动国外增加值比例/%	拉动最大的经济体	拉动增加值数额/亿美元	占总拉动比例/%
1995 年拉动国外增加值最大的 10 个部门和成员分布					
批发业	6.62	14.56	日本	17.66	26.19
商业服务	2.89	36.91	美国	17.46	23.37
化学制品	3.70	30.95	日本	16.48	20.57
金融服务	4.61	15.65	日本	11.14	22.07
农业	18.83	4.17	美国	8.66	15.77
交通运输设备	2.02	20.03	日本	8.36	29.54
纺织品	2.30	21.13	日本	8.00	23.52
2011 年拉动国外增加值最大的 10 个部门和成员分布					
采掘业	7.36	54.36	澳大利亚	435.10	15.58
商业服务	4.38	38.94	美国	272.09	22.86
电子与光学设备	4.12	44.41	日本	238.59	18.68
金属与金属制品	4.92	22.71	日本	162.51	20.84
机械设备	3.21	25.56	日本	109.14	19.05
批发业	6.74	13.64	日本	92.90	14.46
金融服务	4.92	12.57	美国	91.82	21.23
化学制品	3.18	28.69	日本	89.26	14.00
交通运输设备	2.21	20.73	日本	80.28	25.10
社会公共服务	3.95	4.67	美国	75.27	58.49

值得注意的是，1995～2011 年，中国对矿产品的最终需求拉动的国外增加值增长迅速。中国采掘业中的矿产品每 100 美元最终需求拉动的国外增加值从 25 美元上升到 54 美元，增长了一倍多，其中拉动澳大利亚增加值最高，其次是俄罗斯、加拿大和印度尼西亚。农产品、成品油、非金属制品和其他制造业产品等的最终需求拉动的国外增加值在这期间也有所增加。而其他部门产品拉动的国外增加值均有一定幅度的下降。特别需要注意的是，中国纺织和皮革、木材家具，纸和印刷品等部门产品单位最终需求拉动的国外增加值在 1995～2011 年下降了一半左右。

12.2.6　中国最终需求拉动 APEC 其他主要经济体增加值的部门结构

如图 12-4 所示，从中国大陆最终需求拉动的 APEC 其他主要经济体增加值的部门结构看，农业增加值占比普遍较低。分成员来看，中国大陆最终需求拉动澳大利亚增加值的部门结构中，占比最高的为采掘业，比重为58%，其次是服务业，占比30%；印度尼西亚、俄罗斯和加拿大基本也是采掘业占比高，分别为58%、38%和33%；中国大陆最终需求拉动日本、韩国和中国台湾地区等东亚经济体增加值的部门结构中，主要是日用品和原材料行业、机械设备和服务业增加值，基本没有农业和采掘业增加值；而在中国大陆最终需求拉动美国增加值的部门结构中，有一半的增加值来自于服务业增加值，其他部门比例都不是很高。

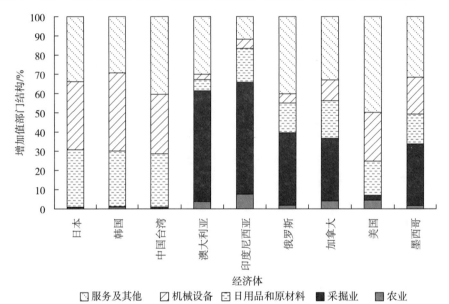

图 12-4　2011 年中国最终需求拉动的 APEC 其他主要经济体增加值的部门结构

12.3　APEC 其他主要经济体最终需求对中国国内生产总值的拉动分析[①]

中国的最终需求拉动国外增加值的同时，国外的最终需求增长也会拉动中国的国内增加值增加。这一部分增加值也可被视为中国用于生产满足国外需求产品

[①]　由于 WIOD 数据库的中国部分并没有区分加工贸易，而是将加工贸易、一般贸易与国内贸易品在生产和使用上作为同质的。因此，此处计算的国外最终需求对中国增加值拉动是不准确的，会不同程度地高估隐含于国外最终需求品中的中国增加值，特别是中国加工出口至美国和欧盟的产品。为准确核算国外最终需求对中国增加值的拉动，需要将中国反映加工贸易的非竞争型投入产出模型嵌入 WIOD，构建扩展的国际投入产出模型来进行核算。本课题组又编制了 2007 反映中国加工贸易的国际投入产出表，并在新的模型下对系列指标进行了重新核算，详见本书第 13 章。

时，创造的国内增加值，即 Johnson 和 Noguera(2012)提出的增加值出口。本书主要分析国外最终需求对中国国内生产总值的拉动，特别是中国国内增加值被 APEC 其他主要经济体吸收的部分，即 APEC 其他主要经济体需求对中国国内生产总值的拉动作用分析。

从对中国国内生产总值总的拉动效果来看，中国的国内生产总值中由国外需求拉动的部分总体上是逐年增加的(图 12-5)。1995～2001 年，波动幅度较小；在 2002～2011 年增长较快，但是受国际金融危机的影响，2009 年出现了下降。这表明中国于 2001 年加入 WTO 之后，国外需求对中国国内生产总值的拉动呈现快速增长的态势。但 2008 年，美国次贷危机引发了国际性的金融危机，使欧美国家的国内需求水平下降，从而致使对中国国内生产总值拉动效应在 2009 年出现下降。国外最终需求拉动的中国国内增加值占中国国内生产总值比例在1995～2006 年基本是上升的，但是 2007 年以后则基本呈下降趋势，特别是 2008年和 2009 年。1995～2011 年，国外需求拉动的中国国内增加值占中国国内生产总值的比例波动较大。在 1995～2001 年，国外需求拉动的增加值占国内生产总值的比例基本在 17%～19% 窄幅波动；2002～2006 年逐渐增加，从 20% 增长到27.7%；2006 年之后则又逐渐下降，从 2007 年的 27.5% 下降到 2011 年的 21.2%。

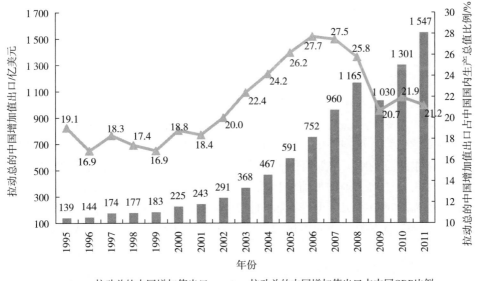

图 12-5　国外最终需求对中国国内生产总值的拉动及份额变动情况

如表 12-4 所示，国外最终需求拉动的中国国内增加值从 1995 年的 1 387 亿美元增加到 2011 年的 15 474 亿美元，扩大了 10.16 倍。其中 APEC 其他主要经济体的最终需求合计拉动的中国增加值从 806.7 亿美元增加到 7 054.7 亿美元，扩大了 8.3 倍，年均增速为 14.0%。非 APEC 经济体最终需求拉动中国国内增加值从 580.2 亿美元增加到 7 969.8 亿美元，扩大了 12.7 倍，年均增速为 16.7%。非 APEC 经济体的最终需求对中国经济增长拉动快于 APEC 其他主要经济体。从在中国国内生产总值中占比来看，APEC 其他主要经济体最终需求拉动的中国增加值占中国国内生产总值比例在 1995 年为 11.1%，2011 年有所下降，为 10.3%；非 APEC 经济体最终需求拉动的中国增加值占中国国内生产总值比例有较大幅度上升，1995 年为 8.0%，2011 年为 10.9%，已经超过 APEC 其他主要经济体拉动的增加值所占比重。

表 12-4　APEC 其他主要经济体和非 APEC 经济体最终需求对
中国增加值拉动及占国内生产总值比重

年份	APEC 其他主要经济体		非 APEC 经济体		总数	
	绝对数/亿美元	比例/%	绝对数/亿美元	比例/%	绝对数/亿美元	比例/%
1995	806.7	11.1	580.2	8.0	1 386.9	19.1
2002	1 648.4	11.3	1 262.6	8.6	2 911.0	19.9
2007	4 627.7	13.3	4 969.7	14.2	9 597.4	27.5
2011	7 504.7	10.3	7 969.8	10.9	15 474.4	21.2

分不同时间段来看，国外最终需求所拉动的中国增加值占中国国内生产总值的比例先增加后减少，从 1995 年的 19.1%增加到 2007 年的 27.5%，再减少到 2011 年的 21.2%。APEC 其他主要经济体和非 APEC 经济体最终需求拉动的增加值占比基本也是同样趋势，这些结果说明，从 2008 年开始，受国际金融危机的影响，中国更加重视主要依靠扩大内需来拉动经济增长，对外需求的依赖呈现不断下降的态势。从国外最终需求的来源看，2007 年之前，APEC 其他主要经济体的需求是拉动中国增加值的主要动力，其最终需求拉动的中国增加值占所有国外最终需求拉动中国增加值的比重一直在一半以上。近几年来，非 APEC 经济体最终需求对中国国内生产总值的拉动效应则在不断增强，自 2007 年开始，非 APEC 经济体最终需求对中国国内生产总值的拉动已经超过了 APEC 其他主要经济体。

图 12-6 显示了国外需求拉动的中国增加值中各经济体的结构分布。对中国国内生产总值拉动较高的国外经济体主要是美国、欧盟和日本。2011 年中国国内生产总值中有 15 474.4 亿美元的增加值为国外最终需求拉动，其中美国最终需求拉动占 21.94%，欧盟最终需求拉动占 21.55%，日本最终需求拉动占 8.64%，其他经济体都相对比较低。从时间趋势来看，美国最终需求拉动的中国

增加值占国外总的最终需求拉动的比例由 1995 年的 26.21％增加到 2002 年的 29.73％，然后再减少到 2007 年的 24.99％，2011 年进一步下降至 21.94％。日本需求拉动中国增加值的比重则从 1995 年的 18.88％减少到 2007 年的 8.3％，2011 年基本稳定，为 8.64％。欧盟最终需求拉动中国增加值的比重则基本稳定在 21％～23％。

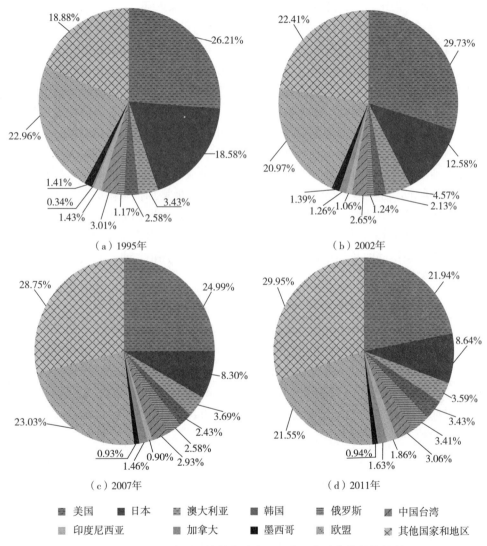

图 12-6　APEC 主要经济体拉动中国国内生产总值的结构情况

从分成员的国外最终需求拉动的中国增加值占国内生产总值的比重来看，1995～2011 年，日本的重要性不断下降：日本最终需求拉动的中国增加值在中国国内生产总值中的占比从 1995 年的 3.56% 减少到 2011 年的 1.87%。而美国最终需求拉动的中国增加值占国内生产总值比重由 1995 年的 5.02% 增加到 2007 年的 7.00%，之后受到国际金融危机的冲击，这一比重大幅减少，2011 年降低至 4.76%。国际金融危机后，由于美国经济复苏缓慢，消费者信心不足，美国的最终需求拉动中国国内生产总值的地位也在下降。

国外最终需求拉动的中国各部门增加值比例结果如表 12-5 所示。分部门来看，1995 年国外需求拉动最多的是中国农业部门的增加值，占当年中国国内生产总值的 2.6%，其中日本最终需求拉动的中国农业增加值最多，为 51.3 亿美元，占当年中国农业增加值的 3.5%。其次是纺织业，有 54.8% 的中国增加值是被国外最终需求拉动的，其中来自美国的最终需求对该行业拉动最高（43.1 亿美元），占当年中国纺织业增加值的 15.3%。其他拉动增加值较高的行业依次为电子与光学设备、金属与金属制品、批发业和化学制品业，和纺织业类似，来自于美国的最终需求对这些行业增加值拉动额均最高。2011 年国外需求拉动最高的是中国电子与光学设备业增加值，其中仍是美国的最终需求拉动最高，为 504.6 亿美元，占中国该行业增加值的 14.7%。其他增加值较高的部门依次是金属与金属制品、商业服务、农业和纺织品业，这些行业增加值由美国最终需求拉动最多，分别为 269.3 亿美元、265.4 亿美元、223.8 亿美元和 195.2 亿美元。显然，不管是拉动的总的增加值，还是主要部门的增加值，来自于美国的最终需求均做出了重要贡献。

表 12-5　1995 年和 2011 年国外需求拉动的中国各部门增加值

部门	部门增加值占比结构/%	国外拉动增加值的比例/%	拉动最大的经济体	拉动增加值数额/亿美元	占总拉动比例/%
1995 年拉动中国增加值最大的 10 个部门和成员分布					
农业	20.0	13.1	日本	51.3	3.5
纺织品	3.9	54.8	美国	43.1	15.3
电子与光学设备	3.2	47.7	美国	37.9	16.1
金属与金属制品	5.0	28.2	美国	27.9	7.7
批发业	6.5	16.6	美国	22.8	4.8
化学制品	3.3	25.6	美国	17.5	7.3
采掘业	4.1	25.5	美国	17.0	5.8
金融服务	4.6	18.8	美国	16.6	5.0
食品、饮料和烟草	4.5	14.0	日本	16.1	4.9
服装、皮革与鞋帽	0.8	50.3	美国	14.6	26.0

续表

部门	部门增加值占比结构/%	国外拉动增加值的比例/%	拉动最大的经济体	拉动增加值数额/亿美元	占总拉动比例/%
2011 年拉动中国增加值最大的 10 个部门和成员分布					
电子与光学设备	4.7	53.5	美国	504.6	14.7
金属与金属制品	5.3	30.8	美国	269.3	7.0
商业服务	3.6	28.1	美国	265.4	10.2
农业	10.1	15.7	美国	223.8	3.0
纺织品	2.7	53.2	美国	195.2	9.9
批发业	7.2	22.7	美国	194.4	3.7
化学制品	3.4	35.3	美国	189.3	7.7
采掘业	4.4	26.5	美国	181.9	5.7
金融服务	5.1	19.2	美国	162.1	4.4
机械设备	3.2	27.8	美国	147.0	6.4

如表 12-6 所示，中国与主要贸易伙伴以总值统计的双边贸易额都在增加，特别是 2002～2007 年，中国与主要贸易伙伴的双边贸易额年均增长都在 20％以上，与俄罗斯的双边贸易额年均增速更是达到了 42％的高点。2008 年金融危机以后，中国与主要贸易伙伴的双边贸易增速额增速开始趋稳。以中美贸易为例，1995～2002 年、2002～2007 年和 2007～2011 年这三个时期，美国向中国出口额分别扩大了 0.7 倍、2.5 倍和 1.1 倍，年均增速分别为 8.0％、28.3％ 和 20.3％。中国向美国出口额分别扩大了 1.3 倍、2.1 倍和 0.4 倍，年均增速分别为 12.6％、25.8％和 8.2％。显然，加入 WTO 后，中美双边贸易得到了快速增长。从贸易差额来看，在 1995 年、2002 年、2007 年和 2011 年，中美贸易顺差分别为 276 亿美元、714 亿美元、2 171 亿美元和 2 375 亿美元。可以看出，中美贸易差额在 2002～2007 年快速扩大。

表 12-6　中国与主要贸易伙伴以总值统计的双边贸易额（单位：亿美元）

年份		美国	日本	韩国	中国台湾	澳大利亚	俄罗斯	印度尼西亚
1995	进口	141.0	288.4	137.3	160.5	40.0	18.9	33.0
	出口	416.6	304.7	76.1	32.1	43.6	16.3	24.1
	差额	275.76	16.3	−61.2	−128.4	3.6	−2.6	−8.9
2002	进口	240.9	494.3	305.5	375.7	60.0	44.4	44.9
	出口	955.3	453.0	205.5	75.8	74.4	39.6	42.5
	差额	714.4	−41.3	−100.0	−300.1	14.3	−4.8	−2.4

续表

年份		美国	日本	韩国	中国台湾	澳大利亚	俄罗斯	印度尼西亚
	进口	836.5	1 215.5	909.6	902.7	320.7	175.0	109.5
2007	出口	3 007.9	1 119.1	666.1	244.2	296.8	282.8	112.5
	差额	2 171.4	−96.6	−243.5	−658.5	−23.9	107.8	3.0
	进口	1 753.4	1 800.2	1 575.1	1272.4	1 078.7	476.9	301.3
2011	出口	4 128.4	1 835.2	1 118.8	391.8	687.0	576.7	380.0
	差额	2 375.0	35.0	−456.3	−880.6	−391.7	99.8	78.7

最终需求拉动贸易伙伴的增加值核算结果如表 12-7 所示。与总值统计相比，以增加值核算的中国与主要贸易伙伴贸易差额有所减少。以中美贸易为例，1995年、2002 年、2007 年和 2011 年，中国最终需求拉动的美国增加值分别为 142 亿美元、275 亿美元、705 亿美元和 1 483 亿美元，1995~2002 年、2002~2007 年和 2007~2011 年这三个时期分别扩大了 0.9 倍、1.7 倍和 1.1 倍；另外，美国最终需求拉动的中国增加值分别为 364 亿美元、866 亿美元、2 398 亿美元和3 395亿美元，1995~2002 年、2002~2007 年和 2007~2011 年三个时期分别扩大了 1.4 倍、1.9 倍和 0.4 倍；相应地，以增加值核算的中美贸易差额分别为222 亿美元、591 亿美元、1 693 亿美元和 1 912 亿美元。与贸易总额统计相比，分别减少 19.6%、17.2%、22.0%、19.5%。

表 12-7 以增加值核算的中国与主要贸易伙伴的双边贸易额及差额(单位：亿美元)

年份		美国	日本	韩国	中国台湾	澳大利亚	俄罗斯	印度尼西亚
	进口	142.4	250.8	72.4	76.7	31.5	16.7	25.2
1995	出口	363.5	257.7	47.5	19.5	35.7	16.3	19.9
	差额	221.1	7.0	−24.9	−57.2	4.3	−0.4	−5.3
	进口	274.7	414.2	155.5	172.5	51.3	41.4	36.1
2002	出口	865.5	366.2	133.1	40.6	62.1	36.0	30.9
	差额	590.8	−48.0	−22.4	−132.0	10.9	−5.4	−5.2
	进口	705.4	818.5	373.6	263.4	209.2	152.6	88.9
2007	出口	2 398.1	796.8	354.5	89.6	233.6	247.8	86.2
	差额	1 692.7	−21.7	−19.1	−173.8	24.4	95.2	−2.7
	进口	1 482.8	1 310.9	657.8	423.0	754.8	436.5	266.7
2011	出口	3 394.5	1 337.1	555.2	144.8	531.5	527.2	288.1
	差额	1 911.7	26.2	−102.6	−278.2	−223.3	90.7	21.4

12.4　结论与讨论

通过对中国和 APEC 其他主要经济体之间经济的相互拉动效应分析,可以看出中国对 APEC 其他主要经济体的经济影响很大,特别是东亚经济体和资源型经济体,典型的如日本、韩国、中国台湾地区、俄罗斯和澳大利亚。与此同时,中国大陆最终需求增长对 APEC 其他主要经济体及世界其他经济体国内(地区)生产总值增长的贡献显著。特别值得一提的是,国际金融危机爆发后,中国大陆不仅保持了本国经济的平稳增长,而且来自中国大陆的最终需求增长为遭受经济危机重创的国家和地区抵御危机、实现经济复苏起到了积极作用,为世界经济做出了贡献。APEC 其他主要经济体的需求增长反过来对中国经济也产生了重要影响。APEC 其他主要经济体的需求占中国外需的 2/3 以上,拉动中国大陆的国内增加值占当年国内生产总值的 10% 左右。中国大陆与 APEC 其他主要经济体贸易的快速增长,带动了各自国内增加值的提高。

显而易见,APEC 地区贸易对成员国家/地区的经济发展发挥了重要作用。大力削减贸易成本,减少贸易争端,将有利于 APEC 地区贸易的进一步增长,促进 APEC 地区各成员经济的共同发展和繁荣。

值得提到的是,本章计算中使用的世界投入产出表没有考虑中国加工贸易生产结构的特殊性,因此在计算国外需求对中国经济拉动作用的时候,计算结果会有一定的偏差。但是从时间序列上去考察,计算结果能够反映中国与主要贸易伙伴间的经济联系和变迁,有一定的参考价值。为了体现加工贸易的异质性,本课题组编制完成 2007 年区分中国加工贸易的世界投入产出表,并对上述指标进行重新核算和分析,在区分加工贸易和不区分加工贸易的两种模型框架下,对贸易增加值及以贸易增加值核算的双边贸易差额等相关指标的偏差进行比较研究。

第 13 章

区分中国加工贸易的世界投入产出表的编制及与 APEC 成员双边增加值贸易核算偏差

陈全润、祝坤福、刘　鹏、陈相因、田开兰、杨恋令、杨翠红

13.1　引言

加工贸易占比高是中国对外贸易的一大特征。2007 年中国加工贸易出口占货物总出口的比重高达 50%。近几年这一比重已逐渐下降到 2013 年的 39%，但仍然保持较高水平。中国生产的产品按照去向可以分为用于满足国内需求的产品、加工出口品及非加工出口品。对应不同去向的产品，可将中国的生产方式分为用于国内需求的生产、加工出口生产及非加工出口生产。加工出口生产方式通常需要从国外进口大量原材料及零部件经过加工组装为成品后再出口到国外。因此与另外两种生产方式相比，生产同一种产品，加工出口生产需要投入较少的国产品而投入较多的进口品。从而加工出口生产方式与国内生产部门的联系较弱而与国外生产部门的联系较强。

和其他国家的投入产出表类似，中国官方公布的投入产出表没有对上面提到的不同生产方式在投入结构上的异质性进行区分。在很多国际贸易问题的研究中（如出口中隐含的国内增加值、垂直专门化的测度），这一缺陷会导致严重的核算偏差(Chen et al.，2012；Yang et al.，2015)。为了反映这一重要的异质性，Chen 等(2001，2012)提出并编制了反映中国加工贸易的非竞争型投入产出表(简称中国 DPN 投入产出表)。该表是产品×产品类型的单国表，并对满足国内需求生产(D)、加工出口生产(P)和非加工出口生产及外商投资企业的其他生产(N)这三种生产方式进行了区分。实证研究表明，如果在单国投入产出表中不区分加工贸易，将严重高估中国出口中所隐含的国内增加值。

　　在国际生产分工不断深入的情况下,世界中间品贸易增长迅速,国家间的联系越来越紧密。在这一背景下,最近几年世界上很多政府部门及科研机构开始编制世界投入产出表,并开发了一系列多国投入产出数据库,如 Eora MRIO 数据库,EXIOPOL、IDE-JETRO、OECD-WTO TiVA 数据库,以及世界投入产出数据库 WIOD(Tukker and Dietzenbacher,2013)。在这些多国投入产出表的支持下,很多国际贸易问题被重新审视,同时很多新颖的国际贸易研究方法涌现出来(Timmer et al.,2013,2014;Koopman et al.,2014;Los et al.,2015)。然而,据我们所知所有的多国投入产出表都没有对加工贸易进行区分。因此基于投入产出表的相关分析都有一个隐含的假定:满足国内需求生产、加工出口生产和非加工出口生产具有相同的投入结构,即这三种生产方式的平均投入结构。

　　从基于世界投入产出表的增加值贸易核算的角度来看,忽略不同生产方式投入结构的异质性将产生如下影响:第一,由于满足国内需求生产所需要的进口品投入低于三种生产方式的平均水平,由中国最终需求所拉动的国外增加值(中国的增加值进口)将被高估,但被高估的程度有多大还不明确;第二,由于加工出口生产所需要的国内品投入低于三种生产方式的平均水平,由国外最终需求所拉动的中国增加值将被高估(中国的增加值出口),但被高估的程度有多大也不明确;第三,双边增加值贸易差额也将受到影响,但高估和低估均有可能,只有通过实证研究才能揭示。

　　本章将在公开发布的世界投入产出表的基础上对中国的加工贸易进行区分,并据此来研究忽略中国不同生产方式在投入结构上的异质性所产生的增加值贸易核算偏差,特别是中国与 APEC 成员的双边增加值贸易核算偏差。在世界投入产出表中区分加工贸易是一项工作量很大成本很高的工作,因此对增加值贸易核算偏差的研究结果还可以用来评估是否值得开展这一工作,表的具体编制方法可为墨西哥、印度尼西亚等一些同样具有很高加工贸易比重的国家提供参考。在世界投入产出表中区分中国加工贸易所使用的数据主要包括:①中国的 DPN 投入产出表(Chen et al.,2012);②中国海关提供的分国别、分贸易方式的进出口数据;③WIOD。WIOD 涵盖了 40 个国家和地区,外加 1 个世界其他国家(RoW),包含 35 个产业部门和 59 个产品部门。同时,WIOD 还提供了 1995~2011 年的年度时间序列世界投入产出表(WIOT)。WIOD 具有一些其他数据库所不具备的优势,这也是本研究选择 WIOD 数据库的原因:第一,WIOD 是免费公开的并且提供了详细的编制手册;第二,WIOD 提供了国际供给使用表(SUTs),可以据此推导本研究所需要的产品 * 产品类型的世界投入产出表;第三,WIOD 公布了详细的社会经济账户和环境账户,可用于温室气体排放等很多扩展研究。

　　本章的其他内容安排如下:13.2 节介绍区分中国加工贸易的世界投入产出表的编制;13.3 节探讨中国与 APEC 主要成员的双边增加值贸易核算偏差;

13.4 节为结论和讨论。

13.2　区分中国加工贸易的世界投入产出表的编制

在世界投入产出表中区分中国加工贸易需要用到中国 DPN 投入产出表和世界投入产出表。中国的 DPN 投入产出表为产品 * 产品类型，而 WIOD 公布的世界投入产出表为产业 * 产业类型。为了保持一致性，首先需要得到一张产品 * 产品类型的世界投入产出表。WIOD 数据库虽然仅提供了产业 * 产业类型的世界投入产出表，但产品类型的世界表可以利用 WIOD 公布的 40 个国家的国际供给使用表推导得出。国际供给使用表在传统的单国供给使用表基础上利用双边贸易统计数据进一步区分了一国对各国进口品的使用情况。对于供给使用表的介绍可参考文献 Eurostat(2008)。

13.2.1　产品部门分类的世界投入产出表的编制

首先对产品 * 产品世界投入产出表的编制过程做一个简要的介绍(图 13-1)。具体的编制过程将在后面具体介绍：第一，将 40 个国家/地区的国际供给使用表合并成一张世界供给使用表。在世界供给使用表中各个国家的生产活动通过双边贸易连接起来。第二，基于生产工艺假定将世界供给使用表转化为基本的产品 * 产品类型的世界投入产出表。由于世界其他国家(RoW)没有供给使用表，在基本的产品 * 产品类型的世界投入产出表中 RoW 被作为外生国家处理。第三，对 RoW 建模，进行内生化处理。第四，对原始表进行平衡，得到最终的用于分析的产品 * 产品类型的世界投入产出表。

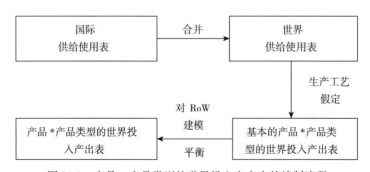

图 13-1　产品 * 产品类型的世界投入产出表的编制流程

*1. 基本的产品 * 产品类型的世界投入产出表的编制*

产品 * 产品类型的世界投入产出表可基于生产工艺假定从世界供给使用表中推导得到。世界供给使用表可以通过合并 WIOD 中提供的各个国家的国际供给使用表得到。世界供给使用表的详细构建过程可参见 Timmer(2012)。需要注意的是，由于 RoW 没有供给使用表，在世界供给使用表及基于此推导出的世界投入产出表中，RoW 为外生国家。

通过供给使用表推导产品 * 产品类型的投入产出表时有两种常用的假定，即 (Eurostat，2008)。第一种假定为产品工艺假定，即假定一个特定的产品有其特定的生产方式，不管这个产品是由哪个产业部门生产的。第二种假定为产业工艺假定，即假定一个特定的产业有其特定的生产方式，不管这个产业部门生产何种产品，都按照该生产方式进行生产。从实践经验来看，尽管产品工艺假定比产业工艺假定更符合实际，但基于该假定推导投入产出表时经常会遇到矩阵求逆问题（如负值和非方阵问题）。如果采用产业工艺假定，求逆问题可以规避。因此，推导产品 * 产品类型的世界投入产出表时，我们采用了产业工艺假定。

在产业工艺假定下，一个特定的产品可以由多个产业部门来生产，从而可以由多种生产工艺生产得到。因此，一个产品的投入系数可以利用生产该产品的产业部门的投入系数的加权平均值估计得到。其中，权重为供应该产品的各个产业部门所占的市场份额。那么，含有 40 个国家/地区的产品 * 产品类型的投入系数矩阵 A 可以推导为

$$A = CD \tag{13-1}$$

其中，C 为产业部门的投入系数矩阵（产品 * 产业），从世界供给使用表的"使用"部分得到，从列向来看其中的元素表示一个产业部门单位产出所需要的各种产品的投入量；D 为市场份额矩阵（产业 * 产品），从世界供给使用表的"供给"部分得到，从列向来看其中的元素表示一种产品的产出中各个产业部门所占的份额。

同理，产品 * 产品的 40 个国家从 RoW 的进口系数矩阵（A^m）及增加值系数矩阵（A^v）可以推导为

$$A^m = MD \tag{13-2}$$

$$A^v = VD \tag{13-3}$$

其中，M 为产业部门的进口系数矩阵（产品 * 产业），从列向来看，其中的元素表示一个产业部门单位产出所使用的来自 RoW 的各种进口品的量；V 为产业部门分细项的增加值系数矩阵；从列向来看，其中的元素表示一个产业部门单位产出所投入的各种初始要素的量。WIOD 提供的使用表中只有增加值总量，但除此之外，由于投入产出流量使用基本价格核算所以使用表的增加值模块中还有产品净税、国际运费等其他项目。

通过式(13-1)～式(13-3)得到系数矩阵后，中间流量矩阵、进口矩阵、增加值矩阵可以通过系数矩阵乘以各产品的总产出得到。各产品的总产出数据可从世界供给使用表的供给部分获得。

各个国家/地区向 RoW 的出口利用它们的总出口扣除向其他 39 个国家/地

区的出口得到，但这不免会得到一些负值。我们参考 Timmer(2012) 的处理方法对负值进行了处理。首先将负的出口值设为零，同时其他国家向 RoW 出口的同一种产品按比例缩小。通过调整后，负值得到清除，同时 RoW 从 40 个国家/地区的总进口保持不变。但这一调整过后，表不再平衡。我们进一步利用 RAS[①] 方法对表中国家间的贸易模块进行调整，以得到平衡的表格。这一处理方法背后的假定为各国向 RoW 的出口负值是由双边贸易统计误差引起的。表平衡后，基本的产品 * 产品类型的世界投入产出表就编制完成了。

2. 对 RoW 建模

由于 RoW 没有供给使用表，上面编制的世界投入产出表中 RoW 为外生国家。然而，增加值贸易等全球价值链相关的研究需要一张将所有国家内生化的世界投入产出表。下面我们进一步对 RoW 单独建模，将其内生化，从而得到最终的用于分析的产品 * 产品类型的世界投入产出表。

我们需要对 RoW 的三个模块进行建模。第一个模块是 RoW 的 59 种产品的总产出与增加值。第二个模块是 RoW 对来自 40 个国家/地区的进口品的使用，包括中间使用和最终使用。第三个模块是 RoW 对 RoW 自产产品的使用，包括中间使用和最终使用。

RoW 分产品的总产出(x^r)为 $x^r = T^r x^{r*}$。x^{r*} 为 RoW 分产业的总产出向量，可从 WIOD 公布的产业 * 产业类型的世界投入产出表中获得。T^r 为 RoW 的产品构成矩阵。从列向来看，其元素表示一个产业部门生产的各种产品占该产业部门总产出的比重。由于 RoW 没有供给使用表，我们使用巴西、俄罗斯、印度、中国、印度尼西亚和墨西哥六个国家的平均产品构成矩阵作为近似。这种处理方法也是 WIOD 数据库在编制产业 * 产业类型的投入产出表时所使用的方法 (Timmer，2012)。RoW 分产品的增加值为 $A^{vr} \hat{x}^r$。其中，$\hat{x}^r$ 为由 RoW 的分产品的总产出向量 x^r 生成的对角矩阵；A^{vr} 为 RoW 分产品的增加值系数矩阵[②]，通过 $A^{vr} = V^r D^r$ 得到；V^r 为 RoW 的分产业的增加值系数矩阵，可从 WIOD 布的产业 * 产业类型的世界投入产出表中计算得到。D^r 为 RoW 的市场份额矩阵，利用巴西、俄罗斯、印度、中国、印度尼西亚和墨西哥六个国家的平均市场份额矩阵作为近似。

RoW 从国家 A 的进口为国家 A 向 RoW 的出口。这些数据可从前面编制的基本的产品 * 产品类型的世界投入产出表中获得。推导 RoW 对来自 40 个国家/地区的进口品的使用还需要 RoW 从各国进口的产品在 RoW 的使用去向数据。

---

① RAS 法是非常流行的利用有限数据来更新和平衡投入产出表的方法。Miller 和 Blair(2009) 对该方法进行了详细介绍。

② 增加值矩阵还包括净产品税等其他项目。

如果使用去向方面的信息已知，那么 RoW 从各国的进口可以据此分配到各生产部门的中间使用及最终使用。我们首先使用巴西、俄罗斯、印度、中国、印度尼西亚和墨西哥六个国家的平均进口使用去向作为近似，最后利用 RAS 方法对这一初始估计进行更新。

RoW 对自产产品的使用推导如下。RoW 生产的产品被 RoW 用作最终使用的部分为 $T^r F^*$。其中，F^* 为 RoW 对自产产品的分产业部门的最终需求矩阵，这部分数据可从 WIOD 公布的产业 * 产业类型的世界投入产出表中获得；T^r 为前面估计得到的 RoW 的产品构成矩阵。RoW 生产部门之间的使用矩阵推导为 $A^r \hat{x}^r$。$\hat{x}^r$ 为前面提到的由 RoW 分产品的总产出向量 x^r 生成的对角矩阵。A^r 为 RoW 生产部门之间的投入系数矩阵。我们首先使用巴西、俄罗斯、印度、中国、印度尼西亚和墨西哥六个国家的平均国内品中间投入系数作为近似，然后利用 RAS 方法对这一初始估计进行更新。

到此，已经推导出 RoW 的三个模块。由于很多估计较为粗略，当前的表还不平衡。最后，我们利用 RAS 法对 RoW 的进口使用模块及 RoW 生产部门间的中间使用模块进行平衡。由于 RoW 对进口品的最终使用部分存在负值（库存变动部分），我们采用了可以处理负值的 GRAS 方法（Junius and Oosterhaven，2003；Temurshoev et al.，2013）。表平衡之后便得到了将 RoW 内生化的产品 * 产品类型的世界投入产出表，也是最终用于分析的产品 * 产品类型的世界投入产出表。该表包含了世界上的所有国家，具体如表 13-1 所示。

表 13-1　用于分析的世界投入产出表

投入＼产出	中间使用				最终使用				合计
	中国	B_1	$\cdots$	B_n	中国	B_1	$\cdots$	B_n	
中国	Z^{**}	Z^{*1}	$\cdots$	Z^{*n}	f^{**}	f^{*1}	$\cdots$	f^{*n}	x^*
B_1	Z^{1*}	Z^{11}	$\cdots$	Z^{1n}	f^{1*}	f^{11}	$\cdots$	f^{1n}	x^1
$\cdots$	$\cdots$	$\cdots$		$\cdots$	$\cdots$	$\cdots$		$\cdots$	$\cdots$
B_n	Z^{n*}	Z^{n1}	$\cdots$	Z^{nn}	f^{n*}	f^{n1}		f^{nn}	x^n
增加值	$(v^*)'$	$(v^1)'$	$\cdots$	$(v^n)'$					
合计	$(x^*)'$	$(x^1)'$	$\cdots$	$(x^n)'$					

注：方便起见，我们将中国移到了表格的左上角。B_1＝国家 1；B_n＝国家 n。使用上标"*"表示"中国"，数字表示相应的国家。例如，矩阵 Z^{*1} 表示中国对国家 1 中间品的消耗矩阵

13.2.2　世界投入产出表中区分中国加工贸易的方法

如表 13-2 所示，在单国表中区分中国加工贸易的传统方法为将生产方式划

分为三种类型：用于国内需求的生产（D），加工出口生产（P）和非加工出口生产以及外商投资企业的其他生产（简称非加工出口生产，N）。通过如上处理即可得到用于分析中国加工贸易的 DPN 投入产出表。

表 13-2   中国 DPN 投入产出表

投入\产出	中间使用			最终使用		
	D	P	N	DFD	EXP	TOT
D	$\boldsymbol{Z}^{DD}$	$\boldsymbol{Z}^{DP}$	$\boldsymbol{Z}^{DN}$	$\boldsymbol{f}^{D}$	$\boldsymbol{0}$	$\boldsymbol{x}^{D}$
P	$\boldsymbol{0}$	$\boldsymbol{0}$	$\boldsymbol{0}$	$\boldsymbol{0}$	$\boldsymbol{e}^{P}$	$\boldsymbol{x}^{P}$
N	$\boldsymbol{Z}^{ND}$	$\boldsymbol{Z}^{NP}$	$\boldsymbol{Z}^{NN}$	$\boldsymbol{f}^{N}$	$\boldsymbol{e}^{N}$	$\boldsymbol{x}^{N}$
IMP	$\boldsymbol{M}^{D}$	$\boldsymbol{M}^{P}$	$\boldsymbol{M}^{N}$	$\boldsymbol{f}^{M}$	$\boldsymbol{0}$	
VA	$(\boldsymbol{v}^{D})'$	$(\boldsymbol{v}^{P})'$	$(\boldsymbol{v}^{N})'$			
TOT	$(\boldsymbol{x}^{D})'$	$(\boldsymbol{x}^{P})'$	$(\boldsymbol{x}^{N})'$			

注：该表取自 Yang 等（2015）。D＝用于国内需求的生产；P＝加工出口生产；N＝非加工出口生产及外商投资企业的其他生产；DFD＝国内最终需求；EXP＝出口；TOT＝总产出；IMP＝进口；VA＝增加值

类似于中国单国 DPN 投入产出表的处理方法，为了在世界投入产出表中区分中国加工贸易，需将中国的生产方式划分为 D、P、N 三类。这需要将世界投入产出表中中国的每个单元格分为 D、P、N 三个部分（表 13-3），我们该表 13-3 称为 DPN 世界投入产出表（DPN-WIOT）。要得到 DPN-WIOT 需要将表 13-1 的灰色部分拆分成表 13-3 的灰色部分。如果中国的单元格（表 13-1）中三种生产方式的份额已知，则可以直接分解得到表 13-3 的灰色部分。因此，获取这些份额是推导表 13-3 的关键。

表 13-3   区分中国 DPN 的世界投入产出表（DPN-WIOT）

投入\产出	中间使用						最终使用				TOT
	中国			B_1	$\cdots$	B_n	中国	B_1	$\cdots$	B_n	
	D	P	N								
中国 D	$\boldsymbol{Z}^{DD*}$	$\boldsymbol{Z}^{DP*}$	$\boldsymbol{Z}^{DN*}$	$\boldsymbol{0}$	$\cdots$	$\boldsymbol{0}$	$\boldsymbol{f}^{D*}$	$\boldsymbol{0}$	$\cdots$	$\boldsymbol{0}$	$\boldsymbol{x}^{D*}$
中国 P	$\boldsymbol{0}$	$\boldsymbol{0}$	$\boldsymbol{0}$	$\boldsymbol{Z}^{P*1}$	$\cdots$	$\boldsymbol{Z}^{P*n}$	$\boldsymbol{0}$	$\boldsymbol{f}^{P*1}$	$\cdots$	$\boldsymbol{f}^{P*n}$	$\boldsymbol{x}^{P*}$
中国 N	$\boldsymbol{Z}^{ND*}$	$\boldsymbol{Z}^{NP*}$	$\boldsymbol{Z}^{NN*}$	$\boldsymbol{Z}^{N*1}$	$\cdots$	$\boldsymbol{Z}^{N*n}$	$\boldsymbol{f}^{N*}$	$\boldsymbol{f}^{N*1}$	$\cdots$	$\boldsymbol{f}^{N*n}$	$\boldsymbol{x}^{N*}$
B_1	$\boldsymbol{Z}^{1D*}$	$\boldsymbol{Z}^{1P*}$	$\boldsymbol{Z}^{1N*}$	$\boldsymbol{Z}^{11}$	$\cdots$	$\boldsymbol{Z}^{1n}$	$\boldsymbol{f}^{1*}$	$\boldsymbol{f}^{11}$	$\cdots$	$\boldsymbol{f}^{1n}$	$\boldsymbol{x}^{1}$
$\vdots$	$\vdots$	$\vdots$	$\vdots$	$\vdots$	$\vdots$	$\vdots$	$\vdots$	$\vdots$	$\vdots$	$\vdots$	$\vdots$
B_n	$\boldsymbol{Z}^{nD*}$	$\boldsymbol{Z}^{nP*}$	$\boldsymbol{Z}^{nN*}$	$\boldsymbol{Z}^{n1}$	$\cdots$	$\boldsymbol{Z}^{nm}$	$\boldsymbol{f}^{n*}$	$\boldsymbol{f}^{n1}$	$\cdots$	$\boldsymbol{f}^{nm}$	$\boldsymbol{x}^{n}$

续表

产出 投入	中间使用			最终使用				
	中国	B_1	$\cdots$	B_n	中国	B_1	$\cdots$	B_n	TOT
	D	P	N					
VA	$(\boldsymbol{v}^{D*})'$ $(\boldsymbol{v}^{P*})'$ $(\boldsymbol{v}^{N*})'$	$(\boldsymbol{v}^1)'$	$\cdots$	$(\boldsymbol{v}^n)'$				
TOT	$(\boldsymbol{x}^{D*})'$ $(\boldsymbol{x}^{P*})'$ $(\boldsymbol{x}^{N*})'$	$(\boldsymbol{x}^1)'$	$\cdots$	$(\boldsymbol{x}^n)'$				

编制 DPN-WIOT 所使用的数据主要有三个来源：①上一节中编制的产品 * 产品类型的世界投入产出表。②中国的 DPN 投入产出表(Chen et al.，2012；Yang et al.，2015)。③中国海关提供的分国别分贸易方式(加工贸易和非加工贸易)的进出口数据。换句话说，我们将利用已知的表 13-1、表 13-2 及海关双边贸易数据来推导表 13-3，具体方法介绍如下。

1. 中国加工出口生产的总产出($\boldsymbol{x}^{P*}$)

WIOD 数据库中公布的世界投入产出表是根据 SNA 1993 准则编制的(Timmer，2012)。因此，出口到国外进行加工但不改变所有权的产品(如来料加工贸易)仍统计为该国的出口及承担加工生产国的进口。从而 WIOD 数据库中的世界投入产出表也完全统计了中国的加工贸易。对于加工出口生产，产品 i 的总产出 (x_i^{P*})即为产品 i 的加工出口额：

$$x_i^{P*} = e_i^* s_i^P$$

其中，e_i^* 为中国的产品 i 的总出口，可从表 13-1 的世界投入产出表中得到，满足 $e_i^* = \sum_k \sum_j z_{ij}^{*k} + \sum_k f_i^{*k}$ ；s_i^P 为产品 i 的加工出口占总出口的比重，可从表 13-2 的中国 DPN 投入产出表中获得，满足 $s_i^P = \dfrac{e_i^p}{(e_i^p + e_i^N)}$ 。

2. 中国用于国内需求生产的总产出($\boldsymbol{x}^{D*}$)

对于用于国内需求的生产方式 D ，产品 i 的总产出为

$$x_i^{D*} = (x_i^* - e_i^*) w_i^D$$

其中，x_i^* 为表 7-1 的世界投入产出表中的产品 i 的总产出；e_i^* 为中国生产的产品 i 的总出口，因此，$x_i^* - e_i^*$ 为被国内部门所使用(包括生产部门的中间使用及居民、政府等部门的最终使用)的产品 i 的总产出，这部分总产出由 D 和 N 两种生产类型供应；w_i^D 为生产类型 D 在其中所占的份额。该份额可从表 7-2 的中国 DPN 投入产出表中计算得到，满足 $w_i^D = \dfrac{x_i^D}{(x_i^D + x_i^N - e_i^N)}$ 。

3. 中国非加工出口生产及外商投资企业的其他生产的总产出($\boldsymbol{x}^{N*}$)

根据 $\boldsymbol{x}^{N*}$ 的定义，其产出用于(非加工)出口和国内部门使用两个部分。产

品 i 的这部分总产出 x_i^{N*} 可表示为

$$x_i^{N*} = e_i^*(1-s_i^P) + (x_i^* - e_i^*)(1-w_i^D)$$

其中, e_i^* 为中国生产的产品 i 的总出口; $e_i^*(1-s_i^P)$ 为生产类型 N 的总产出用于非加工出口的部分; $x_i^* - e_i^*$ 为被国内部门所使用(包括生产部门的中间使用及居民、政府等部门的最终使用)的产品 i 的总产出; $(x_i^* - e_i^*)(1-w_i^D)$ 为其中由生产活动 N 所供应的部分。

4. 中国的增加值($\boldsymbol{v}^{D*}$ 、 $\boldsymbol{v}^{P*}$ 和 $\boldsymbol{v}^{N*}$)

对于用于国内需求的生产(D),产品 i 的增加值(v_i^{D*})为

$$v_i^{D*} = a_i^{vD} x_i^{D*}$$

其中, a_i^{vD} 为生产类型 D 所生产的产品 i 的增加值率(单位产出的增加值),可从表 13-2 的中国 DPN 投入产出表中计算得到; x_i^{D*} 为前面得到的生产类型 D 中产品 i 的总产出。同理,另外两种生产类型中产品 i 的增加值(v_i^{P*} 和 v_i^{N*})为

$$v_i^{P*} = a_i^{vP} x_i^{P*}$$
$$v_i^{N*} = a_i^{vN} x_i^{N*}$$

其中, a_i^{vP} 和 a_i^{vN} 为生产类型 P 和 N 中产品 i 的增加值率,可从中国的 DPN 投入产出表中计算得到; x_i^{P*} 和 x_i^{N*} 分别为前面计算得到的生产类型 P 和 N 中产品 i 的总产出。

5. 中国对国产品的最终需求($\boldsymbol{f}^{D*}$ 和 $\boldsymbol{f}^{N*}$)

由于加工出口生产的产品只能用于出口,中国对国产品的最终需求由生产类型 D 和 N 满足。对生产类型 D 生产的产品 i 的最终需求为

$$f_i^{D*} = f_i^{**} \delta_i^D$$

其中, f_i^{**} 为中国对国产品 i 的最终需求,可从表 13-1 的世界投入产出表中获得; δ_i^D 为其中由生产类型 D 供应的部分所占的份额,可从表 13-2 的中国 DPN 投入产出表中计算得到 $\delta_i^D = \dfrac{f_i^D}{(f_i^D + f_i^N)}$)。同理,对生产类型 N 生产的产品 i 的最终需求为

$$f_i^{D*} = f_i^{**}(1-\delta_i^D)$$

6. 中国的国内流量矩阵

中国的国内流量矩阵由 $\boldsymbol{Z}^{DD*}$ 、 $\boldsymbol{Z}^{DP*}$ 、 $\boldsymbol{Z}^{DN*}$ 、 $\boldsymbol{Z}^{ND*}$ 、 $\boldsymbol{Z}^{NP*}$ 和 $\boldsymbol{Z}^{NN*}$ 组成。首先给出用于拆分这些子矩阵的份额。用 $\tilde{z}_{ij}$ 表示从中国产品部门 i 流向中国产品部门 j 的总的中间流量,在中国的 DPN 投入产出表中 $\tilde{z}_{ij}$ 满足 $\tilde{z}_{ij} = z_{ij}^{DD} + z_{ij}^{DP} + z_{ij}^{DN} + z_{ij}^{ND} + z_{ij}^{NP} + z_{ij}^{NN}$ 。对于中国的生产类型 D ,从产品部门 i 流向产品部门 j 的中间流量占 $\tilde{z}_{ij}$ 的份额为 $\omega_{ij}^{DD} = \dfrac{z_{ij}^{DD}}{\tilde{z}_{ij}}$ 。在 DPN 世界投入产出表中,从生产类

D 的产品部门 i 流向生产类型 D 的产品部门 j 的中间流量 z_{ij}^{DD*} 可推导为

$$z_{ij}^{DD*} = z_{ij}^{**} \omega_{ij}^{DD}$$

其中，z_{ij}^{**} 为表 2.1 的世界投入产出表中中国产品部门 i 流向中国产品部门 j 的中间流量。中国三种生产类型之间的其他中间流量可类似得出。

7. 中国加工出口品和非加工出口品在国外的使用去向

表 13-1 的世界投入产出表中记录了中国出口品在国外的使用去向（即 $\boldsymbol{Z}^{*1} \cdots \boldsymbol{Z}^{*n}$，$\boldsymbol{f}^{*1} \cdots \boldsymbol{f}^{*n}$）。在 DPN 世界投入产出表中需要将它们进一步拆分为两部分，一部分为加工出口（即 $\boldsymbol{Z}^{P*1} \cdots \boldsymbol{Z}^{P*n}$，$\boldsymbol{f}^{P*1} \cdots \boldsymbol{f}^{P*n}$），另一部分为非加工出口（即 $\boldsymbol{Z}^{N*1} \cdots \boldsymbol{Z}^{N*n}$，$\boldsymbol{f}^{N*1} \cdots \boldsymbol{f}^{N*n}$）。完成拆分首先需要获得这两部分在对应的单元格（即 $\boldsymbol{Z}^{*1} \cdots \boldsymbol{Z}^{*n}$，$\boldsymbol{f}^{*1} \cdots \boldsymbol{f}^{*n}$）中所占的比重。

根据联合国 BEC 分类，我们将中国以 HS6 编码的加工出口品和非加工出口品按贸易伙伴分为用于中间使用的出口品、用于消费的出口品和用于资本形成的出口品。完成分类以后，进一步将按 HS6 编码的产品转换为按投入产出部门分类的产品。最后我们得到如表 13-4 所示的出口结构表。

表 13-4　按 BEC 分类的中国出口到国家 m 的产品 i 的构成

货物类别 / 贸易类型	中间使用	消费	资本形成
加工出口	e_{iI}^{Pm}	e_{iC}^{Pm}	e_{iK}^{Pm}
非加工出口	e_{iI}^{Nm}	e_{iC}^{Nm}	e_{iK}^{Nm}
合计	$e_{iI}^{Pm} + e_{iI}^{Nm}$	$e_{iC}^{Pm} + e_{iC}^{Nm}$	$e_{iK}^{Pm} + e_{iK}^{Nm}$

注：e_{iI}^{Pm}，e_{iC}^{Pm} 和 e_{iK}^{Pm} 分别表示中国出口到国家 m 的加工出口品 i 用于中间使用、消费和资本形成的数额

基于表 13-4，可以计算出加工出口品和非加工出口品在每种使用用途中所占的份额。例如，在出口到国家 m 并用于中间使用的产品 i 中加工出口品所占的份额为 $r_{iI}^{Pm} = \dfrac{e_{iI}^{Pm}}{(e_{iI}^{Pm} + e_{iI}^{Nm})}$）。假定中国出口到国家 m 并用于中间使用的产品中，不管该产品被哪个生产部门用作中间使用，加工出口品在其中所占的份额都相同。在该假定下，表 13-3 中的 $\boldsymbol{Z}^{P*m}$（$m=1, 2, \cdots, n$）可推导为

$$\boldsymbol{Z}^{P*m} = \hat{\boldsymbol{R}}_I^{Pm} \boldsymbol{Z}^{*m}$$

其中，$\boldsymbol{Z}^{*m}$ 为表 13-1 中的国家 m 从中国的进口矩阵；$\hat{\boldsymbol{R}}_I^{Pm}$ 为由向量（r_{1I}^{Pm}，r_{2I}^{Pm}，$\cdots$，r_{nI}^{Pm}）生成的对角矩阵。表 13-3 中的其他使用去向 $\boldsymbol{f}^{P*1}$，$\cdots$，$\boldsymbol{f}^{P*n}$，$\boldsymbol{Z}^{N*1}$，$\cdots$，$\boldsymbol{Z}^{N*n}$，$\boldsymbol{f}^{N*1}$，$\cdots$，$\boldsymbol{f}^{N*n}$ 可同理得到。

8. 中国进口的中间品在不同生产类型中的使用去向

表 13-1 的世界投入产出表记录了中国从各国进口的中间品的使用情况（即

Z^{1*}，$\cdots$，Z^{n*}）。在表 13-3 的 DPN 世界投入产出表中需要将这些单元格进一步拆分为三个部分，即被生产类型 D 使用的部分、被生产类型 P 使用的部分和被生产类型 N 使用的部分。例如，需要将表 7-1 中的 Z^{1*} 拆分为表 13-3 中的 Z^{1D*}，Z^{1P*} 和 Z^{1N*}。完成这些拆分需要获得 Z^{1*}，$\cdots$，Z^{n*} 这些单元格中 D、P、N 三种生产类型所占的份额。

对于中国生产产品 j 过程中所使用的来自国家 m 的产品 i，使用 λ_{ij}^{mD}，λ_{ij}^{mP} 和 λ_{ij}^{mN} 表示生产类型 D、P、N 所占的份额。如果这些份额已知，那么 z_{ij}^{mD*}，z_{ij}^{mP*} 和 z_{ij}^{mN*} 可直接从 z_{ij}^{m*} 中拆分出来可得

$$z_{ij}^{mD*} = \lambda_{ij}^{mD} z_{ij}^{m*}$$
$$z_{ij}^{mP*} = \lambda_{ij}^{mP} z_{ij}^{m*} \tag{13-4}$$
$$z_{ij}^{mN*} = \lambda_{ij}^{mN} z_{ij}^{m*}$$

为了获取 λ_{ij}^{mD}，λ_{ij}^{mP} 和 λ_{ij}^{mN}，首先假定它们在国家维度上是相同的。这一假定说明不管产品 i 进口自哪个国家，其用于生产产品 j 的数量中，三种生产类型所占的份额相同。在该假定下，这些份额可利用表 13-2 的中国 DPN 投入产出表中的进口矩阵（M^D、M^P 和 M^N）计算得到

$$\lambda_{ij}^{mD} = \lambda_{ij}^{D} = \frac{m_{ij}^{D}}{m_{ij}^{D} + m_{ij}^{P} + m_{ij}^{N}}$$

$$\lambda_{ij}^{mP} = \lambda_{ij}^{P} = \frac{m_{ij}^{P}}{m_{ij}^{D} + m_{ij}^{P} + m_{ij}^{N}}$$

$$\lambda_{ij}^{mN} = \lambda_{ij}^{N} = \frac{m_{ij}^{N}}{m_{ij}^{D} + m_{ij}^{P} + m_{ij}^{N}}$$

进一步，利用中国海关提供的详细的分国别分贸易方式的进口数据对上面的初始估计进行更新。首先可以计算出中国从某个国家的进口中用于加工生产的比重。用 u_i^{mP} 表示中国从国家 m 进口的产品 i 中用于加工出口生产的比重。不使用海关数据，而使用前面得到的初始估计也可以计算出该份额，我们用 ρ_i^{mP} 表示，$\rho_i^{mP} = \dfrac{\sum_j \lambda_{ij}^{mP} z_{ij}^{m*}}{\sum_j z_{ij}^{m*}}$。多数情况下 $\rho_i^{mP} \neq u_i^{mP}$，进一步对 $\lambda_{ij}^{mP} = \lambda_{ij}^{P}$ 进行如下校正使 $\rho_i^{mP} = u_i^{mP}$，则有

$$\lambda_{ij}^{mP} = \frac{u_i^{mP}}{\rho_i^{mP}} \lambda_{ij}^{P} \tag{13-5}$$

同时对 $\lambda_{ij}^{mD} = \lambda_{ij}^{D}$ 和 $\lambda_{ij}^{mN} = \lambda_{ij}^{N}$ 进行如下校正：

$$\lambda_{ij}^{mD} = \lambda_{ij}^{D} + \frac{\lambda_{ij}^{D}}{\lambda_{ij}^{D} + \lambda_{ij}^{N}} \lambda_{ij}^{P} (1 - \frac{u_i^{mP}}{\rho_i^{mP}})$$
$$\lambda_{ij}^{mN} = \lambda_{ij}^{N} + \frac{\lambda_{ij}^{N}}{\lambda_{ij}^{D} + \lambda_{ij}^{N}} \lambda_{ij}^{P} (1 - \frac{u_i^{mP}}{\rho_i^{mP}}) \tag{13-6}$$

校正后，对于所有 m、i 和 j 都有 $\lambda_{ij}^{mD} + \lambda_{ij}^{mP} + \lambda_{ij}^{mN} = 1$ 成立。最后，$\boldsymbol{Z}^{mD*}$、$\boldsymbol{Z}^{mP*}$ 和 $\boldsymbol{Z}^{mN*}$ 中的元素可利用式(13-4)～式(13-6)得到。

9. 平衡

表的平衡是编制表 13-3 的最后一步。由于编制过程中使用了一些较强的假定，此时的表还不平衡。估计总产出和增加值时采用的假定相对较弱，我们认为对总产出和增加值的估计较为准确。因此，我们固定总产出和增加值不动，对表 13-3 中灰色区域的其他单元格进行两阶段 RAS 平衡，具体过程如下：首先，对表 13-3 灰色区域中除总产出和增加值以外的其他单元格进行 RAS 平衡；其次，将平衡后的表合并得到拆分前的世界投入产出表，对合并后的表中的单元格按比例放缩使其等于表 13-1 中的世界投入产出表；最后，重复以上步骤直到区分中国加工贸易的世界投入产出表平衡，且合并后的表与表 13-1 一致。

13.3　中国与 APEC 主要成员的双边增加值贸易核算偏差

在世界投入产出表中区分中国加工贸易是一项成本很高的工作，因此我们选择 2007 年作为一个案例来考察不区分加工贸易可能会导致的核算偏差。选择 2007 年主要是因为中国 2007 年的 DPN 投入产出表可得且数据可靠。这张表由中国科学院数学与系统科学研究院和国家统计局联合编制，且在区分加工贸易时使用了企业层面的调研数据。

我们主要考察双边增加值贸易核算偏差，相同的方法可以用来考察二氧化碳排放等问题的核算偏差。这里谈到的增加值贸易指增加值的出口、增加值的进口以及增加值贸易差额(Los et al.，2012)。中国的增加值出口为国外最终需求中隐含的中国增加值，中国的增加值进口为中国最终需求中隐含的国外增加值，二者之差为增加值贸易差额。我们分别使用没有区分中国加工贸易的世界投入产出表和区分中国加工贸易的世界投入产出表计算了中国与不同贸易伙伴之间的增加值进出口及差额。基于这两张投入产出表计算得到的结果之差即为不区分中国加工贸易所导致的核算偏差。

13.3.1　模型

中国向国家 k 的增加值出口为国家 k 的最终需求所产生的中国增加值。在世界投入产出表框架下，计算公式为(Johnson and Noguera，2012)

$$v_c = \boldsymbol{a}_c^{v\prime} (\boldsymbol{I} - \boldsymbol{A})^{-1} \boldsymbol{f}_k \tag{13-7}$$

其中，$\boldsymbol{a}_c^v$ 为增加值系数(单位产出的增加值)向量，其中含有中国各部门的增加值系数而其他国家的增加值系数为零；$\boldsymbol{I}$ 为单位矩阵；$\boldsymbol{A}$ 为世界投入系数矩阵；$\boldsymbol{f}_k$

为最终需求向量，其中含有国家 k 的最终需求而其他国家的最终需求为零。

中国从国家 k 的增加值进口为中国最终需求所产生的国家 k 的增加值，计算公式为

$$v_k = a_k^{v\prime}(I-A)^{-1}f_c \tag{13-8}$$

其中，a_k^v 为增加值系数向量，其中含有国家 k 各部门的增加值系数而其他国家的增加值系数为零；f_c 为最终需求向量，其中含有中国的最终需求而其他国家的最终需求为零。

中国和国家 k 的增加值贸易差额为

$$n_{ck} = v_c - v_k \tag{13-9}$$

在区分中国加工贸易的世界投入产出表框架下，中国增加值进出口和差额的计算公式与式(13-7)～式(13-9)类似。不同之处为，式(13-7)～式(13-9)中将中国的变量分为 D、P、N 三个部分。

13.3.2　实证结果

中国大陆与不同贸易伙伴之间的增加值出口、增加值进口及增加值贸易差额的核算结果如表 13-5 所示。以澳大利亚（AUS）为例，未区分中国大陆加工贸易的世界投入产出表的测算结果显示 2007 年中国向澳大利亚的增加值出口为 23 524 百万美元（a1 列）。而区分中国大陆加工贸易的世界投入产出表的测算结果显示 2007 年中国大陆向澳大利亚的增加值出口为 21 281 百万美元（b1 列）。这两个不同的测算结果表明如果在世界投入产出表中不区分中国大陆的加工贸易中国向澳大利亚的增加值出口测算结果将被高估（23 524 － 21 281）/21 281 × 100 ＝ 10.5％（c1 列）。同理，中国大陆从澳大利亚的增加值进口及中国大陆与澳大利亚之间的增加值贸易差额将分别被高估 11.5％和 3.5％（c2 列和 c3 列）。

表 13-5　2007 年中国大陆的增加值贸易核算偏差

国家和地区	中国大陆的增加值出口			中国大陆的增加值进口			增加值贸易差额		
	a1	b1	c1	a2	b2	c2	a3	b3	c3
AUS	23 524	21 281	10.5	20 788	18 637	11.5	2 737	2 645	3.5
AUT	4 659	4 116	13.2	3 275	2 899	13.0	1 383	1 216	13.7
BEL	6 237	5 524	12.9	4 592	3 967	15.8	1 645	1 557	5.6
BGR	704	609	15.6	183	158	15.9	521	451	15.5
BRA	10 930	10 050	8.8	8 990	8 115	10.8	1 940	1 935	0.3
CAN	28 408	25 948	9.5	12 231	10 368	18.0	16 178	15 580	3.8
CYT	361	330	9.4	38	33	15.1	323	296	8.8

续表

国家和地区	中国大陆的增加值出口			中国大陆的增加值进口			增加值贸易差额		
	a1	b1	c1	a2	b2	c2	a3	b3	c3
CZE	3 213	2 926	9.8	1 250	1 098	13.9	1 962	1 828	7.4
DEU	51 198	45 946	11.4	44 548	38 816	14.8	6 651	7 130	−6.7
DNK	3 538	3 193	10.8	2 572	2 216	16.1	966	977	−1.2
ESP	21 963	20 368	7.8	9 969	9 305	7.1	11 994	11 063	8.4
EST	545	505	7.9	160	138	15.5	385	367	5.0
FIN	3 448	3 156	9.2	3 127	2 753	13.6	320	403	−20.4
FRA	27 978	25 643	9.1	13 196	12 030	9.7	14 782	13 613	8.6
GBR	35 790	32 672	9.5	18 200	16 006	13.7	17 590	16 666	5.5
GRC	3 501	3 195	9.6	538	456	18.2	2 962	2 740	8.1
HUN	2 031	1 812	12.1	1042	930	12.1	989	882	12.2
IDN	8 662	7 800	11.0	8 769	7 281	20.4	−107	519	−120.7
IND	25 130	23 749	5.8	8 096	7 122	13.7	17 035	16 627	2.5
IRL	3 793	3 542	7.1	2 116	1784	18.6	1 676	1 758	−4.6
ITA	22 038	19 908	10.7	12 181	10 672	14.1	9 857	9 235	6.7
JPN	80 441	70 261	14.5	81 897	66 138	23.8	−1 456	4 122	−135.3
KOR	35 627	29 698	20.0	37 157	28 373	31.0	−1 531	1 324	−215.6
LTU	488	437	11.6	242	215	12.9	245	222	10.3
LUX	705	660	6.9	994	848	17.2	−289	−188	−53.4
LVA	351	323	8.5	119	103	15.5	232	220	5.3
MEX	14 120	12 516	12.8	3 108	2 607	19.2	11 012	9 909	11.1
MLT	232	212	9.2	243	211	14.8	−11	1	−1 640.0
NLD	13 002	11 495	13.1	9 166	8 374	9.5	3 836	3 121	22.9
POL	7 104	6 480	9.6	1 865	1 636	14.0	5 239	4 844	8.2
PRT	1 850	1 685	9.8	2 032	1 782	14.0	−182	−97	−86.7
ROU	2 200	2 028	8.5	539	474	13.8	1 661	1 554	6.9
RUS	25 153	23 127	8.8	14 517	13 135	10.5	10 636	9 992	6.4
SVK	1 393	1 282	8.6	598	553	8.2	795	730	9.0
SVN	452	401	12.8	267	232	15.3	185	169	9.5

续表

国家和地区	中国大陆的增加值出口			中国大陆的增加值进口			增加值贸易差额		
	a1	b1	c1	a2	b2	c2	a3	b3	c3
SWE	5 069	4 710	7.6	5 359	4 838	10.8	−289	−129	−124.9
TUR	9 389	8 469	10.9	1 338	1 165	14.8	8 051	7 304	10.2
TWN	9 043	7 877	14.8	26 071	17 156	52.0	−17 028	−9 279	−83.5
USA	243 387	219 950	10.7	70 103	59 948	16.9	173 284	160 003	8.3
RoW	222 605	199 190	11.8	156 780	132 087	18.7	65 824	67 103	−1.9

注：(1)a1、a2、a3 为基于未区分中国大陆加工贸易的世界投入产出表的测算结果(百万美元)；b1、b2 和 b3 为基于区分中国大陆加工贸易的世界投入产出表的测算结果(百万美元)；c1、c2、c3 为 a1 与 b1、a2 与 b2，以及 a3 与 b3 的相对偏差(%)。例如，c1=(a1−b1)/|b1|×100。(2)国家代码：AUS 表示澳大利亚、AUT 表示奥地利、BEL 表示比利时、BGR 表示保加利亚、BRA 表示巴西、CAN 表示加拿大、CYT 表示塞浦路斯、CZE 表示捷克、DEU 表示德国、DNK 表示丹麦、ESP 表示西班牙、EST 表示爱沙尼亚、FIN 表示芬兰、FRA 表示法国、GBR 表示英国、GRC 表示希腊、HUN 表示匈牙利、IDN 表示印度尼西亚、IND 表示印度、IRL 表示爱尔兰、ITA 表示意大利、JPN 表示日本、KOR 表示韩国、LTU 表示立陶宛、LUX 表示卢森堡、LVA 表示拉脱维亚、MEX 表示墨西哥、MLT 表示马耳他、NLD 表示荷兰、POL 表示波兰、PRT 表示葡萄牙、ROU 表示罗马尼亚、RUS 表示俄罗斯、SVK 表示斯洛伐克、SVN 表示斯洛文尼亚、SWE 表示瑞典、TUR 表示土耳其、TWN 表示中国台湾、USA 表示美国、RoW 表示其他国家

从表 13-5 的 c1 列可以看出，如果在世界投入产出表中不对中国大陆的加工贸易进行区分中国大陆向所有贸易伙伴的增加值出口都将被高估。中国大陆对重要的 APEC 经济体，如日本(JPN)、韩国(KOR)、墨西哥(MEX)、中国台湾(TWN)和美国(USA)的增加值出口将被高估 10% 以上。

对于某个特定的产品，加工出口生产 P 所使用的进口品要高于三种生产类型(D、P 和 N)的平均投入水平，而使用的国产品要低于三种生产类型的平均水平，从而加工出口品中所隐含的国内增加值要低于三种生产类型的平均水平。如果不区分中国的加工贸易(不对三种生产类型进行区分)，测算时将使用三种生产类型的平均投入结构，从而会高估国外最终需求中所隐含的中国大陆增加值(即中国的增加值出口)。表 13-5 显示中国大陆增加值出口高估的程度在不同贸易伙伴间有很大的差异。由于偏差是由未区分的中国大陆加工贸易引起的，我们预期不同国家在高估程度上的差异是由中国大陆加工贸易在不同国家最终需求品生产过程中的重要程度引起的。基于区分中国大陆加工贸易的世界投入产出表，我们进一步计算了生产世界各国最终需求品过程中所完全(直接和间接)需要的中国大陆出口品中加工出口品所占的份额。以国家 k 为例，计算公式如下：

$$s_k = \frac{i^{p\prime}(I-A)^{-1}f_k}{i^{m\prime}(I-A)^{-1}f_k} \times 100\%$$

其中，f_k 为包含国家 k 的最终需求而其他国家最终需求为零的向量。i^p 为求和向量，其中中国大陆加工出口(P)部门对应的元素为 1 而其他元素为零。i^m 为求和向量，其中中国大陆加工出口(P)和非加工出口(N)部门所对应的元素为 1，而其他元素为零。我们将 s_k 与中国大陆向国家 k 的增加值出口相对偏差绘制在图 13-2 中。从图 13-2 可以看出完全需要的中国大陆出口品中加工出口所占份额较高的经济体通常伴随着较高的相对偏差，如日本(JPN，高估 14.5%)、韩国(KOR，高估 20.0%)、中国台湾(TWN，高估 14.8%)等 APEC 经济体。

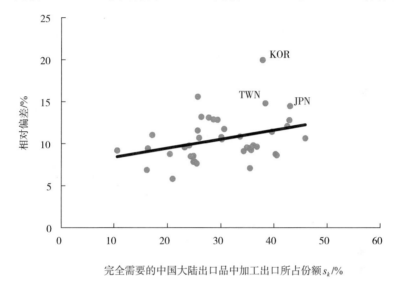

完全需要的中国大陆出口品中加工出口所占份额 s_k/%

图 13-2　加工出口份额与中国大陆的增加值出口相对偏差

从表 13-5 的 c2 列可以看出如果在世界投入产出表中不对中国的加工贸易进行区分，中国大陆从各贸易伙伴的增加值进口也将被高估。中国大陆对重要的 APEC 经济体如日本(JPN)、韩国(KOR)、中国台湾(TWN)和美国(USA)的增加值进口将被高估 15% 甚至 20% 以上。

中国大部分最终需求由国产品满足。根据编制的 2007 年区分中国加工贸易的世界投入产出表计算，中国 86% 的最终需求是由用于满足国内需求的生产类型(D)供应的。对于某个特定的产品，用于国内需求的生产(D)所使用的进口品要低于三种生产类型(D、P 和 N)的平均投入水平。如果在世界投入产出表中不对中国的加工贸易进行区分(不对三种生产类型进行区分)，测算时将使用三种生产类型的平均投入结构，这将高估生产类型 D 与国外生产部门的联系从而会高估中国最终需求中所隐含的国外增加值(即中国的增加值进口)。同时，与中国从事生产类型(D)的生产部门之间的联系将被低估，从而低估中国国产品最终需求所隐含的中国国内增加值。

我们同样发现中国大陆增加值进口高估的程度在不同贸易伙伴间有很大的差异。这和中国大陆加工出口生产与其上游的来自各个贸易伙伴的供应商的联系程度有关。如果一国主要向中国的加工出口生产类型(相对于中国的另外两种生产类型 D 和 N)供应中间品,则中国大陆从该国的增加值进口被高估的程度会越大。基于区分中国大陆加工贸易的世界投入产出表,我们计算了中国大陆从各国进口的中间品中用于加工出口生产(将其称为加工进口)的份额,并将其与中国大陆从相应国家的增加值进口相对偏差绘制在图 13-3 中。从图 13-3 可以看出向中国大陆供应的中间品中用于中国加工出口越多的国家,中国大陆从该国的增加值进口被高估的程度越高,如中国台湾(TWN,高估 52.0%)、韩国(KOR,高估31.0%)、日本(JPN,高估 23.8%)等 APEC 经济体。

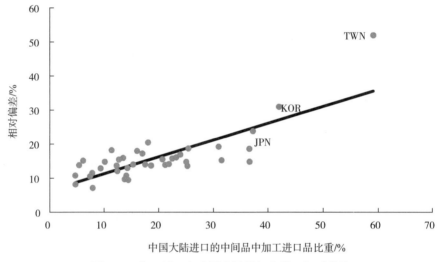

图 13-3　加工进口与中国大陆增加值进口相对偏差

由于中国大陆对各国的增加值出口和增加值进口都被高估,中国大陆双边增加值贸易差额的偏差大小及方向还不明确。通过比较表 13-5 的 c1 列和 c2 列可以发现,如果以相对误差衡量,不区分中国大陆加工贸易对中国大陆增加值进口的高估程度要大于对中国大陆增加值进口的高估程度。但如果以绝对误差来衡量,增加值出口与增加值进口的高估程度有很大不同。例如,中国大陆向美国(USA)的增加值出口被高估243 387-219 950=23 437(百万美元);中国大陆从美国的增加值进口被高估 70 103-59 948=10 155(百万美元),低于增加值出口的偏差。对于日本,中国大陆的增加值进口被高估 15 759(百万美元),高于中国大陆增加值出口的偏差(10 180 百万美元)。因此,与中国大陆的增加值出口和增加值进口的核算偏差不同,中国大陆双边增加值贸易差额所产生的偏差为非系统性偏差。从表 13-5 的 c3 列可以看出,一方面,中国大陆与日本(JPN)、韩国

(KOR)、中国台湾(TWN)等一些 APEC 经济体的双边增加值贸易差额被显著低估 80% 以上。如果在世界投入产出表中对中国大陆的加工贸易进行区分，中日和中韩的双边增加值贸易差额甚至会由逆差变为顺差。另一方面，中国大陆与美国(USA)、墨西哥(MEX)等 APEC 经济体的增加值贸易差额被高估 8% 以上。如果在世界投入产出表中对中国大陆的加工贸易进行区分，那么核算得到的中国大陆与美国、墨西哥的增加值贸易顺差将下降至少 8%。

以上分析表明，如果在世界投入产出表中不对中国的加工贸易进行区分，将得到扭曲的双边增加值贸易测算结果，尤其是与中国有大量加工贸易往来的国家。扭曲的核算结果可能会误导相关双边贸易政策的制定。因此，如果双边增加值贸易是重点关注的对象，那么在编制世界投入产出表时非常有必要对加工贸易进行区分。

13.4　结论和讨论

中国加工出口在货物出口中占有很大比重。加工贸易方式决定了加工出口品生产过程中需要投入大量的进口品而使用较少的国产品。加工出口生产的这一特点使得加工出口生产部门与国外生产部门有较强的联系而与国内部门有相对较弱的联系。在单国投入产出表中区分中国加工贸已被证明是核算一国出口增加值含量的关键。在本章中，我们进一步研究了在世界投入产出表中区分中国加工贸易对双边增加值贸易核算的重要性。重点研究了不区分加工贸易对中国的增加值出口(国外最终需求所隐含的中国增加值)、增加值进口(中国最终需求所隐含的国外增加值)以及双边增加值贸易差额核算结果的影响。

对于不区分中国大陆加工贸易所产生的增加值贸易核算偏差，主要有以下三方面的发现：第一，中国大陆的增加值出口被显著高估，尤其是更多依赖中国加工出口品(与非加工出口生产品相比)的国家，如日本、韩国、中国台湾、美国等 APEC 重要经济体。第二，中国大陆的增加值进口也被显著高估，尤其是主要向中国加工出口生产供应中间品的国家，如日本、韩国、中国台湾等 APEC 重要经济体。第三，中国大陆的双边增加值贸易差额核算结果也将受到很大影响，如中日、中韩和中台的增加值贸易差额会被低估 80% 以上。如果区分中国大陆加工贸易，中日及中韩之间的增加值贸易差额将由逆差转为顺差。中国大陆与美国及墨西哥的增加值贸易差额则被高估了 8% 以上。因此，核算增加值贸易时对加工贸易进行区分是很有必要的，尽管这是一项非常耗时的工作。如果忽视了加工贸易在中国大陆对外贸易中所扮演的重要角色，将导致严重扭曲的双边增加值贸易核算结果。扭曲的核算结果可能会误导双边商贸规划和相关贸易政策的制定。

本章对不区分中国加工贸易所产生的增加值贸易核算偏差的研究结果可以推

广到全球价值链收入(global value chain income，GVC income)核算研究等。某个(或某组)最终产品的产值可以分解为各个参与该产品全球价值链的国家的增加值，这部分增加值即为每个国家从该产品的全球价值链中获得的收入。(Timmer et al.，2013)。我们的研究发现国外最终需求所产生的中国增加值被高估，因此中国从海外市场最终产品中获得的全球价值链收入将被高估。中国最终需求所产生的国内增加值被低估，因此中国从国内市场最终产品的全球价值链中获得的收入将被低估。

第 14 章

APEC 主要经济体进出口
和贸易平衡核算

祝坤福、田开兰、杨翠红

14.1 引言

近十余年来，APEC 各成员经济体对外贸易发展迅速，2013 年 APEC 成员外贸总额已占全球的 46%。同时，各成员间经济联系日趋紧密，区内贸易发展迅速，2010 年 APEC 区内贸易占外贸总额的比重达到 67% 左右，成为 APEC 各经济体经济发展的重要动力。作为 APEC 成员中最大的发展中国家，中国与 APEC 成员的贸易比重近年来始终维持在 70% 以上，中国 10 大贸易伙伴中有 8 个是 APEC 经济体。20 世纪 90 年代以来，中国向其他 APEC 成员出口额年增幅保持在 16% 左右，中国对这些成员的出口也成为拉动中国经济、创造就业、扩大中国产品市场的重要力量。同期中国从 APEC 成员的进口额年增幅保持在 11% 左右，有效地拉动 APEC 成员的经济增长及就业的增加，为各成员的资金提供了安全的、可预见的、具有巨大盈利潜力的市场，对稳定亚太地区经济发挥了至关重要的作用。

中国与 APEC 各经济体贸易快速发展的同时，贸易不平衡现象也日益凸显。根据中国海关统计，2013 年，中国与 APEC 成员的贸易顺差占总外贸顺差的 82.8%，APEC 经济体已经成为中国外贸顺差主要来源地。随着贸易自由化和信息化革命的发展，跨国分段式生产成为全球贸易的常态，国际贸易分工不断深入和扩大，贸易品价值由整个生产链的不同国家增加值共同组成。因此以各国贸易规模为基础的贸易总值(进出口总值)统计无法直接反映各国获得的贸易利益，特别是对于中国这类加工贸易占比较高的特殊国家来说，贸易总值统计与所获得的贸易利益差异可能更大。WTO 原总干事拉米(Pascal Lamy)2011 年 6 月在日内瓦建议，应以进出口贸易中的各国国内增加值的含量作为贸易利益衡量的标准。目前贸易增加值的研究已成为全球热点问题。

投入产出模型能反映贸易品在生产过程中的各阶段详细投入情况，被广泛地用于测算贸易增加值及对经济发展的影响。最初的应用聚焦于基于单国投入产出模型及对单国贸易增加值和中间品贸易进行测度，代表性研究包括 Chen 等(2001)、Lau 等(2007)对中美贸易增加值及其平衡核算的研究，以及 Hummels 等(2001)提出用垂直专门化率系统测量一国参与国际分工水平。但单国投入产出模型只能针对单国进行分析，不能清晰反映各国的贸易与经济关联关系及其对各国贸易增加值的影响。国际投入产出模型能完整追溯各国的产品间投入产出关系，非常适于研究各国的贸易增加值，越来越多的贸易经济学家开始使用多国或国际投入产出模型。Timmer 等(2014)基于全球投入产出数据库(WIOD)，对全球价值链进行了切片化的研究，通过将隐含在最终产品中的各国增加值进一步分解为劳动报酬与资本收入，指出资本和高技术劳动力在全球价值链中的比例持续上升，并认为中国出口对资本和低技术劳动力的严重依赖，是中国相对于发达国家处于全球价值链低端的主要原因。Koopman 等(2014)提出了一国总出口的分解方法，将出口分解为具有不同经济含义的四部分：被国外吸收的增加值，返回国内的增加值，国外增加值，纯重复计算的中间贸易品部分；并进一步根据出口品价值最终去向，将其细分至九个部分。为了研究和反映不同出口品在进行各种增加值和重复计算分解时的异质性。Wang 等(2013)扩展了 Koopman 等(2014)的分解方法，提出对多个层面(包括国家/部门层面、双边层面，双边/部门层面)的总贸易流量的分解方法，建立了从官方贸易总值统计到贸易增加值统计(即以增加值为标准的国民经济核算统计体系)的一套完整核算方法。

本章利用 Wang 等(2013)的方法，分别测算 APEC 主要经济体进出口贸易中隐含的国内增加值、国外增加值和重复计算部分，并基于测算结果，从贸易增加值角度重新度量了 APEC 主要经济体间的贸易平衡，最后是本章小结。

14.2 APEC 主要经济体出口贸易中的增加值

根据 9.1.2 小节的贸易增加值测算方法，本章对 APEC 重要经济体的贸易增加值进行测算。

14.2.1 APEC 主要经济体出口贸易中的国内增加值

1995～2011 年，随着全球贸易的繁荣发展，APEC 各主要经济体出口中的国内增加值都在增加。如表 14-1 所示，1995 年出口中的国内增加值最多的为美国，其次是日本，加拿大第三，其值分别为 6 867.1 亿美元、4 524.5 亿美元、1 585.4 亿美元，2011 年分别增长到 15 538.4 亿美元、7 406 亿美元、4 117.4 亿美元。2001 年中国加入 WTO 之后，出口快速增长，出口中的国内增加值也相应地快速增长，1995 年其值为 1 411.2 亿美元，2011 年增长为 16 151.7 亿美元，增长了约 10 倍，攀居第一。

表 14-1　各主要经济体总出口中的国内增加值及其在国内(地区)生产总值中的占比

APEC 主要经济体	1995 年		2002 年		2007 年		2011 年	
	出口中的国内增加值/亿美元	占国内(地区)生产总值的比例/%	出口中的国内增加值/亿美元	占国内(地区)生产总值的比例/%	出口中的国内增加值/亿美元	占国内(地区)生产总值的比例/%	出口中的国内增加值/亿美元	占国内(地区)生产总值的比例/%
中国大陆	1 411.2	19.2	2 989.4	20.4	9 985.6	28.2	16 151.7	21.9
澳大利亚	648.6	17.6	719.0	17.8	1 654.5	18.2	2 815.3	19.6
加拿大	1 585.4	27.8	2 181.9	30.8	3 662.9	26.7	4 117.4	24.7
印度尼西亚	457.6	18.8	535.4	25.9	1 053.1	24.0	1 865.9	21.8
日本	4 524.5	8.6	4 040.1	10.4	6 503.3	15.0	7 406.0	12.6
韩国	1 123.9	21.8	1 333.4	24.2	2 848.1	28.0	3 641.8	33.6
墨西哥	595.9	18.7	1 152.6	16.4	1 937.1	19.0	2 395.1	20.9
俄罗斯	760.2	23.5	952.2	29.2	3 037.6	25.7	4 548.0	26.7
中国台湾	848.0	31.2	1 014.4	34.1	1 491.1	38.4	1 772.4	38.6
美国	6 867.1	9.2	8 112.1	7.6	13 152.3	9.3	15 538.4	10.2

1995~2007 年，中国大陆出口的国内增加值占国内生产总值比重由 19.2% 逐渐上升至 28.2%，2008 年金融危机之后，中国大陆的出口受到较大影响，出口增幅下降导致该比重由 2008 年的 26.4% 下降至 2011 年的 21.9%。对于美国和日本，出口的国内增加值占国内生产总值的比例比其他国家/地区都小，在 10% 附近波动，中国台湾的最大，基本维持在 30% 以上，说明中国台湾的出口增加值对其地区生产值贡献相比其他经济体都要大。

表 14-2 给出了各经济体不同阶段的出口增加值增量及其对经济体国内(地区)生产总值的贡献。1995~2011 年，中国台湾的出口增加值对其地区生产总值的贡献最大，高达 49.4%，其次是日本和韩国，贡献率分别为 44.8% 和 44.2%。美国出口增加值对国内生产总值增长的贡献最低，只有 11.2%，中国大陆出口增加值的贡献与澳大利亚、加拿大、印度尼西亚、墨西哥等经济体相当，都在 20% 左右。中国大陆加入 WTO 之后，出口增加值的贡献显著上升，由 1995~2001 年的 18.0% 上升至 29.6%，但由于金融危机的影响，中国大陆外

需市场的低迷，2008~2011 年，出口增加值的贡献率降至 14.5%；受金融危机影响较大的经济体还有日本和加拿大，贡献率分别由前一时间段的 41.0%、22.3% 下降至 3.6% 和 8.4%。

表 14-2　各主要经济体出口增加值对国内(地区)生产总值的贡献率

APEC 主要经济体	1995~2001 年		2001~2008 年		2008~2011 年		1995~2011 年	
	出口增加值增量/亿美元	对国内(地区)生产总值增长的贡献率/%	出口增加值增量/亿美元	对国内(地区)生产总值增长的贡献率/%	出口增加值增量/亿美元	对国内(地区)生产总值增长的贡献率/%	出口增加值增量/亿美元	对国内(地区)生产总值增长的贡献率/%
中国大陆	1 080.5	18.0	9 592.4	29.6	4 067.6	14.5	14 740.5	22.2
澳大利亚	52.1	−85.7	1 344.3	21.0	770.3	17.7	2 166.7	20.2
加拿大	657.0	53.0	1 700.2	22.3	174.9	8.4	2 532.1	23.1
印度尼西亚	54.0	−7.5	740.8	21.3	613.5	18.2	1 408.3	23.0
日本	−603.6	5.1	3 091.7	41.0	393.5	3.6	2 881.6	44.8
韩国	106.8	−32.7	1 634.8	37.3	776.2	47.1	2 517.9	44.2
墨西哥	534.0	15.2	885.1	20.8	380.1	74.3	1 799.1	21.7
俄罗斯	109.6	−29.8	3 067.9	25.1	610.3	32.1	3 787.8	27.5
中国台湾	107.7	55.5	518.0	49.9	298.6	46.7	924.4	49.4
美国	1 394.0	4.9	5 552.2	13.5	1 725.2	23.8	8 671.3	11.2

　　APEC 十个经济体区域内出口的国内增加值最大的 10 个部门如表 14-3 所示，这 10 个部门的出口增加值占这十个经济体出口中的总国内增加值的比例在 70% 左右，1995 年为 71.2%，2011 年为 73.7%。从 1995 年至 2011 年，出口增加值最大的 10 个部门结构没有发生较大的变化，出口的国内增加值最大的是电子和光学设备，基本维持在 17% 左右，其次是交通运输设备，占比由 12.1% 下降至 9.4%，采掘业由 4.4% 攀升至 9.2%，机械设备由 7.4% 微降至 6.3%，租赁和商务服务又 3.3% 上升至 4.3%，金属与金属制品、批发业、化学制品、纺织品、食品、饮料和烟草、所占比例变化很小，分别维持在 7.0%、6.3%、6.0%、4.4% 和 3.0% 左右。

表 14-3　APEC10 个经济体区域内出口的国内增加值最大的 10 个部门

年份	1995		年份	2011	
部门	出口中的增加值/亿美元	比例/%	部门	出口中的增加值/亿美元	比例/%
电子和光学设备	3 241.2	17.2	电子和光学设备	10 723.8	17.8

续表

年份	1995		年份	2011	
部门	出口中的增加值/亿美元	比例/%	部门	出口中的增加值/亿美元	比例/%
交通运输设备	2 279.5	12.1	交通运输设备	5 673.3	9.4
机械设备	1 398.3	7.4	采掘业	5 543.0	9.2
金属与金属制品	1 316.5	7.0	金属与金属制品	4 135.0	6.9
批发业	1 193.0	6.3	批发业	3 812.5	6.3
化学制品	1 066.7	5.7	机械设备	3 776.6	6.3
纺织品	827.7	4.4	化学制品	3 692.3	6.1
采掘业	819.7	4.4	租赁和商务服务	2 617.8	4.3
食品、饮料和烟草	639.3	3.4	纺织品	2 577.0	4.3
租赁和商务服务	614.7	3.3	食品、饮料和烟草	1 848.5	3.1

不同的经济体增加值出口结构有所不同，结构变化也有所不同。表 14-4 和表 14-5 分别展示了中国大陆、美国、日本、韩国、墨西哥、中国台湾、俄罗斯、加拿大、澳大利亚、印度尼西亚这 10 个经济体出口中国内增加值最大的 5 个部门。绝对量来看，这 5 个部门的出口增加值都呈增长态势。1995 年，中国大陆出口的国内增加值最大的部门为纺织品，占其出口的国内增加值总额的 22.1%，其次为电子和光学设备，占比为 18.8%，金属与金属制品、食品、饮料和烟草、服装、皮革与鞋帽的占比也较大。到 2011 年，食品、饮料和烟草、服装、皮革与鞋帽的占比都下降，已不再位于前 10 个部门，而电子和光学设备的出口增加值比例则上升至 31.2%，成为占比最大的部门，机械设备和化学制品的比例都有较大上升。

表 14-4   发展中经济体出口中的国内增加值最大的 5 个部门

经济体	1995 年			2011 年		
	部门	出口中的增加值/亿美元	比例/%	部门	出口中的增加值/亿美元	比例/%
中国	纺织品	312.1	22.1	电子和光学设备	5 035.1	31.2
	电子和光学设备	264.7	18.8	纺织品	2 067.0	12.8
	金属与金属制品	111.6	7.9	机械设备	1 103.0	6.8
	食品饮料和烟草	82.5	5.8	金属与金属制品	930.3	5.8
	服装皮革鞋帽	76.6	5.4	化学制品	878.0	5.4

续表

经济体	1995 年			2011 年		
	部门	出口中的增加值/亿美元	比例/%	部门	出口中的增加值/亿美元	比例/%
墨西哥	交通运输设备	99.5	16.7	交通运输设备	521.3	21.8
	电子和光学设备	79.5	13.3	采掘业	517.6	21.6
	采掘业	64.7	10.9	电子和光学设备	276.8	11.6
	批发业	53.5	9.0	金属与金属制品	207.1	8.6
	零售与维修	47.3	7.9	批发业	116.6	4.9
俄罗斯	采掘业	191.5	25.2	采掘业	1 602.8	35.2
	陆地运输服务	144.1	18.9	批发业	725.5	16.0
	金属与金属制品	107.0	14.1	陆地运输服务	610.9	13.4
	批发业	102.1	13.4	焦炭石油核燃料	404.6	8.9
	化学制品	38.8	5.1	金属与金属制品	359.2	7.9
印度尼西亚	采掘业	78.6	17.2	采掘业	542.7	29.1
	纺织品	48.0	10.5	食品饮料和烟草	266.5	14.3
	木材及木制品	42.8	9.4	焦炭石油核燃料	185.5	9.9
	焦炭石油核燃料	42.3	9.2	化学制品	89.8	4.8
	食品饮料和烟草	36.0	7.9	纺织品	86.9	4.7

表 14-5　发达经济体出口中的国内增加值最大的 5 个部门

经济体	1995 年			2011 年		
	部门	出口中的增加值/亿美元	比例/%	部门	出口中的增加值/亿美元	比例/%
美国	电子和光学设备	1 077.7	15.7	电子和光学设备	1 958.1	12.6
	批发业	778.0	11.3	金融服务	1 508.4	9.7
	交通运输设备	752.0	11.0	租赁和商务服务	1 470.0	9.5
	机械设备	530.2	7.7	交通运输设备	1 432.0	9.2
	化学制品	466.1	6.8	批发业	1 368.9	8.8
日本	电子和光学设备	1 156.6	25.6	交通运输设备	1 501.8	20.3
	交通运输设备	905.6	20.0	电子和光学设备	1 395.4	18.8
	机械设备	598.4	13.2	金属与金属制品	852.9	11.5
	金属与金属制品	456.5	10.1	机械设备	786.4	10.6
	化学制品	285.0	6.3	批发业	714.3	9.6

续表

经济体	1995 年			2011 年		
	部门	出口中的增加值/亿美元	比例/%	部门	出口中的增加值/亿美元	比例/%
韩国	电子和光学设备	292.3	26.0	电子和光学设备	997.4	27.4
	纺织品	137.6	12.2	交通运输设备	812.6	22.3
	交通运输设备	127.5	11.3	化学制品	292.2	8.0
	化学制品	74.7	6.6	金属与金属制品	289.8	8.0
	金属与金属制品	72.1	6.4	机械设备	271.4	7.5
澳大利亚	采掘业	161.0	24.8	采掘业	1 505.6	53.5
	食品饮料和烟草	78.4	12.1	金属与金属制品	233.6	8.3
	农业	70.8	10.9	食品饮料和烟草	165.7	5.9
	金属与金属制品	59.7	9.2	农业	126.7	4.5
	航空运输服务	25.5	3.9	航空运输服务	97.3	3.5

美国出口中的国内增加值最大的 5 个部门结构没有发生大的变化。1995 年和 2011 年，这 5 个部门占总的出口增加值的比例都维持在约 50% 左右。其中占比最大的是电子和光学设备，美国的金融服务、租赁和商务服务的出口增加值占比明显比其他经济体要大，2011 年分别为 9.7% 和 9.5%。日本出口增加值最大的前 5 部门占比在 70% 以上，其中最大的两个部门为交通运输设备和电子与光学设备，交通运输设备的占比维持在 20% 左右，这一稳定的高比例说明交通运输设备是日本具有比较优势的一个行业。

与美国一样，韩国占比最高的也为电子和光学设备，交通运输设备的比例有较大上升，1995～2011 年，其比例由 11.3% 上升至 22.3%，纺织品的比例则大幅下降，由 12.2% 下降至 2.2%。交通运输设备是墨西哥出口增加值最大的部门，其比例由 1995 年的 16.7% 上升至 2011 年的 21.8%。采掘业出口增加值的比例大幅攀升，1995～2011 年由 10.9% 上升至 21.6%。电子和光学设备在中国台湾的出口增加值中占比很大，由 1995 年的 27.6% 攀升至 2011 年的 42.7%。纺织品、食品、饮料和烟草的比例都有所下降。俄罗斯、加拿大、澳大利亚、印度尼西亚的电子和光学设备出口增加值比例相比其余几个经济体而言都较小，但采掘业的比例都相当大，俄罗斯的由 1995 年的 25.2% 上升至 35.2%，是俄罗斯出口增加值最多的部门。澳大利亚的采掘业对其出口增加值的贡献更大，由 1995 年的 24.8% 跃升至 2011 年的 53.5%。加拿大和印度尼西亚的分别由 11.6%、17.2% 上升至 23.9% 和 29.1%。

综合而言，APEC 各主要经济体中，电子和光学设备出口增加值占比较大的经济体主要是中国台湾、日本、韩国、中国大陆、美国、墨西哥，中国大陆和中国台湾的比例有所上升，其他四个经济体的比较稳定。传统的劳动密集型行业如纺织品、服装鞋帽的出口增加值比例都有所下降，下降比较明显的经济体有中国大陆、韩国、中国台湾、印度尼西亚。

14.2.2 APEC 主要经济体出口贸易中的国外增加值与重复计算

过去半个世纪以来，全球经济发展的一个重要特征就是国际贸易的飞速增长。经济学家们发现贸易的大幅增长已很难用经典的李嘉图模型和赫克歇尔-俄林模型做出合理解释，而生产环节跨越多个国家，即垂直专门化现象才是造成国际贸易飞速发展的主要原因。早在 1967 年，Balassa(1967)就提出了垂直专门化现象，并将其定义为"将一项商品的连续生产过程垂直分割成一条贸易链，由每个国家以其比较优势附加值化某阶段的商品生产过程"。随后，Hummels 等(2001)利用投入产出表定义垂直专门化为出口品中含有的进口品，垂直专门化率为单位出口品中含有的进口品，从此，垂直专门化率成为衡量一国参与国际分工程度的一项重要指标。垂直专门化率越高说明一国参与国际分工的程度越深，对国际市场的依赖越强。

表 14-6 给出了 APEC 各主要经济体的垂直专门化及垂直专门化率数值。可以看出，自 20 世纪 90 年代中期至 21 世纪初期，大部分经济体的垂直专门化率都在不断增长。俄罗斯、美国、日本、澳大利亚的垂直专门化率相对比较低，墨西哥、加拿大、中国大陆相对较高，作为亚洲四小龙成员的中国台湾和韩国的垂直专门化率最高，参与国家分工的程度最深，对国际市场的依赖很强。

表 14-6   各主要经济体垂直专门化及垂直专门化率

APEC 主要经济体	1995 年		2002 年		2007 年		2011 年	
	垂直专门化/亿美元	垂直专门化率/%	垂直专门化/亿美元	垂直专门化率/%	垂直专门化/亿美元	垂直专门化率/%	垂直专门化/亿美元	垂直专门化率/%
中国大陆	268.5	16.0	664.6	18.2	3 434.5	25.6	4 710.1	22.6
澳大利亚	90.7	12.3	105.3	12.8	299.1	15.3	452.9	13.9
加拿大	540.5	25.4	751.5	25.6	1 134.7	23.7	1 064.3	20.5
印度尼西亚	83.8	15.5	120.0	18.3	201.5	16.1	322.0	14.7
日本	315.2	6.5	420.6	9.4	1 217.3	15.8	1 548.8	17.3
韩国	358.1	24.2	528.3	28.4	1 513.4	34.7	2 484.5	40.6
墨西哥	211.6	26.2	497.6	30.2	820.5	29.8	1 041.2	30.3
俄罗斯	61.5	7.5	94.8	9.0	229.4	7.0	307.2	6.3
中国台湾	421.2	33.2	551.3	35.2	1 280.1	46.2	1 609.7	47.6
美国	785.2	10.3	919.4	10.2	2 156.9	14.1	2 872.3	15.6

垂直专门化现象在中国也发展迅速。1995～2005 年，中国的垂直专门化率由 16.0% 上升至 26.5%，然后逐渐下降至 2011 年的 22.6%。中国在 10 年间垂直专门化率增加了 10 百分点，而 OECD 国家花费了 20 年时间才完成此过程。中国加工出口比重高是其垂直专门化率上升快的一个重要原因。加工出口所需的原材料和零部件大多来自国外，利用中国劳动力和资源加工为成品后出口，因而其对进口品需求较高，而且中国政府对用于加工出口的进口品实施了免关税政策，这进一步增加了中国加工出口生产所消耗的进口品投入。

近年来，中国对加工贸易的政策发生了较大变化，许多加工贸易企业也因此受到了较大冲击。近年来，加工出口额在总出口中的比重出现下降，引起中国的垂直专门化率也开始下降。加工出口进口系数下降是引起垂直专门化率下降的另一个主要原因，近年来，国外厂商不断将生产地转移至中国，大量进口品被外商投资企业产品所替代，加工出口进口系数因此也随之下降。目前，中国出口对国际市场的依赖性依然较高，但这种依赖性正逐渐从对进口品的依赖转移到对国外资本的依赖。

垂直专门化可以进一步分解为出口中的国外增加值和重复计算部分，表 14-7 给出了 APEC 各经济体出口中的国外增加值和重复计算部分。自 20 世纪 90 年代中期至 21 世纪初期，基本上所有经济体出口中的国外增加值和重复计算部分都在不断增长。俄罗斯、澳大利亚、印度尼西亚出口中的国外增加值和重复计算最少，虽然美国的垂直专门化率不高，但是由于美国的出口额巨大，所以从绝对值来看，美国出口中的国外增加值比较大。加入 WTO 之后，中国大陆出口中的国外增加值上升明显，从 2002 年的 528.9 亿美元攀升至 2011 年的 3 557.8 亿美元，为各经济体之首，增长速度也为 APEC 各主要经济体之首。值得注意的是，各经济体出口中的重复计算部分占垂直专门化的比例不可小觑，俄罗斯重复计算的比例高达 40%，美国、中国台湾的高达 30%，中国大陆的在 20% 左右。

表 14-7　各主要经济体出口中的国外增加值和重复计算部分（单位：亿美元）

APEC 主要 经济体	1995 年		2002 年		2007 年		2011 年	
	国外 增加值	重复 计算部分	国外 增加值	重复 计算部分	国外 增加值	重复 计算部分	国外 增加值	重复 计算部分
中国大陆	231.3	37.2	528.9	135.7	2 586.0	848.5	3 557.8	1 152.4
澳大利亚	72.5	18.2	81.0	24.3	203.4	95.7	318.6	134.3
加拿大	473.4	67.1	661.5	90.0	943.5	191.1	863.8	200.5
印度尼西亚	69.7	14.1	93.0	27.0	144.8	56.8	243.2	78.8
日本	249.6	65.6	319.2	101.4	848.6	368.7	1 128.1	420.7
韩国	284.1	74.0	407.6	120.6	1 041.1	472.3	1 826.9	657.6

续表

APEC 主要经济体	1995 年		2002 年		2007 年		2011 年	
	国外增加值	重复计算部分	国外增加值	重复计算部分	国外增加值	重复计算部分	国外增加值	重复计算部分
墨西哥	185.6	26.0	443.4	54.2	677.2	143.3	875.0	166.2
俄罗斯	43.8	17.7	62.2	32.6	132.0	97.4	181.5	125.6
中国台湾	343.8	77.3	402.1	149.2	772.6	507.6	1 072.3	537.5
美国	561.7	223.5	622.5	296.8	1 472.0	685.0	2 095.5	776.8

不同经济体出口中国外增加值的主要来源地有所不同。对于中国大陆而言，出口中国外增加值最大的来源地为美国和日本，如表 14-8 所示。1995 年，中国大陆出口中国外增加值有 19.4% 来自日本，12.1% 来自美国，到 2011 年，这两国的比例有所下降，日本的下降比较多，降至 7.8%，美国的降至 10.6%。总体来看，中国大陆出口中蕴含的国外发达经济体的增加值比例有所下降，新兴经济体的比例有所上升。和中国大陆相比，美国出口中国外增加值的来源发生了更大变化。1995 年，美国出口中的国外增加值主要来自于其他发达经济体（日本、英国、法国、德国等国家）及北美自由贸易区成员加拿大和墨西哥。随着美国将一些制造业的生产工序转移到中国大陆、印度等新兴经济体，美国出口中蕴含的这些经济体的增加值成分越来越多。2011 年，中国大陆成为美国出口中国外增加值较大的最主要经济体，占比达到 13.0%，巴西和印度的占比也有所上升，相反，英国、法国、德国等发达经济体的占比都出现下降。由于北美自由贸易协议的作用，加拿大和墨西哥的占比依旧较高。

表 14-8　APEC 主要经济体出口中国外增加值的前五个主要来源经济体（单位：%）

1995 年		2011 年		1995 年		2011 年	
来源经济体	比例	来源经济体	比例	来源经济体	比例	来源经济体	比例
美国出口中国外增加值				中国大陆出口中国外增加值			
加拿大	14.6	中国大陆	13.0	日本	19.4	美国	10.6
日本	11.2	加拿大	12.8	美国	12.1	日本	7.8
英国	6.0	墨西哥	7.9	韩国	8.6	澳大利亚	6.0
墨西哥	5.8	德国	4.3	中国台湾	7.7	俄罗斯	5.3
德国	5.8	日本	4.2	德国	4.5	德国	5.0
日本出口中国外增加值				墨西哥出口中国外增加值			
美国	17.2	中国大陆	12.8	美国	61.0	美国	43.6

续表

1995 年		2011 年		1995 年		2011 年	
来源经济体	比例	来源经济体	比例	来源经济体	比例	来源经济体	比例
日本出口中国外增加值				墨西哥出口中国外增加值			
加拿大	5.8	澳大利亚	8.8	日本	6.4	中国大陆	11.5
韩国	5.6	美国	8.0	德国	5.4	德国	4.3
澳大利亚	5.3	印度尼西亚	5.2	加拿大	2.8	加拿大	4.2
印度尼西亚	5.1	俄罗斯	4.6	法国	2.4	日本	3.9
韩国出口中国外增加值				俄罗斯出口中国外增加值			
美国	17.1	中国大陆	14.8	德国	15.1	中国大陆	14.5
日本	15.8	美国	10.5	美国	7.7	德国	12.9
中国大陆	5.0	日本	7.5	意大利	6.7	日本	6.3
澳大利亚	4.4	澳大利亚	5.8	日本	4.4	韩国	5.8
德国	4.2	印度尼西亚	4.4	英国	4.3	美国	5.2
澳大利亚出口中国外增加值				印度尼西亚出口中国外增加值			
美国	16.0	中国大陆	19.8	日本	22.3	中国大陆	16.6
日本	10.8	美国	11.5	美国	10.8	日本	7.7
德国	8.2	日本	4.7	德国	9.5	美国	6.8
英国	7.4	印度尼西亚	4.2	韩国	7.9	韩国	5.5
中国大陆	4.4	德国	4.0	澳大利亚	4.5	澳大利亚	3.5

北美自由贸易协议不仅影响美国出口的国外增加值，对加拿大和墨西哥出口中的国外增加值影响更大。1995 年，加拿大和墨西哥出口中的国外增加值分别有 53.3% 和 61.0% 来自美国，2011 年该比例有所下降，分别降至 42.9% 和 43.6%，但依然占据着很高的比例。与之相反，来自于中国的比例有较大的上升，加拿大出口中的中国增加值从 1995 年的 2.4% 上升至 2011 年的 12.0%，墨西哥从 0.9% 上升至 11.5%。

1995 年，日本、韩国、澳大利亚这几个经济体出口中的国外增加值的最大来源都是美国，占比分别为 17.2%、17.1% 和 16.0%。2011 年，这三个经济体国外增加值的主要来源地为中国大陆，占比分别为 12.8%、14.8% 和 19.8%。俄罗斯和印度尼西亚的最大来源也分别由德国、日本变成中国大陆，中国台湾出口中国外增加值的最大来源地为日本。

综合表 14-8 信息，可以发现，APEC 各主要经济体出口中的国外增加值主要来源为美国、日本等发达经济体。值得注意的是，2001 年中国加入 WTO 以后，随着中国积极融入全球生产链，几乎所有 APEC 经济体出口中的国外增加值来自于中国的比例都有所增加，2011 年，中国已成为众多经济体出口中国外增加值的最大来源地。另外，几乎所有 APEC 经济体出口中的国外增加值来自于世界其他国家的比例都有所上升，这里的世界其他国家是世界投入产出数据库中包含的 40 个国家/地区之外的其他国家/地区，它们比例的上升说明 APEC 经济体出口中国外增加值来源越来越分化，而不仅限于研究中的这 40 个国家/地区，这种分化一定程度上体现了生产工序的全球化趋势。

14.2.3　APEC 主要经济体进出口贸易平衡核算

表 14-9 与表 14-10 分别展示了 APEC 各主要经济体以总值统计和以增加值核算的进出口贸易额及净贸易额。对于单个经济体来讲，以总值统计和以增加值核算的净出口额是相同的。相对于总值统计，以增加值核算的出口额、进口额都缩小了，不同经济体之间的贸易额差距也有所改变。以中美为例，2011 年，以总值统计的中国、美国的出口额分别为 20 861.9 亿美元和 18 410.7 亿美元，相差 2 451.2 亿美元，以增加值核算的中国、美国出口额分别为 16 151.7 亿美元和 15 538.4 亿美元，相差 613.3 亿美元，差额大幅缩小。

表 14-9　APEC 各主要经济体以总值统计的进出口贸易额（单位：亿美元）

年份		澳大利亚	加拿大	中国大陆	印度尼西亚	日本	韩国	墨西哥	俄罗斯	中国台湾	美国
	进口	704.9	1 836.7	1 421.5	528.5	3 614.5	1 405.8	717.1	648.9	1 154.9	8 362.5
1995	出口	739.3	2 125.9	1 679.7	541.4	4 839.6	1 482.0	807.6	821.7	1 269.2	7 652.3
	差额	34.4	289.2	258.2	12.9	1225.1	76.2	90.5	172.8	114.3	−710.2
	进口	857.3	2 482.7	3 084.6	501.6	3 531.0	1 647.0	1 682.7	700.6	1 285.8	12 817.1
2002	出口	824.3	2 933.4	3 654.0	655.3	4 460.7	1 861.7	1 650.2	1047.0	1 565.7	9 031.5
	差额	−33.0	450.7	569.4	153.7	929.7	214.7	−32.5	346.4	279.9	−3 785.7
	进口	2 036.1	4 299.9	9 736.3	1 025.8	6 391.2	3 853.8	2 776.3	2 415.3	2 358.5	21 614.0
2007	出口	1 953.6	4 797.6	13 420.0	1 254.7	7 720.6	4 361.5	2 757.6	3 267.0	2 771.3	15 309.3
	差额	−82.5	497.7	3 683.7	228.7	1 329.4	507.7	−18.7	851.7	412.8	−6 304.7
	进口	3 043.3	5 142.9	17 914.5	1 959.7	8 706.4	5 529.9	3 421.6	3 622.5	2 936.9	23 989.9
2011	出口	3 268.2	5 181.7	20 861.9	2 187.9	8 954.9	6126.3	3 436.3	4 855.2	3 382.1	18 410.7
	差额	224.9	38.8	2 947.4	228.2	248.5	596.4	14.7	1232.7	445.2	−5 579.2

表 14-10　APEC 各主要经济体以增加值核算的进出口贸易额（单位：亿美元）

年份		澳大利亚	加拿大	中国大陆	印度尼西亚	日本	韩国	墨西哥	俄罗斯	中国台湾	美国
1995	进口	614.2	1 296.2	1 152.9	444.7	3 299.3	1 047.7	505.5	587.4	733.8	7 577.4
	出口	648.6	1 585.4	1 411.2	457.6	4 524.5	1 123.9	595.9	760.2	848.0	6 867.1
	差额	34.4	289.2	258.3	12.9	1 225.2	76.2	90.4	172.8	114.2	−710.3
2002	进口	751.9	1 731.3	2 420.0	381.6	3 110.4	1 118.7	1 185.1	605.9	734.5	11 897.7
	出口	719.0	2 181.9	2 989.4	535.4	4 040.1	1 333.4	1 152.6	952.2	1 014.4	8 112.1
	差额	−32.9	450.7	569.4	153.8	929.7	214.7	−32.5	346.3	279.9	−3 785.7
2007	进口	1 737.0	3 165.3	6 301.8	824.3	5 174.0	2 340.4	1 955.8	2 185.9	1 078.3	19 457.1
	出口	1 654.5	3 662.9	9 985.6	1 053.1	6 503.3	2 848.1	1 937.1	3 037.6	1 491.1	13 152.3
	差额	−82.5	497.6	3 683.8	228.8	1 329.3	507.7	−18.7	851.7	412.8	−6 304.8
2011	进口	2 590.4	4 078.6	13 204.4	1 637.7	7 157.6	3 045.4	2 380.4	3 315.3	1 327.2	21 117.5
	出口	2 815.3	4 117.4	16 151.7	1 865.9	7 406.0	3 641.8	2 395.1	4 548.0	1 772.5	15 538.4
	差额	224.9	38.8	2 947.3	228.2	248.4	596.4	14.7	1 232.7	445.2	−5 579.1

14.3　小结

通过利用 Wang 等（2013）的方法，本章分别测算了 APEC 主要经济体进出口贸易中隐含的国内增加值、国外增加值和重复计算部分，并从贸易增加值角度重新度量了 APEC 主要经济体间的贸易平衡。相关结论如下。

首先，从出口的增加值对经济增长贡献来看，1995～2011 年，中国大陆出口中的国内增加值增长了 11 倍以上，2011 年中国大陆出口的国内增加值占国内生产总值比重达到 21.9%，对国内生产总值增长的贡献率为 22.2%，为中国大陆经济增长提供了巨大动力。APEC 其他主要经济体中，美国、日本等发达经济体出口的国内增加值占国内生产总值比重稍低，在 10% 左右；中国台湾的最高，基本维持在 30% 以上，经济增长中一半左右是由出口的地区增加值拉动。

其次，从出口的国内增加值行业结构来看，APEC 主要经济体出口中，电子和光学设备行业增加值最高，占总出口国内增加值的 17% 以上；其次为交通运输设备行业（10% 左右），连这个高技术行业的发展基本是由国际贸易所拉动的。不同的经济体出口国内增加值结构及其演化都不相同，中国电子和光学设备行业增加值增长迅速，在总出口国内增加值占比上升了近 13 百分点。美国的金融服务业和租赁商务服务业增加值增长迅速，到 2011 年占比都接近 10%。表明美国在全球价值链向高端服务业转移，中国向高技术产品组装和制造转移。

再次，从各经济体出口的垂直专业化程度来看，与美国和日本相比，中国大陆在经济规模大的国家中是垂直专业化程度最高的，与韩国、墨西哥和中国台湾等经济体相比，则低不少。随着中国大陆加入日益深入 APEC 经济圈中，APEC 主要经济体的国外增加值主要来源国均是中国大陆，说明了中国大陆在 APEC 价值链中地位显著；中国大陆出口中的国外增加值主要来源于美国。

最后，从贸易增加值衡量的贸易平衡来看，中国大陆与美国、日本、俄罗斯和印度尼西亚的贸易顺差进一步减少，同时中国大陆与韩国、中国台湾地区、澳大利亚的贸易逆差也有所减少。

如何进一步扩大与提高中国大陆 APEC 价值链中的地位，为中国经济中高速增长目标服务，要求我们不仅来继续维持中国在劳动密集型产业和高技术产品制造优势，还需要进一步提高服务业竞争力，发挥其在全球价值链中的重要作用。

参 考 文 献

Lau L J，陈锡康，杨翠红，等. 2007. 反映加工贸易特点的非竞争型投入占用产出模型及其应用——中美贸易顺差透视. 中国社会科学，(5)：91-103.

Balassa B. 1967. Trade Liberalization among Industrial Countries：Objectives and Alternatives. New York：McGraw，Hill.

Chen X，Cheng L K，Fung K C，et al. 2001. The estimation of domestic value-added and employment induced by exports：an application to Chinese exports to the United States (Working Paper，Stanford University). http://www. stanford. edu/~ljlau/Presentations/Presentations/010618. pdf.

Chen X，Cheng L K，Fung K C，et al. 2012. Domestic value added and employment generated by chinese exports：a quantitative estimation. China Economic Review，23：850-864.

Eurostat. 2008. Eurostat manual of supply，use and input-output tables. Luxembourg，Eurostat.

Hummels D，Ishii J，Yi K M. 2001. The nature and growth of vertical specialization in world trade. Journal of International Economics，54：75-96.

Johnson R C，Noguera G. 2012. Accounting for intermediates：production sharing and trade in value added. Journal of International Economics，86：224-236.

Junius T，Oosterhaven J. 2003. The solution of upgrading or regionalizing a matrix with both positive and negative elements. Economic Systems Research，15：87-96.

Koopman R，Wang Z，Wei S J. 2014. Tracing value-added and double counting in gross exports. American Economic Review，104：459-94.

Los B，DIetzenbacher E，Stehrer R，et al. 2012. Trade performance in internationally fragmented production networks：concepts and measures (WIOD Working Paper 11，University of

Groningen). http://www. wiod. org/publications/papers/wiod11. pdf

Los B，Timmer M P，de Vries G J. 2015. How global are global value chains? A new approach to measure international fragmentation. Journal of Regional Science，55：66-92.

Miller R E，Blair P D. 2009. Input-Output Analysis：Foundations and Extensions. New York：Cambridge University Press.

Temurshoev U，Miller R E，Bouwmeester M C. 2013. A note on the GRAS method. Economic Systems Research，25：361-367.

Timmer M P. 2012. The world input-output database (WIOD)：contents，sources and methods (WIOD Working Paper 10). http://www. wiod. org/ publications/papers/wiod10. pdf

Timmer M P，Erumban A A，Los B，et al. 2014. Slicing up global value chains. Journal of Economic Perspectives，28：99-118.

Timmer M P，Los B，Stehrer R，et al. 2013. Fragmentation，incomes and jobs：an analysis of European competitiveness. Economic Policy，28：613-661.

Tukker A，Dietzenbacher E. 2013. Global multiregional input-output frameworks：an introduction and outlook. Economic Systems Research，25：1-19.

Wang Z，Wei S J，Zhu K. 2013. Quantifying international production sharing at the bilateral and sector levels. NBER Working Paper 19677，November.

Yang C，Dietzenbacher E，Pei J，et al. 2015. Processing trade biases the measurement of vertical specialization in China. Economic Systems Research，27：60-76.

第五部分

参与全球价值链对APEC主要经济体产业结构和国际竞争力的影响分析

第 15 章

APEC 主要经济体的国际生产联系
和产业分工变化

尹伟华

在当今经济全球化且垂直专业化特征明显的情况下，国际生产已呈现出典型的网络特征。在该网络中，各国产业间都存在一定程度的直接和间接关联，一国生产过程中任何需求和成本的变化都会影响到关联产业的产出。基于此，利用世界投入产出数据库（WIOD）[1]可以分析垂直专业化分工体系中 APEC 主要经济体的产业关联和分工变化。

15.1　APEC 主要经济体生产联系

15.1.1　APEC 主要经济体之间的生产联系

APEC 是亚太区域国家与地区加强多边经济联系、交流与合作的重要组织，其宗旨和目标是"相互依存、共同利益，坚持开放性多边贸易体制和减少区域间贸易壁垒"[2]，对促进 APEC 经济体中各成员的经济合作与发展，及加快世界经济一体化进程都起到了重要的作用。

1. APEC 主要经济体之间的后向联系

基于完全消耗系数矩阵，可以计算 1995 年、1997 年、2002 年、2007 年和 2011 年 APEC 主要经济体之间的后向关联系数，如图 15-1～图 15-5 所示。

---

[1]　世界投入产出数据库（World Input-Output Database，WIOD）是由欧盟委员会资助，多个机构合作共同研究开发，记录了 40 个经济体、35 个部门 1995～2011 年时间序列的国家间投入产出表。WIOD 覆盖了全球主要经济体，各经济体国家（地区）生产总值总和占全球国家（地区）生产总值的 85% 以上，能够代表全球主要的经济活动，因而被广泛地应用于分析全球贸易模式、环境变化及社会经济问题。

[2]　http://www.moe.edu.cn/publicfiles/business/htmlfiles/moe/moe_859/201001/xxgk_77882.html.

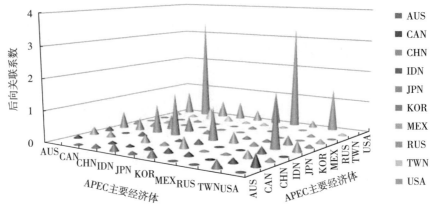

图 15-1　1995 年 APEC 主要经济体之间的后向关联

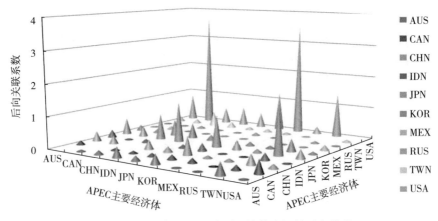

图 15-2　1997 年 APEC 主要经济体之间的后向关联

分析 APEC 主要经济体之间的后向关联，1995 年、1997 年、2002 年、2007
年和 2011 年加拿大、中国大陆、墨西哥和中国台湾后向关联程度最大的经济体
始终没有发生变化，它们的后向关联最大的经济体依次分别为美国、日本、美国
和日本，这反映出在 APEC 主要经济体之间的关联中，美国的最终需求增加对
加拿大和墨西哥产出的拉动作用最大，而日本的最终需求增加对中国大陆和中国
台湾产出的拉动作用最大。而其他经济体在这期间存在一定的变动，其中，澳大
利亚 1995 年、1997 年和 2002 年与美国的后向关联程度最大，2007 年转向了中
国大陆，且与中国大陆的关联程度呈现出不断上升趋势，后向关联系数由 2007
年 0.912 7 上升到 2011 年 1.448 7；印度尼西亚于 1995 年、1997 年和 2002 年后
向关联程度最大的经济体是日本，而 2007 年、2011 年则稳定为中国大陆；1995
年、1997 年和 2002 年美国一直是日本、韩国和俄罗斯后向关联程度最大的经济

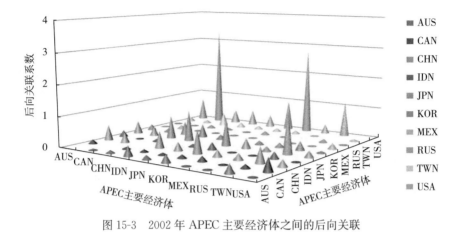

图 15-3　2002 年 APEC 主要经济体之间的后向关联

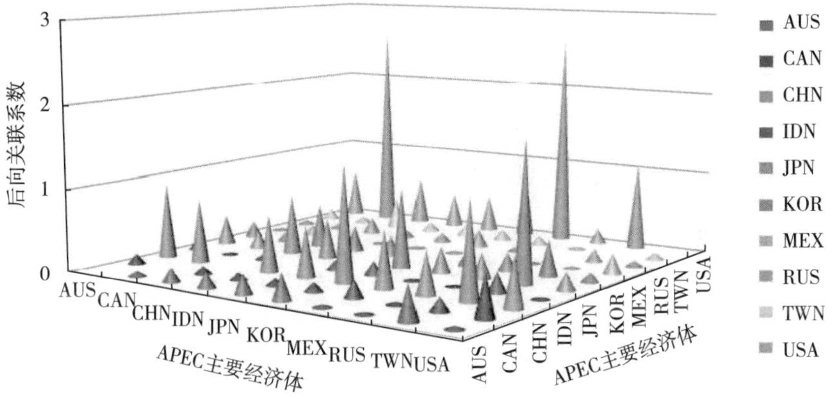

图 15-4　2007 年 APEC 主要经济体之间的后向关联

体，但自 2007 年起中国大陆替代了美国成为日本、韩国和俄罗斯后向关联程度最大的经济体，且与中国大陆的关联程度呈上升趋势，后向关联系数分别由 2007 年的 0.629 2、1.405 4 和 0.534 8 上升到 2011 年的 0.908 0、2.078 1 和 0.765 7；美国 1995 年、1997 年和 2002 年后向关联程度最大的经济体是加拿大，而自 2007 年起中国大陆替代了加拿大，且关联程度也呈上升趋势，与中国大陆的后向关联系数由 2007 年的 0.608 9 上升到 2011 年的 0.892 3。

从 APEC 主要经济体之间后向联系分析可以看出：第一，伴随着中间产品贸易规模的越来越大，中国大陆参与全球价值链程度在不断地提升，与 APEC 其他主要经济体的后向关联程度呈现不断上升的趋势；第二，APEC 各主要经济体后向关联具有一定的集中性，主要集中于美国、日本和中国大陆三经济体；第三，在后向关联程度最大的经济体具有一定稳定性的同时，也出现了一定的波

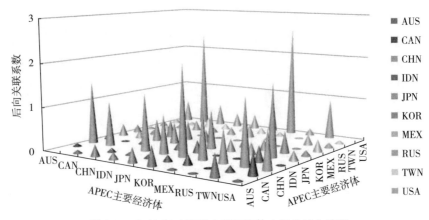

图 15-5 2011 年 APEC 主要经济体之间的后向关联

动，这个波动即为自 2007 年起中国大陆出现在后向关联程度最大的经济体中，2011 年中国大陆在各经济体后向关联中居于最显著地位。

2. APEC 主要经济体之间的前向联系

基于完全分配系数矩阵，可以计算 1995 年、1997 年、2002 年、2007 年和 2011 年 APEC 主要经济体之间的前向关联系数，如图 15-6～图 15-10 所示。

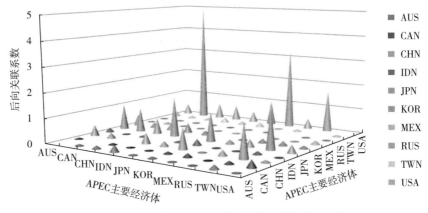

图 15-6 1995 年 APEC 主要经济体之间的前向关联

分析 APEC 主要经济体之间的前向关联，1995 年、1997 年、2002 年、2007 年和 2011 年只有加拿大、墨西哥前向关联程度最大的经济体始终保持稳定，其前向关联程度最大的经济体均为美国，这表明在 APEC 主要经济体之间的关联中，加拿大、墨西哥的投入增加对美国产出的推动作用最大。而其他经济体在这期间存在一定的变动，其中，1995 年、1997 年和 2002 年澳大利亚与日本的前向

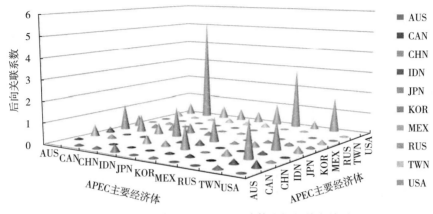

图 15-7　1997 年 APEC 主要经济体之间的前向关联

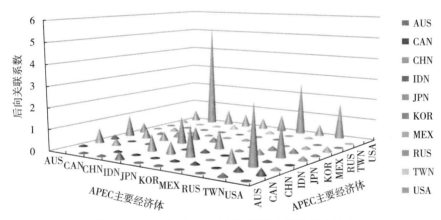

图 15-8　2002 年 APEC 主要经济体之间的前向关联

关联程度最大，而 2007 年和 2011 年澳大利亚最大的前向关联经济体为中国大陆；除了 1995 年日本是中国大陆最大的前向关联经济体外，其余年份中国大陆最大的前向关联经济体一直是美国，且在 1997 年、2002 年和 2007 年期间的关联程度呈现出上升趋势，其前向关联系数由 1997 年和 2002 年的 0.597 9、0.752 7 上升到 2007 年的 0.932 2，但 2011 年有所下降；1995 年、1997 年、2002 年和 2007 年印度尼西亚最大的前向关联经济体一直是日本，但 2011 年则转为中国大陆；1995 年和 1997 年日本、俄罗斯最大的前向关联经济体均为美国，而 2002 年之后中国大陆成为日本和俄罗斯最大的前向关联经济体，且关联程度稳步上升，其前向关联系数分别由 2002 年的 0.584 4 和 0.681 8 上升到 2011 年的 1.503 7 和 1.310 2；除 1995 年外，中国大陆一直是韩国最大的前向关联经济体（1995 年日本曾是韩国最大的前向关联经济体），且关联程度呈现快速上升趋势，

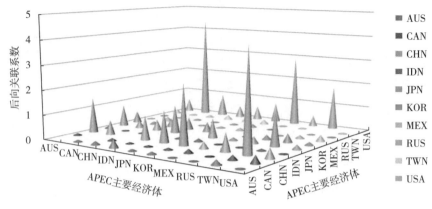

图 15-9　2007 年 APEC 主要经济体之间的前向关联

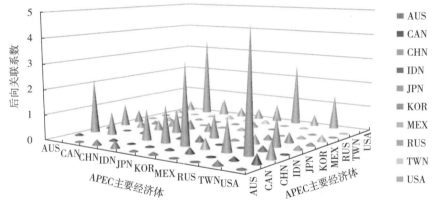

图 15-10　2011 年 APEC 主要经济体之间的前向关联

前向关联系数由 1997 年和 2002 年的 1.207 2、1.462 1 上升到 2007 年和 2011 年的 2.451 8、3.287 5；1995 年中国台湾与美国的前向关联程度最大，但 1997 年、2002 年、2007 年和 2011 年则转为中国大陆，且关联程度也呈现快速上升趋势，其前向关联系数由 1997 年的 1.831 9 上升到 2011 年的 4.842 9；1995 年日本是美国最大的前向关联经济体，1997 年和 2002 年美国最大的前向关联经济体转为加拿大，2007 年和 2011 年又再次转为中国大陆，且与中国大陆的关联程度呈现上升态势，其前向关联系数由 2007 年的 0.432 9 上升到 2011 年的 0.699 5。

从 APEC 主要经济体之间前向联系分析可以看出：第一，伴随着中国经济的飞快发展和全球经济一体化的不断推进，中国在国际贸易中的地位越来越重要，APEC 大部分成员最大的前向关联经济体最终都指向了中国大陆；第二，APEC 各主要经济体前向关联也具有一定的集中性，主要集中于美国、日本和中国大陆三经济体。

15.1.2　APEC 主要经济体与其他贸易伙伴之间的生产联系

随着全球经济一体化和贸易自由化进程的不断加快，不仅 APEC 经济体之间的联系越来越紧密，而且与 APEC 区域外经济体之间的经贸联系也在日益加强。我们为了深入分析 APEC 主要经济体与其他贸易伙伴之间的生产联系，将其他贸易伙伴分为欧盟(EU)和其他地区(ROW)①。

1. APEC 主要经济体与其他贸易伙伴之间的后向联系

基于完全消耗系数矩阵，可以计算 1995 年、1997 年、2002 年、2007 年和 2011 年 APEC 主要经济体与其他贸易伙伴之间的后向关联系数，如图 15-11～图 15-15所示。

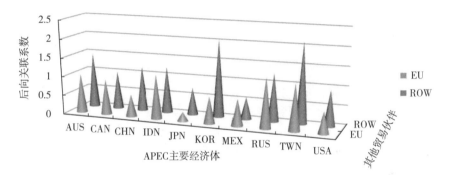

图 15-11　1995 年 APEC 主要经济体与其他贸易伙伴之间的后向关联

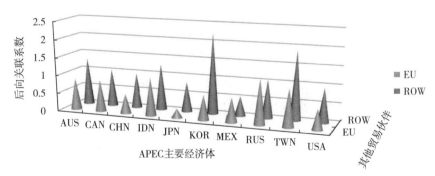

图 15-12　1997 年 APEC 主要经济体与其他贸易伙伴之间的后向关联

分析 APEC 主要经济体与其他贸易伙伴之间的后向关联，1995 年、1997

---

①　欧盟(EU)主要包括奥地利、比利时、塞浦路斯、德国、西班牙、爱沙尼亚、芬兰、法国、希腊、爱尔兰、意大利、卢森堡、马耳他、荷兰、葡萄牙、斯洛伐克共和国、斯洛文尼亚；其他地区(ROW)是指除了 APEC 主要经济体和欧盟之外的其他国家(或地区)。

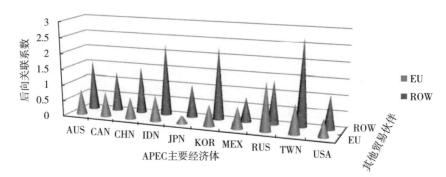

图 15-13　2002 年 APEC 主要经济体与其他贸易伙伴之间的后向关联

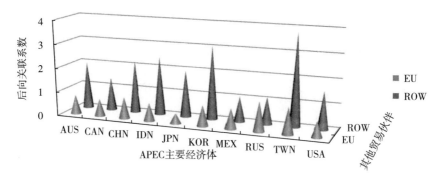

图 15-14　2007 年 APEC 主要经济体与其他贸易伙伴之间的后向关联

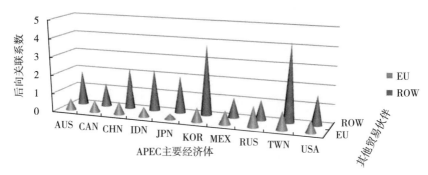

图 15-15　2011 年 APEC 主要经济体与其他贸易伙伴之间的后向关联

年、2002 年、2007 年和 2011 年澳大利亚、加拿大、中国大陆、印度尼西亚、日本、韩国、中国台湾和美国后向关联程度最大的经济体始终为其他地区，而俄罗斯后向关联程度最大的经济体始终为欧盟，这反映出在 APEC 主要经济体与其他贸易伙伴之间的关联中，其他地区的最终需求增加对澳大利亚、加拿大、中国大陆、印度尼西亚、日本、韩国、中国台湾和美国产出的拉动作用最大，而欧盟的最终需求增加对俄罗斯产出的拉动作用最大。APEC 大部分成员后向关联程度最大的经济体为其他地区，其中一部分原因是由于其他地区所覆盖的国家（或地区）数量较多，国际贸易总量要显著高于欧盟所致。墨西哥 1995 年和 1997 年后向关联程度最大的经济体是欧盟，而 2002 年、2007 年和 2011 年则稳定为其他地区，且与其他地区之间的后向关联程度呈现出不断上升趋势，其后向关联系数由 2002 年的 0.795 9 上升到 2011 年的 1.078 4。

从 APEC 主要经济体与其他贸易伙伴之间后向联系分析可以看出：第一，APEC 主要经济体与其他贸易伙伴后向关联具有很强集中性，主要集中于其他地区；第二，在后向关联程度最大的经济体具有一定稳定性的同时，也出现了一定的波动，如墨西哥在 1995 年和 1997 年后向关联程度最大的经济体为欧盟，而 2002 年以后后向关联程度最大的经济体则为其他地区，且关联程度不断上升。

2. APEC 主要经济体与其他贸易伙伴之间的前向联系

基于完全分配系数矩阵，可以计算 1995 年、1997 年、2002 年、2007 年和 2011 年 APEC 主要经济体与其他贸易伙伴之间的前向关联系数，如图 15-16～图 15-20 所示。

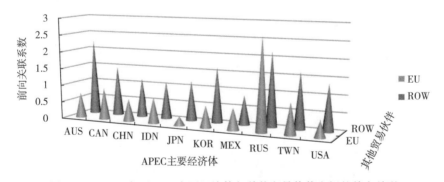

图 15-16　1995 年 APEC 主要经济体与其他贸易伙伴之间的前向关联

分析 APEC 主要经济体与其他贸易伙伴之间的前向联系，1995 年、1997 年、2002 年、2007 年和 2011 年澳大利亚、加拿大、中国大陆、印度尼西亚、日本、韩国、墨西哥、中国台湾和美国前向关联程度最大的经济体始终为其他地区，这反映出在 APEC 主要经济体与其他贸易伙伴之间的关联中，其他地区的投入增加对澳大利亚、加拿大、中国大陆、印度尼西亚、日本、韩国、墨西哥、中国台湾和美国产出的推动作用最大。APEC 大部分成员前向关联程度最大的经济体为其他地区，其中一部分原因同样是其他地区所覆盖的国家（或地区）数量较多，国际贸易总量要显著高于欧盟所致。俄罗斯 1995 年和 1997 年前向关联程度

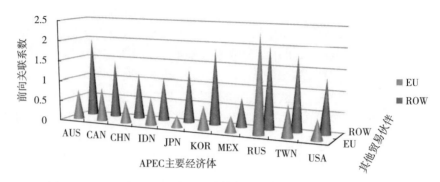

图 15-17　1997 年 APEC 主要经济体与其他贸易伙伴之间的前向关联

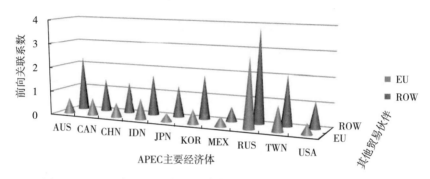

图 15-18　2002 年 APEC 主要经济体与其他贸易伙伴之间的前向关联

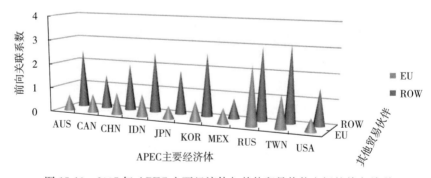

图 15-19　2007 年 APEC 主要经济体与其他贸易伙伴之间的前向关联

最大的经济体是欧盟，而 2002 年、2007 年和 2011 年则稳定为其他地区，但关联程度却呈现出一定的下降趋势，其前向关联系数由 2002 年的 3.853 1 下降到 2011 年的 3.097 6。

从 APEC 主要经济体与其他贸易伙伴之间前向联系分析可以看出：第一，APEC 主要经济体与其他贸易伙伴前向关联具有很强的集中性，主要集中于其他

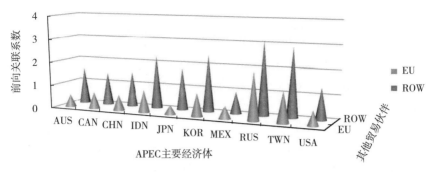

图 15-20　2011 年 APEC 主要经济体与其他贸易伙伴之间的前向关联

地区；第二，在前向关联程度最大的经济体具有稳定性的同时，也呈现出一定的波动，如俄罗斯在 1995 年和 1997 年前向关联程度最大的经济体为欧盟，而 2002 年以后前向关联程度最大的经济体则转为其他地区。

基于上述 APEC 主要经济体的国际生产联系，为了后文分析方便，在此我们将 APEC 主要经济体进行相应地分类。一方面，全世界的经济体从经济发展水平来说可以分为两大类：发达经济体和发展中经济体。据此标准，APEC 主要经济体中的澳大利亚（AUS）、加拿大（CAN）、日本（JPN）、美国（USA）属于发达经济体，中国大陆（CHN）、印度尼西亚（IDN）、韩国（KOR）、墨西哥（MEX）、俄罗斯（RUS）、中国台湾（TWN）属于发展中经济体。OECD 进一步把发展中经济体分为低收入经济体、中等收入经济体和新兴工业化经济体。其中，新兴工业化经济体是指工业迅速发展，产业结构变化显著，制成品在出口所占比重迅速上升，经济发展速度较快，人均收入较高的发展中经济体。按照此标准，APEC 主要经济体中的中国大陆（CHN）、韩国（KOR）、墨西哥（MEX）、中国台湾（TWN）属于新兴工业化经济体。另一方面，根据 APEC 主要经济体的生产联系（后联关联和前向关联）大小，我们还将日本（JPN）、美国（USA）定义为关联程度较大的发达经济体，澳大利亚（AUS）、加拿大（CAN）定义为关联程度较小的发达经济体。同时，由于俄罗斯（RUS）、澳大利亚（AUS）、加拿大（CAN）、印度尼西亚（IDN）同属于资源型国家，且其生产联系（后联关联和前向关联）特征类似。基于此，我们将 APEC 主要经济体分为三类：日本（JPN）、美国（USA）归为发达经济体；中国大陆（CHN）、韩国（KOR）、墨西哥（MEX）、中国台湾（TWN）归为新兴工业化经济体；俄罗斯（RUS）、澳大利亚（AUS）、加拿大（CAN）、印度尼西亚（IDN）归为资源型经济体。

15.2   APEC 主要经济体的中间产品贸易

随着 APEC 主要经济体融入国际垂直专业化分工程度的不断加深，中间产品贸易成为各主要经济体对外贸易的主导力量，即中间产品贸易成为国际贸易的主流。

1995 年、1997 年、2002 年、2007 年和 2011 年 APEC 主要经济体之间的中间产品贸易呈现出快速的发展趋势。APEC 主要经济体之间的中间产品进出口贸易额由 1995 年 13 261.2 亿美元快速上升到 1997 年 16 069.6 亿美元，之后由于受到 1997 年亚洲金融危机的影响，APEC 主要经济体之间的中间产品进出口贸易额呈现出相对低速的增长态势，上升到 2002 年的 17 148.1 亿美元。然后，随着全球经济一体化的进一步加深，2002 年和 2007 年 APEC 主要经济体之间的中间产品进出口贸易额又呈现出高速的增长态势，由 2002 年 17 148.1 亿美元上升到 2007 年 36 289.9 亿美元（表 15-1）。同样，由于受到 2008 年全球金融危机的影响，2007～2011 年 APEC 主要经济体之间的中间产品进出口贸易额增速也呈现出一定的下滑趋势，但年均增长速度仍高达 8.2%。APEC 主要经济体之间的中间品进出口贸易额年均增长速度（9.1%）要明显快于进出口总额的年均增长速度（8.3%）。中间产品进出口额占进出口总额比重相对较高，均超过 56% 以上，其值由 1995 年的 59.1% 上升到 2011 年的 66.7%，提升了 7.6 百分点（图 15-21）。APEC 主要经济体之间的中间产品贸易大量增加体现了 APEC 主要经济体之间的经济联系在不断加强，即各主要经济体融入国际垂直专业化分工体系程度的不断加深。

表 15-1   1995 年、1997 年、2002 年、2007 年和 2011 年
APEC 主要经济体之间的中间产品进出口额及比重(一)

指标	1995 年	1997 年	2002 年	2007 年	2011 年
中间产品进出口额/亿美元	13 261.2	16 069.6	17 148.1	36 289.9	53 689.4
进出口总额/亿美元	22 421.8	26 745.3	30 232.6	57 087.4	80 523.6
中间产品占进出口总额比重/%	59.1	60.1	56.7	63.6	66.7

15.2.1   APEC 主要经济体之间的中间产品贸易

1. APEC 主要经济体之间的中间产品贸易

1995 年、1997 年、2002 年、2007 年和 2011 年 APEC 主要经济体中亚洲地区由于受到 1997 年亚洲金融危机的影响，澳大利亚（2002 年）、印度尼西亚

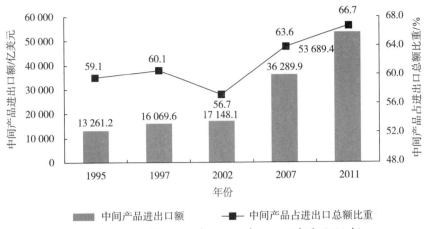

图 15-21　1995 年、1997 年、2002 年、2007 年和 2011 年
APEC 主要经济体之间的中间产品进出口额及比重

(2002 年)、日本(2002 年)和韩国(2002 年)与其他 APEC 主要经济体的中间产品
进出口额出现过一定程度的短暂下降趋势,其余都呈现出一致的稳定增长态势。
从总量来看(表 15-2、图 15-22 和图 15-23),美国与其他 APEC 主要经济体的中
间产品贸易额始终非常高,进出口额由 1995 年的 4 100.8 亿美元增加到 2011 年
的 12 439.2 亿美元,这表明美国中间产品贸易非常活跃,这也是与现实相一致
的。中国大陆、日本、韩国和加拿大与其他 APEC 主要经济体的中间产品贸易
额也相对较大,其值分别由 1995 年的 1 013.6 亿美元、2 446.8 亿美元、1 134.4
亿美元和 1 832.3 亿美元增加到 2011 年的 12 637.0 亿美元、6 241.9 亿美元、
4 991.5亿美元和 4 746.9 亿美元。特别地,2011 年中国大陆与其他 APEC 主要
经济体的中间产品贸易额最高,跃居 APEC 主要经济体中第一位。从增量来看,
中国大陆和美国的中间产品进出口贸易额增加量最多,期间分别增加了 11 623.4
亿美元和 8 338.4 亿美元,占 APEC 主要经济体中间产品进出口额增加总量的
28.8%和 20.6%;中间产品进出口额增加量较多的经济体还有韩国(3 857.1 亿
美元)、日本(3 795.1 亿美元)和加拿大(2 914.6 亿美元)。再从增长速度来看,
中国大陆、俄罗斯和澳大利亚的中间产品进出口贸易额年均增长速度最快,其年
均增长速度分别高达 17.1%、16.0%和 12.5%;墨西哥、韩国和印度尼西亚的
年均增长速度也相对较快,其年均增长速度也超过 8.4%以上。同时,由
图 15-22可以看出,随着全球经济一体化进程的加快,近年来 APEC 主要经济体
之间的中间产品进出口贸易表现出更为强劲的增长态势。

　　1995 年、1997 年、2002 年、2007 年和 2011 年 APEC 主要经济体之间的中
间产品进出口额年均增速均不同程度的高于进出口总额的年均增速,致使各主要
经济体的中间产品进出口额占进出口总额比重呈现出不同程度的上升态势,这再

表 15-2 1995 年、1997 年、2002 年、2007 年和 2011 年
APEC 主要经济体之间的中间产品进出口额及比重(二)

经济体	指标	1995 年	1997 年	2002 年	2007 年	2011 年
AUS	中间产品进出口额/亿美元	457.2	620.2	535.6	1 409.3	2 992.3
	进出口总额/亿美元	677.6	913.3	824.6	1 974.1	3 924.2
	中间产品占进出口总额比重/%	67.5	67.9	65.0	71.4	76.3
CAN	中间产品进出口额/亿美元	1 832.3	2 157.7	2 430.3	4 085.0	4 746.9
	进出口总额/亿美元	3 079.3	3 632.7	4 208.4	6 723.5	7 545.4
	中间产品占进出口总额比重/%	59.5	59.4	57.7	60.8	62.9
CHN	中间产品进出口额/亿美元	1 013.6	1 309.1	2 049.1	6 975.3	12 637.0
	进出口总额/亿美元	1 819.2	2 206.4	3 620.2	11 029.2	18 847.0
	中间产品占进出口总额比重/%	55.7	59.3	56.6	63.2	67.1
IDN	中间产品进出口额/亿美元	460.7	563.8	452.0	756.2	1 676.0
	进出口总额/亿美元	640.0	775.2	634.8	992.3	2 140.0
	中间产品占进出口总额比重/%	72.0	72.7	71.2	76.2	78.3
JPN	中间产品进出口额/亿美元	2 446.8	2 666.0	2 328.8	4 490.1	6 241.9
	进出口总额/亿美元	4 237.8	4 488.2	4 206.9	7 123.8	9 492.7
	中间产品占进出口总额比重/%	57.7	59.4	55.4	63.0	65.8
KOR	中间产品进出口额/亿美元	1 134.4	1 359.5	1 302.7	3 195.2	4 991.5
	进出口总额/亿美元	1 683.0	1 938.8	2 017.2	4 331.7	6 634.3
	中间产品占进出口总额比重/%	67.4	70.1	64.6	73.8	75.2
MEX	中间产品进出口额/亿美元	744.2	1 104.5	1 462.5	2 653.2	3 383.6
	进出口总额/亿美元	1 165.5	1 785.0	2 575.7	4 055.7	5 290.2
	中间产品占进出口总额比重/%	63.8	61.9	56.8	65.4	64.0
RUS	中间产品进出口额/亿美元	140.0	169.0	179.0	741.3	1 500.1
	进出口总额/亿美元	219.8	251.7	268.1	1 178.9	2 285.4
	中间产品占进出口总额比重/%	63.7	67.1	66.8	62.9	65.6
TWN	中间产品进出口额/亿美元	931.2	1 122.0	1 138.6	2 358.2	3 081.0
	进出口总额/亿美元	1 508.9	1 738.9	1 763.4	3 068.7	3 946.7
	中间产品占进出口总额比重/%	61.7	64.5	64.6	76.8	78.1
USA	中间产品进出口额/亿美元	4 100.8	4 997.8	5 269.4	9 625.9	12 439.2
	进出口总额/亿美元	7 390.4	9 014.8	10 113.2	16 609.6	20 417.5
	中间产品占进出口总额比重/%	55.5	55.4	52.1	58.0	60.9

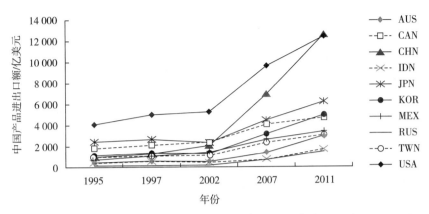

图 15-22　1995 年、1997 年、2002 年、2007 年和 2011 年
APEC 主要经济体之间的中间产品进出口额

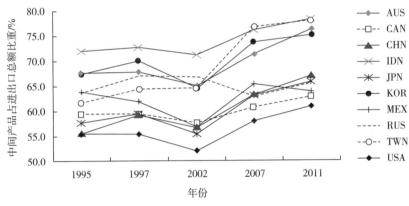

图 15-23　1995 年、1997 年、2002 年、2007 年和 2011 年
APEC 主要经济体之间的中间产品占进出口总额比重

次表明了 APEC 主要经济体之间的联系越来越紧密。其中，印度尼西亚的中间产品占进出口总额比重最高，其值由 1995 年的 72.0％上升到 2011 年的 78.3％，上升了 6.3 百分点；澳大利亚和韩国的中间产品进出口额占进出口总额比重也相对较高，其值分别由 1995 年的 67.5％和 67.4％上升到 2011 年的 76.3％和 75.2％；中国大陆的中间产品进出口额占进出口总额比重虽然较低，但上升幅度却较大，其值由 1995 年的 55.7％上升到 2011 年的 67.1％，上升了 11.4 百分点；中国台湾的中间产品进出口额占进出口总额比重上升幅度最大，其值由 1995 年的 61.7％上升到 2011 年的 78.1％，上升了 16.4 百分点；墨西哥和俄罗斯的中间产品进出口额占进出口总额比重上升幅度相对较小，其值分别由 1995 年的 63.8％和 63.7％上升到 2011 年的 64.0％和 65.6％，仅上升了 0.2 百分点

和 1.9 百分点；日本和美国的中间产品进出口额占进出口总额比重也保持稳定的上升态势，其值分别由 1995 年的 57.7% 和 55.5% 上升到 2011 年的 65.8% 和 60.9%。

2. 按产业分 APEC 主要经济体之间的中间产品贸易

为了进一步深入分析 APEC 主要经济体之间按产业分中间产品贸易发展情况，根据 WIOD 中国际投入产出表划分标准，将各主要经济体国民经济细分为 35 个产业部门进行分析（表 15-3）。

表 15-3　1995 年、1997 年、2002 年、2007 年和 2011 年按产业分
APEC 主要经济体之间的中间产品进出口额及结构分析

产业	进出口额/亿美元					产业比重/%				
	1995 年	1997 年	2002 年	2007 年	2011 年	1995 年	1997 年	2002 年	2007 年	2011 年
1	451.7	496.4	418.9	690.4	1 143.0	3.4	3.1	2.4	1.9	2.1
2	480.4	692.1	727.6	2 283.2	4 597.2	3.6	4.3	4.2	6.3	8.6
3	413.8	485.8	413.6	714.7	1 133.2	3.1	3.0	2.4	2.0	2.1
4	521.0	578.2	555.9	622.9	965.5	3.9	3.6	3.2	1.7	1.8
5	80.8	91.6	70.9	89.1	128.7	0.6	0.6	0.4	0.2	0.2
6	281.9	314.1	265.5	342.2	356.4	2.1	2.0	1.5	0.9	0.7
7	554.1	545.7	554.5	798.5	975.2	4.2	3.4	3.2	2.2	1.8
8	321.3	491.7	565.1	1 500.4	2 948.0	2.4	3.1	3.3	4.1	5.5
9	932.2	1 130.0	1 207.7	2 699.2	3 952.1	7.0	7.0	7.0	7.4	7.4
10	373.7	465.0	512.9	997.3	1 436.5	2.8	2.9	3.0	2.7	2.7
11	184.4	226.1	230.6	398.8	608.6	1.4	1.4	1.3	1.1	1.1
12	1 443.3	1 706.8	1 622.2	4 135.4	6 388.9	10.9	10.6	9.5	11.4	11.9
13	582.4	727.7	694.1	1 711.6	2 408.9	4.4	4.5	4.0	4.7	4.5
14	2 129.3	2 589.8	2 784.5	7 062.4	9 048.0	16.1	16.1	16.2	19.5	16.9
15	1 369.0	1 651.7	1 946.8	3 321.6	4 036.4	10.3	10.3	11.4	9.2	7.5
16	187.4	227.0	256.8	391.0	391.5	1.4	1.4	1.5	1.1	0.7
17	106.8	150.5	200.7	458.5	764.9	0.8	0.9	1.2	1.3	1.4
18	574.0	695.0	743.8	1 402.3	1 912.9	4.3	4.3	4.3	3.9	3.6

续表

产业	进出口额/亿美元					产业比重/%				
	1995 年	1997 年	2002 年	2007 年	2011 年	1995 年	1997 年	2002 年	2007 年	2011 年
19	77.2	86.1	96.5	160.4	218.0	0.6	0.5	0.6	0.4	0.4
20	199.2	272.4	297.8	541.3	896.6	1.5	1.7	1.7	1.5	1.7
21	109.0	134.8	162.7	292.7	445.8	0.8	0.8	0.9	0.8	0.8
22	126.5	176.4	162.3	290.0	420.8	1.0	1.1	0.9	0.8	0.8
23	143.1	183.2	213.3	408.6	676.7	1.1	1.1	1.2	1.1	1.3
24	103.2	138.1	178.0	415.0	601.7	0.8	0.9	1.0	1.1	1.1
25	170.7	207.4	227.2	438.1	693.1	1.3	1.3	1.3	1.2	1.3
26	75.3	85.5	85.9	145.6	214.7	0.6	0.5	0.5	0.4	0.4
27	93.1	119.8	156.2	318.0	472.5	0.7	0.7	0.9	0.9	0.9
28	197.4	242.7	312.1	505.8	852.0	1.5	1.5	1.8	1.4	1.6
29	56.8	68.8	90.7	149.9	239.0	0.4	0.4	0.5	0.4	0.4
30	347.1	438.1	589.0	1 343.8	2 184.4	2.6	2.7	3.4	3.7	4.1
31	239.1	271.3	346.1	739.6	1 182.9	1.8	1.7	2.0	2.0	2.2
32	47.9	49.4	51.3	134.1	218.1	0.4	0.3	0.3	0.4	0.4
33	123.9	155.6	189.7	373.3	551.5	0.9	1.0	1.1	1.0	1.0
34	164.2	174.7	217.1	414.2	625.2	1.2	1.1	1.3	1.1	1.2
35	0.1	0.1	0.1	0.2	0.2	0.0	0.0	0.0	0.0	0.0
总计	13 261.2	16 069.6	17 148.0	36 289.8	53 689.4	100.0	100.0	100.0	100.0	100.0

注：1 表示农、林、牧、渔业；2 表示采矿业；3 表示食品、饮料制造及烟草业；4 表示纺织业；5 表示皮革、毛皮、羽毛(绒)及鞋类制品业；6 表示木材加工及木、竹、藤、棕、草制品业；7 表示造纸及纸制品业、印刷和记录媒介的复制业；8 表示石油加工、炼焦及核燃料加工业；9 表示化学原料及化学制品制造业；10 表示橡胶及塑料制品业；11 表示非金属矿物制品业；12 表示金属制品业；13 表示通用专用设备制造业；14 表示电子和光学设备制造业；15 表示交通运输设备制造业；16 表示其他制造业及废弃资源和旧材料回收加工业；17 表示电力、煤气及水的生产和供应业；18 表示建筑业；19 表示汽车及摩托车的销售、维护和修理及燃油零售业；20 表示批发业(不含汽车及摩托车)；21 表示零售(不含汽车及摩托车)及家庭用品维修业；22 表示住宿和餐饮业；23 表示内陆运输业；24 表示水路运输业；25 表示航空运输业；26 表示其他运输配套业务及旅行社业务；27 表示邮政与通讯业；28 表示金融业；29 表示房地产业；30 表示租赁和商务服务业；31 表示公共管理和国防及社会保障业；32 表示教育；33 表示卫生和社会工作；34 表示其他社区、社会及个人服务业；35 表示私人雇用的家庭服务业

　　1995 年、1997 年、2002 年、2007 年和 2011 年 APEC 主要经济体之间各产业的中间产品进出口贸易额均表现出不同程度的增长态势。从总量来看，电子和光学设备制造业的中间产品进出口额最高，由 1995 年的 2 129.3 亿美元增加到 2011 年的 9 048.0 亿美元，16 年间共增长 6 918.7 亿美元。中间产品进出口额较高的还有金属制品业，采矿业，交通运输设备制造业和化学原料及化学制品制造业，其值分别由 1995 年的 1 443.3 亿美元、480.4 亿美元、1 369.0 亿美元和 932.2 亿美元增加到 2011 年的 6 388.9 亿美元、4 597.2 亿美元、4 036.4 亿美元和 3 952.1 亿美元，共增长 4 945.6 亿美元、4 116.8 亿美元、2 667.4 亿美元和 3 019.9 亿美元。上述产业除了采矿业不是制造业外，其余均都属于制造业，这意味着在 APEC 主要经济体中制造业是中间产品进出口贸易最活跃、跨国专业化程度最深的产业。私人雇用的家庭服务业，皮革、毛皮、羽毛(绒)及鞋类制品业，其他运输配套业务及旅行社业务，汽车及摩托车的销售、维护和修理及燃油零售业，教育和房地产业的中间产品进出口额相对较低，且这些产业主要是服务业，这意味着在 APEC 主要经济体中服务业的中间产品进出口贸易才刚刚兴起、跨国专业化程度不深，具有较大的潜力。从增长速度来看，采矿业，石油加工、炼焦及核燃料加工业，电力、煤气及水的生产和供应业，租赁和商务服务业，水路运输业，邮政与通信业，公共管理和国防及社会保障业的增长速度都相对较高，年均增长速度均高于 10.2%，且这些产业主要是服务业。而木材加工及木、竹、藤、棕、草制品业，皮革、毛皮、羽毛(绒)及鞋类制品业，造纸及纸制品业、印刷和记录媒介的复制业和纺织业的增长速度则相对较低，年均增长速度均低于 4%，且这些产业主要为传统制造业。由此可见，制造业的中间产品进出口额虽然规模较大，但其增长速度却较低，而服务业的中间产品进出口额虽然规模相对较小，但其增长速度却相对较高，这意味着服务业将是推动未来全球经济一体化和世界贸易增长的突破口和新的增长点。

　　1995 年、1997 年、2002 年、2007 年和 2011 年 APEC 主要经济体之间各产业的中间产品进出口额占所有产业比重变化趋势不尽相同。具体来说，电子和光学设备制造业，金属制品业，采矿业，交通运输设备制造业和化学原料及化学制品制造业的中间产品进出口额比重相对较高，这 5 个产业的比重累计高达 50% 左右，由 1995 年的 47.9% 上升到 2011 年 52.3%，2007 年甚至高达 53.8%。而私人雇用的家庭服务业，皮革、毛皮、羽毛(绒)及鞋类制品业，其他运输配套业务及旅行社业务，汽车及摩托车的销售、维护和修理以及燃油零售业，教育和房地产业的中间产品进出口额比重相对较低，均不超过 0.61%。交通运输设备制造业、造纸及纸制品业、印刷和记录媒介的复制业，纺织业和木材加工及木、竹、藤、棕、草制品业的中间产品进出口额比重下降幅度较大，均超过 1.4 百分点。而采矿业，石油加工、炼焦及核燃料加工业，租赁和商务服务业，金属制品

业，电子和光学设备制造业的中间产品进出口额比重上升幅度较大，均超过 0.8
百分点。航空运输业，私人雇用的家庭服务业，零售（不含汽车及摩托车）及家庭
用品维修业，房地产业和教育的中间产品进出口额比重基本不变。

　　根据表 15-4、图 15-24 和图 15-25 可知，1995 年、1997 年、2002 年、2007
年和 2011 年 APEC 主要经济体之间不同类别制造业（低技术制造业、中低技术
制造业、中高技术制造业和高技术制造业）的中间产品进出口贸易额均呈现出相
似的不断增长趋势，1995～2002 年呈现出相对较慢的增长态势，而 2002～2011
年则呈现出井喷式的增长态势。总体来看，制造业的中间产品进出口额由 1995
年的 9 374.6 亿美元上升到 2011 年的 34 777.9 亿美元，16 年间年均增加量高达
1 587.7 亿美元，年均增长速度高达 8.5%。虽然 APEC 主要经济体之间制造业
中间产品进出口额在所有产业中的比重占据绝对优势，始终保持在 64% 以上，
但其趋势却呈现出一定程度的下滑，其值由 1995 年 70.7% 下降到 2011 年
64.8%，共减少了 5.9 百分点，这主要是同期的服务业增速要高于制造业，从而
导致了制造业比重的下滑。从分技术类别来看：低技术制造业和中高技术制造业
的发展趋势与制造业总体基本一致，其中间产品进出口额虽然也呈现上升趋势，
但是其在制造业中的比重却均呈现出一定程度的下降趋势，其值由 1995 年的
21.8% 和 30.8% 下降到 2011 年的 11.4% 和 29.9%，分别下降了 10.4 百分点和
0.9 百分点，且其年均增长速度也低于制造业平均水平，特别地，低技术制造业
的年均增速仅为 4.2%；中低技术制造业和高技术制造业的中间产品进出口额和
在制造业中的比重均呈现出上升趋势，其进出口额分别由 1995 年的 2 322.7 亿
美元和 2 129.3 亿美元上升到 2011 年的 11 382.0 亿美元和 9 048.0 亿美元，比重
也分别由 1995 年的 24.8% 和 22.7% 上升到 2011 年的 32.7% 和 26.0%，其年均
增长速度分别高达 10.4% 和 9.5%。在四类技术类别的制造业中，低技术制造业
的中间产品进出口额及比重都是最低的，而技术类别相对较高的制造业中间产品
进出口额及比重相对较高，且增长较快，这些意味着 APEC 主要经济体中制造
业的中间产品进出口贸易越来越依赖产业链较长的、技术含量较高的产业，从而
其国际竞争力也越来越强。

表 15-4　1995 年、1997 年、2002 年、2007 年和 2011 年
APEC 主要经济体之间制造业的中间产品进出口额及结构分析

产业	指标	1995 年	1997 年	2002 年	2007 年	2011 年
制造业	中间产品进出口额/亿美元	9 374.6	11 231.2	11 681.1	24 785.1	34 777.9
	占所有产业比重/%	70.7	69.9	68.1	68.3	64.8

续表

产业	指标	1995 年	1997 年	2002 年	2007 年	2011 年
低技术制造业	中间产品进出口额/亿美元	2 039.0	2 242.4	2 117.2	2 958.4	3 950.5
	占制造业比重/%	21.8	20.0	18.1	11.9	11.4
中低技术制造业	中间产品进出口额/亿美元	2 322.7	2 889.6	2 930.8	7 031.9	11 382.0
	占制造业比重/%	24.8	25.7	25.1	28.4	32.7
中高技术制造业	中间产品进出口额/亿美元	2 883.6	3 509.4	3 848.6	7 732.4	10 397.4
	占制造业比重/%	30.8	31.2	32.9	31.2	29.9
高技术制造业	中间产品进出口额/亿美元	2 129.3	2 589.8	2 784.5	7 062.4	9 048.0
	占制造业比重/%	22.7	23.1	23.8	28.5	26.0

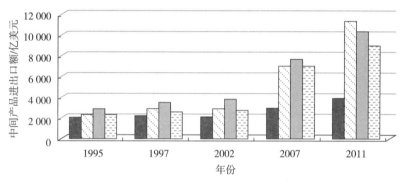

图 15-24　1995 年、1997 年、2002 年、2007 年和 2011 年
APEC 主要经济体之间制造业的中间产品进出口额

15.2.2　APEC 主要经济体与其他贸易伙伴之间的中间产品贸易

随着经济全球化的加深,国际分工进一步细化,APEC 主要经济体与其他贸易伙伴之间的中间产品贸易也发展迅速,中间产品贸易同样成为 APEC 主要经济体与其他贸易伙伴之间进出口贸易的重要组成部分。

根据表 15-5 可知,1995 年、1997 年、2002 年、2007 年和 2011 年 APEC 主要经济体与其他贸易伙伴之间的中间产品进出口贸易额呈现出不断的上升趋势,其值由 1995 年的 13 132.7 亿美元增加到 2011 年的 49 850.0 亿美元,年均增长量高达 2 294.8 亿美元。APEC 主要经济体与其他贸易伙伴之间的中间产品进出口贸易增长速度也相对较快,特别是 2002～2007 年其增长速度高达 18.4%,但是由于受到 1997 年亚洲金融危机和 2008 年全球金融危机的影响,其增速也呈现

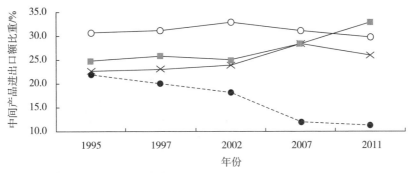

图 15-25　1995 年、1997 年、2002 年、2007 年和 2011 年
APEC 主要经济体之间制造业的中间产品进出口额比重

出一定程度的放缓。1995～2011 年 APEC 主要经济体与其他贸易伙伴之间的中间产品进出口额增长速度(8.7%)要明显高于进出口总额增长速度(8.4%)，致使其中间产品占进出口总额比重呈现出上升趋势，其值由 1995 年的 65.9% 上升到 2011 年的 68.8%，提升了 2.9 百分点，如图 15-26 所示。APEC 主要经济体与其他贸易伙伴之间的中间产品进出口贸易大量增加体现了 APEC 主要经济体与其他贸易伙伴之间的经济联系在不断加强，即参与全球产业分工程度的不断加深。

表 15-5　1995 年、1997 年、2002 年、2007 年和 2011 年
APEC 主要经济体与其他贸易伙伴之间的中间产品进出口额及比重

指标	1995 年	1997 年	2002 年	2007 年	2011 年
中间产品进出口额/亿美元	13 132.7	13 968.9	16 906.7	39 413.7	49 850.0
进出口总额/亿美元	19 932.0	21 082.0	26 041.7	57 033.1	72 409.1
中间产品占进出口总额比重/%	65.9	66.3	64.9	69.1	68.8

1. 按区域分 APEC 主要经济体与其他贸易伙伴之间的中间产品贸易

1995 年、1997 年、2002 年、2007 年和 2011 年 APEC 主要经济体中部分亚洲国家受到 1997 年亚洲金融危机的影响，如澳大利亚(1997 年)、日本(1997 年、2002 年)与其他贸易伙伴之间的中间产品进出口额出现过一定程度的短暂下降趋势，其余均呈现出一致的稳定增长态势。从总量来看(表 15-6)，美国、日本、中国与其他贸易伙伴之间的中间产品进出口贸易额占据绝对优势，其值由 1995 年的 5 712.8 亿美元、2 719.4 亿美元和 740.0 亿美元增加到 2011 年的 14 842.3 亿美元、5 661.9 亿美元和 13 513.9 亿美元。特别地，在 APEC 主要经济体中，

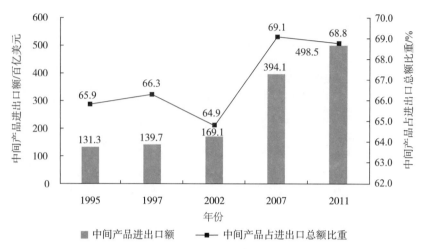

图 15-26　1995 年、1997 年、2002 年、2007 年和 2011 年
APEC 主要经济体与其他贸易伙伴之间的中间产品进出口额及比重

2011 年中国大陆与其他贸易伙伴之间的中间产品进出口贸易规模超过日本，成为仅次于美国的第二大中间产品进出口贸易国。从增长量来看，中国大陆与其他贸易伙伴之间的中间产品进出口贸易增量最多，16 年间共增加了 12 773.9 亿美元，其次是美国（9 129.5 亿美元）。增长量较多的国家还有俄罗斯（3 491.0 亿美元）、韩国（2 883.7 亿美元）和日本（2 942.5 亿美元）。再从增长速度来看，中国大陆、俄罗斯、印度尼西亚与其他贸易伙伴之间的中间产品进出口贸易额增速较快，其年均增长速度分别高达 19.9%、10.9% 和 10.7%，而日本、美国和澳大利亚的进出口贸易额年均增长速度相对较慢，其年均增长速度不超过 6.9%。同时，由图 15-27 可以看出，随着全球经济一体化的加快，近年来 APEC 主要经济体与其他贸易伙伴之间的中间产品进出口贸易均表现出更为强劲的增长态势。

表 15-6　1995 年、1997 年、2002 年、2007 年和 2011 年
APEC 主要经济体与其他贸易伙伴之的中间产品进出口额及比重

经济体	指标	1995 年	1997 年	2002 年	2007 年	2011 年
AUS	中间产品进出口额/亿美元	544.7	513.9	542.9	1 350.8	1 558.8
	进出口总额/亿美元	766.5	770.4	857.0	2 015.7	2 387.3
	中间产品占进出口总额比重/%	71.1	66.7	63.4	67.0	65.3
CAN	中间产品进出口额/亿美元	607.0	647.0	823.3	1 639.0	1 858.7
	进出口总额/亿美元	883.2	928.0	1 207.8	2 374.1	2 779.2
	中间产品占进出口总额比重/%	68.7	69.7	68.2	69.0	66.9

续表

经济体	指标	1995 年	1997 年	2002 年	2007 年	2011 年
CHN	中间产品进出口额/亿美元	740.0	869.9	2 053.6	8 252.4	13 513.9
	进出口总额/亿美元	1 282.0	1 390.7	3 118.5	12 127.2	19 929.4
	中间产品占进出口总额比重/%	57.7	62.6	65.9	68.0	67.8
IDN	中间产品进出口额/亿美元	304.5	340.6	391.8	985.4	1 552.8
	进出口总额/亿美元	429.8	470.1	522.1	1288.2	2007.6
	中间产品占进出口总额比重/%	70.8	72.4	75.0	76.5	77.3
JPN	中间产品进出口额/亿美元	2 719.4	2 487.6	2 420.4	4 959.7	5 661.9
	进出口总额/亿美元	4 216.3	3 797.7	3 784.9	6 988.1	8 168.5
	中间产品占进出口总额比重/%	64.5	65.5	64.0	71.0	69.3
KOR	中间产品进出口额/亿美元	811.2	900.4	1 000.6	2 836.1	3 694.9
	进出口总额/亿美元	1 204.8	1 318.4	1 491.5	3 883.7	5 021.9
	中间产品占进出口总额比重/%	67.3	68.3	67.1	73.0	73.6
MEX	中间产品进出口额/亿美元	270.8	312.3	530.3	1 004.4	1 016.5
	进出口总额/亿美元	359.2	438.3	757.2	1 478.2	1 567.7
	中间产品占进出口总额比重/%	75.4	71.3	70.0	67.9	64.8
RUS	中间产品进出口额/亿美元	823.7	884.8	1 051.5	3 207.9	4 314.7
	进出口总额/亿美元	1 250.8	1 317.0	1 479.5	4 503.4	6 192.2
	中间产品占进出口总额比重/%	65.9	67.2	71.1	71.2	69.7
TWN	中间产品进出口额/亿美元	598.6	626.0	773.3	1 617.8	1 835.6
	进出口总额/亿美元	915.2	940.6	1 088.1	2 061.0	2 372.2
	中间产品占进出口总额比重/%	65.4	66.5	71.1	78.5	77.4
USA	中间产品进出口额/亿美元	5 712.8	6 386.3	7 319.0	13 560.4	14 842.3
	进出口总额/亿美元	8 624.3	9 710.8	11 735.3	2 0313.7	21 983.1
	中间产品占进出口总额比重/%	66.2	65.8	62.4	66.8	67.5

　　根据图 15-28 可知，1995 年、1997 年、2002 年、2007 年和 2011 年 APEC 主要经济体与其他贸易伙伴的中间产品贸易占进出口总额比重相对较高，均超过 55%，表明 APEC 主要经济体与其他贸易伙伴之间的联系也是非常紧密的。其中，澳大利亚、加拿大和墨西哥的中间产品贸易占进出口总额比重呈现出下降趋势，其值分别由 1995 年的 71.1%、68.7% 和 75.4% 下降到 2011 年的 65.3%、66.9% 和 64.8%；印度尼西亚的中间产品贸易占进出口总额比重最高，其值由 1995 年的 70.8% 上升到 2011 年的 77.3%，上升了 6.5 百分点；中国大陆的中

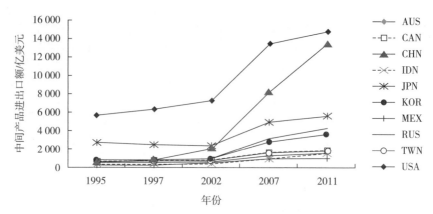

图 15-27　1995 年、1997 年、2002 年、2007 年和 2011 年
APEC 主要经济体与其他贸易伙伴之间的中间产品进出口额

间产品贸易占进出口总额比重相对较小，但其值由 1995 年的 57.7％快速上升到 2011 年的 67.8％，上升幅度高达 10.1 百分点；中国台湾的中间产品贸易占进出口总额比重上升幅度最大，其值由 1995 年的 65.4％上升到 2011 年的 77.4％，上升了 12 百分点；日本、韩国、俄罗斯和美国的中间产品贸易占进出口总额比重也保持稳定的上升的态势，其值分别由 1995 年的 64.5％、67.3％、65.9％和 66.2％上升到 2011 年的 69.3％、73.6％、69.7％和 67.5％。

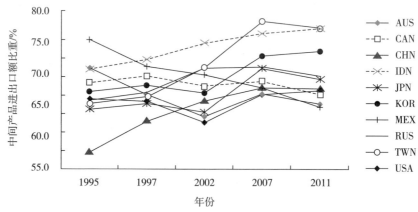

图 15-28　1995 年、1997 年、2002 年、2007 年和 2011 年 APEC 主要经济体
与其他贸易伙伴之间的中间产品进出口额比重

再从分区域来看，1995 年、1997 年、2002 年、2007 年和 2011 年 APEC 主要经济体与 EU、其他地区之间的中间产品进出口贸易额变动趋势类似，均呈现出稳定的增长态势。特别是 2002 年、2007 年、2011 年增长速度更加明显。但是 APEC 主要经济体与欧盟之间的中间产品进出口贸易额均明显小于其他地区，且年

均增长速度也均小于其他地区，由此可以看出，APEC 主要经济体进出口贸易额的快速提升，主要归因于其与其他地区的中间产品进出口贸易更加频繁表(15-7)。

表 15-7　1995 年、1997 年、2002 年、2007 年和 2011 年
APEC 主要经济体与 EU、ROW 之间的中间产品进出口额(单位：亿美元)

经济体	1995 年		1997 年		2002 年		2007 年		2011 年	
	EU	ROW	EU	ROW	EU	ROW	EU	ROW	EU	ROW
AUS	157.7	387.0	155.6	358.3	125.6	417.2	255.9	1 094.9	347.4	1 211.3
CAN	257.9	349.0	268.4	378.6	278.3	545.1	512.1	1 127.0	631.1	1 227.6
CHN	233.9	506.1	282.0	587.9	560.8	1 492.8	2 155.9	6 096.4	3 559.5	9 954.4
IDN	138.1	166.4	151.5	189.1	102.4	289.4	183.7	801.7	291.2	1261.6
JPN	504.7	2214.8	455.9	2 031.7	393.3	2 027.2	700.0	4 259.7	675.9	4 985.9
KOR	214.4	596.7	205.2	695.2	201.9	798.7	514.6	2 321.4	715.9	2 978.9
MEX	131.7	139.1	147.1	165.2	225.1	305.3	443.6	560.7	425.0	591.5
RUS	462.5	361.1	513.9	370.8	469.2	582.3	1 554.7	1 653.2	1 951.0	2 363.6
TWN	202.1	396.5	198.2	427.7	172.1	601.2	294.9	1 322.8	337.1	1 498.5
USA	1 805.9	3 906.8	2 009.2	4 377.1	2 413.2	4 905.8	3 476.4	10 084.0	4 622.5	10 219.8

2. 按产业分 APEC 主要经济体与其他贸易伙伴之间的中间产品贸易

根据表 15-8 可知，1995 年、1997 年、2002 年、2007 年和 2011 年 APEC 主要经济体与其他贸易伙伴之间各产业的中间产品进出口额均表现出不同程度的增长态势。从总量规模来看，石油加工、炼焦及核燃料加工业，电子和光学设备制造业，金属制品业，批发业(不含汽车及摩托车)，化学原料及化学制品制造业，采矿业和交通运输设备制造业的中间产品进出口贸易额相对较高，其 2011 年进出口贸易额分别为 6 259.0 亿美元、5 597.8 亿美元、4 389.3 亿美元、3 440.9 亿美元、3 358.0 亿美元、2 782.7亿美元和 2 780.8 亿美元。这些产业除了批发业(不含汽车及摩托车)和采矿业外，其余均为制造业，由此可以看出制造业的中间产品进出口贸易在 APEC 主要经济体与其他贸易伙伴之间的进出口贸易中最活跃的。而私人雇用的家庭服务业，皮革、毛皮、羽毛(绒)及鞋类制品业，汽车及摩托车的销售、维护和修理以及燃油零售业，教育和房地产业的中间产品进出口贸易规模相对较低，且这些产业主要是服务业，这表明服务业的中间产品进出口贸易在 APEC 主要经济体与其他贸易伙伴之间的进出口贸易中并不发达，其规模相对较小。从增长速度来看，石油加工、炼焦及核燃料加工业，其他制造业及废弃资源和旧材料回收加工业，电力、煤气及水的生产和供应业，采矿业和教育

的增长速度都相对较高，年均增长速度均高于 10.2%，而造纸及纸制品业、印刷和记录媒介的复制业，私人雇用的家庭服务业，木材加工及木、竹、藤、棕、草制品业，水路运输业和其他运输配套业务及旅行社业务的增长速度则相对较低，年均增长速度均低于 5.7%。

表 15-8 1995 年、1997 年、2002 年、2007 年和 2011 年按产业分
APEC 主要经济体与其他贸易伙伴之间中间产品进出口额及结构分析

产业	进出口额/亿美元					产业比重/%				
	1995 年	1997 年	2002 年	2007 年	2011 年	1995 年	1997 年	2002 年	2007 年	2011 年
1	298.9	284.6	293.4	568.9	874.0	2.3	2.0	1.7	1.4	1.8
2	570.8	508.9	671.2	2 034.1	2 782.7	4.3	3.6	4.0	5.2	5.6
3	332.0	335.0	379.2	816.6	1 324.3	2.5	2.4	2.2	2.1	2.7
4	311.3	343.8	320.8	658.5	928.6	2.4	2.5	1.9	1.7	1.9
5	34.6	34.0	35.4	61.5	85.9	0.3	0.2	0.2	0.2	0.2
6	108.0	102.4	99.9	221.2	244.6	0.8	0.7	0.6	0.6	0.5
7	336.5	297.8	324.4	534.9	650.5	2.6	2.1	1.9	1.4	1.3
8	747.1	881.1	1 247.8	4 302.5	6 259.0	5.7	6.3	7.4	10.9	12.6
9	767.7	786.7	956.1	2 263.3	3 358.0	5.8	5.6	5.7	5.7	6.7
10	265.1	262.9	317.9	708.4	1 049.5	2.0	1.9	1.9	1.8	2.1
11	151.0	148.4	150.4	351.7	507.0	1.1	1.1	0.9	0.9	1.0
12	963.3	863.0	980.5	3 551.9	4 389.3	7.3	6.2	5.8	9.0	8.8
13	445.4	497.4	495.0	1 372.1	1 680.9	3.4	3.6	2.9	3.5	3.4
14	1 526.1	1 578.1	2 068.8	4847.2	5 597.8	11.6	11.3	12.2	12.3	11.2
15	933.3	1 026.5	1 134.5	2 332.0	2 780.8	7.1	7.3	6.7	5.9	5.6
16	98.9	101.7	151.0	342.9	572.0	0.8	0.7	0.9	0.9	1.1
17	219.1	257.9	384.0	956.2	1 266.6	1.7	1.8	2.3	2.4	2.5
18	436.4	464.2	579.4	1 184.3	1 454.9	3.3	3.3	3.4	3.0	2.9
19	42.7	41.6	55.3	117.5	136.5	0.3	0.3	0.3	0.3	0.3
20	1 155.3	1 447.9	1 644.9	3 090.9	3 440.9	8.8	10.4	9.7	7.8	6.9
21	152.7	157.7	210.4	368.3	429.8	1.2	1.1	1.2	0.9	0.9
22	144.9	154.5	190.1	346.7	436.6	1.1	1.1	1.1	0.9	0.9
23	428.2	452.7	502.8	1 169.7	1 425.2	3.3	3.2	3.0	3.0	2.9

续表

产业	进出口额/亿美元					产业比重/%				
	1995 年	1997 年	2002 年	2007 年	2011 年	1995 年	1997 年	2002 年	2007 年	2011 年
24	327.9	360.0	378.0	801.2	785.0	2.5	2.6	2.2	2.0	1.6
25	152.0	181.4	166.8	374.6	389.2	1.2	1.3	1.0	1.0	0.8
26	205.7	194.2	191.7	416.3	494.5	1.6	1.4	1.1	1.1	1.0
27	149.3	177.4	224.0	357.7	416.6	1.1	1.3	1.3	0.9	0.8
28	505.9	561.7	742.2	1 479.8	1 633.6	3.9	4.0	4.4	3.8	3.3
29	86.5	93.9	123.9	254.6	306.9	0.7	0.7	0.7	0.6	0.6
30	554.6	634.5	839.6	1 739.6	1 893.3	4.2	4.5	5.0	4.4	3.8
31	273.1	305.6	410.9	726.2	945.4	2.1	2.2	2.4	1.8	1.9
32	33.5	37.4	53.3	115.3	159.7	0.3	0.3	0.3	0.3	0.3
33	139.6	153.1	240.0	422.0	557.5	1.1	1.1	1.4	1.1	1.1
34	235.2	241.0	342.9	524.6	592.8	1.8	1.7	2.0	1.3	1.2
35	0.1	0.1	0.1	0.2	0.2	0.0	0.0	0.0	0.0	0.0
总计	13 132.7	13 968.9	16 906.7	39 413.7	49 850.0	100.0	100.0	100.0	100.0	100.0

注：1 表示农、林、牧、渔业；2 表示采矿业；3 表示食品、饮料制造及烟草业；4 表示纺织业；5 表示皮革、毛皮、羽毛(绒)及鞋类制品业；6 表示木材加工及木、竹、藤、棕、草制品业；7 表示造纸及纸制品业、印刷和记录媒介的复制业；8 表示石油加工、炼焦及核燃料加工业；9 表示化学原料及化学制品制造业；10 表示橡胶及塑料制品业；11 表示非金属矿物制品业；12 表示金属制品业；13 表示通用专用设备制造业；14 表示电子和光学设备制造业；15 表示交通运输设备制造业；16 表示其他制造业及废弃资源和旧材料回收加工业；17 表示电力、煤气及水的生产和供应业；18 表示建筑业；19 表示汽车及摩托车的销售、维护和修理及燃油零售业；20 表示批发业(不含汽车及摩托车)；21 表示零售(不含汽车及摩托车)及家庭用品维修业；22 表示住宿和餐饮业；23 表示内陆运输业；24 表示水路运输业；25 表示航空运输业；26 表示其他运输配套业务及旅行社业务；27 表示邮政与通讯业；28 表示金融业；29 表示房地产业；30 表示租赁和商务服务业；31 表示公共管理和国防及社会保障业；32 表示教育；33 表示卫生和社会工作；34 表示其他社区、社会及个人服务业；35 表示私人雇用的家庭服务业

1995 年、1997 年、2002 年、2007 年和 2011 年 APEC 主要经济体与其他贸易伙伴之间各产业的中间产品进出口额在所有产业中比重变化趋势不尽相同。具体来说，石油加工、炼焦及核燃料加工业，电子和光学设备制造业，金属制品业，批发业(不含汽车及摩托车)，化学原料及化学制品制造业，采矿业和交通运输设备制造业的中间产品进出口额在所有产业中比重相对较高，这些产业比重累计高达 50% 以上，其值由 1995 年 50.6% 上升到 2011 年最高点 57.4%。而私人雇用的家庭服务业，皮革、毛皮、羽毛(绒)及鞋类制品业，汽车及摩托车的销售、维护和修理及燃油零售业和教育的中间产品进出口额在所有产业中比重相对较低，均不超过 0.4%。石油加工、炼焦及核燃料加工业的中间产品进出口额在

所有产业中比重增幅最大,由 1995 年的 5.7% 上升到 2011 年 12.6%,增加了 6.9 百分点。增幅相对较高的还有金属制品业,采矿业,化学原料及化学制品制造业,电力、煤气及水的生产和供应业,其上升幅度均超过 0.8 百分点。而批发业(不含汽车及摩托车),交通运输设备制造业,造纸及纸制品业、印刷和记录媒介的复制业和水路运输业的中间产品进出口额在所有产业中比重下降幅度较大,均超过 0.9 百分点。私人雇用的家庭服务业,通用专用设备制造业和房地产业的中间产品在所有产业中比重基本不变。

由表 15-9、图 15-29 和图 15-30 知,1995 年、1997 年、2002 年、2007 年和 2011 年 APEC 主要经济体与其他贸易伙伴之间制造业(低技术制造业、中低技术制造业、中高技术制造业、高技术制造业)的中间产品进出口贸易额均呈现出相似的上升趋势,1995~2002 年呈现出相对平缓的上升态势,而 2002~2011 年则呈现出相对较快的增长态势。总体来看,制造业的中间产品进出口贸易额由 1995 年的 7 020.3 亿美元上升到 2011 年的 29 428.2 亿美元,16 年间共增长 22 407.9 亿美元,年均增长速度也高达 9.4%。APEC 主要经济体与其他贸易伙伴之间制造业的中间产品进出口额在所有产业中比重呈现出一定的上升趋势,其值由 1995 年的 53.5% 上升到 2011 年的 59.0%。从分技术类别来看:低技术制造业中间产品进出口额虽然呈现上升趋势,但是其年均增长速度却相对较低,且在制造业中比重呈现出一定程度的下降趋势,其值由 1995 年的 17.4% 下降到 2011 年的 12.9%,下降了 4.5 百分点;中低技术制造业、中高技术制造业、高技术制造业的中间产品进出口额在制造业中比重均相对较大。特别地,中低技术制造业发展最快,其年均增速高达 11.5%,致使其 2011 年的中间产品进出口贸易额和比重在四类技术制造业中最大,其值分别为 12 204.8 亿美元和 41.5%。在四类技术制造业中,低技术制造业的中间产品进出口额及比重都是最低的,而技术类别相对较高制造业的中间产品进出口额及比重相对较高,且增长较快,这意味着 APEC 主要经济体与其他贸易伙伴之间制造业的中间产品进出口贸易越来越依赖技术含量较高的产业。

表 15-9 1995 年、1997 年、2002 年、2007 年和 2011 年
APEC 主要经济体与其他贸易伙伴间制造业中间产品进出口额及结构分析

产业	指标	1995 年	1997 年	2002 年	2007 年	2011 年
制造业	中间产品进出口额/亿美元	7 020.3	7 258.8	8 661.7	22 364.7	29 428.2
	占所有产业比重/%	53.5	52.0	51.2	56.7	59.0
低技术制造业	中间产品进出口额/亿美元	1 221.3	1 214.7	1 310.7	2 635.6	3 805.9
	占制造业比重/%	17.4	16.7	15.1	11.8	12.9

续表

产业	指标	1995 年	1997 年	2002 年	2007 年	2011 年
中低技术制造业	中间产品进出口额/亿美元	2 126.5	2 155.4	2 696.6	8 914.5	12 204.8
	占制造业比重/%	30.3	29.7	31.1	39.9	41.5
中高技术制造业	中间产品进出口额/亿美元	2 146.4	2 310.6	2 585.6	5 967.4	7 819.7
	占制造业比重/%	30.6	31.8	29.9	26.7	26.6
高技术制造业	中间产品进出口额/亿美元	1 526.1	1 578.1	2 068.8	4 847.2	5 597.8
	占制造业比重/%	21.7	21.7	23.9	21.7	19.0

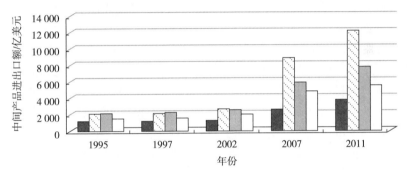

图 15-29　1995 年、1997 年、2002 年、2007 年和 2011 年 APEC
主要经济体与其他贸易伙伴之间制造业的中间产品进出口额

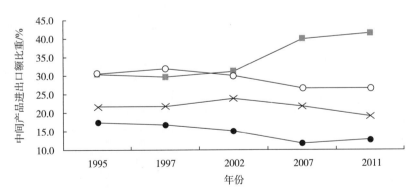

图 15-30　1995 年、1997 年、2002 年、2007 年和 2011 年 APEC
主要经济体与其他贸易伙伴间制造业的中间产品进出口额比重

1995 年、1997 年、2002 年、2007 年和 2011 年 APEC 主要经济体与欧盟、其他地区之间各产业的中间产品进出口贸易额增长趋势非常类似，均呈现出不断的上升态势。除了少数年份的服务业外，如，1995 年和 2011 年的房地产业，租赁和商务服务业，2011 年的邮政与通讯业等，其余年份 APEC 主要经济体与欧盟之间各产业的中间产品进出口贸易额要显著低于其他地区。具体来看（表 15-10），APEC 主要经济体与欧盟之间各产业的中间产品进出口贸易额较大的有电子和光学设备制造业，采矿业，租赁和商务服务业，交通运输设备制造业和化学原料及化学制品制造业，2011 年的进出口贸易额分别高达 1 426.1 亿美元、1 170.1 亿美元、1 052.6 亿美元、946.3 亿美元和 906.3 亿美元，而私人雇用的家庭服务业，皮革、毛皮、羽毛（绒）及鞋类制品业，木材加工及木、竹、藤、棕、草制品业，汽车及摩托车的销售、维护和修理及燃油零售业，教育，其他制造业及废弃资源和旧材料回收加工业的中间产品进出口贸易额则相对较小。APEC 主要经济体与欧盟之间各产业的中间产品进出口贸易增速较大的有石油加工、炼焦及核燃料加工业，水路运输业，采矿业，教育，电力、煤气及水的生产和供应业，其年均增长速度均超过 10.5%，而造纸及纸制品业、印刷和记录媒介的复制业，皮革、毛皮、羽毛（绒）及鞋类制品业，私人雇用的家庭服务业，木材加工及木、竹、藤、棕、草制品业和农、林、牧、渔业的增速则相对较低，其年均增长速度均低于 3.8%。

表 15-10　1995 年、1997 年、2002 年、2007 年及 2011 年按产业分 APEC 主要经济体与 EU、ROW 之间的中间产品进出口额（单位：亿美元）

产业	1995 年		1997 年		2002 年		2007 年		2011 年	
	EU	ROW	EU	ROW	EU	ROW	EU	ROW	EU	ROW
1	112.0	186.9	120.1	164.5	83.4	209.9	134.3	434.6	200.7	673.2
2	213.6	357.2	236.9	272.0	242.0	429.2	867.5	1 166.6	1 170.1	1 612.7
3	92.6	239.4	100.1	234.9	89.1	290.1	149.5	667.1	201.7	1 122.6
4	102.0	209.2	107.8	236.0	101.6	219.1	164.5	494.0	217.7	710.9
5	17.4	17.2	17.1	16.9	14.8	20.6	22.2	39.3	28.6	57.4
6	35.0	73.0	37.1	65.4	33.5	66.4	65.4	155.9	61.0	183.6
7	135.3	201.2	121.8	176.0	118.8	205.6	162.0	372.9	191.7	458.8
8	45.7	701.3	45.1	836.1	42.3	1 205.6	139.7	4 162.8	394.1	5 864.9
9	275.6	492.1	316.4	470.3	340.1	616.0	666.3	1 597.0	906.3	2 451.7
10	95.3	169.9	104.0	158.9	108.0	209.8	210.6	497.8	296.4	753.1
11	38.7	112.3	39.6	108.8	42.9	107.5	87.3	264.4	112.2	394.8
12	246.0	717.3	243.5	619.5	208.0	772.5	714.2	2 837.6	804.8	3 584.6

续表

产业	1995 年		1997 年		2002 年		2007 年		2011 年	
	EU	ROW	EU	ROW	EU	ROW	EU	ROW	EU	ROW
13	156.7	288.7	180.0	317.4	180.8	314.2	454.1	917.9	579.7	1 101.2
14	455.0	1 071.1	472.9	1 105.2	486.2	1 582.7	1 173.2	3 674.0	1 426.1	4 171.7
15	274.8	658.5	322.6	703.9	399.7	734.8	758.2	1 573.8	946.3	1 834.5
16	37.2	61.7	43.4	58.4	49.7	101.3	70.4	272.5	77.5	494.6
17	25.4	193.7	28.7	229.1	36.8	347.2	88.0	868.2	126.5	1 140.2
18	176.8	259.6	197.5	266.7	217.9	361.5	420.8	763.5	510.1	944.8
19	20.6	22.2	19.6	22.1	21.3	34.1	41.4	76.1	46.6	90.0
20	215.0	940.3	244.2	1 203.7	310.9	1 334.0	547.6	2 543.3	835.1	2 605.8
21	65.0	87.7	59.2	98.6	73.8	136.7	126.3	242.1	147.0	282.8
22	57.6	87.3	50.7	103.7	70.2	119.8	83.3	263.3	116.8	319.8
23	144.3	283.8	157.5	295.2	166.0	336.9	411.9	757.8	541.6	883.6
24	20.8	307.0	26.3	333.1	30.9	347.1	83.4	717.7	132.6	652.4
25	50.5	101.5	64.6	116.8	61.2	105.6	116.1	258.5	181.8	207.4
26	58.5	147.2	63.7	130.5	81.4	110.3	167.1	249.2	214.4	280.1
27	71.6	77.7	80.8	96.6	101.5	122.5	159.1	198.5	213.7	202.9
28	176.2	329.7	136.8	424.9	286.2	456.0	387.4	1 092.3	731.2	902.4
29	46.8	39.7	46.9	46.9	60.2	63.7	114.8	140.0	154.5	152.4
30	328.3	226.3	359.2	275.3	435.8	403.4	822.1	917.5	1 052.6	840.7
31	118.4	154.7	131.4	174.2	167.8	243.2	270.7	455.5	366.8	578.6
32	11.8	21.7	12.5	24.6	15.0	38.3	40.0	75.4	61.4	98.3
33	65.3	74.3	72.8	80.3	104.1	136.0	163.2	258.8	229.5	328.2
34	123.2	111.9	126.3	114.7	160.0	182.9	209.0	315.7	280.1	312.7
35	0.1	0.0	0.1	0.0	0.0	0.1	0.1	0.1	0.1	0.1
总计	4 109.1	9 023.6	4 387.0	9 581.9	4 941.8	11 964.9	10 091.7	29 322.0	13 556.8	36 293.2

注：1 表示农、林、牧、渔业；2 表示采矿业；3 表示食品、饮料制造及烟草业；4 表示纺织业；5 表示皮革、毛皮、羽毛(绒)及鞋类制品业；6 表示木材加工及木、竹、藤、棕、草制品业；7 表示造纸及纸制品业、印刷和记录媒介的复制业；8 表示石油加工、炼焦及核燃料加工业；9 表示化学原料及化学制品制造业；10 表示橡胶及塑料制品业；11 表示非金属矿物制品业；12 表示金属制品业；13 表示通用专用设备制造业；14 表示电子和光学设备制造业；15 表示交通运输设备制造业；16 表示其他制造业及废弃资源和旧材料回收加工业；17 表示电力、煤气及水的生产和供应业；18 表示建筑业；19 表示汽车及摩托车的销售、维护和修理及燃油零售业；20 表示批发业(不含汽车及摩托车)；21 表示零售(不含汽车及摩托车)及家庭用品维修业；22 表示住宿和餐饮业；23 表示内陆运输业；24 表示水路运输业；25 表示航空运输业；26 表示其他运输配套业务及旅行社业务；27 表示邮政与通讯业；28 表示金融业；29 表示房地产业；30 表示租赁和商务服务业；31 表示公共管理和国防及社会保障业；32 表示教育；33 表示卫生和社会工作；34 表示其他社区、社会及个人服务业；35 表示私人雇用的家庭服务业

APEC 主要经济体与其他地区之间各产业的中间产品进出口贸易额较大的有

石油加工、炼焦及核燃料加工业，电子和光学设备制造业，金属制品业，批发业（不含汽车及摩托车）和化学原料及化学制品制造业，2011 年的进出口贸易额分别高达 5 864.9 亿美元、4 171.7 亿美元、3 584.6 亿美元、2 605.8 亿美元和 2 451.7 亿美元，而私人雇用的家庭服务业，皮革、毛皮、羽毛（绒）及鞋类制品业，木材加工及木、竹、藤、棕、草制品业，汽车及摩托车的销售、维护和修理以及燃油零售业和教育的进出口贸易额则相对较小。APEC 主要经济体与其他地区之间各产业的中间产品进出口贸易增速较大的有石油加工、炼焦及核燃料加工业，其他制造业及废弃资源和旧材料回收加工业，电力、煤气及水的生产和供应业，金属制品业，化学原料及化学制品制造业和食品、饮料制造及烟草业，其年均增长速度均超过 10.1%，而其他运输配套业务及旅行社业务，航空运输业和水路运输业的增速相对较低，其年均增长速度均低于 4.9%。

第 16 章

APEC 主要经济体参与全球价值链的程度、位置与变化

袁剑琴

20 世纪 90 年代以来，随着经济全球化进程的加快，以跨国公司为主导的要素全球配置催生了国际生产和贸易模式的创新，国际分工逐渐由产业间分工演变为相同产业内不同产品之间和相同产品内不同工序、不同增值环节之间的垂直化分工，相应形成了跨越多个国家的贸易和收益分配链条。亚太地区，特别是东亚地区在以日本为"雁首"的雁形模式的发展下，贸易规模呈现不断扩大的趋势。进入 21 世纪，虽然国际分工和产业间联系的重心快速向中国转移，但是包括中国在内的发展中经济体仍主要是以代工方式参与国际分工，贸易规模的不断扩大并没有给发展中经济体带来应有的收益；以进口供出口的加工贸易虽然加深了发展中经济体参与国际分工的程度，但并没有从根本上改变发展中经济体以后向方式参与全球价值链的模式。

16.1 APEC 主要经济体参与全球价值链的收益

16.1.1 APEC 主要经济体贸易增加值增速高于全球，且规模位于全球首位

APEC 主要经济体贸易增加值规模高于欧盟及世界其他地区，并保持较快增长。根据表 16-1 可知，APEC 主要经济体贸易增加值在 1995～2011 年从 18 154.6 亿美元上升至 58 566.0 亿美元，同时，全球贸易增加值则从 43 150.1 亿美元上升至 133 248.9 亿美元。截至 2011 年，APEC 主要经济体的贸易增加值占全球贸易增加值总额的 44％，比欧盟高出 19 百分点。2002～2007 年，APEC 主要经济体的贸易增加值增长较快，年均增速 14.8％，虽然高于欧盟 1.0 百分点，但仍低于全球增速 0.4 百分点。2007～2011 年，受国际金融危机的影

响，全球经济增长放缓，全球贸易增加值增速显著回落，仅为 4.3%，APEC 主
要经济体的贸易增加值增速也显著下降。然而，随着全球经济增长重心由发达国
家向新兴经济体转移，特别是向亚太地区转移，同时，中国强有力的政策刺激，
及其对大宗商品的巨大需求，使 APEC 主要经济体的贸易增加值增速高于全球
1.7 百分点。全球各区域的贸易增加值及增速，如图 16-1～图 16-6 所示。

表 16-1   1995 年、1997 年、2002 年、2007 年和 2011 年
APEC 主要经济体贸易增加值（单位：亿美元）

经济体	1995 年	1997 年	2002 年	2007 年	2011 年
澳大利亚	64 647	74 570	71 599	164 382	279 366
加拿大	157 038	174 918	216 112	362 095	406 304
中国大陆	140 429	176 699	295 123	981 027	1 574 422
印度尼西亚	45 646	54 224	53 392	104 955	185 519
日本	444 479	419 169	397 477	639 976	729 821
韩国	111 846	120 385	132 661	282 878	362 168
墨西哥	59 343	80 960	114 488	191 991	236 528
俄罗斯	75 464	80 347	94 751	301 264	450 607
中国台湾	84 566	94 251	101 025	148 512	176 671
美国	631 998	739 893	724 546	1 205 849	1 455 191
APEC	1 815 458	2 015 416	2 201 174	4 382 927	5 856 597
欧盟	1 446 908	1 441 411	1 638 287	3 121 108	3 311 507
其他地区	1 052 642	1 097 784	1 479 482	3 295 503	4 156 781
全球	4 315 009	4 554 611	5 318 943	10 799 538	13 324 886

16.1.2   中国大陆逐步超越日本和美国，成为 APEC 主要经济体中贸易增加值最大的经济体

从 APEC 各主要经济体来看，发达经济体的贸易增加值总体高于其他经济
体，但增速最低。美国和日本的贸易增加值始终位于 APEC 主要经济体前三位，
1995 年、1997 年、2002 年、2007 年和 2011 年贸易增加值分别为 6 320.0 亿美
元、7 398.9 亿美元、7 245.5 亿美元、12 058.5 亿美元和 14 551.9 亿美元及
4 444.8 亿美元、4 191.7 亿美元、3 974.8 亿美元、6 399.8 亿美元和 7 298.2 亿
美元，但增速居于 APEC 主要经济体的最后两位。1995～2011 年，美国和日本
贸易增加值的平均增速分别为 5.4% 和 3.1%，分别低于全球 2.0 百分点和 4.2
百分点。

对于新兴工业化经济体，随着贸易增加值的快速增长，中国大陆逐步超越日

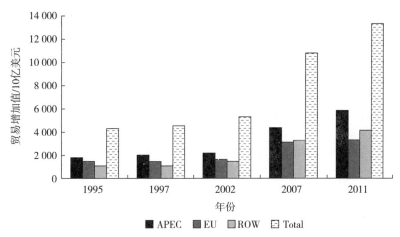

图 16-1　1995 年、1997 年、2002 年、2007 年和 2011 年全球主要经济体贸易增加值

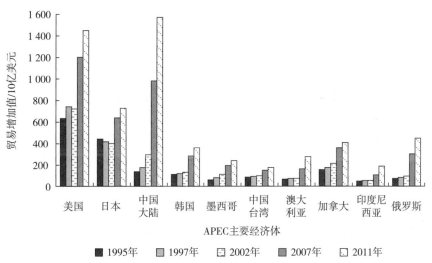

图 16-2　1995 年、1997 年、2002 年、2007 年和 2011 年 APEC 主要经济体贸易增加值

本和美国，成为 APEC 主要经济体中贸易增加值最大的经济体。1995 年、1997 年、2002 年、2007 年和 2011 年，中国大陆出口增加值分别为 1 404.3 亿美元、1 767.0 亿美元、2 951.2 亿美元、9 810.3 亿美元和 15 744.2 亿美元，并且年平均增速为 16.3%，高于全球 8.7 百分点，位于 APEC 主要经济体的首位。分时期来看，2002~2007 年中国大陆贸易增加值增速最快，达到 27.2%，高于全球同期 11.9 百分点。其他新兴工业化经济体，如韩国、中国台湾和墨西哥及资源型经济体的出口增加值虽然 2002 年之后增长较快，但总体仍然相对较低。

资源型经济体贸易增加值总体相对较低，其中，加拿大的贸易增加值规模在

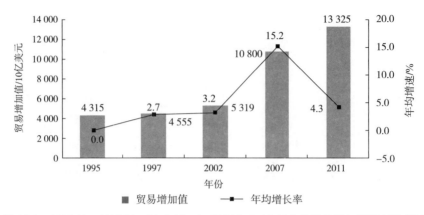

图 16-3　1995 年、1997 年、2002 年、2007 年和 2011 年全球贸易增加值及年均增速

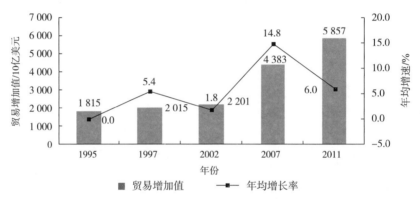

图 16-4　1995 年、1997 年、2002 年、2007 年和 2011 年 APEC 主要经济体贸易增加值及年均增速

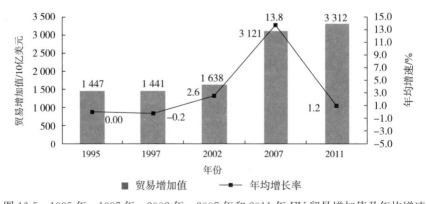

图 16-5　1995 年、1997 年、2002 年、2007 年和 2011 年 EU 贸易增加值及年均增速

资源型经济体中最高，1995 年、1997 年、2002 年、2007 年和 2011 年贸易增加

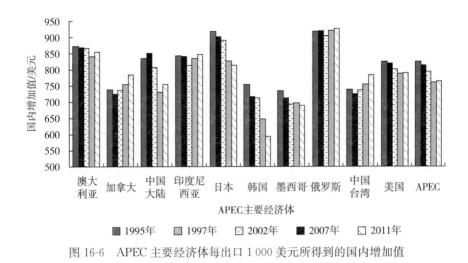

图 16-6　APEC 主要经济体每出口 1 000 美元所得到的国内增加值

值分别为 1 570.4 亿美元、1 749.2 亿美元、2 161.1 亿美元、3 621.0 亿美元和 4 063.0 亿美元，年均增速为 6.1%，低于全球 1.2 百分点。俄罗斯贸易增加值在资源型经济体中增长最快，并且增速位居 APEC 主要经济体第二，1995～2011 年平均增速达到 11.8%，其中 2002～2007 年达到 26.0%，实现了俄罗斯贸易增加值的跨越式增长。

16.1.3　APEC 主要经济体出口增加值率不断下降，新兴工业化经济体垫底

根据表 16-2 可知，APEC 主要经济体每出口 1 000 美元得到的国内增加值逐年下降，其中新兴工业化经济体每出口 1 000 美元得到的国内增加值低于发达经济体和资源型经济体。将 APEC 主要经济体作为一个整体，1995～2007 年每出口 1 000 美元得到的国内增加值逐年递减，1995 年 APEC 主要经济体每出口 1 000美元得到的国内增加值为 827 美元，2007 年下降至 761 美元后 2011 年小幅上升至 764 美元。

表 16-2　1995 年、1997 年、2002 年、2007 年和 2011 年 APEC
主要经济体每出口 1000 美元所得国内增加值(单位：美元)

经济体	1995 年	1997 年	2002 年	2007 年	2011 年
澳大利亚	874	871	869	841	855
加拿大	739	726	737	755	784
中国大陆	836	853	808	731	755
印度尼西亚	843	842	815	837	848
日本	918	903	891	829	815

续表

经济体	1995 年	1997 年	2002 年	2007 年	2011 年
韩国	755	716	713	649	591
墨西哥	735	714	694	696	688
俄罗斯	918	922	905	922	928
中国台湾	666	666	645	536	522
美国	826	820	802	788	790
APEC	827	814	795	761	764
欧盟	750	742	722	674	660
其他地区	760	774	729	688	728
全球	783	781	753	711	724

在新兴工业化经济体中，中国大陆每出口 1 000 美元带来的国内增加值略高于中国台湾、韩国和墨西哥，但总体仍呈现下降的趋势。1995 年、1997 年、2002 年、2007 及 2011 年每出口 1 000 美元带来的国内增加值分别为 836 美元、853 美元、808 美元、731 美元及 755 美元，中国台湾每出口 1 000 美元带来的国内增加值在 APEC 主要经济体中最低，1995 年、1997 年、2002 年、2007 及 2011 年分别为 666 美元、666 美元、645 美元、536 美元和 522 美元，且分别低于中国同期出口国内增加值率 170 美元、187 美元、162 美元、195 美元和 232 美元；韩国每出口 1 000 美元得到的国内增加值仅高于中国台湾，2011 年每出口 1 000 美元得到的国内增加值为 591 美元，低于中国大陆同期出口增加值率 164 美元；墨西哥每出口 1 000 美元带来的国内增加值略低于中国，且与中国大陆的差距呈现缩小的趋势，与中国大陆同期相比，分别下降 101 美元、139 美元、114 美元、35 美元和 67 美元。

资源型和发达经济体的出口增加值率均高于新兴工业化经济体。在资源型经济体中，俄罗斯每出口 1 000 美元带来的国内增加值居于 APEC 主要经济体首位，且呈现逐年上升的趋势，1995 年为 918 美元，到 2011 年上升至 928 美元；澳大利亚每出口 1 000 美元带来的国内增加值位居 APEC 主要经济体第二，2011 年为 855 美元。对于发达经济体，日本每出口 1 000 美元带来的国内增加值高于美国，1995 年、1997 年、2002 年、2007 及 2011 年日本和美国每出口 1 000 美元带来的国内增加值分别为 918 美元、903 美元、891 美元、829 美元和 815 美元及 826 美元、820 美元、802 美元、788 美元和 790 美元。

16.2　APEC 主要经济体在全球价值链的参与程度

与参与制造业的国际分工相比，参与全球价值链不仅包括产品生产过程的参与，同时也包括产品生产前端研究、设计及后端营销、售后服务等的参与。因此，全球价值链的参与程度能更加全面地反映出一国参与国际分工的水平。我们将全球价值链的参与区分为前向参与和后向参与，分别用前向垂直专业化率和后向垂直专业化率指标来衡量。前向垂直专业化率是指一国出口中作为中间产品被其他国家进口的比重，反映出本国产品对其他国家供应链的贡献程度；后向垂直专业化率是指一国出口中进口中间产品的比重，反映出本国出口对进口的依赖程度。因此，前向垂直专业化率与后向垂直专业化率可以综合地反映出某一经济体参与全球价值链分工的程度。

16.2.1　新兴工业化经济体以后向方式参与全球价值链，以中低技术制造业为主

新兴工业化经济体主要以后向方式参与全球价值链，后向垂直专业化程度比发达经济体和资源型经济体高，并且呈现不断加深的趋势。新兴工业化经济体处在全球生产链的中下游，主要进行加工组装或贴牌生产，以后向方式参与到全球价值链中，对进口中间品的依赖性较强，表现出后向垂直专业化率高。根据表 16-3 可知，作为亚洲生产网络的主要经济体，韩国和中国台湾的后向垂直专业化程度始终高于亚洲其他经济体，1995～2011 年，中国台湾和韩国的后向垂直专业化率分别为 33.0%、33.0%、34.9%、45.8%、47.3% 及 24.0%、27.8%、28.2%、34.3%、40.3%；同时，作为北美生产网络的重要基地，墨西哥后向参与全球价值链的程度也相对较高，1995～2011 年，其后向垂直专业化率为 26.1%、28.0%、30.0%、29.5% 和 30.0%。中国大陆的后向垂直专业化程度在 APEC 主要经济体中位居第四，且增长相对较快，特别在 2002～2007 年，中国参与全球价值链的程度明显加深，2007 年后向垂直专业化率较 2002 年上升 6.8 百分点，2011 年小幅下降，1995～2011 年中国的后向垂直专业化率分别为 15.8%、14.1%、17.9%、24.7% 和 21.8%。对于发达经济体和资源型经济体而言，其后向垂直专业化程度相对较低，呈现上升的趋势但增长缓慢，如美国和日本 1995～2011 年的后向垂直专业化率仅分别为 9.6%、9.6%、9.4%、13.3%、14.9% 及 6.3%、8.1%、9.2%、15.4%、17.0%。

表 16-3 1995 年、1997 年、2002 年、2007 年及 2011 年
APEC 主要经济体后向垂直专业化率(单位:%)

经济体	1995 年	1997 年	2002 年	2007 年	2011 年
澳大利亚	12.2	12.6	12.7	15.2	13.7
加拿大	25.1	26.2	25.3	23.3	20.2
中国大陆	15.8	14.1	17.9	24.7	21.8
印度尼西亚	15.4	15.5	18.2	16.0	14.6
日本	6.3	8.1	9.2	15.4	17.0
韩国	24.0	27.8	28.2	34.3	40.3
墨西哥	26.1	28.0	30.0	29.5	30.0
俄罗斯	7.4	6.9	9.0	6.9	6.2
中国台湾	33.0	33.0	34.9	45.8	47.3
美国	9.6	9.6	9.4	13.3	14.9

从行业结构来看,除了传统的中低技术制造业,中国大陆中高技术制造业也通过后向方式参与全球价值链,并且参与程度不断提升。1995 年、1997 年、2002 年、2007 年和 2011 年,中国大陆传统制造业,如造纸及纸制品业,印刷和记录媒介的复制业,橡胶和塑料制品业和金属制品业的后向垂直专业化程度不断加深;电气机械及器材制造业、化学原料及化学制品制造业和化学纤维制造业等中高技术制造业的后向垂直专业化程度也呈现加速上升的趋势,1995 年、1997 年、2002 年、2007 年和 2011 年其后向垂直专业化率分别为 22.1%、20.3%、28.2%、34.7%、28.9%及 15.3%、14.9%、17.8%、24.2%、23.9%。

韩国、中国台湾和墨西哥低技术制造业比高技术制造业后向参与全球价值链的程度比中国更深,但不同部门存在较大的差异。韩国后向方式参与全球价值链较深的部门主要为低技术制造业,如采矿业,造纸及纸制品业,印刷和记录媒介的复制业,金属制品业,而高技术制造业电气机械及器材制造业后向参与全球价值链的程度相对较低且总体上在减弱,1995 年、1997 年、2002 年、2007 年和 2011 年后向垂直专业化为 18.7%、17.2%、17.5%、25.7%和 11.3%。中国台湾大部分制造业的后向垂直专业化程度都较高,也集中在低技术制造业中,其中采矿业 2011 年的后向垂直专业化率甚至达到 46.4%,1997 年、2002 年和 2007 年的后向垂直专业化率为 16.5%、15.4%、28.3%和 32.1%;此外,金属制品业的后向垂直专业化率也相对较高,1995 年、1997 年、2002 年、2007 年和 2011 年分别为 14.1%、15.4%、17.3%、20.0%和 27.9%。墨西哥后向垂直专业化程度最高的也为采矿业,1995 年、1997 年、2002 年、2007 年和 2011 年的后向垂直专业化率为 14.5%、14.1%、12.6%、17.1%和 30.9%,其他后向垂直专业化较高的部门为化学原料及化学制品制造业、化学纤维制造业,橡胶和塑料制品业和金属制品业。

16.2.2　发达经济体和资源型经济体以前向方式参与全球价值链

发达经济体和资源型经济体主要以前向方式参与全球价值链,其前向垂直专业化程度比新兴工业化经济体高且呈现不断加深的趋势。根据表 16-4 可知,资源型经济体,如 1995 年、1997 年、2002 年、2007 年和 2011 年俄罗斯、澳大利亚前向垂直专业化率分别为 25.2%、27.0%、31.5%、39.4%、12.4% 及 16.8%、15.8%、19.2%、25.0%、24.8%,发达经济体,如美国和日本的前向垂直专业化水平总体上呈上升趋势,但美国 2011 年有小幅下降,前向垂直专业化率分别为 20.0%、19.9%、24.6%、24.2%、18.5% 及 16.3%、15.8%、19.4%、22.4%、22.5%。新兴工业化经济体的前向垂直专业化程度整体较低,但呈现上升的趋势,如中国,1995 年、1997 年、2002 年、2007 年和 2011 年的前向垂直专业化率为 10.9%、12.0%、14.7%、15.4% 和 15.6%。

表 16-4　1995 年、1997 年、2002 年、2007 年和 2011 年
APEC 主要经济体前向垂直专业化率(单位:%)

经济体	1995 年	1997 年	2002 年	2007 年	2011 年
澳大利亚	16.8	15.8	19.2	25.0	24.8
加拿大	10.2	10.0	9.6	13.3	18.0
中国大陆	10.9	12.0	14.7	15.4	15.6
印度尼西亚	14.1	14.8	18.2	23.9	15.4
日本	16.3	15.8	19.4	22.4	22.5
韩国	14.5	13.8	15.0	18.4	15.4
墨西哥	10.8	9.4	9.5	13.7	16.1
俄罗斯	25.2	27.0	31.5	39.4	12.4
中国台湾	10.9	12.3	15.8	19.7	15.9
美国	20.0	19.9	24.6	24.2	18.5

分行业来看,不论是传统的中低技术制造业还是中高技术和高技术制造业,发达经济体的前向垂直专业化率均显著高于新兴工业化经济体。对于日本而言,制造业整体的前向垂直专业化率都相对较高,其中,1995 年、1997 年、2002 年、2007 年和 2011 年,高技术制造业电气机械及器材制造业前向垂直专业化率为 19.1%、18.9%、23.9%、29.5% 和 20.9%,比中国大陆高 7.0 百分点、5.8 百分点、8.1 百分点、13.9 百分点和 4.9 百分点,差距在逐步缩小;对于传统的中低技术制造业,如纺织业和纺织服装鞋帽皮革羽绒及其制品业也具有较高的前向垂直专业化程度,1995~2011 年,其前向垂直专业化度分别比中国高 30.2 百分点、28.7 百分点、27.3 百分点、33.1 百分点、19.6 百分点及 19.7 百分点、14.6 百分点、14.5 百分点、17.5 百分点、22.6 百分点,但差距呈现扩大的趋

势。对于美国而言，1995 年、1997 年、2002 年、2007 年和 2011 年高技术制造业的前向垂直专业化率分别为 24.2%、24.5%、29.4%、29.8%和 18.4%，比中国大陆高 12.2 百分点、11.4 百分点、13.6 百分点、14.2 百分点和 2.4 百分点，差距也在不断缩小；在传统的中低技术制造业中，金属制品业的前向垂直专业化率也相对较高，在美国所有部门中位居第二位，2011 年比中国大陆高 9.4 百分点。不同年份下 APEC 各经济体的前向及后向垂直专业化率，如图 16-7～图 16-11 所示。

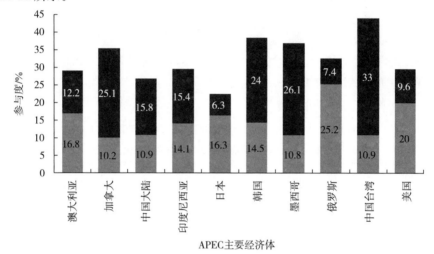

图 16-7　1995 年 APEC 主要经济体 GVC 参与度

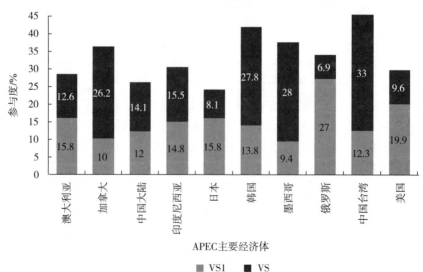

图 16-8　1997 年 APEC 主要经济体 GVC 参与度

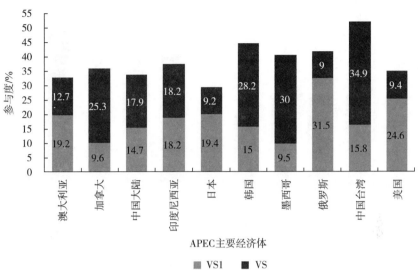

图 16-9　2002 年 APEC 主要经济体 GVC 参与度

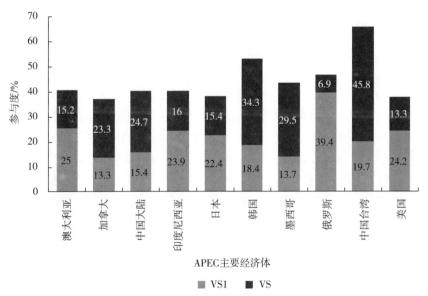

图 16-10　2007 年 APEC 主要经济体 GVC 参与度

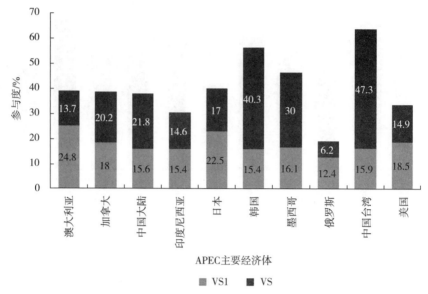

图 16-11   2011 年 APEC 主要经济体 GVC 参与度

16.3   APEC 主要经济体在全球价值链的位置分析

从全球价值链的分工来看，产品价值由众多的价值环节构成，处于生产不同环节的企业及所在经济体进行着从设计、产品开发、中间产品及最终产品的制造、营销等各种增值活动，其相应创造的价值也并不均衡。在产品的价值链中，一国/产业不论以何种方式参与，只要在价值生产过程中获得的价值越多，则越处于价值链的上游。因此，处于价值链上游的经济体主要从事附加值高的活动，表现为单位出口中所包含的国内增加值和折返增加值多，而国外增加值少；对于处于价值链下游的经济体而言，单位出口中所包含的国内增加值和折返增加值少，国外增加值多。进一步，我们将国外增加值分解为最终产品出口中的国外增加值和中间产品出口中的国外增加值，一般而言，若一国最终产品出口所包含的国外增加值比重上升，说明一国从事最终产品的加工组装活动，位于价值链的底端；若一国中间产品出口所包含的国外增加值比重上升，则说明一国不再处于价值链的底端，正在进行产业升级。

16.3.1   发达经济体与资源型经济体位于全球价值链的中上游，新兴工业化经济体位于中下游

发达经济体及资源型经济体单位出口中的国内增加值比重高于新兴工业化

经济体，国外增加值比重远远低于新兴工业化经济体，位于全球价值链的中上游。例如，2011 年，美国、日本单位出口的国内增加值比重为 79.0％和 81.5％，国外增加值的比重则为 11.4％和 12.6％；资源型经济体，如俄罗斯、澳大利亚单位出口的国内增加值比重则高达 92.8％和 85.5％，国外增加值仅为 3.7％和 9.7％。发达经济体单位出口的国内增加值比重与资源型经济体总体相当，但其国外增加值的比重却明显高于资源型经济体，这是由于发达经济体与资源型经济体参与全球价值链的方式及参与的价值链的长度不同。对于发达经济体而言，其主要从事微笑曲线高附加值的活动，通过产品的研发，设计和营销等方式参与国际分工从而获得较高的国内增加值，而资源型经济体则主要依靠资源禀赋通过在生产阶段向其他经济体提供资源来获得较高的附加值，参与国际分工的程度远远低于发达经济体。新兴工业化经济体单位出口的国内增加值比重则远远低于发达经济体和资源型经济体，国外增加值比重远高于发达经济体和资源型经济体，位于全球价值链的中下游。例如，中国台湾、墨西哥和韩国 2011 年单位出口的国内增加值比重在 APEC 主要经济体中最低，分别仅为 52.2％、68.8％和 59.1％，国外增加值比重则高达 31.7％、25.5％和 29.8％；对于中国大陆而言，其单位出口的国内增加值比重和国外增加值比重介于发达经济体及其他经济体新兴工业化经济体之间，总体上来说，处于全球价值链的中下游(表 16-5)。

表 16-5　1995 年、1997 年、2002 年、2007 年和 2011 年
APEC 主要成员折返及国外增加值率(单位:％)

经济体	1995 年					1997 年				
	DVA	RDV	FVA	FVA-FIN	FVA-INT	DVA	RDV	FVA	FVA-FIN	FVA-INT
澳大利亚	87.4	0.3	9.8	30.7	69.3	87.1	0.3	10.2	29.6	70.4
加拿大	73.9	0.7	22.3	53.6	46.4	72.6	0.8	23.2	53.5	46.5
中国大陆	83.6	0.4	13.8	65.1	34.9	85.3	0.5	12.0	62.1	37.9
印度尼西亚	84.3	0.2	12.9	42.8	57.2	84.2	0.3	12.7	41.4	58.6
日本	91.8	1.6	5.2	45.7	54.3	90.3	1.4	6.6	45.5	54.5
韩国	75.5	0.4	19.2	44.5	55.5	71.6	0.4	22.1	41.6	58.4
墨西哥	73.5	0.3	23.0	60.3	39.7	71.4	0.4	25.0	65.3	34.7
俄罗斯	91.8	0.7	5.3	23.0	77.0	92.2	0.8	4.9	23.1	76.9
中国台湾	66.6	0.2	27.1	50.8	49.2	66.6	0.2	26.6	46.2	53.8
美国	82.6	7.1	7.3	49.1	50.9	82.0	7.7	7.3	49.8	50.2

续表

经济体	2002 年					2007 年				
	DVA	RDV	FVA	FVA-FIN	FVA-INT	DVA	RDV	FVA	FVA-FIN	FVA-INT
澳大利亚	86.9	0.4	9.8	33.7	66.3	84.1	0.5	10.4	24.1	75.9
加拿大	73.7	0.7	22.5	54.4	45.6	75.5	0.9	19.7	50.1	49.9
中国大陆	80.8	1.0	14.5	63.6	36.4	73.1	1.3	19.3	61.0	39.0
印度尼西亚	81.5	0.2	14.2	45.5	54.5	83.7	0.3	11.5	37.5	62.5
日本	89.1	1.5	7.2	51.6	48.4	82.9	1.3	11.0	45.5	54.5
韩国	71.3	0.4	21.9	51.4	48.6	64.9	0.4	23.9	39.7	60.3
墨西哥	69.4	0.5	26.9	68.8	31.2	69.6	0.6	24.6	55.1	44.9
俄罗斯	90.5	0.5	5.9	22.0	78.0	92.2	0.8	4.0	18.6	81.4
中国台湾	64.5	0.3	25.7	47.3	52.7	53.6	0.2	27.9	33.4	66.6
美国	80.2	9.6	6.9	51.5	48.5	78.8	7.1	9.6	49.4	50.6

经济体	2011 年				
	DVA	RDV	FVA	FVA-FIN	FVA-INT
澳大利亚	85.5	0.7	9.7	21.6	78.4
加拿大	78.4	1.0	16.7	44.8	55.2
中国大陆	75.5	2.0	17.1	57.3	42.7
印度尼西亚	84.8	0.5	11.1	40.3	59.7
日本	81.5	1.2	12.6	38.7	61.3
韩国	59.1	0.3	29.8	37.2	62.8
墨西哥	68.8	0.9	25.5	56.7	43.3
俄罗斯	92.8	0.9	3.7	16.3	83.7
中国台湾	52.2	0.2	31.7	29.5	70.5
美国	79.0	5.4	11.4	47.8	52.2

16.3.2 发达经济体在全球价值链中的位置高于资源型经济体和新兴工业化经济体

从折返增加值的角度来看，发达经济体单位出口中的折返增加值比重高于其他经济体，其中美国的比重最高，但与其他经济体的差距在逐步缩小。1995～2011 年，美国单位出口中的折返增加值比重分别为 7.1%、7.7%、9.6%、

7.1%和5.4%；日本折返增加值比重位于 APEC 主要经济体第二位，且稳中有降，1995～2011 年日本单位出口中的折返增加值比重分别为 1.6%、1.4%、1.5%、1.3%和1.2%。与此同时，新兴工业化经济体的折返增加值比重不断上升，尤其是中国，增速远远高于其他经济体，到 2011 年，折返增加值比重达到2.0%，高于日本 0.8 百分点，1995～2007 年中国大陆折返增加值比重分别为0.4%、0.5%、1.0%和1.3%，其他新兴工业化经济体的折返增加值比重相对较低且保持稳定。对于资源型经济体而言，其折返增加值总体较低，部分经济体的折返增加值率低于新兴工业化经济体，这也进一步说明，尽管资源型经济体单位出口的增加值与发达国家相当，但其参与全球价值链的程度并不深，仅仅是依靠自身的资源禀赋来获得较高的附加值。

16.3.3　新兴工业化经济体以加工组装方式参与全球价值链，且在不断升级

从国外增加值的内容来看，新兴工业化经济体出口最终产品包含的国外增加值比重远远高于发达经济体和资源型经济体。中国大陆和墨西哥出口最终产品包含的国外增加值比重在 APEC 主要经济体中最高，但中国大陆最终产品出口包含的国外增加值比重高于中间产品出口包含的国外增加值比重，且比重逐年下降，中间产品出口包含的国外增加值比重逐年上升。1995～2011 年中国大陆出口最终产品和中间产品包含的国外增加值比重分别为 65.1%、62.1%、63.6%、61.0%、57.3%及 34.9%、37.9%、36.4%、39.0%、42.7%，说明中国大陆制造业仍以加工组装方式为主，但在逐步的升级，不断向价值链的上游攀登。中国台湾和韩国国外增加值的变化趋势与中国相同，但出口所包含的国外增加值主要依靠出口中间品所得，说明中国台湾和韩国的制造业地位高于中国，并且也在逐步升级中。

第 17 章

APEC 主要经济体国际竞争力变化

袁剑琴

在新的国际分工的格局下，亚太地区逐步成为全球制造的中心，在世界经济中居于举足轻重的地位，成为世界经济复苏和发展的重要引擎。目前，不论是以海关全口径数据还是以贸易增加值核算数据，亚太地区都成为全球贸易市场份额最大的经济体，但其成员的国际竞争力大小存在较大的差别。国际竞争力是各个国家同类产业或同类企业之间相互比较的生产力，从一个国家特定产业参与国际市场竞争的角度看，特定产业的国际竞争力就是该产业相对于外国竞争对手的生产力的高低。因此，产业国际竞争力实质可以表示为：在国际间自由贸易条件下（或在排除了贸易壁垒因素的假设条件下），一个国家特定产业以其相对于其他国家的更高生产力，向国际市场提供符合消费者（或顾客）需求的更多产品，并持续地获得盈利的能力。

对于亚太地区而言，一方面，新兴工业化经济体通过以代工方式参与全球价值链，依靠廉价的资源和劳动，在中低制造业中具有独特的竞争优势；另一方面，以美国和日本为代表的发达经济体依靠创新和技术实力在资本密集型的高技术制造业中拥有绝对的竞争优势。因此，在经济全球化迅猛发展、亚太经济体相互联系日益密切的时代背景下，采取有效措施进一步促进亚太经贸合作，推动亚太区域经济一体化进程，对保持亚太地区的竞争优势及亚太地区和全球经济的长期持续发展均具有重要作用。

17.1 APEC 主要经济体各产业国际市场占有率变化

市场占有率是反映国际竞争力结果的最直接和最简单的实现指标，可以表明其在国际和国内市场竞争中所具有的竞争实力，它反映了国际竞争力的实现程度。在自由、良好（WTO 规则）的市场条件下，本国市场和国际市场一样都对外国开放，国际市场占有率反映其国际竞争力的强弱，市场占有率高国际竞争力就强，反之，则弱。同时，国际市场占有率也可用来分析国际竞争力强弱的动态变化，如果在一定时期内国际市场占有率有所提高，则说明国际竞争力在增强；反之，则说明国际竞争力呈下降趋势。

从贸易增加值的角度来看，APEC 主要经济体的国际市场占有率保持稳定且略有小幅上升。如表 17-1 所示，1995～2011 年 APEC 主要经济体的国际市场占有率为 42.08%、44.25%、41.38%、40.58% 和 43.95%。从各经济体来看（表 17-2），新兴工业化经济体的国际市场占有率总体上升，尤其是中国大陆，国际市场占有率显著提升，从 1995 年的 3.25% 上升到 2011 年11.82%，取代美国成为 APEC 主要经济体中国际市场占有率最高的经济体，从 APEC 主要经济体内部来看，2011 年中国大陆的市场占有率则达到26.88%。其他新兴工业化经济体韩国、墨西哥和中国台湾的国际市场占有率均低于 3%。发达经济体及资源型经济体的国际市场占有率不断下降，美国2011 年国际市场占有率比 1995 年下降了 73.73 百分点，日本则下降 4.82 百分点。长期以来，美国是 APEC 主要经济体中国际市场占有率最高的经济体，但到 2011 年，中国大陆的国际市场占有率超过美国 0.9 百分点，成为 APEC 主要经济体中国际市场占有率最高的经济体，1995～2011 年中国大陆和美国的国际市场占有率分别为 3.25%、3.88%、5.55%、9.08%、11.82% 及 14.65%、16.24%、13.62%、11.17%、10.92%。对于日本而言，1995 年其国际市场占有率为 10.30%，位居 APEC 主要经济体第二位，但其国际竞争力逐渐减弱，到2011 年，其国际市场占有率仅为 5.48%。资源型经济体的国际市场占有率略高于除中国之外的新兴工业化经济体，且澳大利亚、印度尼西亚和俄罗斯的国际市场占有率呈上升趋势，加拿大则呈现下降趋势。APEC 各经济体占全球其他区域的国际市场占有率对比，如图 17-1～图 17～5 所示。

表 17-1　1995 年、1997 年、2002 年、2007 年及 2011 年
APEC 主要经济体贸易增加值的国际市场占有率（单位:%）

经济体	1995 年	1997 年	2002 年	2007 年	2011 年
澳大利亚	1.50	1.64	1.35	1.52	2.10
加拿大	3.64	3.84	4.06	3.35	3.05
中国大陆	3.25	3.88	5.55	9.08	11.82
印度尼西亚	1.06	1.19	1.00	0.97	1.39
日本	10.30	9.20	7.47	5.93	5.48
韩国	2.59	2.64	2.49	2.62	2.72

续表

经济体	1995 年	1997 年	2002 年	2007 年	2011 年
墨西哥	1.38	1.78	2.15	1.78	1.78
俄罗斯	1.75	1.76	1.78	2.79	3.38
中国台湾	1.96	2.07	1.90	1.38	1.33
美国	14.65	16.24	13.62	11.17	10.92
APEC	42.08	44.25	41.38	40.58	43.95
欧盟	33.53	31.65	30.80	28.90	24.85
其他地区	24.39	24.10	27.82	30.52	31.20
全球	100.00	100.00	100.00	100.00	100.00

表 17-2　1995 年、199 年、2002 年、2007 年及 2011 年
APEC 主要经济体的贸易增加值在 APEC 中的市场占有率(单位：%)

经济体	1995 年	1997 年	2002 年	2007 年	2011 年
澳大利亚	3.56	3.70	3.25	3.75	4.77
加拿大	8.65	8.68	9.82	8.26	6.94
中国大陆	7.74	8.77	13.41	22.38	26.88
印度尼西亚	2.51	2.69	2.43	2.39	3.17
日本	24.48	20.80	18.06	14.60	12.46
韩国	6.16	5.97	6.03	6.45	6.18
墨西哥	3.27	4.02	5.20	4.38	4.04
俄罗斯	4.16	3.99	4.30	6.87	7.69
中国台湾	4.66	4.68	4.59	3.39	3.02
美国	34.81	36.71	32.92	27.51	24.85
APEC	100.00	100.00	100.00	100.00	100.00

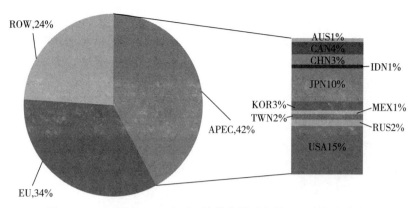

图 17-1　1995 年 APEC 主要经济体贸易增加值国际市场占有率

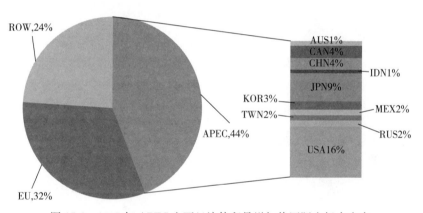

图 17-2　1997 年 APEC 主要经济体贸易增加值国际市场占有率

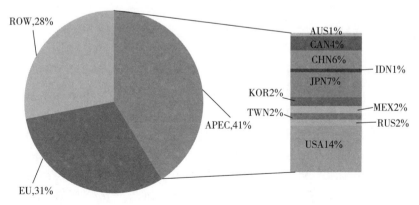

图 17-3　2002 年 APEC 主要经济体贸易增加值的国际市场占有率

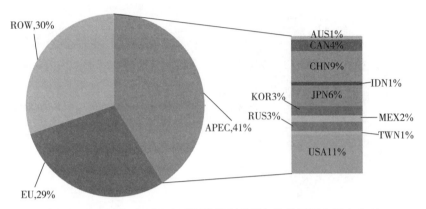

图 17-4　2007 年 APEC 主要经济体贸易增加值的国际市场占有率

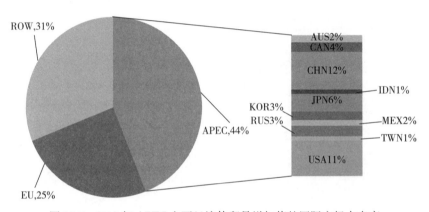

图 17-5　2011 年 APEC 主要经济体贸易增加值的国际市场占有率

17.2　APEC 主要经济体贸易竞争力变化

　　贸易竞争力指数(TC)是国际竞争力分析时常用的测度指标之一，它等于一国进出口贸易的差额占进出口贸易总额的比重，该指数可以表明某国生产的某种产品是净进口，还是净出口，以及净进口或净出口的相对规模，从而反映某国生产的某种产品相对于全球市场上供应的其他国家的该产品来讲，是处于生产效率的竞争优势还是劣势及优劣势的程度。该指标值介于－1~1，其值越接近于 0 表示生产效率与国际水平相当，其进出口纯属与国际间进行品种交换；该指数小于 0 时，进口额大于出口额，表明这一国家此类商品的生产效率低于国际水平，不具有或缺乏国际竞争力，为－1 时表示该产业只进口不出口，越接近于－1，则表示竞争力越薄弱；该指数大于 0 时，出口额大于进口额，表明这一国家此类商品的生产效率高于国际水平，具有国际竞争力，指数为 1 时表示该产业只出口不进口，越接近于 1 则表示竞争力越大。因此，贸易竞争力指数又称为"水平分工度指数"，表明各类产品的国际分工状况。贸易竞争力指数的计算公式为

$$TC_{ij} = \frac{E_{ij} - M_{ij}}{E_{ij} + M_{ij}}$$

其中，E_{ij} 表示 j 国 i 产品的出口额，在本课题中我们用 j 国 i 产品的增加值出口代替；M_{ij} 表示 j 国 i 产品的进口额，同样，我们用 j 国 i 产品的增加值进口代替。

对于发达经济体而言，美国的贸易竞争力在 APEC 主要经济体中最弱且呈现上升趋势，日本的贸易竞争力较强且不断下降。根据表 17-3 所示，1995～2011 年，美国和日本基于贸易增加值的贸易竞争力指数分别为 -0.01、0.00、-0.14、-0.12、-0.09 及 0.21、0.17、0.18、0.15、0.04。分部门来看，日本贸易竞争力强的部门主要集中在制造业，特别是中高技术制造业，如通用专用设备制造业(0.73、0.67，0.61，0.58，0.56)、电气机械及器材制造业(0.59、0.51、0.44、0.42、0.31)和交通运输设备制造业(0.77、0.77、0.79、0.80、0.81)，其中交通运输设备制造业的贸易竞争力在所有部门中始终保持最高；日本中低技术制造业的贸易竞争力则总体较弱，其贸易竞争力指数大都为负，说明日本制造业具有较强的生产能力。

表 17-3　1995 年、1997 年、2002 年、2007 年及 2011 年
基于贸易增加值的 APEC 主要经济体贸易竞争力指数

经济体	1995 年	1997 年	2002 年	2007 年	2011 年
澳大利亚	0.06	0.05	0.03	0.06	0.10
加拿大	0.09	0.06	0.10	0.09	0.05
中国大陆	0.11	0.20	0.13	0.20	0.10
印度尼西亚	0.03	0.05	0.16	0.17	0.13
日本	0.21	0.17	0.18	0.15	0.04
韩国	-0.01	-0.03	0.02	0.01	-0.07
墨西哥	0.08	0.03	-0.01	0.02	0.02
俄罗斯	0.20	0.19	0.28	0.28	0.26
中国台湾	-0.04	-0.03	0.02	-0.04	-0.07
美国	-0.01	0.00	-0.14	-0.12	-0.09

美国在 APEC 主要经济体中最不具有贸易竞争力，但其竞争力不断上升。分部门来看，美国的贸易竞争力主要体现在服务业中，但其竞争力呈现下降趋

势，尽管制造业不具有贸易竞争力，但其竞争力在不断增强。服务业中最具贸易竞争力的是批发业（0.91、0.91、0.87、0.82、0.77）、水上运输业（0.94、0.94、0.90、0.93、0.97）、其他运输配套业务及旅行社服务业（0.88、0.88、0.83、0.90、0.86）、邮政与通信业（0.91、0.90、0.87、0.85、0.89）和金融业（0.76、0.76、0.54、0.49、0.46）。

对于新兴工业化经济体而言，中国大陆的贸易竞争力远远高于韩国、墨西哥和中国台湾。受 1997 年亚洲金融危机和 2008 年全球金融危机的影响，中国大陆的贸易竞争力在 1997 年和 2007 年达到高点后下滑，且到 2011 年贸易竞争力下降至历史最低点，1995～2011 年的贸易竞争力指数为 0.11、0.20、0.13、0.20、0.10。从产业结构来看，中国大陆的贸易竞争力主要依靠中低技术制造业且竞争力不断增强，进一步反映了中国大陆中低技术制造业强大的生产能力，如纺织业、纺织服装鞋帽皮革羽绒及其制品业、化学原料及化学制品制造业、非金属矿物制品业和其他制造业及废弃资源和旧材料回收加工；此外，高技术制造业——电气机械及器材制造业具有较强的贸易竞争力，竞争力也呈现上升趋势但总体水平低于中低技术制造业，1995～2011 年其贸易竞争力指数为 0.09、0.17、0.02、0.28 和 0.31。

韩国和中国台湾总体上不具有贸易竞争力，墨西哥则具有较弱的贸易竞争力，其中韩国和中国台湾的贸易竞争力在 2002 年上升到高点后开始回落，而墨西哥则在 2002 年下降至低点后回升。1995～2011 年韩国贸易竞争力指数为 −0.01、−0.03、0.02、0.01 和 −0.07，中国台湾的贸易竞争力指数则为 −0.04、−0.03、0.02、−0.04 和 −0.07，墨西哥的贸易竞争力指数为 0.08、003、−0.01，0.02 和 0.02。从贸易竞争力的产业结构来看，韩国贸易竞争力主要集中在中高技术制造业和部分服务业，且贸易竞争力不断增强，如电气机械及器材制造业、交通运输设备制造业、批发业、宿舍和餐饮业；中国台湾贸易竞争力集中在中低技术制造业，贸易竞争力不断减弱，如纺织业、橡胶和塑料制品业、其他制造业及废弃资源和旧材料回收加工和其他运输配套业务及旅行社业务，高技术制造业——电气机械及器材制造业也具有较强的贸易竞争力，竞争力呈现上升趋势但低于中低技术制造业，1995～2011 年其贸易竞争力指数为 0.15、0.13、0.23、0.32 和 0.38；墨西哥贸易竞争力最强的部门则为采矿业、其他制造业及废弃资源和旧材料回收加工、批发、零售业、内陆运输业和水上运输业。

资源型经济体都具有贸易竞争力，其中俄罗斯的贸易竞争力最强，且在 APEC 主要经济体中位居第一。加拿大、俄罗斯和印度尼西亚的贸易竞争力在 2002 年达到高点后开始回落，且加拿大和印度尼西亚的下降速度高于俄罗斯，澳大利亚在 2002 年下降至低点后开始回升，但整体的贸易竞争力水平较低。

17.3　APEC 主要经济体各产业比较优势变化

国际上，衡量一国在某种产品出口方面的比较优势，一般用出口显性比较优势指标来衡量。出口显示性比较优势指数(RCA)是指一个国家某种商品出口额占其出口总值的份额与世界出口总额中该类商品出口额所占份额的比率。其计算公式为

$$\text{RCA}_{ij} = \frac{\dfrac{E_{ij}}{\sum E_{ij}}}{\dfrac{E_{iw}}{\sum E_{iw}}}$$

其中，RCA_{ij} 表示 j 国 i 产品的相对出口显示性比较优势指数；E_{ij} 表示 j 国 i 产品的出口；$\sum E_{ij}$ 表示 j 国的产品出口总额；E_{iw} 表示世界 i 产品的出口；$\sum E_{iw}$ 表示世界产品的总出口。

一般而言，RCA 值接近 1 表示中性的相对比较利益，无所谓相对优势或劣势可言；RCA 值大于 1，表示该商品在国家中的出口比重大于在世界的出口比重，则该国的此产品在国际市场上具有比较优势，具有一定的国际竞争力。因此，RCA 大于 1 的产业也就意味着是一国具有相对比较优势的产业，反之，则是具有比较劣势的产业，国际竞争力相对较弱。

从贸易增加值角度来看，发达经济体的高技术制造业具有较强的比较优势。日本制造业中最具有比较优势的部门为中高技术制造业，如通用专用设备制造业(1.70、1.62、1.58、1.51、1.70)、电气机械及器材制造业(1.89、1.85、1.76、1.73、1.57)和交通运输设备制造业(1.98、1.87、2.19、2.46、2.53)；此外，水上运输业和批发业的 RCA 指数也相对较高，是日本最具有比较优势的部门。美国出口比较优势最强的部门为中高技术制造业——电气机械及器材制造业，且为强比较优势，其显示性比较优势在 2011 年达到 3.56，1995～2011 年美国电气机械及器材制造业的显示性比较优势为 1.12、1.18、1.10、1.05 和 3.56，其他具有比较优势的中高技术制造业，如通用专用设备制造业(1.01、1.07、1.07、1.11、1.09)，且比较优势呈现上升趋势，服务业的比较优势则不显著。

对于新兴工业化经济体，比较优势主要集中在中低技术制造业，然而中高技术制造业的比较优势在不断增强。中国大陆具有比较优势的部门主要为纺织业，纺织服装鞋帽皮革羽绒及其制品业，橡胶和塑料制品业和非金属矿物制品业等传统的中低技术制造业，且比较优势在不断下降；此外，中高技术制造业的比较优势在逐步凸显，主要表现为电气机械及器材制造业(1.39、1.29、1.68、2.58、2.58)。韩国出口显示性比较优势最强的部门为电气机械及器材制造业(1.92、1.65、1.98、

2.32、2.28)和交通运输设备制造业(1.12、1.29、1.54、2.15、2.66),且比较优势不断增强。对于墨西哥而言,最具有比较优势的部门则为汽车及摩托车的销售、维护和修理及燃油零售业和零售业,高技术制造业的比较优势逐年增强,并由比较劣势转向比较优势,如交通运输设备制造业(1.64、1.76、1.86、1.85、2.60)。中国台湾最具有比较优势的部门为中低技术制造业,高技术制造业则从比较优势转为比较劣势,出口的优势产业由高技术制造业向中低技术制造业转移。

对于资源型经济体,最具有出口比较优势的部门主要为采矿业。例如,澳大利亚、加拿大和俄罗斯采矿业的出口比较优势最强,1995~2011 年的 RCA 指数分别为 4.52、4.36、3.47、3.74 和 4.75,2.13、2.03、2.02、2.31 和 2.12,以及 4.59、4.29、4.11、3.50 和 3.14。资源型经济体制造业的出口比较优势低于发达经济体和新兴工业化经济体,但某些服务业的比较优势则相对较强,如加拿大房地产业(4.46、4.41、4.62、3.49、3.50),澳大利亚的教育(30.08、27.03、20.94、16.82、13.20)、卫生和社会工作(14.52、11.33、7.04、4.64、3.89)。

第 18 章

APEC 主要经济体参与全球价值链的主要特征和政策建议

尹伟华

随着经济全球化的不断深入，新型的国际分工体系逐步形成，产品生产各环节或工序依据成本最低的原则分散至不同的国家（或地区）来完成，由此形成了全球价值链。全球价值链把全球经济更加紧密地融合成一体，已成为当今世界经济贸易发展的主要特征。面对全球价值链主导的国际贸易新格局，传统的贸易总额统计无法区分贸易增加值的真正创造者，产生了大量重复计算问题，进而无法准确分析各国（或地区）参与国际分工的程度和收益。然而，全球价值链下贸易增加值核算的提出弥补了传统的贸易总额统计不足，已成为准确衡量各国（或地区）参与国际分工程度和收益的一种较好方法。基于此背景，本书从全球价值视角测算和分析了 APEC 主要经济体参与全球价值链的影响，更加准确地揭示了 APEC 主要经济体真实的贸易收益，也有利于更加客观地了解 APEC 主要经济体如何转变经济发展方式，加快产业结构优化升级，及在全球价值链中找准自己的定位。

18.1 APEC 主要经济体参与全球价值链的特征

本书利用最新发布的世界投入产出表（WIOT）数据，基于全球价值链视角下的贸易增加值核算方法，测算和分析了 1995 年、1997 年、2002 年、2007 年和 2011 年中国大陆及其他 APEC 主要经济体之间的进出口贸易规模和结构、产业联系和分工、参与全球价值链的程度和位置、国际产业竞争力等变化情况。研究结果发现如下。

1. APEC 主要经济体产业关联程度加强，其中间产品贸易成为各经济体对外贸易的主导力量

(1)伴随着中国大陆在国际贸易中地位的不断提升，1995 年、1997 年、2002 年、2007 年和 2011 年中国大陆与 APEC 各主要经济体的前联、后联程度都呈现出上升趋势，并且大部分国家(或地区)的最大前联、后联经济体最终都指向了中国大陆。例如，美国与中国大陆的后向关联和前向关联系数分别由 1995 年的 0.122 7 和 0.102 1 上升到 2011 年的 0.892 3 和 0.699 5；日本与中国大陆的后向关联和前向关联系数分别由 1995 年的 0.122 2 和 0.213 5 上升到 2011 年的 0.908 0 和 1.503 7。与此同时，虽然 1995 年、1997 年、2002 年、2007 年和 2011 年 APEC 主要经济体中各国(或地区)后向关联和前向关联最大经济体存在一定的波动，但主要集中在美国、日本和中国大陆，特别是自 2007 年起中国大陆出现在后向关联和前向关联最大经济体中，2011 年中国大陆在各经济体关联中居于最显著地位。例如，1995 年、1997 年和 2002 年澳大利亚、日本、韩国和俄罗斯后向关联最大经济体是美国，2007 年则转向了中国大陆；1995 年、2002 年和 1997 年美国后向关联最大经济体是加拿大，2007 年之后则稳定为中国大陆；日本和俄罗斯 1995 年和 1997 年前向关联最大经济体是美国，2002 年之后则稳定为中国大陆。

(2)1995 年、1997 年、2002 年、2007 年和 2011 年 APEC 主要经济体间的中间产品贸易呈现快速上升趋势，年均增长速度高达 10.3%，表明 APEC 主要经济体之间的经济联系在不断加强。其中，美国、中国大陆和日本的中间产品进出口贸易规模较大，2011 年中国大陆中间产品进出口贸易规模跃居 APEC 主要经济体第一位；同时，APEC 主要经济体制造业的中间产品进出口贸易规模较大但增速较慢，服务业的中间产品进出口贸易规模较小但增速较快，这意味着 APEC 主要经济体中服务业中间产品进出口贸易才刚刚兴起，具有较大的潜力；在制造业中，APEC 主要经济体低技术制造业的中间产品进出口贸易额及比重都是最低的，而技术类别相对较高的制造业中间产品进出口贸易额及比重相对较高，这意味着 APEC 主要经济体中制造业的中间产品进出口贸易越来越依赖技术含量较高的产业。

2. APEC 主要经济体参与全球价值链的程度都在不断提高，成为全球价值链上的受益者

(1)1995 年、1997 年、2002 年、2007 年和 2011 年 APEC 主要经济体贸易增加值呈现较快增长趋势，由 18 154.6 亿美元上升至 58 566.0 亿美元，年均增长 7.6%，显著高于欧盟及世界其他地区。其中，中国大陆贸易增加值增长最快，年均增长速度高达 16.3%，逐步超越日本和美国，成为 APEC 主要经济体中贸易增加值最大的经济体；APEC 主要经济体每出口 1 000 美元带来的国内增加值

呈现下降趋势,新兴工业化经济体(中国大陆、印度尼西亚、中国台湾、韩国、墨西哥)每出口 1 000 美元所得到的增加值低于发达经济体(美国、日本)和资源型经济体(俄罗斯、澳大利亚、加拿大)。

(2)1995 年、1997 年、2002 年、2007 年和 2011 年 APEC 主要经济体的主要贸易方式表现为产业内贸易。其中,新兴经济体的产业内贸易水平高于发达经济体及资源型经济体;发达经济体中,美国产业内贸易水平高的产业主要为高技术及中高技术产业,日本的产业内贸易主要依靠中低技术制造业,高技术和中高技术制造业则以产业间贸易为主;新兴经济体中,韩国、墨西哥和中国台湾的产业内贸易水平较高,而中国大陆的产业内贸易水平相对较低;资源型经济体中,除俄罗斯外其他三国的产业内贸易水平都较高。

(3)APEC 主要经济体参与全球价值链程度不断提高,新兴经济体参与全球价值链程度要高于其他经济体。其中,新兴经济体主要以后向方式参与全球价值链,其后向垂直专业化程度比发达经济体及资源型经济体高;发达经济体和资源型经济体主要以前向方式参与全球价值链,其前向垂直专业化程度比新兴经济体高;除了传统的中低技术制造业,中国大陆中高技术制造业也通过后向方式参与全球价值链,并且参与程度不断提升。

(4)发达经济体及资源型经济体单位出口中国内增加值(DVA)比重高于新兴经济体,而国外增加值(FVA)比重低于新兴经济体,其意味着发达经济体及资源型经济体位于全球价值链的中上游;发达经济体单位出口中的折返增加值(RVA)比重高于其他经济体,但与其他经济体的差距在逐步缩小。同时,资源型经济体单位出口中的折返增加值(RVA)较低,表明其参与全球价值链的程度并不高,仅仅是依靠自身的资源禀赋来获得较高的附加值;新兴经济体出口最终产品包含的国外增加值比重远远高于发达经济体和资源型经济体。特别地,中国大陆出口最终产品包含的国外增加值比重高于出口中间产品包含的国外增加值,这说明中国大陆制造业仍以加工组装方式为主,但出口中间产品包含的国外增加值比重却在逐年上升,这在一定程度上表明中国大陆制造业正在逐步升级,不断向价值链上游攀升。

3. APEC 主要经济体国际市场占有率有所提升,并具有较强的国际竞争力

(1)1995 年、1997 年、2002 年、2007 年和 2011 年 APEC 主要经济体国际市场占有率呈现出上升趋势。其中,新兴经济体国际市场占有率呈现上升趋势,而发达经济体及资源型经济体的国际市场占有率则有所下降;中国大陆国际市场占有率明显提升,2011 年中国大陆取代美国成为 APEC 中国际市场占有率最高的经济体,而日本在不断失去其在国际市场的占有率。

(2)1995 年、1997 年、2002 年、2007 年和 2011 年 APEC 主要经济体具有较强的贸易竞争力。其中,在发达经济体中,日本的贸易竞争力高于美国,但日

本的贸易竞争力呈现下降趋势，而美国的贸易竞争力呈现上升趋势。同时，日本的贸易竞争力主要集中在制造业，特别是中高技术制造业，而美国的贸易竞争力则集中在服务业上；在新兴经济体中，中国大陆的贸易竞争力远远高于韩国、墨西哥和中国台湾，在波动中呈现一定的下降趋势。同时，中国大陆的贸易竞争力主要集中在中低技术制造业，且高技术制造业也具有较强的贸易竞争力；资源型经济体都具有贸易竞争力，俄罗斯的贸易竞争力最强，在整个 APEC 经济体中位居第一。

（3）发达经济体中，日本最具比较优势的产业为水上运输业和批发业，制造业中最具比较优势的产业为中高技术制造业，美国最具比较优势的产业基本为服务业，制造业整体的比较优势较弱，大部分制造业不具有出口显性比较优势；资源型经济体中，最具出口优势的产业主要为采矿业及低技术制造业；新兴经济体中，中高技术制造业的比较优势不断增强。中国大陆具有出口优势的产业主要为传统的中低技术制造业，呈现出不断地下降，但是中高技术制造业的出口优势在不断增强。

18.2　相关政策建议

在全球价值链国际分工体系中，产业升级是指产业实现由低技能、低附加值状态演变为高技术、高附加值状态的过程，与之同步的是价值链的提升，因此，产业升级实质上就是提升一国在全球价值链的地位。根据 1995 年、1997 年、2002 年、2007 年和 2011 年中国大陆及其他 APEC 主要经济体之间的进出口贸易规模和结构、产业联系和分工、参与全球价值链的程度和位置、国际产业竞争力的变化情况分析，中国大陆及其他 APEC 主要经济体应该采取"提升全球价值链战略"，充分利用经济全球化带来的机遇，在开放条件下推进中国在全球价值链国际分工中的地位，由当前的低附加值环节为主，向上游高附加值环节提升。

1. 进一步加强区域经济合作，助力全球价值链良性发展

在经济全球化快速推进的背景下，国家或地区之间的联系更加紧密，国际分工日趋精细，不管是有形产品，还是无形商品，各种资源与要素的全球配置已成不可逆转之势。基于此，随着越来越多的国家或地区参与到全球价值链中来，并成为全球价值链上的利益相关者，一国（或地区）对另一国家（或地区）产品和服务的限制会打乱整个价值链的运转，进而波及其自身的利益。只有越来越多的国家（或地区）参与到全球价值链中来，世界市场更加趋于开放，各个国家（或地区）才能在全球价值链中获益更大。然而，目前一些国家片面强调产业回归和实行限制外包等新保护主义，人为扭曲了全球价值链，阻碍了价值链的健康发展。因此，中国应进一步推进对外开放，加强区域经济合作，推动贸易投资便利化、促进供

应链互联互通、降低全球价值链系统性风险。

2. 提升自主创新能力, 加快产业转型升级

全球价值链时代的产业升级过程可以通过相关产业向全球价值链的高附加值环节攀升来实现, 而这一升级过程离不开自主创新。长期以来, 中国是以劳动力成本优势融入全球价值链分工体系中的, 以价格优势在国际市场同他国竞争, 从而只能被动地从事全球价值链低端的加工组装生产活动, 在全球价值链分工体系中投入较多的劳动力而获得的利益比较少。随着中国人口红利的逐步消失, 劳动力成本优势继而价格竞争是难以为继的, 要提升中国在全球价值链分工中的地位, 获取更多的贸易利益, 必须依赖于技术自主创新进而掌握全球价值链的关键环节。因此, 中国应加大技术研发投资力度, 把握世界科技创新发展趋势, 加强国家创新体系建设, 努力在新一轮科技革命和产业革命中赢得先机和取得发展主动权, 以自主创新构筑中国产业核心竞争力, 提升中国产业在全球价值链分工体系中的地位。

中国政府应当制定一系列优惠措施, 积极鼓励跨国公司在当地建立研发中心, 加强外资企业的技术示范和外溢效应。培育企业技术自主创新能力, 使企业真正成为整个国家创新机制中的主要力量。国家要通过财政补贴和税收优惠、政府采购倾斜等手段激励国内企业创新; 通过改善技术创新型企业的投融资政策, 建立健全创业投资机制, 解决企业的研发活动的投资支出, 并减少风险; 通过知识产权立法来保护企业创新成果。对国内的科研机构要尽快改革科研体制, 加强产学研的互助合作, 促进科研机构的企业化和科研成果的产业化。对关键产业的核心技术, 可以利用政府力量, 划拨财政专项资金, 建立国家级研究开发中心, 进行集中攻关。基础研究对原始创新具有重要意义, 因此, 要高度重视基础研究, 提高基础研究者的待遇, 提高国家对基础研究的投入, 积极推动高等教育改革、加强创新型人才培养, 增加人力资源培育和储备。积极鼓励国内企业利用优惠的待遇来吸引国外的高精尖人才, 包括留学生等, 提升企业技术创新能力。

3. 重视人力资本的积累, 促进产业价值链的高端化

从全球价值链的分工环节来看, 处在上游的研发设计和下游的品牌营销都表现出明显的人力资本密集型特点。因为主要的利润空间和发展前景都主要集中在价值链分工的两端环节, 发达国家凭借先发优势往往占据这些环节, 并竭尽所能阻碍这些产业环节转移到发展中国家, 采用各种手段控制技术的转移和外溢。要实现价值链调整与升级, 东道国本身必须具备较强的技术引进能力, 拥有高素质的人力资源, 才能实现对先进技术和信息要素的吸收与开发。因此, 中国必须充分培育和利用人力资本优势, 努力吸收发达国家外溢的知识和技术, 实现价值增值环节由低端向中高端转移。

　　中国尽管劳动力资源丰富，但是受到自身发展条件的约束，丰富的劳动力资源中，非熟练劳动力居多，这在一定程度上影响了中国参与全球价值链分工中对新技术、新方法的学习和掌握。当前，生产的无国界化导致知识传播和技术溢出加快，从这个角度看，全球价值链是知识传播、技术外溢的强大载体。另外，以跨国公司作为生产全球化的主要推动者，在全球范围内布置价值链环节过程中，也需要结合当地劳动者素质和要素禀赋情况，若劳动者具有较高的素质，就有可能承接到全球价值链比较高端的环节。基于这一点，必须重视人力资本的投资，这包括对教育、培训和健康等多方面的投资。

　　虽然中国用于教育的公共支出在逐年增加，但是仍不及全球价值链分工体系中其他主要国家或地区。当今人才和知识水平已成为产业国际竞争力的关键，中国劳动力资源丰富，但劳动者素质欠佳，特别是农村地区的状况更为严重，因此一方面要加大教育投入，另一方面也应注意对教育资源的分配。加大教育投入是提升劳动者素质水平和能力的必要途径，对于教育投入不足的中国来说，更应该重视加大教育投资。中国作为制造业生产大国，参与全球价值链分工时，在产品具体环节生产上需要大量的专业技术人员；另外，当今信息传播、技术扩散加快情况下，产品技术更迭较为频繁，需要技术人员及时掌握新的操作方法和手段。因此，也应重视专业人员的技术培训，形成良好的技术培训体系，这对于中国产业在全球价值链分工体系中及时把握技术动向、掌握技术生产能力，向高技术制造环节攀升尤为重要。

　　4. 加快发展服务贸易，尤其注重发挥生产性服务业对制造业升级的带动作用

　　全球价值链促使服务活动逐步走向国际化，全球跨国直接投资大部分流向了服务领域，全球出口增值的近一半来自服务部门，服务要素已成为决定全球价值链利益分配的关键要素。特别地，中国自加入 WTO 以来，服务贸易稳步增加，贸易规模不断攀升，已逐渐在世界服务贸易版图中占据重要地位。即使在当前世界经济整体低迷的情况下，中国的服务贸易依然取得了显著的发展。2013 年，中国服务进出口总额达 5 396.4 亿美元，比上年增长 14.7%。

　　生产性服务是企业在生产过程中的一种中间投入。为了降低生产成本，提高核心业务竞争力，企业把原来由自身提供的投入分离出去，由其他成本更低、更有竞争力的专业化服务企业来提供。根据发达国家的经验，生产性服务业与制造业的融合日益体现出两个特征：一是生产性服务业投入占制造业要素总投入的比重不断上升；二是生产性服务业与制造业相互影响和互动发展的趋势愈发明显。制造产业集群作为嵌入全球价值链的关键，发展中国家也越来越多地依靠发展生产性服务业来适应国际产业转移，并实现产业升级。同时，生产性服务贸易推动产业结构优化与升级，主要通过以下几个途径实现：一是资源再配置效应。资本、劳动和技术等要素的积累通过生产性服务贸易会得到进一步强化，并导致投

入要素在不同的产业间进行重新配置。二是效率提高效应。随着生产性服务贸易更多地向资本、技术和知识密集型集中，规模经济效应和竞争的加强有利于提高运营效率。三是要素积累效应。通过发展生产性服务贸易，本国的员工可以接触到世界其他企业先进的技术、科学的管理方法和经营方式等，并最终实现人力资本要素、管理要素、知识要素、信息要素及经验要素等现代生产要素的累积。因此，中国要加大市场改革力度，进一步消除生产性服务业发展的体制障碍；丰富融资方式，加强对生产性服务业的融资支持；引导生产性服务贸易的产业布局，重点支持对制造业生产效率影响较大的计算机与信息服务、通信服务和金融保险服务等行业的发展。

5. 积极延长国内价值链，提升加工贸易参与全球价值链分工水平

加工贸易是中国的主要贸易方式。由于中国加工贸易的零部件和原材料过度依赖进口，形成了研发和营销"两头在外"的模式，再加上加工贸易国内价值链过短，对配套产业的带动作用不足。因此，需要进一步调整加工贸易的方式结构，加快搭建和延长国内价值链（NVC）。首先，尽快提高加工贸易料件的本地化率，加快提升零部件、原材料在加工贸易中从上游生产企业向下游生产企业的传递速度和水平，提高加工贸易与国内原有产业的结合度；其次，参与加工贸易的企业应加强自身优势的培育，使跨国公司将更多的设计、生产、流通和服务环节放在中国，优化母子公司之间的分工关系，促使加工贸易由单纯生产向综合服务和全球运营方向转型；最后，按照"十二五"规划要在延长产业链上下功夫，提高增值含量的要求，在促进内外资加工贸易协调发展的同时，加强加工贸易产业分类评估，明确细化禁止、限制类产业目录，建立准入退出机制，通过财税、金融、品牌认证等手段加大引导力度，积极培育核心竞争力。

6. 加强全球价值链统计国际合作，提升中国贸易话语权

2010 年，世贸组织提出"世界制造倡议"，呼吁从全球价值链角度改进国际贸易统计方法，关注各国在对外贸易中的增加值含量。近年来，国际组织和各国政府有关全球价值链和贸易增加值核算研究及推广发展迅猛，成果丰硕。中国作为全球第一大贸易国，将继续参与全球价值链统计的国际合作和研究推广，这有利于纠正中国在全球贸易收益最多的假象，进而提出由中国引领的国际贸易规则，获得更多国际贸易规则制定主导权，即为新的国际贸易规则及标准的制定做出应有的贡献。

从长远来看，国际贸易的统计方法改革（全球价值链下的贸易增加值统计）是大势所趋，这一进程的实质是国际贸易规则的演进和孕育。中国及其他 APEC主要经济体应积极地参与全球价值链下贸易增加值的统计方法的改革，以此来客观、科学地评价当前所谓的贸易失衡问题，深化对全球经济失衡的再认识。更重

要的是要在准确判断全球经贸格局的基础上，加强国际间协调，制定更加有效的国际经济规则，推动全球贸易与投资的便利化、自由化，促使世界经济更好地复苏和可持续增长。

7. 推进"引进来"和"走出去"战略，构建中国自己的全球价值链

由于全球价值链通常由发达国家主导，外国直接投资与一国对全球价值链的参与联系紧密。外国直接投资是发展中国家，包括最不发达国家，参与全球价值链的重要途径。随着中国吸引外资的水平和质量不断提高，中国参与全球价值链的广度和深度不断提升，中国已经成为诸多行业全球价值链的重要一环。中国成为通过吸引外资在全球值链中不断升级，进而创造更多国内增加值的成功范例之一。然而，目前中国对全球价值链的参与，更多地仍限于对发达国家价值链的参与与适应，因而仍较多地集中于全球价值链低端和低附加值的环节，即仍处于"微笑曲线"的中部和底部。全球价值链竞争的基本格局，仍是发达国家（全球最大的跨国企业）利用全球价值链和全球产业布局掌控高附加值的关键环节，掌握资源和市场的能力不断增强。为更有效地参与全球价值链竞争，中国应进一步提升吸引外资的质量和水平，将外资更多地引入高端制造业及知识、技能含量较高的服务业，即"引进来"。但更为紧迫的是，中国应积极调整原有的"走出去"模式，确立以建立中国自己的全球价值链为核心的对外投资战略。这一战略要求通过集群式投资，而非以往点式的、分散的对外投资，推动中国通过投资、贸易及非股权模式（如合同生产等），将产业链延伸到海外，建立自己的区域和全球产业链，在全球范围内最有效地配置和利用各地的资源。实施这一战略的目的，是建立自己的全球价值链和全球生产体系，由参与全球价值链向建立自己的区域及全球价值链转变，进而提高中国在全球价值链中的竞争优势，并推动国内产业升级。考虑到中国对外投资进入了快速增长阶段，通过对外投资打造自己的全球产业链应成为中国对外投资战略的重点。

伴随着中国经济进入"新常态"，且制造业成本上升，低端制造业产品大量出口难以为继的背景下，中国亟须完成经济增长动力的转换。扩大内需无疑是一个重要的政策选项，近年来中央相继出台了一系列的相关配套措施，但成效并不显著。因此，开拓新的海外市场再度引起了决策层的关注。基于此背景下，中国提出"一带一路"战略构想。"新常态"下推进"一带一路"建设就是推进"走出去"战略，建立中国自己的全球价值链为核心的对外投资战略的具体体现，有利于中国同周边国家实现多赢。一方面，中国经济进入"新常态"意味着传统的发展模式和产业配置已不适应经济可持续发展的要求，单靠东部、中部和西部间的地区差异已经无法完全承接和消化产业和产能的转移和衔接，越来越需要将转方式、调结构的历史任务放在国内外两个大局的背景下加以统筹。另一方面，许多周边国家与中国经济互补性较强，不是严重依赖中国市场，就是对外资的吸引力不足，它

们都迫切希望能够从中国经济的高速发展中获益，对来自中国的投资（尤其是私营部门的投资）持开放态度。"一带一路"建设的推进不仅能够帮助我们尽快适应并融入经济"新常态"，同时也有助于"富邻"目标的实现。

　　"新常态"下推进"一带一路"建设的重点领域：一是做好过剩产能的外迁和承接。将部分行业的过剩产能外迁是中国与"一带一路"沿线国家实现双赢的关键。要充分汲取近年来国内经济建设和中国企业在"走出去"过程中的经验、教训，扎实做好前期调研和论证工作。要设立开放的产业转移平台，鼓励有"走出去"实力和意愿的企业积极参与平台建设，为其提供海外投资机遇和建议；同时允许相关国家根据自身国情选择合作企业和项目。二是推进投资保护协定谈判。除了投资回报之外，投资的安全性也是关乎产能转移和"一带一路"建设成败的关键。近年来，中国企业在"走出去"的过程中，排华事件、政府强制征收、限制结售汇等事件时有发生，严重影响了企业"走出去"的信心和热情。而对于许多"一带一路"沿线国家来说，发生此类事件的概率还相对较高，必须通过政府间磋商制定投资保护协定。三是推进贸易便利化。产能转移之后，在满足所在国经济社会发展需求的基础上，部分产品可能仍要返销国内。因此，推进与"一带一路"沿线国家的贸易便利化谈判，发放有效期更长的商务签证、不断提高通关效率，为"走出去"企业巩固在国内的市场地位提供便利也将成为"新常态"下推进"一带一路"建设的重点领域。

参 考 文 献

北京大学中国经济研究中心课题组 . 2006. 中国出口贸易中的垂直专门化与中美贸易 . 世界经济，(5)：3-12.

柴斌锋，杨高举 . 2011. 高技术产业全球价值链与国内价值链的互动——基于非竞争型投入占用产出模型的分析 . 科学学研究，(4)：533-541.

高越，高峰 . 2005. 垂直专业化分工及我国的分工地位 . 国际贸易问题，(3)：16-20.

胡昭玲，张咏华 . 2012. 中国制造业国际垂直专业化分工链条分析——基于非竞争型投入产出表的测算 . 财经科学，(9)：42-50.

黄先海，韦畅 . 2007. 中国制造业出口垂直专业化程度的测度与分析 . 管理世界，(4)：158-159.

李冀申，王慧娟 . 2011. 中国加工贸易国内增值链的定量分析 . 财贸经济，(12)：103-106.

李昕 . 2013. 全球三大国家间投入产出数据库在增加值贸易核算方面的比较 . 西南财经大学 . 第十三届中国经济学年会 .

卢峰 . 2004. 产品内分工：一个分析框架 . 北京大学中国经济研究中心，讨论稿系列，No. C2004005.

宋玉华，朱思敏 . 2008. 垂直专业化的贸易利益分配机制研究 . 世界经济研究，(3)：13-20.

孙文远 . 2006. 产品内价值链分工视角下的产业升级 . 管理世界，(10)：156-157.

唐海燕，张会清 . 2009. 产品内国际分工与发展中国家的价值链提升 . 经济研究，(9)：81-93.

文东伟，冼国明 . 2009. 垂直专业化与中国制造业贸易竞争力 . 中国工业经济，(6)：77-87.

张其仔 . 2008. 比较优势的演化与中国产业升级路径的选择 . 中国工业经济，(9)：58-68.

张向阳，朱有为 . 2007. 基于全球价值链视角的产业升级研究 . 理论参考，(11)：21-27.

赵明亮，臧旭恒 . 2011. 垂直专业化分工测度及经济效应研究述评 . 经济理论与经济管理，
(9)：27-39.

Athukorala P，Yamashita N. 2006. Production fragmentation and trade integration：East Asia in
a global context. The North American Journal of Economics and Finance，17(3)：233-256.

Balassa，B. 2008. Trade liberalization and "revealed" comparative advantage. Manchester School，
33(2)：99-123.

Ernst D. 2001. Global production network and industrial upgrading-knowledge-centered Approach
. East-Wester Center Working Paper：Economic Series.

Jabbour L. 2010. Offshoring and firm performance：evidence from french manufacturing indus-
try. The World Economy，33(3)：507-524.

Koopman R，Wang Z，Wei S J. 2008. How much of Chinese Exports is really made in China?
Assessing domestic value-added with processing trade is pervasive. NBER Working
Paper，No14109.

Mitsuyo Ando. 2006. Fragmentation and vertical intra-industry trade in east Asia. The North
American Journal of Economics and Finance，17(3)：257-281.

全球价值链下APEC地区贸易投资与生产网络发展趋势研究

第 19 章

全球价值链下 APEC 经济体
经贸关系的定量分析

毛日昇

随着经济全球化和区域经济一体化持续深入发展，APEC 成员经济体通过不断加强相互之间的贸易投资往来，逐渐形成了相互交织、高度依赖的亚太区域和销售生产网络，构建了优势互补的产业链分工模式。亚太区域的生产价值链分工模式深入发展不仅加深了亚太经济体各国之间的相互依赖，进一步促进贸易和投资自由化进程，更为重要的是促进各国资源的优化配置，通过积极吸引跨国投资和产业转移，对包括中国在内的亚太区域的新兴经济体迅速崛起起到了重要的推动作用。本章主要从亚太区域生产网络的视角来定量测度和分析 APEC 成员经济体之间的经贸关系。研究的内容主要包括三节内容：第一节主要依据 APEC 成员经济体传统的多边贸易数据，测度各成员经济体的贸易比较优势、专业化竞争力水平、贸易的互补依赖程度及竞争性，从总体上认识 APEC 成员经济体之间的经贸关系特征及其发展趋势；第二节主要基于 OECD_TiVA 贸易增加值数据库，将 APEC 成员经济体的贸易总额总体上分解为国内增加值和国外增加值两部分，而出口的国内增加值进一步分解为国内直接增加值、国内间接增加值、国内进口后再出口的增加值，通过对比成员经济体总出口增加值的构成比重，可以从总体上明确不同成员经济体参与国际分工的深度和特征。第三节对 APEC 成员经贸关系总体发展状况和趋势进行了具体的分析和总结。

19.1 基于传统贸易统计数据的考察

我们首先基于传统的贸易统计数据来定量分析 APEC 成员的经贸关系，主要通过测度 APEC 成员经济体的贸易竞争力及贸易关联度指标来刻画 APEC 成员的竞争优势及相互之间的依赖度和竞争性。与多数已有的相关研究文献一样，这里贸易竞争力的测度主要选取了四个指标进行定量测度：贸易竞争力指数（TC）、显性比较优势指数（RCA）、相对贸易优势指数（RTA）和净出口显性比较优势指数（NRCA）；而贸易关联度指标主要选取了两个指标进行测度，即贸易结合度（强度）指数（TI）和贸易互补性指数（TCI）。

19.1.1 APEC 成员经济体贸易竞争力分析

1. 贸易专业化竞争力水平分析

$$\text{TSI}_{it} = \sum_{t=1995}^{2009} W_{it} \left(\frac{X_{it} - M_{it}}{X_{it} + M_{it}} \right)$$

其中，W_{it} 表示各国在产业 i 历年进出口总额占全部时期的在产业 i 的进出口比重，作为加权平均的权重；X_{it}、M_{it} 分别表示各国在 i 行业的出口和进口额。

图 19-1 给出了 19 个 APEC 成员经济体的贸易专业化竞争力指数，为了从总体上比较各经济体的贸易竞争力指数，我们将历年计算的结果进行了加权平均，同时考虑到各国在不同行业的贸易专业化水平存在显著的差异性，我们分别计算了农业、采矿业、制造业及服务业四个部门的贸易专业化竞争力指数。图 19-1 的计算结果显示，在不同的行业部门，APEC 成员经济体的贸易专业化竞争力水平呈现非常显著的差异性，贸易专业化竞争力水平总体上与各成员经济体的要素禀赋优势存在高度的相关性。

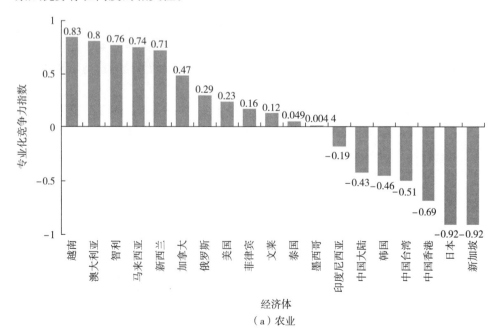

（a）农业

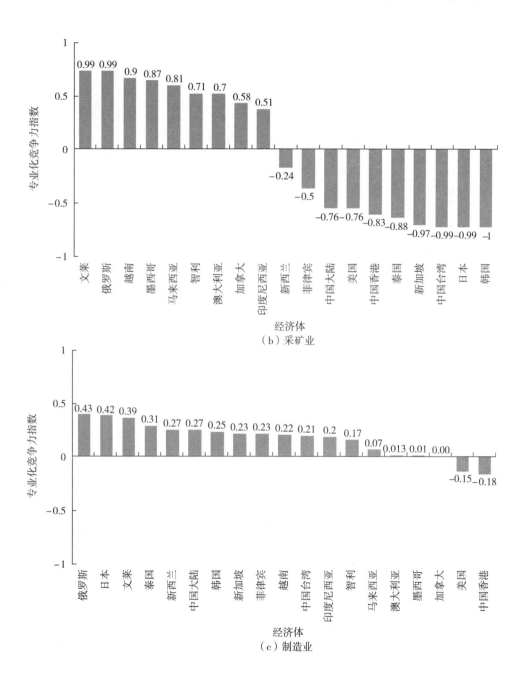

（b）采矿业

（c）制造业

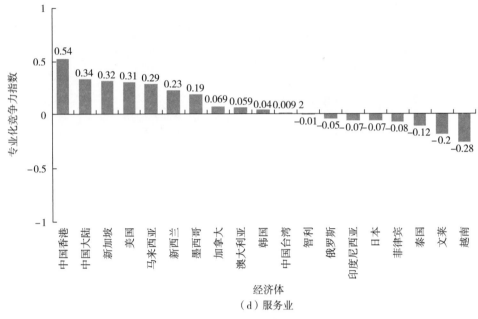

图 19-1　1995～2005 年 APEC 成员专业化竞争力指数（按贸易加权平均）

　　在农业部门中：贸易专业化水平最高的经济体主要包括越南、澳大利亚、智利、马来西亚、新西兰、加拿大、俄罗斯和美国等传统的农业要素禀赋充裕的国家，而新加坡、日本、中国香港、中国台湾、韩国及中国大陆等东南亚新兴经济体都属于土地资源匮乏，农业发展缺乏比较优势，农业进口比重远高于出口比重的国家，同样也表明在农业部门，APEC 国家和地区之间的贸易存在较大的互补空间，不同成员经济体在农业资源禀赋方面呈现极为明显的差异性。

　　在采矿业部门中：贸易专业化竞争力水平较高的经济体同样集中在矿产资源丰富的经济体，主要包括文莱、俄罗斯、越南、墨西哥、马来西亚、智利、澳大利亚和加拿大，其中文莱和俄罗斯的采矿业专业化系数最高达到 0.99，表明这两个国家完全属于矿产资源输出国，几乎不存在矿产资源的进口，而贸易专业化竞争力水平最低的经济体仍然主要集中在东南亚新兴经济体，其中韩国、日本和中国台湾则属于典型的矿产资源完全输入经济体，贸易专业化竞争力水平均接近或等于−1。除此之外，新加坡、美国和中国等国家的贸易专业化竞争力水平也很低，同样表明这些经济体对矿产资源的进口具有较强的外部依赖性。

　　在制造业部门中：贸易专业化竞争力水平较高的经济体分布较为分散，19个成员经济体中只有两个经济体的贸易专业竞争力指数为负值，分别为中国香港和美国，显然美国是世界制造业大国和强国，贸易专业化竞争力指数为负值与过去 20 多年来美国制造业大量向外转移存在密切关系，制造业进口规模总体上大于出口规模。而制造业贸易专业化竞争力指数较高的经济体除了俄罗斯和日本这样传统的制造业强国之外，还包括文莱、泰国、菲律宾和印度尼西亚等其他东南亚新兴经济体，尽管这些国家发展制造业并不具有良好的基础，但通过吸引大量的跨国投资转移，积极推行出口导向型经济发展战略，其制造业的出口专业化水平得到了快速的提升。中国大陆、韩国和中国台湾作为世界主要的制造业生产基地，其出口专业化竞争力水平尽管处于价高水平但仍然低于俄罗斯与日本，甚至低于文莱、泰国和新西兰等国家，其原因在于中国大陆、韩国和中国台湾的制造业贸易模式具有典型的加工贸易模式，价值链分工特征比较突出，在大量的出口制成品的同时，同样需要进口大量的中间产品，因此单纯从净出口的比较优势来看并不突出。

在服务业部门中：贸易专业化竞争力指数较高的经济体主要包括中国香港、中国大陆、新加坡和美国等，而出口专业化竞争力指数低于零的经济体主要包括越南、文莱、泰国、菲律宾和日本等。与许多相关的研究认为中国大陆的服务贸易与发达国家存在较大区别不同的是，这里的计算显示中国大陆的服务贸易从加权平均结果来看，并不存在劣势，在 19 个 APEC 成员经济体中，中国大陆的服务贸易专业化竞争力指数为 0.34，仅次于中国香港，高于新加坡、美国、加拿大和日本等发达国家水平。尽管从 1995～2009 年的贸易加权平均值来看，中国大陆的服务贸易并不存在逆差，但由于专业化贸易竞争力指数无法揭示服务贸易的结构性问题。例如，中国大陆服务贸易的出口可能更多地集中在旅游、劳务输出和工程承包等劳动密集型服务行业，而在信息技术、咨询和金融银行等领域则可能存在严重的逆差；不仅如此，由于贸易专业化竞争力指数只是从出口和进口的绝对差值来简单判断一国的出口专业化优势，而并未通过比较一国与其他国家的相对优势角度揭示贸易竞争力水平，分析比较简单，因此需要采用更为全面的贸易竞争力指数来评估 APEC 经济体不同部门的贸易比较优势和竞争力水平。

2. 出口显示性比较优势指数（RCAX）

出口显示性比较优势指数是指一个国家某种商品出口额占其出口总值的份额与世界出口总额中该类商品出口额所占份额的比率，用公式表示如下：

$$\text{RCAX}_{ijt} = \sum_{t=1995}^{2009} W_{it} \frac{\dfrac{x_{ijt}}{\sum_j x_{ijt}}}{\dfrac{\sum_i x_{ijt}}{\sum_i \sum_j x_{ijt}}}$$

其中，i 表示国家或经济体；j 表示行业；t 表示时间；x 表示出口额；W 表示各国历年在产业 i 的出口比重占全部时期产业 i 出口的比重。

与专业化贸易指数不同，出口显示性比较优势指数通过测度一国某部门的出口与世界该部门出口比值的相对之比来揭示一国的出口的相对比较优势水平，被广泛用来评估出口的比较优势变化情况。图 19-2 给出了基于出口显示性比较优势指数计算的 APEC 成员经济体在农业、采矿业、制造业及服务业的出口比较优势变化状况。这里同样将历年计算的结果按照贸易加权的方式进行了处理，从总体上反应不同经济体在不同部门的出口显示比较优势水平。图 19-2 的测算结果显示如下。

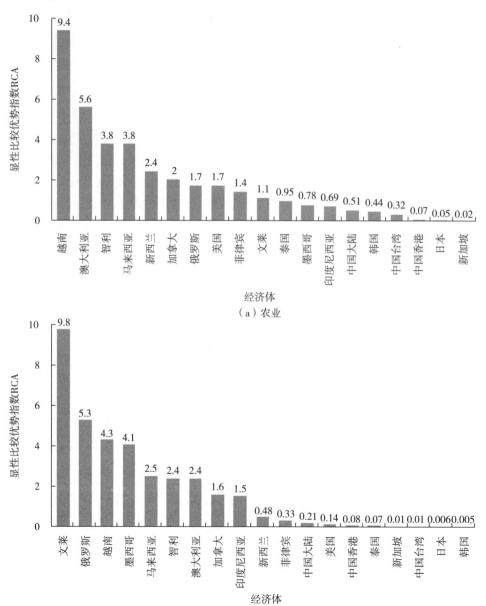

（a）农业

（b）采矿业

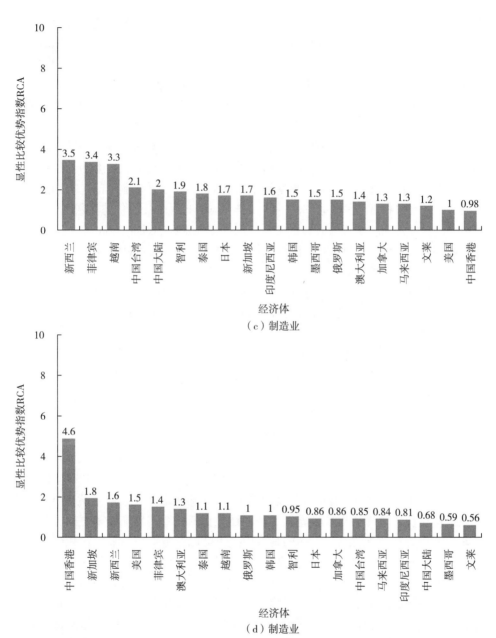

图 19-2　1995～2009 年 APEC 成员分行业显性比较优势指数 RCA(按贸易加权平均计算)

在农业部门中：19 个 APEC 成员经济体，共有 10 个成员经济体的出口显性比较优势指数大于 1，其中出口显性比较优势最高的为越南，1995～2009 年加权平均值达到 9.4，其次分别为新西兰、智利、马来西亚和澳大利亚等经济体，而出口显性比较优势指数低于 1 的共有 9 个经济体，其中新加坡、日本和中国香港最低，出口显性比较优势指数均低于 0.1，中国大陆的农业出口显性比较优势指数为 0.51，同样不具有出口比较优势指数。总体来看，在农业部门，出口显性比较优势指数与贸易专业化竞争力指数对不同经济体的出口竞争力水平测度结果较为一致，都反映了农业的出口比较优势很大程度上取决于一国农业生产的要素禀赋。

在采矿业部门中：APEC 成员经济体中共有 9 个国家的出口显性比较优势指数大于 1，其中文莱的出口显性比较优势指数最高达到 9.8。采矿业具有明显出口比较优势（RCAX>2.5）的经济体还包括智利、澳大利亚、俄罗斯和印度尼西亚尼。出口显性比较优势低于 1 的 10 个经济体中，韩国、中国台湾、日本和新加坡处于最低水平，出口显性比较优势指数均等于或低于 0.1。在采矿业部门，中国同样属于出口比较优势很低的国家，1995~2009 年平均出口显性比较优势指数仅为 0.14。显然，出口显性比较优势指数与贸易专业化指数（trade specialization index，TSI）对采矿业的测度结果同样具有较高的一致性，仍然表明出口的相对比较优势主要取决于不同经济体的要素禀赋特征。

在制造业部门中：出口显性比较优势指数的计算结果显示，除了中国香港之外，其他 APEC 经济体的显示比较优势指数均大于 1，其中新西兰、菲律宾和越南的出口显性比较有优势指数均大于 3，表明上述国家在制造业的出口具有明显的比较有是特征，中国台湾、中国大陆的出口显示比较优势也大于 2，数据具有较强比较优势的经济体。与贸易专业化指数计算结果对比，出口显示比较优势指数计算的结果结论总体上并没有发生较大的变化，但显示不同经济体出口优势的排序出现了较大的变化，俄罗斯的出口相对优势采用 RCAX 计算并不突出。总体来看，相关的指数计算结果仍然表明由于跨国产业转移效应的存在，东南亚新兴经济体的出口相对比较优势指数要高于日本和美国等传统的制造业大国和强国。

在服务业部门中：在 19 个 APEC 成员经济体中有 10 个经济体出口显示比较优势大于 1，其中中国香港在服务业部门出口显性比较优势最高达到 4.6，服务业出口显性比较优势指数较高的经济体还包括新西兰、新加坡和美国。与贸易专业化竞争力指数计算结果不同的是，中国大陆的服务业出口显性比较优势指数处于仅为 0.68，仅高于文莱和墨西哥，表明从国际比较的角度来看，中国大陆服务业的出口并不具有显著的比价优势；同时，日本、加拿大、中国台湾和马来西亚等经济体的服务业出口比较优势也均低于 1。总体来看，APEC 成员经济体，除了中国香港、新加坡和美国之外，多数经济在服务行业的出口总体上并没有显著的优势。同时，采用出口显性比较优势计算的结果与采用贸易专业化指数计算的 APEC 成员经济体的服务业贸易竞争力水平存在较大的差异。

3. 相对贸易优势指数

相对贸易优势指数，又称为显性竞争优势指数，同时基于出口显性比较优势指数和进口显性比较优势指数来测度一个贸易的相对竞争力水平，公式表示为

$$\text{RTA}_{ijt} = \sum_{t=1995}^{2009} W_{xit}\,\text{RCAX}_{ijt} - \sum_{t=1995}^{2009} W_{mit}\,\text{RCAM}_{ijt}$$

$$\text{RCAM}_{ijt} = \cfrac{\cfrac{m_{ijt}}{\sum_j m_{ijt}}}{\cfrac{\sum_i m_{ijt}}{\sum_i \sum_j m_{ijt}}}$$

　　显然相对贸易优势指数同时考虑了一国出口和进口的相对竞争力水平，能够更为全面的评估贸易的相对竞争力水平。相对贸易优势指数大于零表示一国产业具有显示竞争优势，反之亦然。其中，W_{xit} 表示各国历年在产业 i 的出口占全部时期产业 i 的出口比重；W_{mit} 表示各经济体历年在产业 i 的进口占全部时期产业 i 的进口比重。

　　由于出口显性比较优势指数只是从出口的角度测度经济体的出口比较优势，忽视了进口对贸易竞争力的影响作用。相对贸易优势指数同时考虑了出口和进口的显示比较优势特征，能够更为全面的评估一国的贸易竞争力水平。图 19-3 给出了计算得到的 APEC 成员经济体的相对贸易优势指数结果。

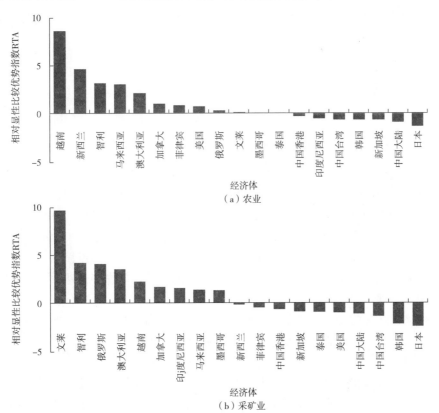

（a）农业

（b）采矿业

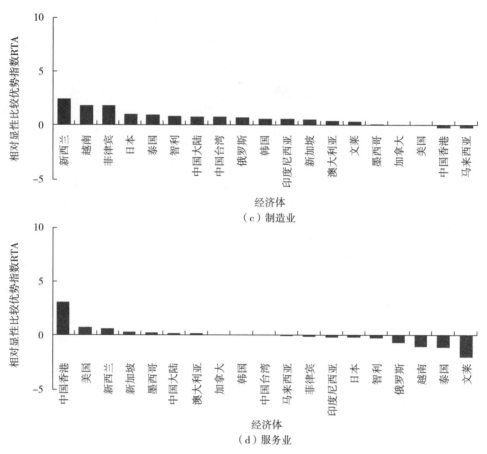

图 19-3   1995～2009 年 APEC 成员相对显性比较优势指数（RTA，按贸易加权平均值）

在农业部门中：同时考虑出口显性和进口显性比较优势后，19 个 APEC 成员经济体共有 12 个成员的显示贸易竞争力指数大于 1，计算结果同样显示越南的农业显示竞争力处于最高水平，RTA 指数大于 8，处于较高水平的同样包括新西兰、智利、马来西亚、澳大利亚和加拿大；显示竞争力水平低于零的仍然为日本、中国大陆、新加坡、韩国和中国台湾等东南亚新兴经济体；显然上述的计算结果表明无论是否考虑进口的影响作用，农业的出口竞争优势仍然取决于各国的自然禀赋条件。

在采矿业部门中：文莱的出口显性竞争优势最高达到 9.8，与出口显性比较优势结果完全一致，表明文莱是矿产资源的净出口国，不存在进口矿产资源的行为，同时智利、俄罗斯、澳大利亚、越南和加拿大等传统的矿产资源丰富国家采用相对显性优势指数计算的结果与采用出口显性比较优势指数计算结果也较为一致，都表明上述国家在矿产开采行业具有显著的贸易竞争力和比较优势。相对显性比较优势计算结果同样表明：日本、韩国、中国台湾、中国大陆和美国等其他东南亚新兴经济体都属于严重依赖进口矿产资源的经济体，其相对显性比较优势指数均低于零。显然，采矿业与农业一样，无论采用哪一种指数的计算都表明其最终的贸易竞争力和比较优势总体上都取决于经济体自身的资源禀赋优势。

在制造业部门中：在考虑了各经济的进口显性比较优势之后，采用相对显性比较优势计算结果与采用出口显性比较优势指数和贸易专业化指数计算的结论总体上一致，新西兰、越南和菲律宾仍然属于显示竞争力水平最高的国家，而美国和中国香港的相对显性比较优势指数仍然处于较低的水平；马来西亚的相对位置变化较为明显，其显性竞争力指数显著低于零，处于 19 个 APEC 成员经济体中的末端，表明其贸易模式具有显著的加工贸易特征，出口的增长与进口的增长高度相关性，并且对进口的依赖程度较高。

在服务业部门中：相对显性竞争力指数的计算结果仍然表明中国香港的服务贸易具有显著的竞争优势，考虑进口因素后仅有 7 个经济的相对显示竞争力指数明显大于零，除中国香港外，美国、新西兰和新加坡处于较高水平，中国大陆服务业的相对竞争力指数同样大于零但幅度有限，表明同时考虑出口和进口因素，中国大陆在服务贸易方面同样具有一定的竞争力水平，这与采用贸易专业化竞争力指数计算的结果较为一致。而加拿大、韩国、中国台湾和马来西亚的相对显性比较优势指数均接近于零，表明其服务贸易的竞争力水平总体上处于世界平均水平。而服务贸易竞争力水平较低的经济体，主要包括文莱、泰国、越南和智利等经济体，总体上与前面相关指数的计算结果较为一致。

19.1.2　APEC 成员经济体贸易关联度分析

1. 贸易结合度分析

贸易结合度是一个比较综合性的指标，用来衡量两国在贸易方面的相互依存度。贸易结合度是指一国对某一贸易伙伴国的出口占该国出口总额的比重，与该贸易伙伴国进口总额占世界进口总额的比重之比。其数值越大，表明两国在贸易方面的联系越紧密。贸易结合度的计算公式如下：

$$\text{TI}_{ijt} = \sum_{t=1995}^{2009} W_{xmit} \frac{\dfrac{x_{ijt}}{x_{it}}}{\dfrac{m_{jt}}{m_{ut}}}$$

其中，i 表示出口国；j 表示进口国；w 表示世界各国；x_{ijt} 表示 i 国对 j 国的出口，x_{it} 代表 i 国的出口总额，而 $\dfrac{x_{ijt}}{x_{it}}$ 表示 i 国对 j 国的出口占 i 国的出口总额的比率；m_{jt} 为 j 国的进口总额，m_{ut} 为世界进口总额，$\dfrac{m_{jt}}{m_{ut}}$ 表示 j 国的进口总额占世界进口总额的比率，它实际代表 j 国的进口能力。公式表明，与 j 国的进口总额占世界进口总额的比率相比，i 国对 j 国的出口占 i 国的出口总额的比率究竟多大。如果 $\mathrm{TI}_{ijt} > 1$，说明 i 国和 j 国在贸易上存在着密切的关系；如果 $\mathrm{TI}_{ijt} < 1$，则说明 i 国和 j 国在贸易上关系较为疏远。W_{xmt} 表示两国在各个时期产业 i 的双边贸易占两国在全部时期在产业 i 双边贸易的比重。

为了进一步明确 APEC 成员经济体的贸易竞争性和互补性，这里同样采用贸易结合度指数和贸易互补性指数计算了各成员经济体与其他 APEC 成员的贸易结合度及互补性。图 19-4～图 19-7 分别各成员经济与其他成员在农业、采矿业、制造业和服务业部门的贸易结合度指数。

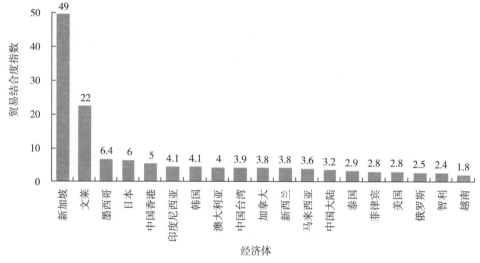

图 19-4　1995～2009 年 APEC 成员对其他成员的贸易结合度系数（贸易加权平均值，农业）

在农业部门中：图 19-4 的计算结果显示 19 个 APEC 成员经济体与其他成员的贸易结合都指标均大于 1，表明各成员经济体在农业部门总体上具有较高的结合度，相互之间的贸易强度较高，其中新加坡在农业部门与其他成员经济的贸易结合度最高，贸易结合度指数最高达到 49，显著高于其他成员相应的指标，显然这与新加坡主要作为贸易转口国家、农业严重依赖其他成员存在密切关系。另外，文莱、墨西哥、日本和中国香港等成员经济体对其他 APEC 成员的贸易结合都也处于很高的水平，表明上述国家的农业进出口对其他 APEC 成员经济体同样存在较高的依赖性。出口结合度指数相对较高的国家包括美国、俄罗斯、智利和越南，但相应的结合都指数仍然远大于 1。中国大陆与 APEC 成员经济体的贸易结合度指数为 3.2，同样表明中国大陆在农业部门与其他成员经济体具有较高的贸易强度。

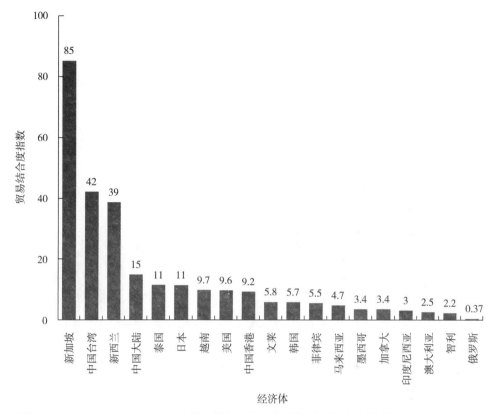

图 19-5　1995～2009 年 APEC 成员贸易出口结合度系数(贸易加权平均值,矿业及开采业)

　　在采矿业部门中:图 19-5 的计算结果显示 19 个 APEC 成员经济体中,除了俄罗斯之外,各经济体与其他 APEC 成员经济体的贸易结合都指数大于 2,表明 APEC 成员经济体在采矿业部门总体上具有很高的互相依赖性,贸易强度较高。尽管俄罗斯作为世界主要的能源和矿产资源输出国,但由于其能源和矿产贸易伙伴主要集中在欧洲国家,与 APEC 成员经济的贸易强度总体很低。从不同成员经济体的贸易结合度指数来看,新加坡、中国台湾、新西兰、中国大陆、泰国、日本的贸易结合度指数均超过了 10,显示这些经济体对其他成员经济体的矿产资源进口或者出口具有高度的依赖性,其中新加坡作为转口贸易国家,在采矿业部门贸易结合度指数最高达到 85,中国台湾和新西兰与其他成员相应的贸易强度指数同样超过了 30,中国大陆与其他 APEC 成员经济体的贸易强度指数为 15,显示中国大陆对 APEC 成员经济体的矿产资源出口具有高度的依赖性。贸易结合度指数相对较低的经济体主要包括墨西哥、加拿大、印度尼西亚、澳大利亚和智利,这些国家主要是作为世界矿产资源的主要输出国,矿产资源的出口市场较为分散,与 APEC 其他成员经济体的贸易强度相对较低,但其贸易结合度指数

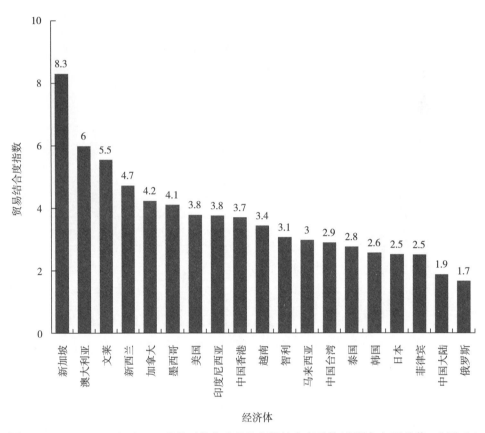

图 19-6   1995～2009 年 APEC 成员对其他成员的贸易结合度系数（贸易加权平均值，制造业）

仍然处于较高水平。

在制造业部门中：图 19-6 的计算结果显示 19 个 APEC 成员经济体分别与其他成员经济体的贸易结合度指数都大于 1，表明 APEC 成员经济体在制成品贸易方面总体上存在较高的贸易强度。新西兰、澳大利亚、文莱、新加坡、加拿大和墨西哥分别与其他 APEC 成员经济体的贸易结合度指数超过 4，其中新西兰最高达到 8.3，表明上述国家在制成品的进出口方面主要集中在 APEC 成员之间，亚太地区市场对这些国家的贸易占据重要的位置。制造业部门中贸易结合度最低的经济体分别为中国大陆和俄罗斯，相应的结合度指数都小于 2，中国大陆作为世界最为重要的制成品进出口大国，与其他 APEC 经济体的贸易结合度较低的原因在于中国的制成品进出口面向的市场范围相对更为广阔，与其他 APEC 成员经济体相比，亚太地区市场对中国制成品的出口地位相对较低。而俄罗斯制成品的贸易市场同样较为分散，除了亚太地区，欧洲同样是俄罗斯制造业贸易的重要市场。其他 APEC 成员的贸易结合度指数均介于 2.1～3.8，表明对于大多数

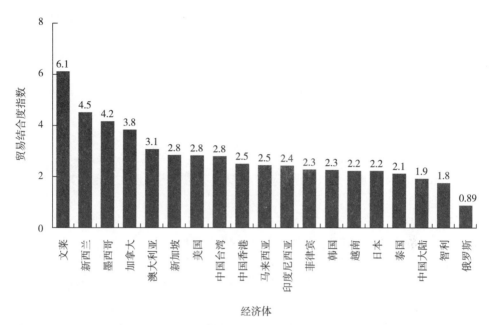

图 19-7　1995～2009 年 APEC 成员对其他成员的贸易结合度系数(贸易加权平均值，服务业)

APEC 成员而言，亚太地区的市场对其制造业的贸易都占据重要的地位，APEC 成员内部之间的制成品贸易具有显著的地位。

在服务业部门中：图 19-7 的计算结果同样显示出了俄罗斯之外，其他 18 个 APEC 成员经济体分别与其他成员经济的贸易结合度指数都大于 1，并且贸易结合度的分布特征与制造业较为类似，服务业部门贸易结合度指数最高的经济体仍然为文莱、新西兰、墨西哥、加拿大和澳大利亚，上述经济体服务业与其他成员经济体的贸易结合度指数均大于 3，同样表明这些国家与 APEC 成员的服务业贸易占据重要的地位和作用。而中国、智利和俄罗斯三国与其他成员的贸易结合度指数处于最低水平，中国相应的贸易结合度指数为 1.9，相对于其他成员，中国与 APEC 成员国家(地区)服务贸易的强度相对较弱，这同样表明在服务业部门中国的贸易伙伴相对较为分散，而俄罗斯的贸易结合度小于 1，同样表明亚太地区并不是其服务贸易的主要市场。其他 APEC 成员经济体服务业贸易结合度指数均介于 2.1～2.8。总体来看，对于多数的 APEC 成员经济体与其他亚太成员经济体的服务贸易占其服务贸易的比重均处于较高水平，APEC 成员内部的服务业贸易同样在各经济体的服务业贸易中占据重要地位。

2. 贸易互补性指数分析

具体的计算公式表示为

$$TCC_{ijkt} = RCAX_{ikt} \times RCAM_{jkt}$$

其中，TCC_{ijkt} 表示 i 国和 j 国在 k 行业的互补性指数，用 i 国在 k 行业的出口显性比较优势指数和 j 国在 k 行业的进口显性比较优势指数的乘积来表示；通过加权平均的方式可以得到两国贸易的总体互补性指数，即

$$\text{TCC}_{ijt} = \sum_k \left[(\text{RCAX}_{ikt} \times \text{RCAM}_{jkt}) \times \frac{w_k}{W} \right]$$

总体的加权平均指数可以表示为

$$\text{TCC}_{ijt} = \sum_{t=1995}^{2009} W_{xmit} \sum_k \left[(\text{RCAX}_{ikt} \times \text{RCAM}_{jkt}) \times \frac{w_k}{W} \right]$$

其中，W_{xmit} 表示两国在不同时期产业 i 的双边贸易额占两国在全部时期双边贸易额的比重。

采用贸易结合度指数计算 APEC 成员国家（地区）的贸易强度仅仅考察了每个成员经济体与其他 APEC 成员经济体总体的贸易强度，无法看清 APEC 成员经济体相互之间贸易互补的强度，为了更加全面的反应 APEC 成员经济体经贸关系的互补程度，我们计算了 19 个 APEC 成员经济体在农业、采矿业、制造业和服务业四个部门相互之间的贸易互补性指数。我们同样计算了 APEC 成员经济体在不同部门互补性指数的具体分布情况。为了便于说明问题，我们这里只描述 APEC 成员经济体之间互补性指数大于 1 的状况。

在农业部门中：计算结果显示在 19 个 APEC 成员经济体中，越南、新西兰、马来西亚和智利分别与其他 18 个成员经济的贸易互补性指数均高于 1，表明上述 APEC 经济体相对于其他成员农业部门具有显著的贸易比较优势和竞争力水平，这与前面的分析一致。同时我们发现上述经济体与中国在农业部门的贸易互补性指数都处于很高的水平，相应的贸易互补性指数都大于 5，其中越南与中国大陆相应的贸易互补性指数超过 10，这也同时表明中国大陆与这些国家在农业部门的贸易具有显著的合作潜力和空间。澳大利亚、俄罗斯、菲律宾、加拿大、美国和墨西哥同样分别与多数的 APEC 经济体在农业部门的贸易互补性指数大于 1，表明上述经济体同样在农业部门与其他成员经济体具有显著的互补性优势。中国大陆和印度尼西亚只有少数的几个 APEC 经济体在农业部门贸易互补性指数大于 1，中国大陆除了与日本在农业部门的互补性指数略大于 1 之外，与其他所有 APEC 成员经济体的互补性指数都小于 1，显示中国大陆在农业部门与绝大多数的成员经济并不具有贸易互补性优势。除此之外，其他 APEC 成员经济体，包括韩国、日本、泰国、文莱、中国香港、新加坡和中国台湾分别与其他 18 个成员经济体的贸易互补性指数均低于 1，主要原因在于这些国家是农产品的主要进口国家，在农业部门完全不具有出口比较优势，这也与前面的计算结论一致。

在采矿业部门中：计算结果显示 APEC 成员经济体中，文莱、澳大利亚、

智利、俄罗斯、加拿大、马来西亚、墨西哥、印度尼西亚和墨西哥分别与多数
APEC 成员经济体之间存在较高的互补性，其中文莱与其他 18 个成员经济体在
采矿业部门的互补性优势体现得最为明显，上述经济体也是矿产资源主要的出口
国家，在矿产资源部门也具有显著的出口显示比较优势。而其他 APEC 成员经
济体包括菲律宾、韩国、美国、日本、泰国、中国香港、新加坡、新西兰、中国
大陆、中国台湾与任何其他 APEC 成员经济体的贸易互补性指数均小于 1，同时
这些国家也是矿产资源的主要进口国家。显然在采矿业部门中，APEC 成员经济
体之间的贸易具有高度的互补性特征，资源禀赋的差异是构成 APEC 成员经济
体在采矿业部门存在高度互补性的基础条件。从采矿业部门互补性指数的大小来
看，主要矿产资源输出国家与日本和韩国的互补性指数最高，互补性指数均超过
5，其中文莱与日本和韩国在矿产资源部门的贸易互补性指数都超过了 20；除此
之外，APEC 成员经济体中的矿产资源输出国家和地区分别对中国台湾、中国和
泰国也具有很高的贸易互补性指数，显示包括中国大陆在内的东南亚新兴经济体
与其他 APEC 成员经济体在采矿业部门已经形成了紧密的互补分工模式。

　　在制造业部门中：计算结果显示在 19 个 APEC 成员经济体中，东南亚新兴
经济体（包括中国大陆、韩国、中国台湾、新加坡、泰国、菲律宾、印度尼西
亚）、墨西哥、美国、日本分别与其他 APEC 经济体成员具有较高的贸易互补性
指数，从互补性指数的大小来看，上述经济体大多数对马来西亚、墨西哥、中国
大陆以及中国台湾地区的贸易互补性较高，平均互补性指数均超过了 1.5。具有
贸易互补性优势的 APEC 经济体多数制造业出口和进口都较为密集，同时即使
制成品主要的出口经济体又是制成品主要的进口经济体，显然在制造业部门，
APEC 成员经济体之间已经形成多层次的网络生产分工模式。在 APEC 成员经
济体中，澳大利亚、俄罗斯、文莱、中国香港、越南、智利分别与其他 APEC
成员经济体的互补性指数都低于 1，主要原因在于这些国家主要是制成品的进
口国家，其制成品的出口比较优势总体上较低。除此之外，加拿大、新西兰只
与少部分经济体之间的贸易互补性指数大于 1，其中加拿大只与澳大利亚、墨
西哥的贸易互补性指数大于 1，而新西兰只与日本和俄罗斯的贸易互补性指数
大于 1。总体来看，APEC 成员经济体在制造业贸易互补性指数大小远低于在
农业和采矿业部门，表明多数 APEC 成员经济体在制造业贸易方面的竞争性关
系较为突出。

　　在服务业部门中：图 19-8 的贸易互补性指数计算结果各经济体与其他经济
体的贸易互补性指数分布较为分散，其中中国香港、美国、新加坡、新西兰与多
数其他经济体在服务业部门具有互补性，其中中国香港与所有其他经济的贸易互
补性指数都大于 1。表明中国香港在服务贸易对其他各经济体的出口方面具有显
著的比较优势，这与前面第一节的计算结果吻合。其他 APEC 经济体相互之间的

贸易互补性特征并不明显，每个经济体只与其他几个有限的经济体贸易互补性指数大于1，中国大陆在服务贸易的出口方面对于泰国的互补性大于1，中国台湾在服务贸易方面对于泰国和文莱的互补性指数大于1，而文莱与所有其他 APEC 经济体的服务贸易互补性指数均低于1。从服务业部门的贸易互补性指数大小来看，多数 APEC 成员经济体与泰国、文莱之间的贸易互补性指数较高，平均贸易互补性指数均大于2。总体来看，在服务业部门 APEC 成员经济体贸易互补性程度要高于制造业，但仍然远低于农业和采矿业部门，并且在服务业部门 APEC 成员经济体相互之间的互补特征较为分散，一个重要原因在于多数 APEC 成员经济体的服务业贸易比重仍然偏低，服务业出口的比较优势并不突出。

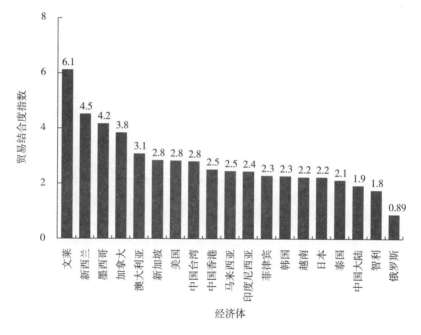

图 19-8   1995～2009 年 APEC 成员贸易互补性指数比较（服务业，贸易加权平均值）

19.2   基于增加值贸易统计数据的考察

由于全球价值链分工日趋明显，出口产品会在不同国家进行加工增值，不同国家的出口产品中包含了不同程度的外国增加值，并且很多贸易产品（特别是制成品）会循环往复的进入一国进行加工增值过程，显然采用直接采用传统的贸易进出口加总数据有可能会严重高估一国的出口产品在世界市场的真实份额，从而对贸易竞争力和比较优势指标的测度产生显著的偏差。基于相关的研究

(Koopman et al. , 2014；Timmer et al. , 2014)，一国总体的出口贸易值可以进一步分解为：出口的国内增加值部分和出口的国外增加值部分，而出口的国内增加值可以进一步分解为国内直接增加值、国内间接增加值及国内出口后再进口的增加值部分；基于全球价值链角度对贸易的分解和竞争力测度不仅可以更为真实地反映一国的出口比较优势和贸易竞争力水平，同样可以分析和明确一国出口产品价值增值的链条和分工地位，以及与相关产业的相互关联程度，能够更为准确的反映一国的国际竞争力和发展潜力。基于上述考虑，这里主要基于 OECD _ TiVA 贸易增加值数据库，对 APEC 成员经济体的贸易进行分解基础上，进一步测度不同成员经济体的贸易比较优势和竞争力水平，同时与传统的计算结果进行对比分析，考察传统的贸易计算结果与贸易增加值计算结果的差异性。

19. 2. 1　APEC 成员经济体分行业出口的增加值分解

1. 出口的国内和外国增加值比重

图 19-9 给出了 APEC 成员经济体分别在农业、采矿业、制造业和服务业部门出的中国内增加值在 1995～2009 年的平均比重。在农业部门中，19 个 APEC 成员经济体出口国内增加值比重平均值为 84.5%；其中，印度尼西亚相应的比重最高达到 94.8%，文莱相应的比重最低为 64.8%；总体来看，APEC 经济体出口的国内增加值比重很高，表明农业部门的价值链分工特征并不明显，国内附加值占农业出口相应的比重具有显著的优势。在采矿业部门中，19 个 APEC 成员经济体的出口的国内增加值平均比重为 81.4%，其中墨西哥相应的比重最高为 95.2%，而中国香港和新加坡两个转口贸易特征突出的经济体在采矿业部门相应的比重最低，其平均比重均低于 40%，中国大陆相应的比重 77.6%，19 个经济体中有 14 个成员经济体相应的比重超过 80%。显然在采矿业部门和农业部门一样，矿产资源的出口主要依赖于成员经济体的国内增加值，并没有明显的价值链分工特征。在制造业部门中，APEC 成员经济体出口产品国内增加值比重存在较大的差异，19 个成员的平均值比重为 65.3%，其中国内增加值比重最高的为俄罗斯，最高达到 89.6%，最低为新加坡，相应的比重为 41.5%，中国大陆相应的比重 65.6%，19 个成员经济体共有 7 个经济相应的比重超过 70%；总体来看东南亚新兴经济体(泰国、韩国、中国台湾、马来西亚等)均属于出口国内增加值比重较低的经济体；与农业和采矿业相比，显然制造业国内增加值比重显著偏低，外国增加值的比重显著偏高，特别是对于接受跨国投资转移最多的东南亚新兴经济体，制造业的价值链分工特征总体上较为明显。

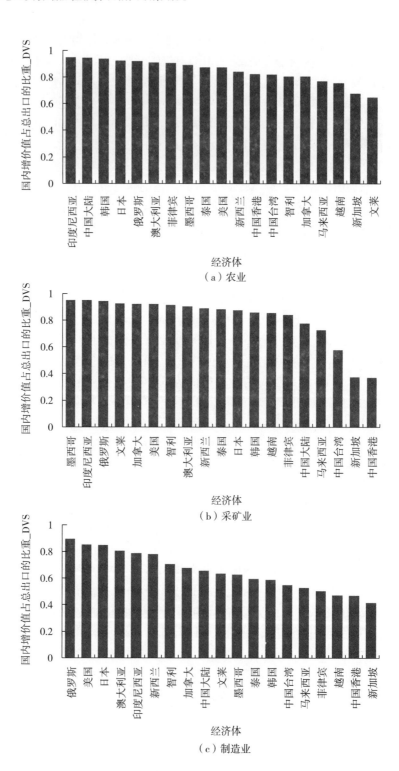

（a）农业

（b）采矿业

（c）制造业

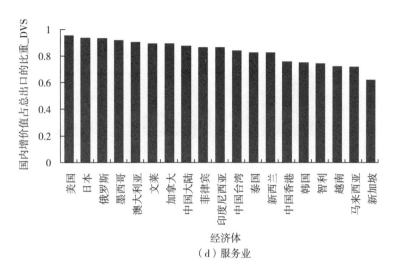

（d）服务业

图 19-9　1995～2009 年 APEC 成员出口的国内增加值比重（贸易加权平均值）

在服务业部门 19 个成员经济体出口的国内增加值平均比重为 83.6％，其中美国服务业的国内增加值比重最高达到 95.6％，而新加坡的国内增加值比重最低为 62.3％，共有 13 个成员经济体在服务业部门出口国内增加值比重超过 80％，中国相应的比重为 87.7％。同样在服务业部门，大多数成员经济体国内增加值比重较高，服务贸易的价值链分工特征并不明显。显然，图 19-9 的结果表明总体上 APEC 成员经济体在农业、采矿及服务业部门的价值链分工特征并不显著，出口产品的价值链分工模式主要集中在制造行业，并且主要体现在东南亚新兴经济体成员。图 19-10 给出了 APEC 成员经济体出口总额中外国增加值比重的分布情况，由于出口的外国增加值比重等于 1 减去出口国内增加值比重，因此图 19-9 和图 19-10 刻画的问题完全一致，显然图 19-10 的结果仍然表明 APEC 成员经济体中制造业部门的外国增加值比重要显著高于农业、采矿业和服务业部门，东南亚新兴经济体国家的制造业部门外国增加值所占比重最为突出。同时，不难发现，在所有行业部门，新加坡出口的外国增加值比重都处于最高或者次高的位置，显然这与新加坡出口主要以转口贸易为主存在密切关系。

2. 出口的国内直接和间接增加值比重

尽管多数 APEC 成员经济体总体上在农业、采矿业和服务业部门的国内增加值比重较高，但仅仅从国内增加值的总体的比重仍然无法全面反映出口与国内产业的关联效应或者出口产品价值链长度，而国内直接和间接增加值的比重，以及国内出口后再进口的增加值比重可以更为全面概括一国出口产业关联效应和价

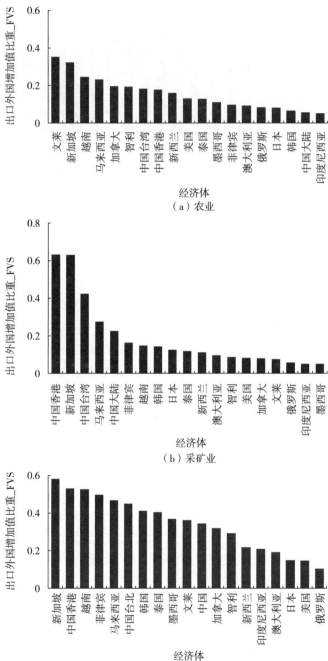

（a）农业

（b）采矿业

（c）制造业

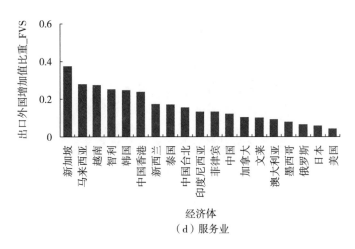

（d）服务业

图 19-10　1995～2009 年 APEC 成员出口总额中外国增加值比重（贸易加权平均值）

值链的分工模式。国内出口的直接增加值比重越高表明其出口对国内产业的带动作用越小，与其他产业的关联效应越弱；国内出口的间接增加值比重越高表明出口对其国内其他行业的带动作用越大。图 19-11 和图 19-12 分别给出了 APEC 成员经济体在各产业部门出口的国内直接增加值比重和国内间接增加值比重分布情况；图 19-13 给出了各成员经济出口国内直接增加值占出口总的国内增加值比重，用来描述其成员经济体出口对国内其他行业的带动作用相对大小。

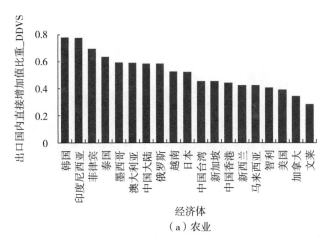

（a）农业

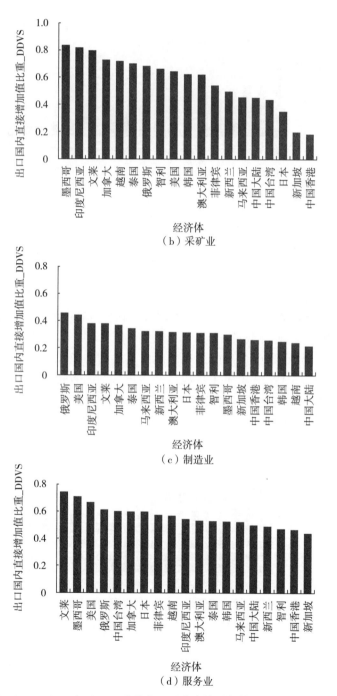

图 19-11　1995~2009 年 APEC 成员出口国内直接增加值比重(贸易加权平均值)

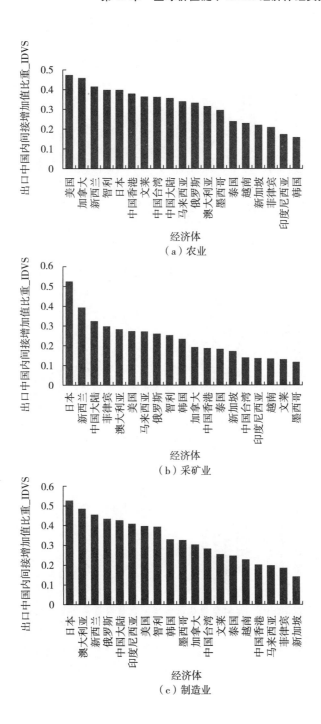

（a）农业

（b）采矿业

（c）制造业

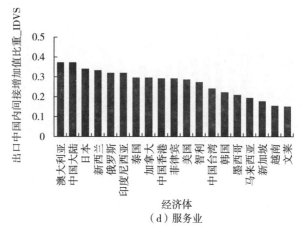

（d）服务业

图 19-12   1995～2009 年 APEC 成员出口国内间接增加值比重比较（贸易加权平均值）

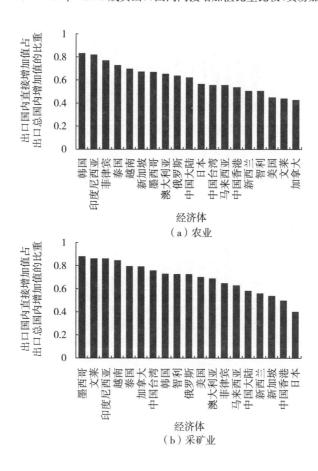

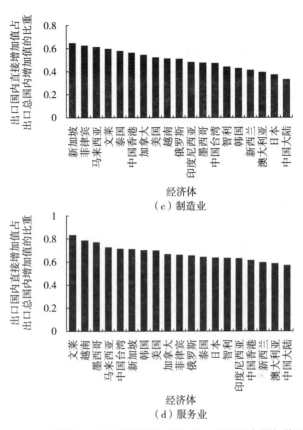

图 19-13　APEC 成员出口国内直接增加值与出口总的国内增加值相对之比

　　从出口的国内直接增加值比重的分布情况来看，在农业部门中：19 个 APEC 成员经济体出口的国内直接增加值比重为 52.2%，其中韩国的国内直接增加值比重最高为 77.9%，文莱的国内直接增加值比重最低为 28.5%；中国出口的国内直接增加值比重为 58.6%；19 个成员经济体中出口国内直接增加值占出口总的国内增加值比重为 61.2%，其中出口国内直接增加值相对比重较高的国家包括韩国、印度尼西亚、菲律宾、泰国和越南等，表明上述国家农业的出口国内增加值对其国内其他部门关联效应相对较小，而相对比重较低的国家主要包括加拿大、文莱、智利、美国和新西兰，其农业部门出口对国内相关行业的带动作用较大。

　　在采矿业部门中：19 个部门出口直接增加值比重为 57.7%，其中墨西哥出口的国内直接增加值比重最高为 83.5%，而中国香港和新加坡的出口本土直接增加值比重最低，均低于 20%；19 个成员经济体中在采矿业出口国内直接增加值相对于出口总的国内增加值比重为 69.4%，其中相对出口比重较高的经济体主要包括墨西哥、文莱、印度尼西亚、越南、泰国、加拿大、中国台湾，其相应的比重均超过 75%，显示这些经济体在采矿业部门对其本土的其他产业带动作用较弱；相对出口比重较低的经济体主要包括，日本、中国香港、新加坡、新西兰和中国大陆，其相应的比重均低于 60%，表示这些经济体的矿产资源出口对其本土其他产业的带动作用较强。

在制造业部门中：在 19 个 APEC 成员经济体中，出口的国内直接增加值所占平均比重为 32.13%，显著低于农业和采矿业相应的比重，表明各经济体的制造业部门对其本土其他产业的带动作用总体上要高于农业和采矿业；其中俄罗斯制造业出口的国内直接增加值比重最高为 45.9%，而中国制造业出口的国内直接增加值比重最低为 21.7%；同时，19 个成员经济体中，出口国内直接增加值占出口国内总的增加值相对比重较高的经济包括新加坡、菲律宾、马来西亚和文莱，平均相对比重超过 60%，表明其制造业出口对上述经济体本土的其他产业带动作用相对较低；而相对比重较低的经济体主要包括中国、日本、澳大利亚和新西兰，其相对出口平均比重低于 40%，说明上述国家制造业出口对其国内产业带动作用较高，其中中国的比重最低为 33.1%，表明在 19 个成员经济体中，中国的制造业出口对其国内其他产业部门的带动作用最大。

在服务业部门中：19 个经济体出口国内直接增加值平均比重为 56.4%，其中文莱最高为 74.7%，而新加坡相应的比重最低为 44.3%；服务业部门出口直接增加值比重占出口全部增加值的相对比重平均值为 67.6%，远高于制造业相应比重，表明总体上 APEC 成员经济体服务业出口对其本土其他产业的带动作用较低；其相对比重较高的经济体主要包括，文莱、越南、墨西哥、马来西亚、中国台湾、新加坡，其相对比重均值都超过了 70%，表明这些经济服务业出口对其他本土行业的带动作用较小；相对比重较小的国家主要包括中国大陆、澳大利亚和新西兰，相应的平均比重均低于 60%，其中中国的相对比重最低为 57.2%，表明在 APEC 成员经济体中，中国大陆的服务业出口对其他行业的相对带动作用最强。

图 19-12 从出口产品中间接的国内增加值比重来描述 APEC 成员经济体出口对其他相关行业的带动作用。与出口产品的国内直接增加值相反，出口产品的间接的国内增加值相对比重越高表示出口对其他相关产业的带动作用越大。由于出口产品的直接增加值相对比重刚好是出口产品间接增加值相对比重反向指标，因此基于图 19-12 和图 19-13 同样可以从出口产品间接增加值比重的角度得出与上述一致的结论。总体来看，上述对 APEC 成员经济体出口国内增加值的进一步分解表明制造业的国内间接增加值比重要显著高于农业、服务业和采矿业，制成品出口对成员经济体的相关行业的平均带动作用最大；其次，中国与其他 APEC 成员经济体相比，制造业和服务业部门的出口国内间接增加值相对比重最高，一方面表明中国相对于其他经济体更深度的融入了全球价值链生产体系；另一方面也表明中国通过深度的容易全球价值链生产体系推行出口导向性经济发展战略对

国内的相关行业也产生了显著的带动作用。

19.2.2　基于贸易增加值统计数据的贸易竞争力测度

1. 贸易专业化竞争力指数（TSI）

图 19-14 给出了采用增加值数据计算的 APEC 成员经济体贸易专业化竞争力指数 1995～2009 年的加权平均值。具体计算中出口数据采用了出口的国内增加值数据，而进口数据采用了总进口减去本国出口后再进口的国内增加值。

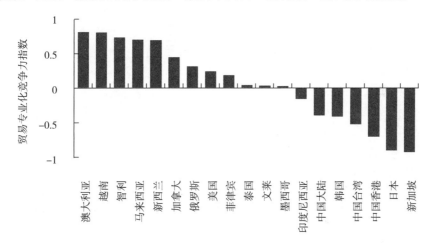

（a）农业

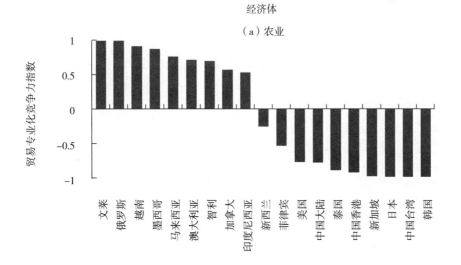

（b）采矿业

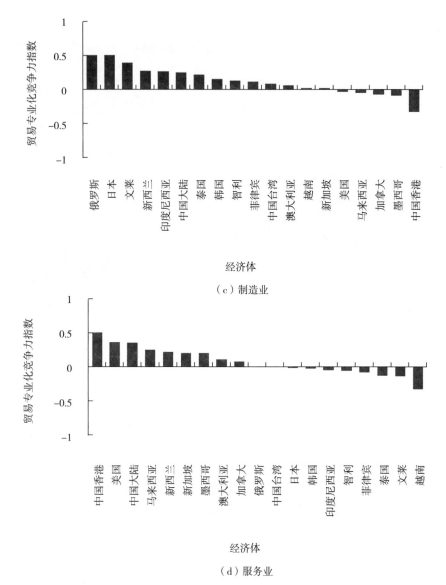

（c）制造业

（d）服务业

图 19-14　1995～2009 年 APEC 成员贸易专业化竞争力指数（按贸易增加值计算，加权平均值）

在农业部门中：按贸易增加值的方式度量，19 个成员经济体共有 12 成员经济体的贸易专业化竞争力指数大于零，其中澳大利亚、越南、智利、马来西亚和新西兰等传统农业部门具有优势的经济专业化竞争力指数最高，相应的指数值都超过了 0.5；而新加坡、日本、中国香港和中国台湾等发展农业生产要素禀赋欠缺的经济体相应的专业化竞争力最弱，贸易专业化竞争力指数显著低于零；中国大陆相应的专业化贸易竞争力指数也小于零。与采用传统方法和贸易数据计算的竞争力指数相比，只有澳大利亚和泰国的专业化竞争力水平排名分别上升了一位，越南和文莱相应的贸易专业化竞争力排名分别下降了一位，其他 APEC 成员经济体在农业部门的专业化竞争力水平排名没有发生变化，表明在农业部门采用传统的贸易加总数据和采用贸易增加值数据的计算结果没有大的区别。

在采矿业部门中：按贸易增加值数据测算显示专业化竞争力水平较高的经济体主要包括文莱、俄罗斯、越南、墨西哥和马来西亚，贸易竞争力指数都大于0.5，19 个成员经济体共有 9 个经济体的贸易专业化竞争力指数大于零，其中文莱和俄罗斯专业化竞争力指数最高均为 1，表明按照贸易增加值核算这两个经济体在矿产资源部门只有出口没有进口；而在矿产资源最为贫乏的四个经济体：韩国、日本、中国台湾和新加坡相应的贸易专业化竞争力水平最低，专业化竞争力指数为 −1，表明按照增加值计算，上述四国只有矿产资源的进口而没有出口；中国在采矿业部门的贸易专业化竞争力水平也很低，相应的竞争力指数为 −0.8；与传统基于加总的贸易数据计算结果相比，采用贸易增加值计算后，澳大利亚相应的贸易竞争力水平超过智利，美国超过中国大陆，泰国超过中国香港，日本超过中国台湾的贸易专业化竞争力，其他各成员经济体在采矿业部门贸易专业化的竞争力水平排名并未发生变化。

在制造业部门中：19 个 APEC 成员经济体中，共有 14 个成员经济体在制造业部门的专业化贸易指数大于零，5 个成员经济的专业化贸易竞争力指数小于零；而采用传统的贸易数据计算只有中国香港和美国的贸易竞争力指数小于零，显然采用贸易增加值数据对制造业部门的测算与采用传统贸易数据的测算存在较大的区别。图 19-14 显示在制造业部门，贸易专业化竞争力水平较高的经济体包括俄罗斯、日本、文莱和新西兰，而专业化竞争力水平较低的经济体包括中国香港、墨西哥、加拿大、马来西亚和美国，与传统的测算结果相比，虽然贸易专业化竞争力较高和较低的各经济体构成基本没有发生变化，但采用贸易增加值计算后，各经济的贸易专业化竞争力水平排名发生了一定程度的变化，主要体现为新西兰、智利、印度尼西亚、澳大利亚和美国的相应贸易竞争力水平出现了较大幅度的上升，而泰国、新加坡、马来西亚和墨西哥相应的贸易竞争力水平则出现了较大幅度的下降。采用贸易增加值数据计算后，中国大陆在 APEC 成员经济体的专业化贸易竞争力排名并未发生变化，贸易竞争力指数的大小也并未发生显著变化。

在服务业部门中：19 个成员经济体中，服务贸易竞争力指数大于零的经济体有 11 个，其中中国香港、美国、中国大陆和马来西亚的贸易竞争力水平最高，而越南、文莱、泰国和菲律宾的服务贸易竞争力水平最低，贸易竞争力指数均为负值。与传统的计算方法相比，采用贸易增加值方法计算后，服务贸易竞争力水平较高和较低的经济体总体上并没有发生变化，同样发生变化的是部门成员经济的贸易竞争力水平相对排名发生了较大变化，主要体现为中国、新加坡和俄罗斯的贸易相对竞争力水平出现了下降，而美国、日本的相对贸易竞争力水平出现了上升，其他成员经济体的贸易竞争力相对水平和位置都没有发生明显的变化。

总体来看，与传统的计算方法相比，采用贸易增加值数据测算后，只有制造业的贸易专业化竞争力指数大小和各成员经济体的贸易竞争力的相对位置发生了较大的变化，而在农业、采矿业和服务业部门相应的变化并不明显，这仍然表明在制造业部门全球价值链分工特征较为突出，各经济体采用加总贸易数据和贸易增加值数据的测度指标值存在较大区别。

2. 出口显性比较优势指数（RCAX）

由于采用贸易专业化竞争力指数只是简单地从进出口差额的角度来测度一国的贸易竞争力水平大小，为了更加全面地反映一国的贸易比较优势，我们同样采用出口增加值数据计算了 APEC 成员经济体的显性比较优势指数。图 19-15 给出了相应的计算结果。

在农业部门：采用贸易增加值计算的结果显示，19 个成员经济体共有 10 个成员经济的显性比较优势指数大于 1，其中越南、新西兰、马来西亚和智利相应的出口显性比较优势指数最高，均超过 3，其中越南最高达到 9.9，而新加坡、日本、中国香港和中国台湾相应的出口显性比较优势指数最低，平均值均低于 0.5；与采用传统数据的计算结果相比，采用贸易增加值数据计算以后，各成员经济体的显性比较优势指数大小并未发生显著变化，相应的显示性比较优势计算结果并未发生逆转，只是 APEC 部门经济体的排名发生了相应的变化，如智利相对于马来西亚的比较优势相对上升，而文莱相应的指数出现了较大的下降等。

在采矿业部门中：按照贸易增加值计算的结果表明，文莱、智利、澳大利亚和俄罗斯是出口显示比较优势最显著的经济体，而中国台湾、韩国、日本和新加坡相应的比较优势指数最低；与传统的计算方法相比，采用增加值数据计算结果基本没有发生变化，19 个 APEC 成员经济体相应的显性比较优势指数结果也没有发生逆转。显然，与农业部门一样，造成这一现象的主要原因在于：采矿业属于全球价值链分工特征不显著，并且其比较优势主要取决于各国的自然禀赋优势。

在制造业部门中：19 个成员经济体中，共有 17 个经济体的出口显性比较优势指数大于或等于 1，其中新西兰、菲律宾、越南、中国台湾和中国大陆相应的比较优势指数最高，平均值均超过 2，而文莱、中国香港和马来西亚相应的显性比较优势指数最低；与采用传统的贸易数据计算结果相比：只有文莱的显性比较优势出现了逆转，采用贸易增加值计算显示文莱在制造业出口并不具有显性比较

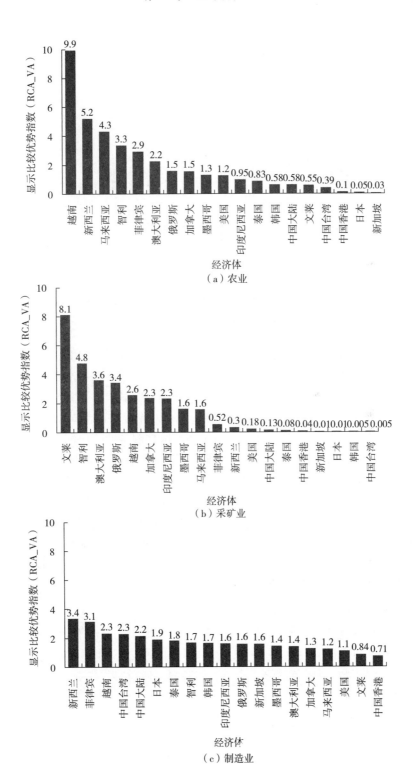

（a）农业

（b）采矿业

（c）制造业

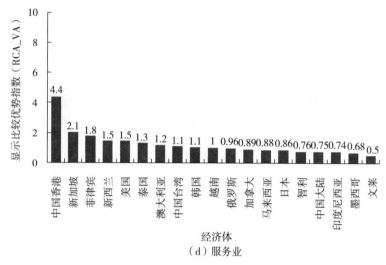

图 19-15 1995~2009 年 APEC 成员分行业显性
比较优势指数（按贸易增加值计算，加权值）

优势，而其他国家相应的计算结论并未发生变化，但部分 APEC 成员经济体显性比较优势的相对位置和排名发生了较大变化，仍然表明在制造业部门各经济体的参与国际分工的深度和全球价值链分工特征较为明显。

在服务业部门中：19 个成员经济体中共有 10 个经济的出口比较优势大于 1，其中中国香港、新加坡、菲律宾、新西兰和美国在服务业部门的出口显性比较优势指数大约 1.5，而文莱、墨西哥、印度尼西亚和中国大陆的出口显性比较优势指数最低；与传统的贸易数据计算结果相比，服务业部门同样没有成员经济体的比较优势指数发生逆转，大多数具有比较优势的成员经济体出口显性比较优势指数介于 1.1~1.8；尽管采用不同方法计算的各成员经济体的比较优势指数大小没有明显的变化，但同样部门经济的比较优势的相对位置和排名发生了一定程度的调整。例如，基于贸易增加值数据计算以后，如菲律宾、智利、中国台湾和日本的服务业的相对位置上升较为明显。

3. 相对显性比较优势指数

由于出口显性比较优势指数只考虑了各国出口相对于其他经济体的比较优势，而忽略了进口的作用。图 19-16 给出了同时考虑出口和进口影响作用的贸易相对显示优势指数（或者贸易显示竞争力指数）的计算结果。

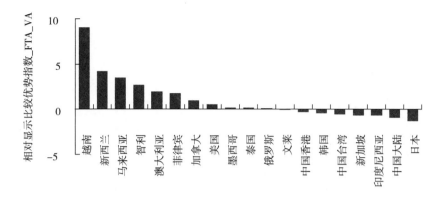

（a）农业

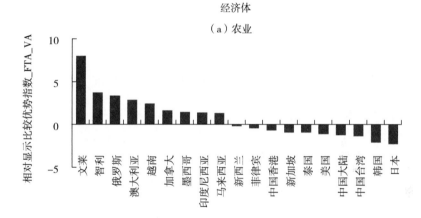

（b）采矿业

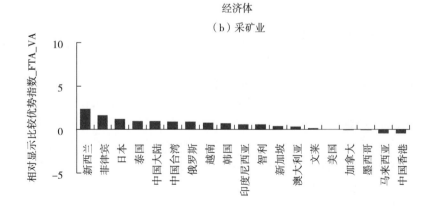

（c）制造业

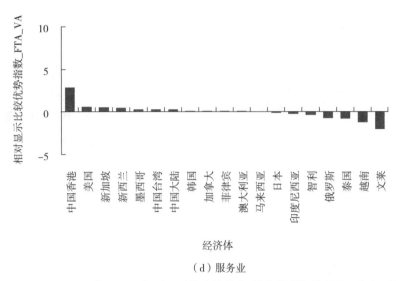

（d）服务业

图 19-16   1995～2009 年 APEC 相对显示性比较优势（按贸易增加值计算，加权平均值）

在农业部门中：相对显示竞争指数最高的经济体分别为越南、新西兰和马来西亚，而相对显示竞争力指数最低的经济体包括日本、中国和印度尼西亚，19 个成员经济体中共有 10 个经济体的相对显示竞争力指数大于零；与采用传统的贸易数据计算结果比较显示：19 个经济体中只有文莱在农业部门的显示竞争力指数发生了逆转，其他经济的贸易显示竞争力指数大小并未发生显著变化，显然这仍然与农业部门参与国际分工水平较低，全球价值链分工模式在农业部门不突出存在密切关系。

在采矿业部门中：采用增加值计算的贸易显示竞争力指数显示在 19 个成员经济体中只有 9 个经济的显示贸易竞争力指数大于零，文莱、智利、俄罗斯和澳大利亚仍然是贸易显示竞争力指数最高的经济体，而日本、韩国、中国台湾和中国大陆等矿产资源主要的进口经济体仍然是贸易显示竞争指数最低的经济体。与基于传统的贸易数据计算结果相比，除了部门经济体在 19 个成员经济的相对排名和位置发生变化之外，大多数成员经济体的相对竞争力指数大小和相对位置均没有发生变化，仍然表明采用增加值和加总贸易计算成员经济体在采矿业部门的显示竞争力指数没有显著的区别。

在制造业部门中：马来西亚、中国香港、墨西哥和加拿大的贸易显示竞争力水平最低，相应的贸易竞争力指数均为负值，而其他成员经济体的贸易显示竞争力指数均大于零，其中新西兰、菲律宾、日本和泰国的贸易显示竞争力指数值最高；与基于传统贸易数据计算的结果相比较，基于贸易增加值计算的贸易竞争力指数发生逆转的国家包括加拿大和墨西哥，同时部分成员经济体的贸易竞争力相对位置和排名发生了较为显著的变化，如越南的相对竞争力水平出现了大幅的下降，而智利的相对显示竞争力水平出现了较为明显的上升。

在服务业部门中：在 19 个成员经济体中，12 个经济体的贸易竞争力指数大于零，其中中国香港、美国、新加坡和新西兰的相对显示竞争力最高，而文莱、越南、泰国和俄罗斯的相对显示竞争力水平最低；与基于传统的显示竞争力指数相比，采用贸易增加值计算的服务业部门的相对显示竞争力指数最高和最低的成员经济体均没有发生变化，其他成员经济的相对显示竞争力指数大小和相对位置也变化很小；显然，与农业和采矿业部门一样，APEC 成员经济体在服务业部门全球价值链分工特征同样很不明显，采用贸易增加值数据和传统的贸易加总数据计算的贸易竞争力和比较优势指数并没有显著的区别。

总体来看，采用同时考虑出口和进口显示比较优势的相对竞争力指数计算结果仍然显示制造业相对于其他产业部门全球价值链分工体系最为明显，而农业和采矿业的比较优势和相对竞争力水平主要取决于各经济体的自然资源禀赋条件，采用贸易增加值数据还是传统的贸易加总数据计算相应结果差别很小。

19.3　APEC 成员经济体经贸关系分析

首先，从农业生产部门来看，通过对成员经济体出口的增加值分解表明 1995～2009 年 19 个 APEC 成员经济体出口的国内增加值平均比重高达 84.5%，绝大多数成员经济体在农业部门出口的国内增加值都超 70%，总体表明 APEC 成员经济体在农业部门参与全球价值链分工的特征并不明显，同时从各经济体在农业部门的前向参与度、后向参与度系数、国际生产阶段指数的相关测度值都显著低于其他产业部门。正因为如此，基于贸易增加值数据和基于传统贸易数据测算 APEC 成员经济在农业部门贸易比较优势和竞争力指数的结果具有很高的一致性。从各种贸易比较优势和竞争力指数测度的结果显示：在 APEC 成员经济体中，越南、智利、新西兰、澳大利亚、马来西亚、菲律宾、加拿大和美国等传统农业生产要素禀赋丰富或者农业较为发达的经济体在农业部门都具有显著的比较优势和竞争力；相反，日本、中国台湾、新加坡、中国香港、中国大陆和印度尼西亚等农业发展禀赋相对稀缺或者对农产品进口需求较大的经济体总体上在农业部门的比较优势和竞争力都处于很低的水平。尽管在农业部门中，APEC 大多数经济体参与全球价值链生产的分工特征很弱，但 APEC 成员在农业部门却具有很强的贸易互补性，通过成员经济体在农业部门的贸易结合度指数和互补性指数同样可以发现，在农业贸易竞争力较强的和农业贸易竞争力较弱的 APEC 经济体之间均呈现出十分显著的贸易结合度和互补性。由于农业部门属于较为敏感的产业部门，同时也是贸易自由化进程推进较为困难的产业部门，在 APEC 推进贸易和投资自由化框架协议下，积极探讨成员经济体互相开放农业市场、农业技术合作、粮食安全、食品质量监管等双边和多边合作具有重要的发展潜力。

其次，从采矿业部门来看，通过对各成员经济体出口增加值的分解表明 19个 APEC 成员经济体 1995～2009 年出口的国内增加值比重平均值为 81.4%，只有新加坡和中国香港矿产资源完全依赖进口的两个经济体国内增加值比重低于40%，19 个成员经济体中共有 14 个经济体出口的国内增加值比重超过 80%；显然，与农业部门相比，采矿业内部的产业链分工特征更加不明显，APEC 成员经济体在采矿业部门的比较优势和竞争力水平主要取决于各经济体矿产资源的自然资源的禀赋特征。从各成员经济体全球价值链参与度指标的计算结果显示，APEC 成员经济体在采矿业部门的前向参与度系数不仅远高于后向参与度系数，而且采矿业部门的前向参与度系数也远高于其他产业部门，而且与其他产业部门相比，采矿业部门距离最终消费需求的距离也最远；上述的计算结果都表明采矿业部门属于典型的上游产业，主要作为初级中间投入品的形式存在于一国内部或者国际产业链当中。由与采矿业部门的参与全球价值链分工的特征不明显，采用传统的贸易加总数据和贸易增加值数据计算的结果并无显著差别，19 个 APEC成员经济体中贸易比较优势和竞争力指数较高的经济体全部属于矿产资源禀赋丰富且重要的矿产资源输出经济体，主要包括文莱、智利、俄罗斯、马来西亚、澳大利亚、印度尼西亚、越南和加拿大；而完全不具有比较优势及竞争力指数为负值的经济体则全部是矿产资源禀赋贫乏或者矿产资源主要进口经济体，主要包括日本、中国台湾、新加坡、中国香港、中国大陆、韩国和美国。同时，采用贸易结合度指数和贸易互补性指数的计算结果都显著的表明 APEC 成员经济体在矿产资源部门具有紧密的贸易结合度和高度的贸易互补性，亚洲新兴经济体及日本和美国两个主要发达国家均属于对矿产资源进口严重依赖的经济体，APEC 成员经济体在矿产资源部门的多边和双边贸易合作不仅具有坚固的现实基础，而且存在具有的巨大的发展潜力。

再次，从制造业部门来看，对 19 个成员经济体贸易增加值分解计算表明 19个 APEC 成员经济体 1995～2009 年出口的国内增加值比重为 65.6%，并且各经济体出口国内增加值比重呈现显著的差异性，19 个成员经济体中只有 7 个经济体出口国内增加值比重超过了 70%；显然，与其他产业部门相比，APEC 成员经济体在制造业出口的外国增加值比重显著偏高；不仅如此，从出口国内增加值比重的构成来看，制造业部门的间接国内增加值及出口后再进口的国内增加值相对比重都显著高于其他产业部门，表明在 APEC 成员经济体在制造业部门的全球价值链分工趋势较为明显，制造业中间产品在各经济体循环往复的进出口现象较为频繁，同时制造业对国内其他产业部门的带动作用也更大；同时从全球价值链参与度的计算结果表明，APEC 成员经济体的后向参与度系数总体上要显著高于前向参与度系数，并且在所有产业部门中，制造业的后向参与度系数总体上也最高，表明对于大多数 APEC 成员经济体在制造业部门进口中间产品的比重总体上要高于出口中间产品的比重；同时 APEC 成员经济体在制造业部门的国际生产阶段指数总体上要高于其他产业部门，仍然表明制造业具有显著的全球价值链分工特征。正因为制造业部门在全球价值链分工特征较为突出，造成很多 APEC 成员经济体采用传统加总的贸易数据和贸易增加值数据计算的比较优势指数和竞争力指数存在较大的区别，并且采用不同指数计算的结果也存在一定程度的差别，甚至部分 APEC 成员经济体相应的计算结果出现了逆转现象。从贸易结合度和互补性指数来看，尽管 APEC 多数的成员经济体在制造业部门贸易较为紧密，且相互之间存在不同程度的互补性，但其互补性指数则显著的低于 APEC 成员在农业、采矿业和服务业部门，总体上表明在制造业部门许多成员经济体的制造业存在较大程度的竞争性，尤其是对很多东南亚新兴经济体之间的制造业部门。虽然采用贸易增加值数和传统的贸易数据计算比较优势和竞争力存在一定程度区别，但总体来看，韩国、中国台湾、泰国、菲律宾、新西兰、中国大陆和日本等经济体的贸易比较优势和竞争力指数较强，而美国、中国香港、墨西哥和文莱等经济体相应的指数较低，美国相应的指数较低与制造业大量转移到东南亚新兴经济体存在较大关系。从上述的计算和分析结果来看，APEC 成员经济体在制造业部门目前总体上已经形成了较为成熟的生产网络体系，全球价值链分工特征较为明显，APEC 成员经济体在制造业部门互补性和竞争性共存，在 APEC 合作机制下进一步推动贸易和投资自由化促进制造业分工进一步深化的同时也需要关注各成员经济体在制造业部门的贸易摩擦升级。

最后，从服务业部门来看，对 APEC 成员经济体贸易增加值的计算分解结果显示 1995～2009 年 19 个成员经济体出口的国内增加值平均比重为 83.6%，19 个成员经济体共有 13 个成员经济体在服务业部门出口国内增加值比重超过 80%。显然，与农业和采矿业部门一样，APEC 大多数成员经济体国内增加值比重较高，服务贸易的价值链分工特征并不明显。从全球价值链参与度指标测度来看，APEC 成员经济体服务业出口的前向和后向参与度指数没有显著的区别，并且都处于很低的水平；同时相应的国际生产阶段指数也处于较低的水平，仍然表明对于绝大多数的 APEC 成员经济体，服务业出口的增加值增长仍然主要集中在国内环节，各经济体参与国际分工的程度较低。因此，采用传统的贸易加总数据和贸易增加值数据评估 APEC 成员在服务业部门贸易的比较优势和竞争力水平差别很小，总体的计算结果表明，服务业贸易比较优势和竞争力水平相对较高的经济体主要包括中国香港、美国和新加坡三个经济体，而文莱、越南和泰国等经济体相应的指数较低，但总体来看，大多数 APEC 成员经济体在服务业部门既没有显著的比较有势也不存在显著的比较劣势，服务贸易的规模及差额均处于较低的水平。未来 APEC 成员经济体在服务业部门仍然存在巨大的合作空间和开发潜力，特别是在 2010 年 10 月，在越南河内召开的第 17 届东南亚国家联盟首脑会议首次提出各成员国之间必须实现互联互通，在基础建设、交通和通信等领域加强合作，同时加强各国人民之间的交流的现实背景下。APEC 成员经济体在推进基础设施的网络化建设，包括运输、信息与通信技术、能源等"物理性硬件"网络建设，完善物流供应链，进一步提高区域产业分工水平方面存在广泛的合作空间。

第 20 章

全球价值链下亚太地区生产性
服务贸易的发展

倪月菊、毛日昇、许冰清

生产性服务业是向生产企业，而不是向最终消费者提供服务产品和劳务的行业，是一种中间投入的服务。生产性服务业紧紧围绕价值链的每一个环节提供中间服务，既有在企业上游提供的研发、设计服务，又有中下游的营销、运输、售后服务等配套服务。可见，生产性服务业是作为一种知识和人力资本密集的中间品投入价值链中，是价值链的重要纽带。生产性服务贸易则是指那些跨越国境满足全球价值链的中间需求，为社会物质生产提供各种非物质形态的服务性活动。因此，生产性服务贸易的发展与在全球价值链中的地位密切相关。本章将着重分析全球价值链下亚太地区生产性服务业的发展，厘清亚太地区主要国家的生产性服务贸易参加全球价值链的程度，从而为进一步加强中国与亚太地区的经贸合作提供依据。

20.1 生产性服务贸易与全球价值链的提升

20.1.1 生产性服务贸易的内涵

生产性服务业是指"向生产者提供人力资本和知识资本，而不是向最终消费者提供服务产品和劳动的服务业"(Greenfield，1966)。从产业链的角度看，生产性服务业具有中间投入功能，包括上游的活动(如产品的设计和研发)和下游的活动(如市场营销等)(Hansen，1990)。可见，生产性服务业围绕全球价值链的每一个环节进行投入，既有在企业上游进行的设计服务、研发，又有中下游的售后服务、营销、金融保险及运输等配套服务。

生产性服务贸易(trade in producer services)则是指具有"报酬递增的专业化中间投入产生的贸易"(Markusen，1989)。一般认为生产性服务贸易有两种存在方式：一种是生产性服务外包，以跨境交付和境外消费为主要方式而存在；另一种是跨国公司的总公司与子公司之间或子公司与子公司之间跨越国境的生产性服务，以商业存在为主要交易方式(周蕾，2013)。生产性服务贸易行业包括运输服务、保险服务、金融服务、与贸易相关的服务、通信服务、电脑及资讯服务、专利权及版权服务、建造服务、建筑、工程及其他技术服务、法律服务、会计、核算及税务咨询服务、商业管理咨询服务及公共关系服务、广告及市场研究服务和运作租赁服务等(曾奕和李军，2006)。生产性服务业与制造业融合价值链模型如图 20-1 所示。

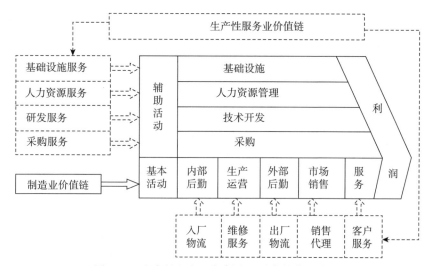

图 20-1　生产性服务业与制造业融合价值链模型

资料来源：杨仁发，刘纯彬. 生产性服务业与制造业融合背景的产业升级. 改革，2011，(1)：44

20.1.2　生产性服务贸易与全球价值链提升的关系

制造业的生产与生产性服务业存在互动发展。特别是随着金融、咨询、法律、工程技术及其他领域的活动日益专业化，制造企业无法在其内部独自提供所有知识，于是生产性服务业便从制造业中分离出来；而制造业自身的发展壮大又给生产性服务业提供了极大的发展空间。因此，作为独立的产业部门，生产性服务业与制造业存在着紧密的互动关系，以其强大的支撑功能成为制造业增长的牵引力和推进器，是制造业起飞的"翅膀"和"聪明的脑袋"。

全球价值链既包括制造业的生产环节又包括服务活动，所以价值链的增值既是生产环节的增值又包括服务活动本身创造的增值。在国际贸易中，产品从出口厂商到国外最终消费者手中会经过多个环节，每经历一个环节，产品就被添加一些服务型的生产活动，也就是发生一次增值。这些服务性的生产活动包括运输、保险、结算、仓储、广告和售后服务等环节追加的服务价值构成，而这一系列的增值过程构成了一条完整的国际贸易价值链(丁梅生和吕伟伟，2006)。在国际贸易价值链中，最大的增值部分是推销、批发与零售服务、广告、商标、样式设计等与信息相关的工作而产生的(丁梅生和吕伟伟，2006)。通过生产性服务贸易，生产性服务业追随全球价值链跨越国界分布到了全球各地，以满足全球价值链的中间需求并为社会物质生产提供各种非物质形态的服务性活动，成为生产性服务业在国际市场上的延伸。

可见，生产性服务贸易紧紧围绕全球价值链的每一个环节提供中间服务，是全球价值链的重要黏合剂，将生产性服务贸易与全球价值链紧密地结合在了一起。因此，生产性服务贸易对货物贸易及整个经济的发展发挥着越来越重要的作用。

20.2　基于增加值贸易的 APEC 成员经济体生产性服务贸易关系测度

由于全球价值链分工日趋明显，出口产品会在不同国家进行加工增值，不同国家的出口产品中包含了不同程度的外国增加值，并且很多贸易产品(特别是制成品)会循环往复地进入一国进行加工增值过程，显然直接采用传统的贸易进出口加总数据有可能会严重高估一国的出口产品在世界市场的真实份额，从而对贸易竞争力和比较优势指标的测度产生显著的偏差。基于上述考虑，这里主要基于OECD_TiVA 贸易增加值数据库，对 APEC 成员经济体的贸易进行分解基础上，测度了不同成员经济体的生产性服务贸易比较优势和竞争力水平。

20.2.1　APEC 成员生产性服务贸易出口的增加值分析

计算结果显示，1995～2009 年 19 个成员经济体出口的国内增加值平均比重为 83.6%，其中美国服务业的国内增加值比重最高达到 95.6%，而新加坡的国内增加值比重最低为 62.3%，共有 13 个成员经济体服务业出口的国内增加值比重超过 80%，中国的比重为 87.7%。同样在服务业部门，大多数成员经济体国内增加值比重较高，服务贸易的价值链分工特征并不明显。

19 个经济体出口的国内直接增加值平均比重为 56.4%，其中文莱最高为74.7%，而新加坡相应的比重最低为 44.3%；服务业部门出口直接增加值比重占出口全部增加值的相对比重平均值为 67.6%，远高于制造业相应比重，表明总体上 APEC 成员经济体服务业出口对其本土其他产业的带动作用较低；其相对比重较高的经济体主要包括文莱、越南、墨西哥、马来西亚、中国台湾、新加坡和其相对比重均值都超过了 70%，表明这些经济体的服务业出口对其他本土行业的带动作用较小；相对比重较小的国家主要包括中国、澳大利亚和新西兰，相应的平均比重均低于 60%，其中中国的相对比重最低为 57.2%，表明在 APEC 成员经济体中，中国的服务业出口对其他行业的相对带动作用最强。

20.2.2　APEC 成员生产性服务业的全球价值链参与度测算

除了对出口进行贸易增加值分解之外，同样可以采用 Koopman 等（2010）提出的全球价值链参与度指标与特定行业分工地位指标，对 APEC 各成员的参与度进行核算。参与度系数又可以分为后向参与度系数和前向参与度系数，前者表示一国总出口中包含的外国进口中间份额，后者表示本国出口的产品被作为中间产品体现在第三国的出口产品中。在服务业部门，各经济体的后向和前向参与度系数总体差别较小，但总体的前向参与度系数略高于后向参与系数，也表明在服务业部门各经济体主要是通过出口服务的方式参与全球分工。

从国际生产阶段指数来衡量，19 个成员经济体中，只有新加坡、越南和马来西亚相应的指数高于 0.5，而其他成员经济体的国际生产阶段指数都处于很低的水平，其中美国、日本、俄罗斯三个国家的国际生产阶段指数最低，同样表明 APEC 成员经济体在服务业部门参与国际分工的环节和水平总体上很低；从服务业的国内生产阶段指数分布来看，同样只有中国的国内生产阶段指数接近于 2，而其他成员经济体的国内生产阶段指数均介于 1.3～1.8，总体上差别很小，与其他产业部门一样，服务业的生产链条仍然主要集中在各经济的内部，参与国际分工的环节和程度都较低。

20.2.3　基于贸易增加值统计数据的 APEC 成员服务贸易竞争力测度

在全球价值链分工模式下，由于一国出口最终产品可能包括了大量的外国增加值，并且出口产品还可能循环往复的进入一国进行加工增值，因此采用加总的贸易数据测度和评估各经济体的实际贸易竞争力水平可能会严重高估或者低估一国的相对贸易竞争力水平。因此，这里同样基于经过分解后的贸易增加值数据，扣除外国增加值影响因素之后，采用了出口产品中国内增加值数据重新计算了 APEC 成员经济体各项贸易竞争力指数。

在 19 个成员经济体中，服务贸易竞争力指数大于零的经济体有 11 个，其中中国香港、美国、中国和马来西亚的贸易竞争力水平最高，而越南、文莱、泰国和菲律宾的服务贸易竞争力水平最低，贸易竞争力指数均为负值。与传统的计算方法相比，采用贸易增加值方法计算后，服务贸易竞争力水平较高和较低的经济体构成总体上并没有发生变化，但贸易竞争力水平相对排名发生了较大变化，主要体现为中国大陆、新加坡和俄罗斯的贸易相对竞争力水平出现了下降，而美国和日本的相对贸易竞争力水平出现了上升，其他成员经济体的贸易竞争力相对水平和位置都没有发生明显的变化。

19 个成员经济体中共有 10 个经济体的出口比较优势大于 1，其中中国香港、新加坡、菲律宾、新西兰和美国在服务业部门的出口显性比较优势指数大约为1.5，而文莱、墨西哥、印度尼西亚和中国大陆的出口显性比较优势指数较低；与传统的贸易数据计算结果相比，服务业部门同样没有成员经济体的比较优势指数发生逆转，大多数具有比较优势的成员经济体出口显性比较优势指数介于1.1~1.8；尽管采用不同方法计算的各成员经济体的比较优势指数大小没有明显的变化，但同样部门经济的比较优势的相对位置和排名则发生了一定程度的调整。例比，基于贸易增加值数据计算以后，菲律宾、智利、中国台湾和日本的服务业的相对位置上升较为明显。在 19 个成员经济体中，12 个经济体的贸易竞争力指数大于零，其中中国香港、美国、新加坡和新西兰的相对显示竞争力较高，而文莱、越南、泰国和俄罗斯的相对显示竞争力水平较低；与基于传统的显示竞争力指数相比，采用贸易增加值计算的服务业部门的相对显示竞争力指数较高和较低的成员经济体均没有发生变化，其他成员经济的相对显示竞争力指数大小和相对位置也变化很小；显然，与农业和采矿业部门一样，APEC 成员经济体在服务业部门全球价值链分工特征同样很不明显，采用贸易增加值数据和传统的贸易加总数据计算的贸易竞争力和比较优势指数并没有显著的区别。

采用贸易增加值数据的计算结果显示，19 个成员经济体中，有 12 个成员经济体存在净显性比较优势，其中中国香港在服务业的净显示比较优势最为突出，这也与前面采用其他指标计算的结果一致，而越南、俄罗斯、文莱和泰国属于在服务业部门净显性比较优势指数较低的四个国家；与基于传统贸易数据计算的结果对比可以发现：菲律宾和加拿大两个国家的净显性比较优势指数计算结果发生了逆转，同时可以发现无论采用增加值数据还是加总的贸易数据计算，大多数APEC 成员经济在服务业部门的净显性比较优势指数都处于很低的水平，这与采用其他相关指标计算的结果也高度一致，表明多数成员经济体在服务业部门的贸易顺差和逆差总体上很小，服务业竞争力水平都处于较低水平没有明显的优势，同时也再一次表明大多数成员经济体服务业参与国际分工的深度和广度水平较低。

20.3　中国生产性服务贸易的竞争力分析

20.3.1　中国生产性服务业和服务贸易的发展状况

生产性服务业是生产性服务贸易的产业基础。改革开放以来，中国的生产性服务业发展迅速，产值不断增加。仅 1981~2005 年的 25 年间，中国的生产性服务业产值就增长了 45 倍，大大超过同期国内生产总值的增速（32 倍）。生产性服务业占国内生产总值的比重也由不足 10%上升至 20%以上。2010 年，中国生产性服务业产值达到 98 162.72 亿元，对国内生产总值的贡献率达到 22.4%。

生产性服务业的快速发展，带动了生产性服务贸易的扩张。在 1983~2005年，中国生产性服务贸易的出口额增长了 58 倍，同期的出口总额仅增长了 34 倍（周蕾，2013）。2005~2010 年，生产性服务贸易额由 794.67 亿美元上升至2 084.72 亿美元，年均增长超过 27%（表 20-1）。

表 20-1 2005~2010 年中国生产性服务贸易进出口状况（单位：亿美元）

时间	2005 年	2006 年	2007 年	2008 年	2009 年	2010 年
进出口总额	794.7	1 022.6	1 382.7	1 776.5	1 595.0	2 084.7
出口额	276.0	376.4	571.9	791.8	641.4	887.3
进口额	518.7	646.2	810.8	984.7	953.6	1 197.5
贸易差额	−242.7	−269.6	−238.9	−192.7	−312.2	−310.2

资料来源：《中国统计年鉴》

虽然中国生产性服务贸易增长很快，进出口贸易额均不断增长，但总体上看，中国生产性服务业的国际竞争力较弱，特别是发达服务业和不发达服务业之间还存在不小的差距。其中比较发达的是传统生产性服务业，如饭店和酒店行业；欠发达的则是新兴生产性服务业，如研发、物流、金融、信息服务、会计统计和律师服务等①。在发达国家，这类服务业一般占整个服务业的 30% 左右，但中国目前只有 15% 左右（刘世锦，2015）。

从表 20-2 可以看出，近年来中国生产性服务业的结构日趋合理，传统生产性服务业占生产性服务业的比重日趋下降，新兴生产性服务业的占比逐年上升。但新兴生产性服务业占比仍不足 50%。生产性服务业竞争力的欠缺，导致中国服务贸易的逆差增长态势显著，且有愈演愈烈之势。表明发达国家迅速占据着全球价值链的上游，中国的生产性服务的国际竞争力较弱，供给无论是在总量上还是质量上都不能满足需求。

表 20-2 中国生产性服务业的结构（单位：%）

时间	2005 年	2006 年	2007 年	2008 年	2009 年	2010 年
传统生产性服务业占比	60.3	58.9	56.7	56.8	55.4	55.9
新兴生产性服务业占比	39.7	41.1	43.3	43.2	44.6	44.1

资料来源：《中国统计年鉴》

---

① 生产性服务业所包含的行业中，交通运输仓储及批发业两个行业一般被划分到传统服务业之列，而信息传输计算机服务和软件业、金融业、租赁和商务服务业、科学研究技术服务和地质勘查业这四个行业一般被划分到新兴服务业行业之中。传统服务业在经济运行中起着很重要的作用，但新兴服务业在其创新性、运行效率等多方面都比传统服务业有着更大的优势。

20.3.2　中国生产性服务贸易的竞争力指数

一般认为，在国际贸易中出口最能反映一国产业在国际上的竞争力。衡量一国贸易竞争力的指数有很多，这里选择贸易竞争力指数（TC）来分析，因为这个指数能表明产品的国际分工状况和行业的竞争优势状况。

贸易竞争指数是指一国某类产品进出口贸易的差额占进出口贸易总额的比重，能表明一个国家的某类产品是净进口，还是净出口，以及净进口或净出口的相对规模。计算公式如下：

$$TC_i = \frac{E_i - I_i}{E_i + I_i}(-1 \leqslant X_i \leqslant 1)$$

其中，TC_i 为贸易竞争指数，E_i 为产品 i 的出口总额；I_i 为产品 i 的进口总额。贸易竞争指数 TC 的取值范围为 $[-1, 1]$，越接近 0，表明竞争优势越接近平均水平；大于 0 时，说明竞争优势大；越接近 1，竞争力越强；反之，则说明竞争力越小。如果 $TC_i = -1$，表明该国的 i 类商品只有进口而没有出口；如果 $TC_i = 1$，表明该国的 i 类商品，只有出口而没有进口。

表 20-3 表明，中国服务贸易的 TC 指数为负。总的来说，2003～2010 年中国服务贸易的 TC 数值接近于 0，表明在这一时期中国服务贸易的竞争力接近于平均水平。而此期间内生产性服务贸易的 TC 指数全为负，其指数的绝对值总体同样呈下降趋势，绝对值从 2003 年的 0.43 下降为 2010 年的 0.21。反映出中国生产性服务贸易的竞争力远小于服务贸易的竞争力。从结构看，生产性服务贸易各行业的 TC 指数存在较大差异，2010 年 TC 值最大的是计算机和信息业，为 0.51，TC 值最小为专有权利使用费和特许费服务，为 -0.88。此外，通信服务、咨询服务的 TC 指数有正有负，且正数较多，计算机、信息服务及广告宣传服务的 TC 值均为正，说明这些行业的竞争力比较强。保险和专有权利使用费及特许费的 TC 指数接近 -1，反映这两个产业的竞争力几乎无竞争力可言。可见，中国高端生产性服务业缺乏竞争力，竞争优势的服务行业还集中在传统产业。

表 20-3　中国生产性服务业部门 TC 指数

时间	2003 年	2004 年	2005 年	2006 年	2007 年	2008 年	2009 年	2010 年
服务贸易	-0.08	-0.07	-0.06	0.13	-0.03	-0.04	-0.10	-0.06
生产性服务贸易	-0.43	-0.38	-0.34	-0.28	-0.20	-0.15	-0.24	-0.21
运输	-0.40	-0.34	-0.30	-0.24	-0.16	-0.13	-0.33	-0.30
通信	0.20	-0.03	-0.11	-0.02	0.04	0.02	0.00	0.04
保险	-0.87	-0.88	-0.86	-0.88	-0.84	-0.80	-0.75	-0.80
金融	-0.21	-0.19	-0.05	-0.72	-0.41	-0.28	-0.25	-0.02

续表

时间	2003 年	2004 年	2005 年	2006 年	2007 年	2008 年	2009 年	2010 年
计算机和信息	0.03	0.13	0.06	0.26	0.33	0.33	0.34	0.51
专利使用费和特许费	−0.94	−0.90	−0.94	−0.94	−0.92	−0.90	−0.93	−0.88
咨询	−0.29	−0.20	−0.07	−0.03	0.03	0.15	0.16	0.20
广告宣传	0.03	0.10	0.20	0.20	0.18	0.06	0.08	0.17

资料来源：席芳沁. 全球价值链下我国生产性服务业发展研究. 天津商业大学硕士学位论文，2013

20.3.3 中国生产性服务业的上游度测算

开放经济下，上游度的测算有助于了解中国生产性服务业在全球价值链中的位置和参与情况。本章选择世界投入产出数据库（WIOD）公布的 2011 年 40 个国家和地区的国家投入产出数据，对中国服务业进行上游度测算，并与世界主要经济体进行对比。

这里测算的生产性服务业包括了建筑业、批发和经纪销售业、零售业、酒店餐饮业、运输业、旅游业、邮电和电信业、金融业、房地产业、机械设备租赁及其他商业活动等服务业。我们将中国各行业按上游度进行划分，上游度小于等于 2 为最终产品倾向型行业；上游度大于 2 小于等于 2.5 为中间品－最终产品倾向型行业；上游度大于 2.5 小于等于 3 为中间品－原材料倾向型行业；上游度大于 3 为原材料倾向型行业（表 20-4）。

表 20-4　中国服务业上游度测算（2011 年、2004 年、1995 年）

行业名称（行业序号）	行业上游度		
	2011 年	2004 年	1995 年
建筑业(18)	1.054 4	1.061 5	1.089 5
房地产业(28)	1.726 0	1.537 7	2.067 7
邮政与电信业(26)	2.334 9	2.234 1	2.763 0
航空运输业(24)	2.369 0	2.458 4	2.613 3
酒店餐饮业(21)	2.417 5	2.142 4	1.993 9
其他运输业及旅行社(25)	2.488 6	2.354 8	2.494 8
批发和经纪销售业(不含汽车和摩托车)(19)	2.557 9	2.412 0	2.816 2
零售业(不含汽车和摩托车)及家庭物品维修(20)	2.575 2	2.413 8	2.808 8
机械设备租赁及其他商业活动(29)	2.884 4	2.401 6	2.301 2
内陆运输业(22)	3.022 7	2.804 5	3.003 8

续表

行业名称(行业序号)	行业上游度		
	2011 年	2004 年	1995 年
金融业(27)	3.120 2	2.808 0	3.132 2
水上运输业(23)	3.579 1	3.155 1	3.145 2

资料来源：根据 WIOD 数据库计算得出

对比三年数据可以看出，2004 年与 1995 年相比，经过 10 年，生产性服务业上游度有升有降，整体呈现平稳小幅下降的趋势。然而，2011 年与 2004 年相比，经过 7 年，除建筑业、房地产业和航空运输业外，生产性服务业的上游度总体呈现上升趋势，且增长趋势远快于 1995～2004 年。特别是内陆运输、金融和水上运输业的变化较大，说明在全球价值链中的地位有很大的提升。

总体上看，中国服务业开放程度远低于制造业，按各服务业开放程度分析。1995～2011 年上游度低于 2 的服务业为建筑业和房地产业，实际是中国对外资开放度非常低甚至是禁止进入的行业；批准外资进入但限制持股比例或者进入方式的生产性服务业，2011 年上游度集中在 2.3～2.6，包括邮政与电信业(电信业准入但限制，邮政禁止)、航空运输业、其他运输业与旅行社和批发零售业；批准外资进入并允许外资独资的服务业，2011 年上游度集中在 2.9～3.6，包括机械设备租赁及其他商业活动、金融业、水上运输业和内陆运输业。

因此中国生产性服务业上游度低，主要是因为开放度不够，中国服务业在全球价值链中的参与程度过低。随着服务业对外开放的提升，中国服务业上游度或将提高，而且对外资限制越少，上游度的提升越大(图 20-2)。

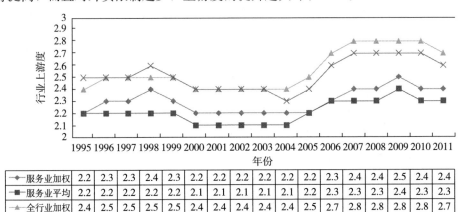

图 20-2　1995～2011 年中国服务业附加值加权上游度
资料来源：根据 WIOD 数据库计算得出

20.4　全球价值链下中国生产性服务业和服务贸易的发展路径及对策

从上面的分析可以看出，中国的生产性服务业和服务贸易的发展水平仍然很低、开放度不够。在全球价值链背景下，若要提高中国在全球价值链中的位置，发展生产性服务业是必由之路。

20.4.1　中国生产性服务业发展存在的问题及影响因素分析

首先，中国生产性服务业的科技含量较低。如上所述，尽管中国近年来生产性服务业的发展较快，但新兴生产性服务业的占比仍然不足 50%，传统生产性服务业，如交通运输和仓储业依然占据主导地位。从专业化程度看，中国生产性服务业发展虽然已初具规模，但存在专业化程度低，核心竞争力和个性化服务能力薄弱、科技含量不高的现象。仅从软件的发展来看，与同为发展中大国的印度相比，中国的软件业，无论从规模还是质量上都普遍偏低，企业创新能力薄弱，被印度远远地甩在了后面。在具有国际影响力的品牌建设上，更是远远落后于世界发达国家。

其次，生产性服务业的国际市场竞争力较弱。尽管近年来中国生产性服务贸易出口有了很大的增长，但外贸逆差依然比较严重，特别是在新兴生产性服务领域的国际竞争力更弱，市场规模明显低于世界先进发达国家水平，甚至低于俄罗斯、印度和巴西等同等收入国家的水平。

再次，生产性服务业企业的外购意识薄弱。中国许多企业受经济体制的影响，仍然保留着"大而全，小而全"的企业结构，外包、外购的理念相对落后，许多可以外包、外购的生产性服务业仍然采用自给生产模式，这从源头上制约了中国生产性服务业需求的扩张(蒲捷，2013)。

造成中国生产性服务业落后的因素有很多，归结起来主要有以下几个方面。

第一，生产性服务业的发展水平是由经济发展水平决定的。不同的工业发展阶段，对应一定的生产性服务业发展水平。一般认为，在劳动密集型工业发展阶段，传统的生产性服务行业诞生并得以发展壮大；在资本密集型阶段，会催生出与之相适应的新的生产性服务业行业，如会计、广告、研发设计和管理咨询等现代化的行业。此时，先进的生产性服务业开始从工业中分离出来，并开始以知识资本的形式投入生产过程中。中国目前正处在由"劳动密集型工业发展阶段向资本和知识密集型工业发展阶段的转换过程中，特定的工业发展阶段和水平决定了中国的生产服务业水平依然处于较低的阶段和水平。

第二，中国生产性服务业市场发育不成熟。由于中国生产性服务业起步较晚，缺乏统一的行业标准和规范，导致同业之间存在恶性竞争、信用体制缺乏、市场交易标准不明晰和不规范等现象，结果导致中国生产性服务业外包程度低和结构低度化，进而影响了生产性服务业需求的拓展。有的个别企业由于缺少自律规范和员工培训，当客户托运贵重物品时，还常发生携款潜逃，贵重物品损坏理赔等现象（杨玉英，2008）。这些行为都严重地影响了整个行业的发展。

第三，生产性服务业的创新人才不足导致创新能力薄弱。生产性服务业本身是知识、人力资本密集型产业，这就决定了它对知识型人才、创新型人才的巨大需求。尤其是在研发设计、管理咨询和电子商务等领域。但是，从中国人才统计信息来看，当前，生产性服务业人才需求和供给存在较大矛盾，该领域专业技术型、创新型人才尤为匮乏。创新人才的匮乏直接影响到生产性服务业创新能力的提升，进而影响生产性服务业的发展。

20.4.2　全球价值链下中国生产性服务贸易发展的路径及对策

中国要想发展生产性服务贸易，必须从提升生产性服务业的国际竞争力入手，从全球产业价值链的中低端向中高端前行。为此，必须采取先易后难、先近后远的发展战略。目前，中国生产性服务业存在企业标准各异，彼此孤立；行业标准匮乏和不统一不规范等现象，使中国生产性服务企业很难整合、形成合力。为此，制定统一的行业标准和规范，是突破生产性服务业发展瓶颈的关键。通过企业的水平整合有效地实现了规模经济后，再进一步通过规模化生产降低生产成本，有意识的向上下游延伸，鼓励企业创新，实现垂直整合，从而提高在全球价值链上的位置。

为此，我们的政策建议如下。

第一，完善政府职能，加快市场化建设。生产性服务业本身涉及的范围广、门类多、更新快，不断出现新的业态，产业融合速度也不断加快，这就造成了政府存在交叉管理或无政府管理、行业缺乏统一规范和标准、产业内要素不能自由流动、分工协作出现障碍等问题的出现，结果导致生产效率低下。为此，必须首先从完善政府职能入手，加快市场化建设，统一行业发展规划和标准，鼓励要素在空间内自由流动，以打破地方限制和区域垄断，发挥市场竞争的积极作用。对于过度竞争的行业应当规范行业标准，组建行业协会，加强标准化管理，促进良性竞争。同时要注意使国内的服务标准与运作规范与国际接轨，便于向国际产业链条融合。

第二，制定促进生产性服务发展的倾斜性政策。中国制造业正处在转型发展的关键时刻，提高中国制造业在全球价值链中的地位，必须加强生产性服务业与制造业的互动融合，共同发展。因为先进的生产性服务业可以通过提供研发、信息及网络技术、数据分析系统、财务结算等专业化服务，为制造业升级提供优质的资源，降低制造业生产成本，提高制造业生产效率。为此，应该制定促进生产性服务业发展的倾斜性政策，鼓励并引导更多的资金和创新型人才进入到生产性服务行业中。例如，外商投资中国生产性服务业的企业给予一定的税收优惠和其他政策优惠，对于交通运输、教育科研等有一定公共性的行业，中央及地方政府给予更多的财政支出支持，并且引导民间资本投向生产性服务业，鼓励更多劳动者进入生产性服务业中就业。

第三，重视生产性服务业人才引进与人才培养。生产性服务业具有较强的知识性，对于人力资本的要求较高。科学研究、信息技术、电子商务等部门需要高科技的专业性人才；设计、金融保险、管理咨询服务等行业需要更多管理和创意设计方面的人才。所以人才是发展生产性服务业一个重要的环节。发展生产性服务业必须重视高素质专业人才的培养，要根据自身的需求特点，建立良好的激励机制和培养模式，吸引更多的国内外优秀人才。

第四，鼓励生产性服务业企业创新发展。生产性服务业领域的创新，不仅仅来自于科学技术的进步，而且更多的来自经营方式的创新，商务模式的创新等方方面面。目前，中国的生产性服务业创新流于形式，创新机制不合理，企业创新动力不足，很多企业对创新不够重视，导致创新与应用脱钩，无法形成竞争力。今后，政府要加大对企业创新的支持，从资金、环境和风险控制等多个环节鼓励企业创新，在税费、用地和要素价格等方面，对企业创新提供扶持。同时，要在科研机构、高校与企业之间搭建桥梁，鼓励将创新成果充分运用等。

第五，重视发展高端生产性服务业。在全球价值链下，生产性服务作为要素投入，本身具有技术密集、知识密集的特点，高端生产性服务业投入更是可以提高制造业的附加值。因为知识含量高、附加值高、创新能力强、技术和资本密集的高端生产性服务业，能够为其他企业提供知识、技术、设计、信息和管理等关键性生产要素，提高企业的生产效率，促进其从产业价值链的低端向高端升级，具有显著的产业带动效应。因此，发展高端生产性服务业有助于中国提升在全球价值链中位置。

第六，促进生产性服务业集聚发展。生产性服务业的产生和发展是分工及专业化程度不断提高的结果。随着生产性服务业规模的扩大，会不断提高所提供的服务的专业化程度。生产性服务业的专业化程度在国际上呈现出了在大城市聚集的特征，如纽约和伦敦的金融中心、硅谷的信息技术集聚等。推动城市化的进程，可以使更多的工业企业集聚、科研高校的集聚，为生产性服务业发展提供良好的条件，使之产生集聚效应。

第七，加大对外开放力度，增强生产性服务业的国际竞争力。目前中国服务业对外开放程度很低，而在全球化的大背景下，服务业尤其是生产性服务业与全球产业价值链条的脱节显然极不利于中国提升全球价值链位置。因此，我们必须要加快对外开放的力度，积极促进生产性服务业的国际合作。一方面，要引入国际先进生产性服务业，以竞争为动力促进国内生产性服务业发展；另一方面，要抓住全球服务产业转移的契机，积极承接跨境服务，不断提高服务水平，努力融入全球产业分工和产业价值链条中去。

第八，健全法律法规和行业规范。中国生产性服务业起步较晚，市场机制仍不健全。因此，我们应该尽快健全相关法律法规，在信息、知识产权保护、诚信机制和服务标准等各方面制定相关法规。对于存在着自律不足，管理混乱、服务质量低下问题的行业，要通过行业协会等，建立相关行业规范，规范运作和服务，加强监管和信用评级机制，防止不良行为阻碍生产性服务的健康发展。

第 21 章

亚太区域生产网络的风险评估与治理

东 艳

全球价值链增加了各国经济联系的紧密程度，也加大了风险通过价值链的跨国传递过程，宏观经济冲击、自然灾害、技术冲击、经济波动、人口结构演变和管制变动等因素将通过对价值链传递影响亚太地区经济稳定。结构效应和供应链效应影响商业周期的国际传导。本章通过探究区域内贸易和投资的风险，分析亚太生产网络中的风险来源。从厂商因素、各国政策因素、供应链因素（自然灾害和延迟等）、竞争因素、宏观经济和全球市场波动因素、地缘政治因素等角度对全球价值链中的风险因素进行分解。分析如何扩展和完善 APEC 内部生产网络，强化制造业在 APEC 中的中心地位，以预见宏观经济冲击的影响，建立防范机制。防止在融入全球生产网络的过程中，丧失一国工业体系的独立性，沦为全球价值链的依附品，实现国际分工中位置的提高和国民经济的健康发展，向产业链和价值链上游提升，提高竞争力，实现动态升级的过程。价值链风险评估体系如图 21-1 所示。

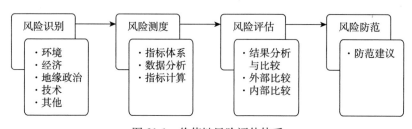

图 21-1　价值链风险评估体系

21.1　亚太区域生产网络中的风险来源识别

根据 The Fung Global Institute、World Economic Forum(2012)、Elms 和

Low(2013)等分类,全球价值链中风险有以下几个来源(表 21-1):①环境因素;②宏观经济冲击;③地缘政治风险;④技术冲击等。

表 21-1 全球价值链中的风险因素

环境	经济	地缘政治	技术
自然灾害(59%) 极端天气(30%) 流行病(11%)	突然的需求冲击(44%) 商品价格的急速波动(30%) 边境延迟(26%) 汇率波动(26%) 全球能源短缺(19%) 所有权投资限制(17%) 劳动力短缺(17%)	冲突和政治动荡(46%) 进出口限制(33%) 恐怖主义(32%) 腐败(17%) 非常贸易和有组织犯罪(15%) 海事争端(9%) 核、生化武器(6%)	信息和通信破坏(30%) 运输基础设施损坏(6%)

资料来源:World Economic Forum(2012)

21.1.1 宏观经济冲击风险

Gangnes 等(2012)、刘仕国和吴海英(2013)认为,全球价值链放大且加快经济冲击的国际传导。全球价值链主要通过结构效应和供应链效应影响商业周期的国际传导,具体如下。

(1)"供应链效应"(supply chain effect)。指全球价值链的某些内在特征会加快或放大商业周期的冲击效应。在运营管理领域,关于供应链的研究中,此类效应被称为"牛鞭效应"(bullwhip effect),是指在价值链中的成员企业之间,由于一部分信息相对封闭,信息流在从下游向上游传递的过程中无法实现信息的有效共享,使信息扭曲逐渐产生放大效应,引发经济波动加强。产业发展的前后关联度提高,上下游厂商间通过服务、信息、生产成本变动和供货时间等相互影响,加大了风险的影响。

近年来,一些研究从全球价值链角度分析金融危机在全球快速扩张传递。其传导机制包括贸易政策在全球价值链传递过程中的乘数效应、中间品存货变化的影响等。Bems 等(2011)采用全球投入产出框架,分析了垂直关联对经济危机时贸易大幅度下降的影响,结果表明,中间品贸易的下降占全球贸易下降的 2/5,其中 1/3 的总贸易下降是垂直专业化贸易引发的。

(2)"结构效应"(composition effect)。指全球价值链会增加一国特定部门对外部需求波动的敏感性。如果特定国家专注于特定产业部门(如耐用品部门),由于这些部门出口依存度较高,从而对外部收入波动更为敏感。Bems 等(2011)及 Eaton 等(2011)的估算结果认为,结构效应可以解释 70% ~80% 贸易导致国内生产总值的下降的影响。从第一部分的计算可以看出,当前亚太地区深入的融入全球价值链中，亚太生产网络将 APEC 内部的国家更紧密地联系到一起，美国和欧盟等主要国家和地区的宏观经济形势变动及经济周期将较快地传递到 APEC 各经济体。特别是机电等行业受的影响更大。

21.1.2　需求风险

生产链条的加长，供给方与需求方信息不对称等因素，对本地消费者偏好缺乏了解等会加大风险。

21.1.3　自然灾害风险

随着全球生产网络的发展，某一地区自然灾害会通过全球价值链进行风险传递，影响上下游的厂商。随着厂商间相互依存程度的增加，厂商在生产网络某个环节面临的风险，可能会导致其他部分厂商生产运营失败。2011 年的日本地震、2012 年的泰国洪水等灾害对亚太生产网络均产生较大的影响。

21.2　亚太区域生产网络的稳定性测度

Shepherd 等（2014）构建了亚太区域生产网络指标体系，具体如表 21-2 所示。

表 21-2　亚太区域生产网络风险测度：指标体系与数据来源

价值链风险	自然风险	人口	WDI indicator，World Bank
		地震	EM-DAT international Disaster Database
		洪水	EM-DAT international Disaster Database
		暴风雨	EM-DAT international Disaster Database
	物流和基础设施风险	贸易和运输基础设施的质量	Losistics Performance Index World Bank
		运输服务的质量	Losistics Performance Index World Bank
	市场风险	CPI 的不稳定性	International Financial Statistics，IMF
		主权评级	Respective credit rating agencies websites
		国际投资净准确头寸占国内生产总值的比重	International Financial Statistics，IMF
	管制风险	腐败管制指数	Worldwide Governance Indicators，World Bank
		法制规则指数	Worldwide Governance Indicators，World Bank
	政治风险	政治稳定性及无暴力指数	Worldwide Governance Indicators，World Bank

资料来源：Shepherd 等（2014）

21.2.1　总体分析

我们采用 Shepherd 等(2014)的研究方法，对亚太区域价值链风险进行分解分析。图 21-2 对 APEC 与 G20 国家间风险的来源进行分解，并对比分析。APEC 成员数为 21 个，有 9 个国家同属于这两个区域组织(表 21-3)。APEC 面临的自然风险指数为 2.87，明显大于 G20 的 2.0 的水平，说明在亚太生产网络中，东南亚国家面临的自然风险较高。而 APEC 国家的市场风险则小于 G20 国家，在宏观经济稳定性方面较好。政治风险、物流风险和管制风险方面，两个组织基本相同。

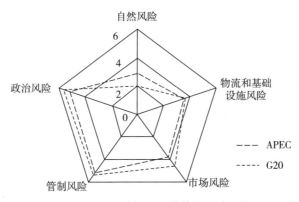

图 21-2　APEC 与 G20 价值链风险比较

表 21-3　APEC 与 G20 国家比较

APEC(21)	G20
中国大陆、印度尼西亚、韩国、日本、俄罗斯、墨西哥、澳大利亚、美国、加拿大	
菲律宾、巴布亚新几内亚、泰国、秘鲁、智利、马来西亚、新西兰、中国台湾、文莱、中国香港、新加坡、越南	德国、法国、英国、意大利、欧盟、南非、阿根廷、巴西、印度、沙特阿拉伯、土耳其

资料来源：根据 Shepherd 等(2014)相关数据绘制

接下来对 ASEAN 与 G8 的情况进行对比，ASEAN 的成员均为 APEC 成员，而 G8 成员中有四个国家属于 APEC 成员，ASEAN 和 G8 的对比在一定程度上体现了 APEC 内发展中国家与发达经济体的风险差异。从图 21-3 的对比看，ASEAN 在细分的 5 个方面的风险水平均明显高于 G8 的水平，特别是在物流和基础设施风险、管制风险、政治风险方面差距较大，体现了两类经济体在市场体系等方面建设的差异。同时，在自然风险方面，ASEAN 也处于较高的水平。

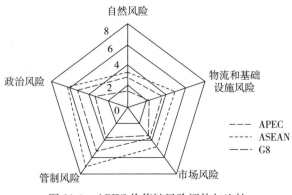

图 21-3 APEC 价值链风险评估与比较

21.2.2 分经济体分析

APEC 经济体工业化发展进程如表 21-4 所示。

表 21-4 APEC 经济体工业化发展进程

经济发展程度 地区	工业化进展中的经济体			工业化经济体
	最不发达经济体	其他发展中的经济体	新兴工业化经济体	
北美地区				美国、加拿大
拉美		秘鲁	墨西哥、智利	
东亚		菲律宾、越南	中国大陆、印度尼西亚、泰国、文莱	日本、韩国、新加坡、中国香港、中国台湾、马来西亚
太平洋	巴布亚新几内亚			澳大利亚、新西兰
欧洲				俄罗斯

资料来源：根据 UNIDO, Industrial Development Report, 2013: Sustaining Employment Growth: The Role of Manufacturing and Structural Change 相关内容整理

图 21-4 展示了 APEC21 个经济体的风险水平及分解，从总体风险看，菲律宾、中国、印度尼西亚、俄罗斯、泰国和秘鲁均处于较高的水平，而 APEC 中的发达经济体的总体风险则相对较低。其中，发展中经济体的政治风险、管制风险普遍明显高于发达经济体，市场风险和物流基础设施风险方面存在一定的差异，自然风险的差异与经济发展水平的关系不明显。

从自然灾害来看，菲律宾、中国、智利和新西兰的此类风险较高。地震、海啸和洪水等影响了这些地区生产的稳定性[图 21-5(a)]。

从物流基础设施来看，印度尼西亚、越南、墨西哥和马来西亚等地的基础设

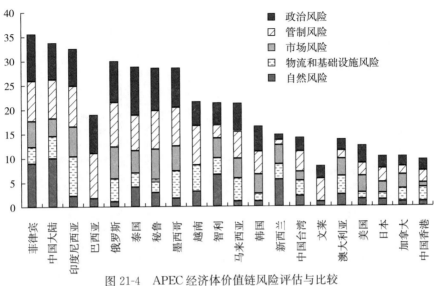

图 21-4　APEC 经济体价值链风险评估与比较

图中未包括巴布亚新几内亚

施建设风险较大。澳大利亚面临的物流风险与自身面对的其他风险比，相对较高，这主要因其所处的大洋洲地理位置决定的，从亚太生产网络的构建看，对于机电等多环节生产网络，澳大利亚在加入此类网络中将处于劣势［图 21-5(b)］。

从市场风险来看，俄罗斯的市场风险较高，除了经济结构单一外，近年来，该地区受美国和欧盟等经济制裁影响较大［图 21-5(c)］。

从政治风险看，APEC 区内发展中经济体面临的此类风险较高［图 21-5(d)］。从管制风险看，市场规则不完善的发展中经济体面临的此类风险较高［图 21-5(e)］。

21.2.3　东盟部分国家价值链风险分析

表 21-5 所列出的国家在亚太价值链中可能处于的位置，这些国家中的价值链风险主要体现在商业腐败行为、企业的管理制度不完善、基础设施不足、产业配套能力不强方面。自然风险主要体现为自然灾害、语言、文化差异，政局不稳定、罢工频发等。

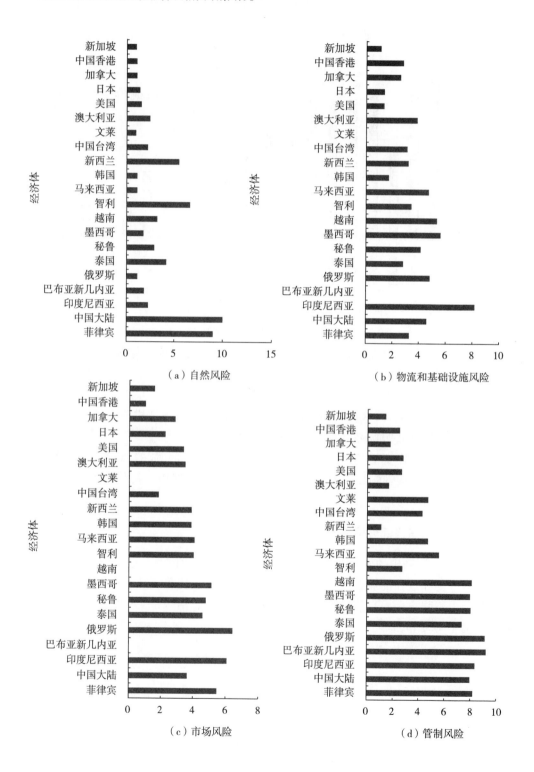

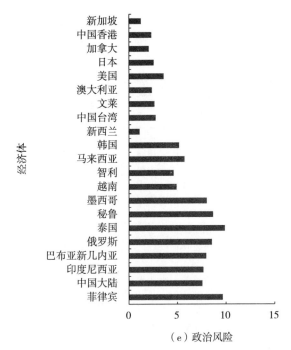

（e）政治风险

图 21-5　APEC 经济体价值链风险分项分析

表 21-5　东盟部分国家价值链风险分析

项目 \ 经济体	印度尼西亚	越南	菲律宾	缅甸	柬埔寨	老挝
工业化、阶段	新兴工业化国家	工业化初期	工业化初期	最不发达国家工业基础弱		
年均国内生产总值增长率/%（2010～2013 年）	6.2	5.8	6.3	7.8	7.0	8.2
贸易、经济政策	贸易自由化	出口导向型模式	有意向加入TPP	由农业国向工业国转变 作为最不发达国家，享受普制待遇		
FDI 政策	鼓励外资	鼓励外资	鼓励外资，FDI 流入的增速快	鼓励外资FDI 流入的增速快	鼓励外资FDI 流入的增速快	鼓励外资
自然资源	自然资源丰富	纺织服装业所需要的棉花主要依赖进口	较丰富	较丰富	较丰富	较丰富

经济体 项目	印度尼西亚	越南	菲律宾	缅甸	柬埔寨	老挝
政策、经济 稳定性	存在不稳定因素，劳工问题明显	政局稳定，但市场运行效率低，存在腐败	汇率风险大，存在商业腐败	汇率不稳定，政局存在不确定性	存在腐败，法规不完善	较稳定
基础设施	薄弱	薄弱	薄弱	落后，水电供应短缺	落后，水电供应短缺	落后，运输体系不完善，物流成本高
价值链产业关联	有一定基础	不完善，原料、机械依赖进口	有一定基础	不完善	结构单一，处于低端加工环节	不完善
在价值链中的优势产业	中、低技术制造业	纺织服装业	电子、纺织服装等	纺织服装业	纺织服装业	
国内需求	收入水平高，国内市场广阔	经济增长率较高，发展前景好	收入水平高，国内市场广阔	市场规模小，但潜力较大	市场规模小，但潜力较大	市场规模小，但潜力较大
劳动力供给	丰富，增速快	丰富，并保持增长，技术水平低	丰富，保持增长。劳动力素质高	丰富，保持增长。技术水平低	总量少，持续增加	总量少，技术水平低
劳动力成本	较低	低，优势明显	无明显优势	低，优势明显	极低，优势明显	低
自然灾害	灾害风险高	灾害风险高	灾害风险高	灾害风险高	灾害风险高	灾害风险高

21.3　亚太区域生产网络的风险防范机制

在对亚太生产网络风险分解分析的基础上，我们研究亚太区域贸易投资一体化的风险防范的一些方法。在厂商层面上，建立风险管理体系；在国家层面上，建立贸易政策的多边协调、投资规则的多边协调的方案，防止各国为了争取高附加值环节而制定与邻为壑的竞争型贸易政策。同时扩展内部生产网络、提升制造业在 APEC 中的中心地位。

21.3.1　厂商水平的应对防范

价值链各环节的厂商是风险防范和化解的主体。厂商通过建立完善的风险管理体系，来化解外部风险。减缓风险的措施包括选择金融状况良好的供给者；对合作方所面临的自然和政治、管制风险进行评估、压缩物流运输和周转成本；建立风险预警监测系统；等等。

21.3.2　国家层面的政策合作协调

加强贸易政策的多边协调和投资规则的多边协调。在全球价值链生产模式下，与邻为壑的竞争型政策将产生乘数效应，同时可能引发两败俱伤。生产的一体化，要求各国市场规则的一致性，以及各国间标准的相融性。这需要更复杂的国际贸易规则来处理商品和要素的跨境流动，促使国际贸易规则从边界规则向边界内规则(behind the border barriers)扩展，这些边界内规则主要规范对象涉及一国的国内政策，如国有企业行为、知识产权保护、劳工等。全球价值链所带来的挑战还包括全球贸易更多的由 FDI 所驱动，贸易和投资规则有整合的必要性。商品贸易和服务贸易的关联度加强，运输服务、商业流动、信息服务等新领域涌现，需要新的贸易规则来协调这些与商品贸易相关的服务贸易的发展。生产分割所引起的中间产品在多国间的流动，使原产地规则的确定需要更加细化。

第 22 章

促进亚太区域经济整合的战略选择

张　琳、东　艳

22.1　全球价值链与亚太区域一体化

传统国际贸易理论认为，一国同其他国家签署 FTA 会产生"贸易创造"与
"贸易转移"效应，且前者效果较为明显，因此有助于参与国之间贸易壁垒的降
低，最终促进贸易增长。但是，随着全球价值链程度的提高，贸易中中间产品的
比重越来越高，FTA 促进贸易发展的机制发生了变化，传统的基于总产品贸易
的贸易创造和贸易转移的福利研究已经无法全面解释当今的现实。中国十分重视
自身的 FTA 建设，目前签署和正在谈判的 FTA 数量已有数十个，尤其是"一带
一路"倡议的提出，标志着中国已将 FTA 建设上升到战略高度。因此，在中国
加强 FTA 建设的同时，基于全球价值链基础上对 FTA 的福利效应进行重新审
视，理清 FTA 对于贸易的真实影响变得十分有意义。提出 APEC 地区区域一体
化发展方向及中国的自由贸易区战略，具有重要意义。

22.1.1　全球价值链与 FTA：现实发展

截至 2013 年 7 月 31 日，全球向 WTO 通报的区域贸易协定达 575 个，其中
有 379 个 FTA 已经生效，全球双边、区域 FTA 的数量呈现不断上升的趋势。
中国在双边、区域自由贸易区的建设方面起步较晚，但近两年来，伴随着《中国-
瑞士自由贸易协定》签署，特别是最近中韩自由贸易区、中澳自由贸易区谈判的
达成，中国的自由贸易区实践（FTA）实现了快速的发展和新突破。从区域多边
合作角度看，中国正在参与的"区域全面伙伴关系"（RCEP）和 APEC 会议中力推
的 FTAAP 已经成为亚太区域内一体化的重要实现路径和通道。

截至 2015 年年底，中国已经签署并实施的自贸协定有 14 个，涉及 22 个国

家和地区,分别是中国与东盟、巴基斯坦、新西兰、智利、秘鲁、哥斯达黎加、冰岛和瑞士的自由贸易区,中国大陆与中国香港、中国澳门更紧密经济贸易关系安排,以及中国大陆与中国台湾的海峡两岸经济合作框架协议。另外,还有就是中国与韩国、中国与澳大利亚。

近两年来,中国 FTA 战略的一系列新发展取得了丰富的成果,取得了中国此前自贸协定中没有过的突破。中国明确发出了加快实施自由贸易区战略的信号,展现了中国继续扩大开放,积极参与经济全球化和区域经济一体化的信心和决心。十八届三中全会精神表明,推进以周边为基础是加快实施自由贸易区战略重要部署的关键一步,也是落实中国经济领域全面深化改革、扩大对外开放的重要环节。

1. 中国-瑞士自由贸易区:与发达小型开放经济体的双边自贸协定代表

2013 年 7 月 6 日中瑞双方签署《中国-瑞士自由贸易协定》,2014 年 7 月 1 日正式实施。中瑞自由贸易区具有鲜明的特色:经济互补为基础,南北型经济合作,获益颇多;高水平的开放,新规则的涵盖,中瑞自由贸易区将会成为中国新一阶段区域经济一体化和对外谈判的模板,具有显著的示范和借鉴意义。

2007 年瑞士成为欧洲国家中第一个承认中国完全市场经济地位的国家,这一共识成为中瑞双方达成自由贸易区协议的基本前提。瑞士属于欧洲自由贸易联盟(其他三个成员为挪威、冰岛和列支敦士登),在联盟中处于领头羊的地位;瑞士位于欧洲的地理中心,与欧盟成员国经贸关系十分紧密。中瑞自由贸易区协议的达成具有显著的示范效应,意义非同一般。

中瑞自由贸易区协定规定,瑞士对中国出口 99.7% 的商品货物全面实行零关税,其余 0.29% 部分降税,0.01% 为例外商品;考虑到中国产业的承受能力和市场情况,承诺 84% 的对瑞士出口产品实行零关税,也设定了关税递减的过渡期限(5~15 年),关税递减的例外产品包括机床、纺织品、汽车、液晶面板、医药等。中瑞自由贸易区协定的内容,不仅涵盖货物贸易、服务贸易、投资,还包括环境保护、劳工就业、竞争政策等问题,特别是知识产权,是中国与其他国家的 FTA 协定中从未包含过的。服务贸易,特别是金融、证券业的开放和合作也有所涉及,中国服务贸易领域的开放是未来中国对外开放政策的"抓手";通过双边投资协定,鼓励中国企业走出去,进行对外投资。

2. 中国-韩国自由贸易区:东亚地区内的"破冰"意义

中韩自由贸易区从 2004 年 11 月启动双边民间可行性研究,经历了数轮官产学联合研究,于 2012 年 5 月启动双边协定的谈判,经过 14 轮谈判,终于于2014 年 11 月完成结束实质性谈判,2015 年 6 月 1 日,中韩两国政府正式签署双边 FTA 协议。中国已成为韩国最大贸易伙伴、最大出口市场,对华出口约占韩国总出口的 1/4，中国也是韩国最大的进口来源国、最大海外投资目的国和生产加工基地；韩国是中国第三大贸易伙伴国、第五大外资来源国。2013 年，韩国首度超过日本，成为中国第一大进口来源国，双方经贸相互依赖，往来不断深化。但自由贸易区谈判中，两国产业相似度高，中高端制造业竞争；高标准、高水平的自由贸易区规则，农业部门开放等敏感问题也都成为中韩自由贸易区达成的"绊脚石"。

中韩自由贸易区是中国目前为止涉及贸易额最大、综合水平最高的自由贸易区。根据协定，货物贸易自由化方面，经过最长 20 年的过渡期后，实现中国零关税产品覆盖全部商品海关税目的 91%，占进口额 85%；韩方承诺最终零关税产品覆盖商品税目的 92%，占进口额 91%，实现高水平的货物贸易自由化。从服务贸易自由化方面，中方承诺在视听合作合拍、出境游、环境等部门的开放和合作，韩方承诺在速递、建筑、医疗等方面的市场准入。

从国际贸易投资的新规则上看，中韩 FTA 首次涉及以准入前国民待遇和负面清单模式的谈判，承诺在协定生效后两年内，启动服务贸易的负面清单模式谈判和基于准入前国民待遇和负面清单模式的投资谈判，为今后我国对外区域贸易协定的谈判奠定了基调，努力与国际"高标准"FTA 的规则实现接轨。中韩自由贸易区首次在自由贸易区谈判中涉及电子商务和地方合作内容，首次设立金融服务、电信服务单独章节，特别是还包含了竞争政策、环境等"21 世纪贸易议题"，形成了"高水平、全面"的新型 FTA 协定。

中韩自由贸易区协定成为中国在东亚地区一体化进程中重要的"破冰"之举，意义重大：第一，有望促进中日韩自由贸易区的推进。东亚地区内，对日形成外在压力，打破谈判僵局，激发谈判动力。第二，在亚太区域内，与东盟、中国香港、中国澳门、智利、新西兰形成 N 个双边 FTA 网络，减少被 TPP 排除在外的负面影响；第三，成为亚太一体化的进程中的一个"支柱"，在区域一体化进程中发挥"垫脚石"作用。

3. 中国-澳大利亚自由贸易区：与首个发达大国的自贸协定

2014 年 11 月 17 日，中国与澳大利亚完成了双边自由贸易区的实质性谈判，2015 年 6 月 17 日双方签署 FTA 协定比中韩自由贸易区尤甚，中澳 FTA 自 2005 年 4 月启动双边自由贸易区协定谈判，近十年间经历了 21 轮谈判，在 2008～2009 年更是曾一度搁置，至今终于达成，过程十分曲折艰辛。中澳自由贸易协定可行性研究的结论表明，澳大利亚从自贸协定中获利最大的产业是谷物、羊毛制品、绒线、矿物和有色金属。中国获利最大的产业则是制造业，特别是纺织品、服装和其他杂项制成品（如玩具和体育用品等）；两国的服务部门都能从 FTA 获益，并且越早地实施 FTA 会使两国获益越大。

根据谈判结果，货物贸易自由化方面，最晚于 2019 年，澳大利亚对中国所有产品包括牛奶、酒类、煤炭、海产品等，关税均降为零；中国对澳大利亚绝大多数产品关税最终降为零。服务领域，中国承诺允许金融部门、工程服务等行业向澳开放，拥有进入中国市场的优待机遇。投资方面，双方在协定生效日起相互给予最惠国待遇，大幅降低企业投资审查门槛，增加企业投资的市场准入机会、可预见性和透明度。澳大利亚承诺对中国国企审查采取更加宽松的模式，特别是针对于对澳进行绿地投资的公司及运营透明度较高的上市公司。中澳自贸协定范围涵盖货物贸易、服务贸易、投资等共 10 多个领域，其中还包括了电子商务、政府采购等。

中澳自贸协定实现两国经济优势互补和互利双赢，促进双边经贸关系深入发展。中国对澳大利亚出口的铁矿石存在很大的依赖性，中国制造业对澳大利亚出口具有一定的竞争优势；日益壮大的中国市场对澳大利亚的奶制品、和服务出口具有很强的吸引力；中国已经成为澳大利亚第一大进口来源国和出口目的国，双方贸易依存关系不断加深。此外，澳大利亚是中国 FTA 伙伴国的首个"发达经济大国"，除了经贸方面合作与共赢以外，地区治理、安全合作等方面，中-澳全面战略伙伴关系的确定也为双边合作提升了新的高度。

到目前为止，中国自由贸易区战略的实践经历了三个阶段。第一阶段：起步阶段(2001～2005 年)：中国自由贸易区建设起步晚，2001 年中国-东盟达成建立自由贸易区协定的共识，2002 年 11 月签署了关于建立自由贸易区的一揽子框架协议，中国才正式迈出 FTA 合作框架的第一步。

第二阶段：快速发展阶段(2005～2010 年)：2007 年中共第十七次全国代表大会上提出的"实施自由贸易区战略，加强双边多边经贸合作"，中国的 FTA 战略成为进一步推动中国双边多边经贸合作的基础，中国的 FTA 建设步入快速发展阶段。但在这一阶段，中国大陆的自由贸易区伙伴仍以南南合作、发展中国家为主，或者是以新西兰、新加坡等开放型发达小国为主，谈判难度较低。自由贸易区伙伴中除印度尼西亚外，其他经济总量均在全球二十名之外，规模较小。已签署并生效的自贸协定涵盖中国大陆对外贸易总额为 26%，如扣除中国港澳台地区，则仅占 12%左右，大大低于加拿大(68%)、美国(38%)、欧盟(28%)。

第三阶段：后金融危机时期发展新阶段(2011 年至今)。这一阶段，我国的自由贸易区战略以全面、高质量和利益平衡为目标，实现了许多历史性的突破，如高水平、高标准"二十一世纪议题"的引入与国际规则的接轨；FTA 伙伴国的不断扩大，扩大 FTA 涵盖范畴与规模，构建与东亚和亚太地区内重要贸易投资伙伴国的 FTA 合作平台；谋求中美、中欧双边 BIT 谈判等。

当前，中国正处于国际环境战略时期，外部环境发生了重要的变化，也为中国的 FTA 战略实践提供了难得的机遇。首先，WTO 多哈回合在贸易自由化上一直停滞不前，难以达成共识，导致很多国家更加依赖于区域一体化的发展推动贸易和投资的自由化，刺激了区域一体化和自由贸易区的建设与发展，区域内贸易增加显著，贸易发展的趋势呈现区域化迹象。其次，美国主导的 TPP、美国和欧盟的 TTIP、美国 2012 双边投资协定模板、诸边服务业协议（TISA）等一系列双边、区域、诸边贸易投资协定，体现了未来贸易投资规则向"高标准"推进的发展方向。新规则的演进客观上迫使中国加快对外 FTA 合作与实践。

金融危机前，中国加强对外 FTA 战略的主要原因在于：第一，"贸易效应"与"福利效应"。自由贸易区内大部分商品取消关税，产品流动可以更自由、更便利，促进双边贸易显著增长；自由贸易区内形成统一市场，消费者可以更廉价地购买进口商品，增加消费者的选择，减少消费者的开支，进而促进成员整体福利水平的提高。

第二，"市场效应"，开拓新市场，形成市场多元化。中国大陆对外出口市场主要依赖美国、欧盟和日本等传统发达国家和地区的市场，和以中国香港与东盟为代表的亚洲市场，建立双边自由贸易区逐步进行对外贸易市场多元化的结构性调整，有助于缓和贸易摩擦，减少贸易不平衡。

第三，"产业效应"，提高中国产品国际竞争力。建立自由贸易区，有助于增强贸易伙伴国之间的产业分工和合作，令资源配置更加合理，成员之间经济互补性，加强技术引进，提高的产业竞争力。

后金融危机时期，中国 FTA 新发展的动因还包括：第一，不断深化和日益紧密的全球价值链的必然要求。全球价值链的生产和贸易模式促进了区域之间的经贸往来，加强了地缘关系的紧密程度，新型国际分工的高效率依赖于生产和市场布局的合理化。中国的 FTA 实践，如中韩、中澳的谈判可以实现历史性的突破，与亚太区域内价值链的形成和深化的生产分工格局是分不开的。经贸关系日益紧密，"你中有我，我中有你"是区域内国家间贸易和投资的扩张，以及亚太区域经济增长的重要基础。

第二，符合中国加快对外开放，以开放促改革的发展要求。中国改革开放三十多年，加入 WTO 十周年，中国获得了成果和收获，却也面临着改革的深水区。从国内环境来看，劳动力工资上涨，造成了出口企业成本激增，挤压利润空间，企业生存压力巨大；中国出口产品附加值偏低，处于产业链分工的低端等问题矛盾突出，我国传统的依靠资源能源、劳动力等要素投入的对外贸易发展方式，已经到了亟须转变的关键阶段。加快建立双边自由贸易区，加快与国际贸易投资新规则的接轨，提高国际化水平，促进对外融合，以开放促进国内改革，加快深化开放的步伐，符合中国当前经济发展阶段的要求。

第三，以对外一体化合为平台，谋求地区合作与区域治理话语权。世界经济格局的调整，新兴经济体崛起引发了全球贸易主导力量的变动，当前全球贸易治理结构正处于调整时期。通过国际规则而非强制力施加影响，主导国际体系话语权，是今后全球经济治理的重要表现形式。地区性的双边、多边区域一体化组织是中国实行对外合作与区域治理的主要平台。

22.1.2　全球价值链与亚太区域一体化：政策选择

1. TPP——影响亚太生产网络的效率

美国主导的 TPP 通过建立高标准的区域协定，主导未来全球经济贸易规则，其中代表性的标准包括劳工标准、知识产权、绿色增长等。中国被排除在外，而中国是亚太生产网络的重要一环。TPP 影响了亚太生产网络的完整性。中国已经意识到，要想在参与国际贸易规则谈判，成为全球贸易新一轮格局重构中的重要参与者，就必须重视新一代的贸易议题。因此，在最新签署的双边 FTA 中都涵盖了"热议"规则，为中国参与区域和全球新规则谈判奠定了基础。短期来看，中国参与 TPP 谈判，尚且准备不足；但从长期来看，高水平、高标准的贸易投资规则符合中国自身的产业结构调整和升级的要求。不排除今后若干年内，中国存在加入 TPP 谈判的可能性。

2. RCEP——推进东亚生产网络的制度化

东亚已经形成了事实上的紧密经贸关系，RCEP 的建立，通过制度层面来巩固现有生产网络。RCEP 亚太区域合作的重要实现途径，坚持东盟主导，兼顾不同发展阶段"区域全面伙伴关系（RCEP）"涵盖了东盟 10 国、中国、日本、韩国、印度、澳大利亚和新西兰 16 个国家，占全世界人口的 49%，占世界经济规模的 32%，国内生产总值总额为 22 万亿美元，占世界贸易总额的 30%，地区内吸引外国直接投资占世界 FDI 总额的 20%，一旦达成，经济增长、贸易扩大的收益更为显著。同时，RCEP 能够解决地区内"亚洲面条碗"问题，对地区内错综复杂的 FTA 进行整合。但 RCEP 面临着参与国家发展阶段差距较大，各方立场和谈判主张分歧严重，日韩为主的发达经济体倾向于关注市场准入、投资准入等，而印度为代表的发展中国家则坚持应该更多关注发展问题。

3. FTAAP——提升亚太生产网络的效率

FTAAP 包括了亚太地区的主要经济体，不会破坏已有的亚太生产网络，同时 FTAAP 通过区内降低各生产环节的关税，有利于促进和提升亚太生产网络的效率。早在 2006 年 APEC 越南河内会议上，美国前总统布什态度积极，明确支持加强对 FTAAP 的研究，提出将建立 FTAAP 作为远景目标。事实上，经济学家都认可自由贸易区协定存在着"范围越大，收益越高"（The Bigger, The Better）这一结论。涵盖了 21 个亚太地区国家/经济体的全面自由贸易协定一旦达成，其巨大的市场规模、经济增长潜力、贸易投资收益远超过其他的地区一体化协定。

22.2　APEC 机制下的合作建议

22.2.1　亚洲迈向命运共同体，坚持开放的区域主义

2015 年亚洲博鳌论坛以"亚洲新未来：迈向命运共同体"为主题，习近平主席的主旨演讲全面深刻阐述了"命运共同体的"理念，提出中国和东盟国家携手建设更为紧密的中国-东盟命运共同体，东盟和中国、日本、韩国致力于 2020 年建成东亚经济共同体；积极构建亚洲自由贸易网络，争取在 2015 年完成中国-东盟自由贸易区升级谈判和 RCEP 谈判。在推进亚洲经济一体化的同时，要坚持开放的区域主义，协调推进包括亚太经合组织（APEC）在内的跨区域合作。

开放的区域主义（open regionalism）是新区域主义理论（new regionalism）①的一种重要表现形式，与传统的以自由贸易区为代表的区域主义不同，秉承开放的区域经主义的国家通过协商达成降低关税等贸易自由化协定，但不对外部国家采取歧视性政策。Bergsten（1997）提出了开放的区域主义的五个纬度：成员身份的开放性、无条件的最惠国待遇、有条件的最惠国待遇、全球自由化及贸易便利化。

APEC 在 1989 年成立之初，即确立了以开放的区域主义原则为其基本原则，APEC 是奉行该原则的最典型的一体化组织，其渐进性、开放性，承认多样性，强调灵活性是其基本原则和方式。从理论上看，开放的区域主义更加符合全球化的要求，是通向全球化的"垫脚石"。从亚洲一体化的实践来看，亚洲各国经济发展水平差异性较大，发展要求和利益诉求存在较大差异；同时各种一体化组织相互交叠，"面条碗"分化效应明显，当前仍存在多重推动亚太区域经济一体化的重要途径和轨道，开放的区域主义具有更好地包容性、渐进性和可行性，符合亚洲地区的发展实际。

习近平主席的讲话提出中国新时期实行"深化亚洲经济一体化，坚持开放的区域主义"的对外开放自由贸易区总体规划。"开放的区域主义"体现了中国与亚太国家共同建设互信、包容、合作、共赢的亚太伙伴关系的理念。

当前，中国正处于对外开放和深化改革的重要战略机遇期，自由贸易区战略被提升到前所未有的地位，在中国整体对外开放战略中占据着重要的位置。这一战略符合中国开放型经济建设面临国内国际环境变化发展的新趋势和新特点，主要表现如下几个方面。

（1）世界经济格局调整引发全球贸易治理结构的变迁，中国经济实力提升要

---

① 新区域主义兴起于 20 世纪 90 年代，它认为区域一体化和自由贸易区实践不仅仅源于对单一经济目标的追寻，还包括安全、政治、大国与小国关系等非传统收益。

求中国重新确定其在全球贸易治理及国际贸易规则制定中的角色。

（2）区域经济一体化成为经济全球化的主要驱动力，在美国、欧盟等发达国家和地区的引领下，TPP、TTIP、美国2012双边投资协定模板、诸边服务业协议（TISA）等一系列双边、区域、诸边的高标准、跨区域、全方位的自由贸易区谈判成为各国谋求在全球经贸及国际战略布局中有利地位的重要平台，要求中国必须提升自由贸易区建设在对外开放中的地位。

（3）全球贸易模式正从传统的贸易模式向以全球价值链为特点的新贸易模式转换，中国应提高在全球价值链分工中所处的位置，促进技术创新和结构调整，更好地融入全球分工体系中。

（4）金融危机后全球产业竞争进入新阶段。美国和欧盟等发达经济体开始重新重视向实体经济回归，提出"再工业化"等促进制造业发展的政策，重视发展新能源、高新技术等产业，进入新一轮产业结构调整期。

（5）中国经济步入新常态。加工贸易转型升级，加快服务业发展等方面的挑战加大。同时，中国生产要素条件、外部需求变化等要求出口导向型贸易战略进行调整，人口红利的逐渐丧失、土地、能源约束、环境恶化要求中国培育国际产业竞争的新优势。中国对外贸易发展要以追求进出口数量和增长速度向追求数量与质量并重，提升质量为重点的贸易战略转变。

1. 中国自由贸易区战略的总体规划和战略目标

制定中国自由贸易区战略总体规划，明确未来我国在区域合作中的角色、位置，在区域一体化进程中发挥作用。明确中国自由贸易区谈判的伙伴国范围，开放领域及开放程度，有利于整体开放格局的构建和开放路径的选择。在坚持多边贸易体制规则的基础上，中国努力促成双边、多边、区域次区域开放，拓展改革开放和国民经济发展的空间，构建全方位、高水平的自由贸易区开放格局是中国自由贸易区战略的总体方针。

首先，"全方位"的自由贸易区格局是指促进中国的自由贸易区战略由分散推进向总体布局，有序推进转型。加强"一带一路"经贸合作与自由贸易区网络建设两大战略的对接，通过与沿线国家签订双边、区域自由贸易协定，促进"一带一路"建设。以 FTAAP 构建为重点，主导 RCEP，中日韩 FTA、中澳 FTA 等亚太 FTA 协定谈判，通过中美、中欧 BIT 谈判，加强与全球主要经济体合作，探寻亚太区域一体化的整合路径。面向全球，继续加强与拉美国家的商谈 FTA，研究中国与非洲 FTA 框架下的合作机制。

其次，"高水平"的自由贸易区开放水平是指中国致力于高标准自由贸易协定谈判，深度参与新一轮国际经济贸易规则制定。深度区域一体化的实践中，构建中国版自由贸易区新规则范本，既能体现中国特色，又能够平衡全球各国利益的新规则。在 FTAAP、RCEP，中日韩 FTA、中澳 FTA 等区域、三边、双边FTA谈判中，渗透、树立并推进中国版的"新一代"贸易投资规则，推动自由贸易区高标准、高水平开放，使中国发挥在地区性治理平台和规则制定中的引领性的作用(图22-1)。

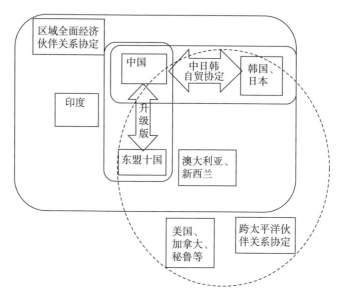

图22-1　中国区域一体化的实施路径和FTA网络

2. 完善自由贸易区谈判的实施路径

"深化亚洲经济一体化，坚持开放的区域主义"，在未来十年内，中国的区域一体化仍会立足周边地区，习近平主席在2015年博鳌亚洲论坛上表示，将努力推动于2020年建成由东盟和中国、日本、韩国组成的东亚经济共同体，表明了中国重视亚太经贸伙伴国的一贯立场，立足于周边地区，以周边为基础、亚太为重点、辐射"一带一路"、面向全球，以经济一体化促进向亚洲命运共同体迈进。以FTA的实践，推动对内、对外开放，促进引进来和走出去更好结合、促进国际国内要素有序自由流动、资源高效配置、市场深度整合、加快培育引领国际经济合作竞争新优势，以开放促改革。

(1)"中国-东盟升级版"是实现"一路一带"战略的重要途径。中国自由贸易区起步阶段以周边国家为基础，已经形成了周边国家自由贸易区网络。其中，中国-东盟自由贸易区是签署最早，成果最为显著的协定。中国-东盟自由贸易区协定自2001年签署启动已经走过"第一个十年"，从"早期收获"、服务投资协定的签署到全面建成双边FTA。截至2010年，中国-东盟已经建成了发展中国家间最大的自由贸易区，中国-东盟双边贸易由784.3亿美元猛增至4 439.1亿美元，10年间增长了5.7倍。2011年，东盟超越日本，成为中国第三大贸易伙伴。自由贸易区框架下，双边贸易、投资增长迅猛，取得了显著的成就；当前，中国与东盟正在积极推进自由贸易区升级版谈判。这符合全球深度经济一体化的趋势，也符合与国际高标准投资、经贸规则接轨的需求，更是加快"一带一路"建设的一条有效路径。与东盟国家共建 21 世纪海上丝绸之路，打造中国东盟自由贸易区"升级版"双边自由贸易区已结成的、深刻的经贸关系和民间来往是坚实有力的基础。

（2）稳步推进 RCEP 谈判。"区域全面伙伴关系（RCEP）"是亚太区域合作的重要支柱，也是中国立足周边推行 FTA 的重要举措。RCEP 一旦达成，经济增长、贸易扩大的收益更为显著。中国应当充分发挥地区大国的作用，弥合各方分歧，促成 RCEP 的谈判，使其成为亚太地区内一体化的重要实现路径。

现阶段，中国已经形成了对外以亚太地区为核心、"一带一路"为脉络、重点覆盖大国战略伙伴的高水平、全方位的对外开放体系；对内形成以上海自由贸易区（free trade zone）等为代表的"以点带面"，改革实行新一代贸易投资规则的 FTA 新格局。在亚太地区，中美双边的大国关系互动，是影响地区一体化进程不可忽视的重要影响因素。

当前，中美双方在亚太区域合作和一体化推进路径方面存在着分歧，TPP 协定中并未包含中国，而东盟为主导的 RCEP 也并未包含美国，不同自由贸易区协定叠加增加了地区内贸易、投资、经贸往来的成本。不同的自由贸易区协定存在着竞争性，争夺着地区内成员的政策倾向和政治关注。TPP 比 RCPP 在开放度方面的要求更高，在知识产权、劳工保护、透明度、国企私有化等方面都设置了高标准，对中国而言压力更大。

美国主导的 TPP，通过建立高标准的区域协定，主导未来全球经济贸易规则，其中代表性的标准包括劳工标准、知识产权、绿色增长等。中国已经意识到，要想在参与国际贸易规则谈判，成为全球贸易新一轮格局重构中的重要参与者，就必须重视新一代的贸易议题。因此，在最新签署的双边 FTA 中都涵盖了"热议"规则，为中国参与区域和全球新规则谈判奠定了基础。对待 TPP，中国持开放的态度。短期来看，中国参与 TPP 谈判，准备尚且不足；但从长期来看，高水平、高标准的贸易投资规则符合中国自身的产业结构调整和升级的要求。不排除今后若干年内，中国存在着加入 TPP 谈判的可能性。

亚洲迈向命运共同体，其中重要一环是经济利益的共同体，中国坚持开放的区域主义，深化推进亚洲经济一体化，既符合当前中国构建开放型经济新体制的重要历史时期的国内需要，也符合亚洲地区各国拉动经济增长，互惠互利的发展需要。以中国-东盟升级版作为一带一路的起点；以中韩、中日韩助力东亚生产网络和地区价值链的深化；以 RCEP 为亚洲地区合作搭建新的平台；同时，保持对 FTAAP 的关注，在一定程度上弥合了中美双方的分歧，缺失了中、美任何一方的地区合作协定都是不完整的，整合包容亚太地区的经贸合作，使 TPP 和 RCEP 成为 FTAAP 的"垫脚石"，有助于实现地区共赢，有助于中美双方在亚洲太平洋地区的合作与发展，推动双边大国关系的良性互动。

22. 2. 2 APEC 多边舞台下的中美经贸合作

1. FTAAP 求同存异，不同协定间包容与竞争

FTAAP 并不是 2014 年 APEC 会议中由中国首次提出的全新议题。"FTAAP"被视为小布什政府最主要的亚太政策和战略，用于巩固和扩大美国在亚太区域内的主导地位，实现亚太经济一体化。然而，时过境迁，APEC 进程停滞，奥巴马总统执政后，跨太平洋经济伙伴关系协定(TPP)成为美国主导制定新一轮贸易投资规则的新平台，标志着美国亚太区域合作政策和贸易政策的战略转变。

APEC 会议由中国力推的"FTAAP"路线图，对当前美国的 TPP 协定存在着客观的"分化"和"弱化"的效应。地区内重要经济大国，如日本，在 TPP 谈判中面临着农产品市场开放的难题；其关注点和政策重心有可能会转移到 FTAAP 其他区域合作协定中，这是美国不愿意看到的结果。

当前，中美双方在亚太区域合作和一体化推进路径方面存在着分歧，TPP 协定中并未包含中国，而东盟为主导的 RCEP 也并未包含美国，不同自由贸易区协定叠加的"面条碗效应"，无形中增加了地区内贸易、投资、经贸往来的成本。不同的自由贸易区协定存在着竞争性，争夺着地区内成员的政策倾向和政治关注。FTAAP 路线图的提出，在一定程度上弥合了中美双方的分歧，缺失了中国、美国任何一方的地区合作协定都是不完整的，TPP 和 RCEP 将成为 FTAAP 的"垫脚石"，整合包容亚太地区的经贸合作，有助于实现地区共赢，有助于中美双方在亚洲太平洋地区的合作与发展，推动双边大国关系的良性互动。

2. 创新发展、持续增长达共识，BIT 谈判值得期待

后金融危机时期，美国退出量化宽松政策，实现了缓慢的经济复苏。国内市场消费增长、财政负担减弱、房地产市场困难的缓解都有助于实现美国经济增速的上调；从中期来看，新经济增长点的模糊，生产效率提高不显著，以及全球市场下新兴经济体增速放缓、地缘政治等风险也使得美国经济增长存在着不确定性。另外，中国经济"新常态"。中国经济告别高速增长进入到"常态增长"的阶段，如何实现经济结构优化和升级，改变过去要素驱动、投资驱动的发展模式，创新是突破增长难题的重要工具，以改革促创新，以创新促增长，是未来十年内中国经济的发展基调。

发达经济体和新兴市场国家的"双速增长"态势正在逐渐缩小，中美双边正处于宝贵的战略机遇期，创新性、持续性是双方经济发展中的共识，也是当前亚太地区保持经济活力和发展势头的源泉。中美之间已在经贸往来中建立了深度的依赖关系，合作领域不断扩大，相互依存。亚太地区内全球价值链的深度分工，进一步加强了双方生产供应链上下游的合作，缩短了产业链、供应链和市场之间的距离，促进了双方市场的对接，扩大市场规模和需求，同时也促进了资金、技术以及人员的流动。APEC 会议和"习奥会晤"后，中美双边投资协定谈判非常值得期待，这是双边关系迈向深度合作的重要一步。中国在中韩自由贸易区协定中开始采取负面清单的管理方式，与国际规则相接轨，体现了中国以开放促改革的决心，这一模板为中美双边 BIT 奠定了良好的基础。一旦中美 BIT 协定达成，对于改善中美双方服务贸易、投资准入和市场开放、高技术出口限制，改善双边贸易不平衡都存在着显著的积极影响。在不远的未来，我们甚至可以展望和期待中美双边自由贸易区的启动。

3. 共同反腐、互联互通，打造全方位的合作

除去经济领域的成果，强化区域内反腐执法合作，也是 APEC 框架下中、美双方利益诉求的共同点。美国在反腐合作上态度积极主动，构建 APEC 反腐网络，构建中美反腐合作，是建立中美互信的司法合作关系的一大重要举措。以区域性的反腐合作推动中美双边合作，成为了 APEC 多边治理平台助力中美双边关系的重要体现，有助于加强对于经济腐败的打击，加强规范两国市场经济的秩序，强化共同利益。

中国作为世界经济第二大国，又是此次 APEC 会议东道国，已经由一个地区机制和秩序的积极参与者，逐步转变为力求主动塑造地区规则的重要力量。中国力推的互联互通和加强基础设施建设议题是此次 APEC 会议成果中的一大亮点。"互联互通"一方面包括公路、铁路、航路等硬条件的联通；另一方面，更为重要的是机制、规则、政策沟通与协调等"软条件"的联通、互信、互认。APEC为中美双方在投资、贸易、技术等环节细则的沟通搭建了平台，美国自 2008 年金融危机之后，试图推行高标准的、"下一代"的贸易投资议题；而中国则代表了更多的发展中国家和新兴经济体，强调增加基础设施建设，增强能力建设。多边框架下对自由贸易区标准的设定等尚存在一定的"弹性"空间，为下一步两国双边的合作与谈判奠定了良好的沟通基础。

当前，中美关系再次来到重要的利益攸关点，南海问题、地区安全等敏感问题依旧存在和尖锐，管控分歧是双边合作中的重要前提，把重心放在合作而非对抗上，是实现双赢和地区内多赢的重要途径。"太平洋足够宽广可以容纳中美"是 2012 年习近平主席访美时对中美关系的精确概括。短期内立即消除中美双方的分歧并不现实，如何增进互信、消除误会，加强政治层面的沟通，以建立良性互

动的双边对话机制，力求维护地区稳定和繁荣发展，考验着双方高层决策者的政治智慧和大局意识。

<h1 style="text-align:center">参 考 文 献</h1>

丁梅生，吕伟伟.2006. 国际贸易价值链分析. 对外经贸实务，(8)：12-28.

刘世锦.2015. 工业经济已过时的想法很危险. http://finance.sina.com.cn/ zl/ china/ 20150820/092323016586.shtml.

刘仕国，吴海英.2013. 全球价值链和增加值贸易：经济影响、政策启示和统计挑战. 国际经济评论，(4)：87-96.

蒲捷.2013. 我国生产性服务业发展影响因素研究. 西南财经大学硕士学位论文.

席芳沁.2013. 全球价值链下我国生产性服务业发展研究. 天津商业大学硕士学位论文.

杨仁发，刘纯彬.2011. 生产性服务业与制造业融合背景的产业升级. 改革，(1)：44.

杨玉英.2008. 面向 2020 年的中国服务业发展战略. 宏观经济研究，(8)：43-49.

曾奕，李军.2006. 生产者服务贸易的贸易模式研究：基于面板数据的分析. 统计研究，(5)：12-18.

周蕾.2013. 生产性服务贸易与全球价值链提升. 杭州：浙江大学出版社.

Bems R，Johnson R C，Yi K M. 2011. Vertical linkages and the collapse of global trade. American Economic Review，101(3)：308-312.

Bergsten C F. 1997. Open regionalism. The World Economy，20(8)：545-565.

Eaton J，Kortum S，Neiman B，et al. 2011. Trade and the global recession. NBER Working Paper，No. 16666.

Elms D K，Low P. 2013. Gobal Value Chains in a Changing World. Geneva：World Trade Organization.

Escaith H，Lindenberg N，Miroudot S. 2010. International supply chains and trade elasticity in times of global crisis. WTO Staff Working Papers ERSD-2010-08.

Gangnes B，Ma A C，van Assche A. 2012. Global value chains and the transmission of business cycle shocks. ADB Economics Working Paper Series 329.

Greenfield H. 1966. Manpower and the Growth of Producer Services. New York：Columbia University Press.

Hansen N. 1990. Do Producer services include regional economic development. Journal of Regional Science，(4)：465-476.

Hansen N. 1994. The strategic role of producer services in regional development. International Regional Science Review，(1-2)：187-195.

Johnson R C，Noguera G. 2012. Fragmentation and trade in value-added over four decades. NBER Working Paper，No. 18186.

Koopman R，Wang Z，Wei S J. 2014. Tracing value-added and double counting in gross exports. The American Economic Review，104(2)：459-494

Markusen J R. 1989. Trade in producer services and in other specialized intermediate inputs. The American Economic Review，（3）：46-65.

Shepher B，Gerst C，Bayhaqi A. 2014. Quantitative Analysis on Value Chain Risks in APEC Region(214-SE-018). Singapore：APEC Publication.

Timmer M P，Erumban A A，Los B，et al. 2014. Slicing up global value chains. Journal of Economic Perspectives，28：99-118.

UNIDO. 2013. Industrial Development Report. Sustaining employment growth：the role of manufacturing and structural change. Industrial Development Report2013.

World Economic Forum. 2012. Global risks 2012：seventh edition.